Als Tova Sullivan Witwe wird, sucht sie sich einen Job – als Putzkraft im Sowell Bay Aquarium. Es tut gut, etwas zu tun zu haben und nicht immer zu grübeln über jene Nacht vor dreißig Jahren, als ihr achtzehnjähriger Sohn Erik einfach verschwand. Beim Arbeiten fällt Tova auf, wie der Riesenoktopus Marcellus sie aus seinem Aquarium anschaut, neugierig, fragend, fast ein bisschen frech. Sie erzählt ihm von ihrem Kummer um ihren Sohn. Mit dreißig hat Cameron, Ex-Sänger einer Ex-Rockband, noch nicht viel auf die Reihe bekommen. Spontan fährt er nach Sowell Bay, auf der Suche nach dem Vater, den er nie kennengelernt hat. Eigentlich schert sich Marcellus wenig um Besucher, die ihn anschauen. Aber er erkennt etwas, was für Tova sehr wichtig ist. Wie kann er ihr verständlich machen, was für ihn mit acht Händen zu greifen ist? Jetzt muss er all seine Klugheit einsetzen …

Das Lieblingsaquarium ihrer Kindheit war für Shelby van Pelt die Inspiration für ihren ersten Roman »Das Glück hat acht Arme«. Sie wuchs in Seattle auf, nahe des fiktiven Städtchens, in dem ihr Roman spielt. Inzwischen lebt sie mit ihrem Mann, zwei kleinen Kindern und diversen Katzen in Chicago. Ins Aquarium geht sie weiterhin regelmäßig. »Wer je einen Oktopus im Aquarium angeschaut hat und erlebt, wie dieser den Blick erwidert, wird sich sofort fragen, wer dabei wohl der Klügere ist.« Shelby Van Pelt

Weitere Informationen finden Sie auf www.fischerverlage.de

Shelby Van Pelt

Das Glück hat acht Arme

ROMAN

Aus dem amerikanischen Englisch
von Andrea Fischer

FISCHER Taschenbuch

8. Auflage, 2026

Erschienen bei FISCHER Taschenbuch
Frankfurt am Main, Januar 2024

Die amerikanische Originalausgabe erschien 2022 unter dem Titel
»Remarkably Bright Creatures« im Verlag Ecco/HarperCollins, New York.

Satz: Dörlemann Satz, Lemförde
Druck und Bindung: GGP Media GmbH, Pößneck
ISBN 978-3-596-70700-3

Kontaktadresse nach EU-Produktsicherheitsverordnung:
produktsicherheit@fischerverlage.de

Für Anna

1299. TAG
IN GEFANGENSCHAFT

Dunkelheit kommt mir gelegen.

Jeden Abend warte ich auf das Löschen der Deckenbeleuchtung. Danach spendet nur noch das große Becken Licht. Nicht perfekt, aber fast.

Nahezu vollständige Dunkelheit, wie am Meeresgrund. Dort habe ich gelebt, bevor ich gefangen und eingesperrt wurde. Ich weiß nicht mehr viel davon, doch bis heute spüre ich die ungezähmten Strömungen des kalten, offenen Wassers. Ich habe die Dunkelheit im Blut.

Wer ich bin? Ich heiße Marcellus, aber so nennen mich nur wenige. Meistens sagen die Leute »der da«. Zum Beispiel: »Guck dir den mal an!«, »Da ist er!« oder »Da, hinter dem Stein sieht man einen Fangarm!«

Ich bin ein Pazifischer Riesenkrake. So steht es auf dem Schild neben meinem Becken.

Ich weiß, welcher Einwand jetzt kommt. Ja, ich kann lesen. Ich kann vieles, womit niemand rechnen würde.

Auf dem Schild sind einige Fakten aufgeführt: meine Größe, meine acht Arme, meine bevorzugte Nahrung und wo ich leben würde, wenn ich nicht hier gefangen wäre. Meine intellektuellen Fähigkeiten und meine Geschicklichkeit werden erwähnt, offenbar überraschende Eigenschaften: »Kraken sind erstaunlich kluge Geschöpfe«, steht da. Der Text weist die Menschen auf meine Tarnungsfähigkeit hin, fordert sie auf, nach mir Ausschau zu halten, falls ich mich eingegraben und die Farbe des Sands angenommen haben sollte.

Auf dem Schild steht nicht, dass ich Marcellus heiße. Aber der Mensch namens Terry, der dieses Aquarium leitet, verrät meinen Namen manchmal den Besuchern, die vor meinem Becken stehen. »Sehen Sie ihn da hinten? Das ist Marcellus. Ein ganz besonderes Kerlchen.«

Ein ganz besonderes Kerlchen, allerdings.

Terrys kleine Tochter hat meinen Namen ausgesucht. Vollständig lautet er Marcellus McSquiddles. Das erinnert an »squid«, das englische Wort für Tintenfisch. Aber das ist ein wenig irreführend. Als Tintenfisch bezeichnet zu werden, ist eine Beleidigung höchster Güte.

Wie ich genannt werden möchte? Nun, das muss jeder beziehungsweise jede selbst wissen. Man könnte natürlich »der da« sagen, wie es die meisten tun. Ich hoffe es zwar nicht, aber ich würde es niemandem übel nehmen. Sind schließlich nur Menschen.

Ich muss darauf hinweisen, dass unsere gemeinsame Zeit nur von kurzer Dauer ist. Auf dem Schild findet sich eine weitere Information: die durchschnittliche Lebensdauer eines Pazifischen Riesenkraken. Vier Jahre.

Das sind 1461 Tage.

Wenn das zutrifft, werde ich hier sterben, in diesem Becken. Noch einhunderteinundsechzig Tage, dann ist mein Strafmaß voll.

Die Silberdollarnarbe

Tova Sullivan ist zum Angriff bereit. Sie beugt sich vor, um ihren Feind in Augenschein zu nehmen. Ein gelber Gummihandschuh lugt wie eine Kanarienfeder aus ihrer Gesäßtasche.

Ein Kaugummi.

»Verflixt nochmal!« Mit dem Griff ihres Wischmopps kratzt sie an dem rosafarbenen Klumpen. Mehrere Turnschuhe haben die Oberfläche geprägt und Schmutz hineingetreten.

Sinn und Zweck von Kaugummi hat Tova noch nie verstanden. Und warum verlieren die Leute die Dinger so oft? Vielleicht hat dieser Kaugummikauer ununterbrochen geredet, dann ist ihm der Kaugummi aus dem Mund gefallen, ohne dass er es merkte, hinausgespült mit einem Schwall überflüssiger Worte.

Tova beugt sich vor und knibbelt mit dem Fingernagel an dem Flatschen, doch er lässt sich nicht von der Fliese entfernen. So viel Arbeit, nur weil irgendjemand zu faul war, drei Meter zum nächsten Mülleimer zu gehen. Als Erik klein war, erwischte Tova ihn einmal dabei, wie er ein Kaugummi unter den Esstisch klebte. Es war das letzte Mal, dass sie ihm das Zeug kaufte. Was er später, als er in die Pubertät kam, mit seinem Taschengeld anstellte, konnte sie – wie so vieles – natürlich nicht kontrollieren.

Hier ist der Einsatz von Spezialwerkzeug notwendig. Vielleicht eine Feile. Doch in Tovas Wagen ist nichts, womit sie dem Kaugummi zu Leibe rücken könnte.

Als sie sich aufrichtet, knackt es in ihrem Rücken. Das Geräusch hallt durch den leeren halbkreisförmigen Gang, der wie immer in weiches blaues Licht getaucht ist. Tova marschiert zum Schrank mit den Putzmitteln. Natürlich würde ihr niemand einen Vorwurf machen, wenn sie lediglich mit dem Mopp über die klebrige Masse wischte. Niemand erwartet von ihr mit ihren siebzig Jahren eine so gründliche Säuberung. Doch Tova muss es wenigstens versuchen.

So hat sie etwas zu tun.

Tova ist die älteste Angestellte im Aquarium von Sowell Bay. Jeden Abend wischt sie die Böden, poliert die Glaswände, leert die Mülleimer. Alle zwei Wochen zieht sie ihren Lohnzettel aus ihrem Fach im Pausenraum. Achtzehn Dollar pro Stunde, abzüglich Steuern und Abgaben.

Die Abrechnungen legt sie ungeöffnet in einen alten Schuhkarton auf ihrem Kühlschrank. Ihr Gehalt sammelt sich auf einem vergessenen Konto ihrer Bank.

Nun stapft sie entschlossen zu ihrem Putzschrank. Schon bei einem normalen Menschen hätte es eindrucksvoll ausgesehen, aber bei einer zierlichen älteren Dame von schmaler Gestalt und mit gebeugtem Rücken wirkt es geradezu bedrohlich. Regentropfen prasseln auf das Oberlicht, durch das die Sicherheitsleuchten am alten Fähranleger scheinen. Silberne Tröpfchen rinnen über das Glas, bilden schimmernde Stränge unter dem nebelverhangenen

Himmel. Der Juni war furchtbar, wie alle die ganze Zeit klagen. Doch das graue Wetter stört Tova nicht, obwohl es ihr recht wäre, wenn der Regen mal so lange aufhörte, dass ihr Vorgarten trocken würde. Tovas Handrasenmäher setzt sich bei Nässe zu.

Das ringförmige Zoogebäude mit dem Hauptbecken unter der Kuppel in der Mitte und den kleineren Bassins drumherum ist nicht besonders groß oder beeindruckend. Vielleicht passt es daher ganz gut zu einer Stadt wie Sowell Bay, die selbst nicht groß und beeindruckend ist. Von der Stelle, wo der Kaugummi klebt, muss Tova einmal durch den gesamten Gang laufen, um zu ihrem Putzschrank zu gelangen. Ihre weißen Turnschuhe quietschen über den Abschnitt, den sie bereits gewischt hat, und hinterlassen stumpfe Abdrücke auf den glänzenden Fliesen. Dort muss sie auf jeden Fall noch mal drübergehen.

Vor der Nische mit der lebensgroßen Statue eines Kalifornischen Seelöwen bleibt Tova stehen. Die hellen Stellen auf seinem Rücken und dem Kopf stammen von streichelnden Kinderhänden und reitenden Hosenböden. Sie machen das Tier besonders realistisch. Zu Hause bei Tova auf dem Kaminsims steht ein Foto, auf dem Erik vielleicht elf, zwölf Jahre alt ist und mit breitem Grinsen auf dem Seelöwen sitzt, eine Hand in die Luft gereckt, als wolle er ein Lasso werfen. Ein Cowboy zu Wasser.

Es ist eines der letzten Bilder, auf denen Erik kindlich unbeschwert wirkt. Tova bewahrt seine Fotos in chronologischer Reihenfolge auf. So verwandelt er sich vom zahnlos lachenden Baby zum schmucken Jugendlichen, größer als sein Vater, im Jackett seiner Highschool. Steckt sich vor dem Abschlussball ein Sträußchen an. Reckt auf einem provisorischen Podest an der felsigen Küste des dunkelblauen Puget-Sunds den Pokal der Segelregatta seiner Highschool in die Höhe. Im Vorbeigehen streicht Tova über den kalten Kopf des Seelöwen und verdrängt das intuitive Bedürfnis, sich wieder zu fragen, wie Erik jetzt wohl aussähe.

Sie geht weiter, durch den dämmrigen Korridor. Es hilft ja nichts. Vor dem Becken mit den Blauen Sonnenbarschen bleibt sie stehen. »Guten Abend, ihr Lieben.«

Als Nächstes grüßt sie die Asiatischen Strandkrabben: »Hallo, ihr Süßen.«

»Wie geht es dir?«, fragt sie die Spitznasengroppe.

Die Seewölfe sind nicht so Tovas Fall, trotzdem nickt sie ihnen zu. Man muss höflich sein, auch wenn die Fische sie an die Horrorfilme im Kabelfernsehen erinnern, die ihr verstorbener Ehemann Will immer mitten in der Nacht schaute, wenn ihm von der Chemotherapie übel war. Der größte Seewolf kommt langsam aus seiner Felshöhle, den Unterkiefer auf die typische Weise vorgeschoben. Die spitzen Zähne gleichen kleinen Nadeln. Ein Fisch mit, gelinde gesagt, nachteiligem Aussehen. Aber so was kann täuschen, nicht wahr? Tova lächelt den Seewolf an, auch wenn er mit seinem Gesicht nicht zurücklächeln kann, selbst wenn er wollte.

Im nächsten Becken ist Tovas Lieblingstier. Sie beugt sich vor, tritt nah an die Scheibe. »Hallo, mein Herr, was haben Sie denn heute so getrieben?«

Es dauert einen Moment, bis sie ihn entdeckt: Hinter einem Stein erkennt sie einen orangefarbenen Tentakel. Wie ein Kind, das sich beim Versteckspielen versehentlich verrät – durch den Pferdeschwanz eines Mädchens, der hinter der Couch wippt, oder ein unter dem Bett hervorschauender bestrumpfter Fuß.

»Sind wir heute schüchtern?« Tova macht einen Schritt zurück und wartet, doch der Pazifische Riesenkrake rührt sich nicht. Sie stellt sich vor, wie der Tag für ihn gewesen sein muss: Menschen, die an die Scheibe klopfen und sich entnervt abwenden, wenn sie nichts sehen. Geduld hat kaum noch jemand.

»Kann ich dir nicht verdenken. Sieht gemütlich aus hinten bei dir.«

Der Tentakel zuckt, aber der Oktopus bleibt in seinem Versteck.

Der Kaugummi wehrt sich lange gegen Tovas Feile, doch irgendwann löst er sich. Als sie den klebrigen Klumpen in die Mülltüte wirft, raschelt das Plastik befriedigend.

Anschließend wischt sie. Noch einmal.

Der Geruch von Essig mit einem Spritzer Zitrone steigt von den nassen Fliesen auf und erfüllt den Raum. Diese Mischung ist deutlich besser als das schreckliche Mittel, das verwendet wurde, als Tova hier anfing: ein grellgrünes Gebräu, das ihr in der Nase stach. Umgehend beschwerte sie sich. Zum einen wurde ihr von dem Zeug schwindelig, zum anderen hinterließ es unansehnliche Streifen auf dem Boden. Und was vielleicht das Schlimmste war: Es roch wie Wills Zimmer im Krankenhaus, wie der kranke Will (das behielt Tova jedoch für sich).

Terry, der Leiter des Aquariums, gab letztlich nach und sagte, sie könne benutzen, was sie wolle, solange er es nicht bezahlen müsse. Natürlich war Tova einverstanden.

Seitdem bringt sie eine Flasche Essig und ihre Flasche mit Zitronenöl mit.

So, jetzt noch die Müllbeutel einsammeln. Tova leert die Mülleimer im Eingangsbereich und den vor den Toiletten, dann geht sie in den Pausenraum, um die Krümel von der Arbeitsfläche zu fegen. Das ist eigentlich nicht ihre Aufgabe, sondern die der Putztruppe aus Elland, die jede zweite Woche kommt, dennoch wischt Tova immer einmal um die uralte Kaffeemaschine herum und durch die vollgespritzte Mikrowelle, die nach Spaghetti riecht. Heute ist allerdings mehr zu tun: Auf dem Boden liegen leere Kartons vom Lieferdienst. Drei Stück.

»Also, wirklich!«, schimpft Tova vor sich hin. Zuerst der Kaugummi und jetzt das.

Sie hebt die Kartons auf und wirft sie in den Mülleimer, der seltsamerweise einige Meter von seinem Stammplatz entfernt steht. Nachdem sie den Inhalt in ihren großen Sack gekippt hat, schiebt sie den Eimer zurück.

Daneben steht ein kleiner Esstisch. Tova rückt die Stühle zurecht. Da entdeckt sie etwas.

Unter dem Tisch, in der Ecke.

Ist das ein orangebraunes Sweatshirt? Mackenzie, die nette junge Frau, die die Eintrittskarten verkauft, legt ihren Pulli oft über die Rückenlehne eines Stuhls. Tova kniet sich hin, um den Pullover aufzuheben und in Mackenzies Fach zu legen. Plötzlich bewegt sich das Gebilde.

Ein *Tentakel* bewegt sich.

»Du lieber Himmel!«

In der fleischigen Masse öffnet sich ein Auge. Die marmorne Pupille weitet sich, dann senkt sich das Augenlid. Vorwurfsvoll.

Tova blinzelt, traut ihren Augen nicht. Wie ist der riesige Oktopus aus seinem Becken entwichen?

Der Tentakel zuckt erneut. Das Tier hat sich in dem Gewirr von Stromkabeln verfangen. Wie oft hat Tova schon über diese Kabel geschimpft? Sie machen es ihr unmöglich, in der Ecke ordentlich zu putzen.

»Du bist eingeklemmt«, flüstert sie, und der Krake hebt seinen dicken knollenförmigen Kopf und zerrt an einem Fangarm, um den sich mehrmals ein dünnes Kabel gewickelt hat, wie man es zum Aufladen von Handys benutzt. Das Tier zieht stärker, und das Kabel schneidet ihm so tief ins Fleisch, dass es sich zwischen den einzelnen Schlingen hervorwölbt. Erik hatte mal ein Spielzeug aus einem Scherzartikelladen, das so ähnlich aussah: einen kleinen Stoffzylinder, in den man rechts und links einen Finger stecken konnte, um sie dann wieder herauszuziehen. Je mehr Kraft man aufwendete, desto mehr zog sich der Stoff zusammen.

Tova rückt näher heran. Der Krake schlägt mit einem seiner Fangarme aufs Linoleum, als wolle er sagen: »Bleib, wo du bist!«

»Schon gut, schon gut«, murmelt Tova und krabbelt unter dem Tisch hervor.

Sie richtet sich auf und knipst die Deckenleuchte an. Der Pausenraum wird in grelles Neonlicht getaucht. Langsamer als zuvor lässt sich Tova wieder auf den Boden sinken, und wie immer knackt es in ihrem Rücken.

Der Krake peitscht erneut mit einem Tentakel, schlägt mit erstaunlicher Kraft gegen einen Stuhl, der quer durch den Raum fliegt und an die gegenüberliegende Wand prallt.

Das unglaublich klare Auge des Tiers leuchtet Tova entgegen.

Entschlossen rutscht sie näher, versucht, ihre zitternden Hände zu beruhigen. Wie oft ist sie am Becken des Pazifischen Riesenkraken vorbeigegangen? Sie kann sich nicht erinnern, auf dem Schild gelesen zu haben, dass diese Tiere für Menschen gefährlich seien.

Tova ist nur noch eine Armeslänge entfernt. Der Oktopus scheint immer kleiner zu werden, er ist ganz blass. Haben diese Tiere Zähne?

»Mein Freund«, sagt Tova freundlich. »Ich greife jetzt an dir vorbei und ziehe den Stecker aus der Dose.« Sie betrachtet das Gewirr und erkennt, welches Kabel genau ihm Probleme bereitet. Es ist in Reichweite.

Das Auge des Kraken verfolgt jede ihrer Bewegungen.

»Ich tue dir nicht weh, mein Lieber.«

Das Ende eines freien Fangarms klopft auf den Boden wie der Schwanz einer Hauskatze.

Als Tova den Stecker herauszieht, zuckt der Oktopus zurück. Tova ebenfalls. Sie rechnet damit, dass das Tier an der Wand entlang zur Tür rutscht, in die Richtung, in die es schon die ganze Zeit wollte.

Stattdessen kommt es näher.

Wie eine orangebraune Schlange gleitet ein Tentakel auf Tova zu. Innerhalb von Sekunden windet er sich um ihren Unterarm, wickelt sich um den Ellbogen und Oberarm wie ein Band um einen Maibaum. Tova spürt jeden einzelnen Saugnapf auf ihrer Haut. Automatisch versucht sie, dem Tier ihren Arm zu entziehen, doch der Krake verstärkt seinen Griff so sehr, dass es fast schon weh tut. Sein seltsames Auge funkelt schelmisch, wie das eines Lausbubs.

Die leeren Kartons vom Lieferdienst. Der verschobene Mülleimer. Jetzt ergibt alles einen Sinn.

Genauso schnell lässt der Krake sie wieder los. Ungläubig verfolgt Tova, wie er sich durch die Tür des Pausenraums schiebt, indem er sich auf den breitesten Teil seiner insgesamt acht Arme stützt. Den Mantel scheint er hinter sich herzuschleppen. Das Tier wirkt noch blasser als zuvor; die Bewegung kostet Kraft. Tova eilt ihm nach, doch als sie in den Flur kommt, ist der Oktopus verschwunden.

Sie reibt sich übers Gesicht. Offenbar ist sie nicht mehr im Vollbesitz ihrer geistigen Kräfte. So fängt es an, oder? Mit Halluzinationen von einem Kraken …

Vor vielen Jahren erlebte sie, wie sich der Verstand ihrer Mutter langsam verabschiedete. Es begann mit gelegentlichem Vergessen von vertrauten Namen und Daten. Aber Tova vergisst keine Telefonnummern und muss nicht mühselig in ihrem Kopf nach Namen kramen. Sie blickt auf ihren Arm, wo kleine Kreise prangen. Die Abdrücke der Saugnäpfe.

Leicht benommen beendet sie ihre Arbeit, dann macht sie wie üblich eine letzte Runde durch das Gebäude, um allen eine gute Nacht zu wünschen.

Gute Nacht, ihr Sonnenbarsche, Seewölfe und Strandkrabben! Gute Nacht, Spitznasengroppe. Gute Nacht, ihr Anemonen, Seepferdchen, Seesterne!

Hinter der Biegung geht es weiter: *Gute Nacht, Thunfische, Flundern und Stachelrochen. Gute Nacht, ihr Quallen und Seegurken. Gute Nacht, ihr Haie, ihr armen Kreaturen.* Die Haie tun Tova immer ein bisschen leid, wenn sie ihre endlosen Kreise im Bassin drehen. Sie weiß, wie es ist, wenn man einfach nicht aufhören kann, sich zu bewegen, weil man Angst hat zu ersticken.

Da ist der Krake! Er versteckt sich wieder hinter seinem Stein. Ein Teil seiner Haut ist zu sehen. Sein Orange ist jetzt kräftiger, aber immer noch blasser als sonst. Na, geschieht ihm vielleicht ganz recht. Was hat er da draußen auch zu suchen? Und wie, um alles in der Welt, konnte er sein Becken verlassen? Tova späht in das leicht plätschernde Wasser, sucht den Rand ab, doch alles scheint an seinem Platz zu sein.

»Schlawiner«, sagt sie kopfschüttelnd. Kurz verharrt sie vor seinem Behälter, dann macht sie Feierabend.

Die Lichter von Tovas gelben Kleinwagen blinken und piepsen, als sie auf den Schlüssel drückt, eine Reaktion des Autos, an die sie sich noch nicht gewöhnt hat. Als Tova ihren neuen Job antrat, wurde sie von ihren Freundinnen überredet, dass sie ein neues Auto brauchte. Es sei zu gefährlich, argumentierten die Damen, nachts mit einem älteren Fahrzeug unterwegs zu sein. Wochenlang lagen sie Tova damit in den Ohren.

Manchmal ist es leichter, einfach nachzugeben.

Wie immer verstaut Tova ihre Putzmittel im Kofferraum. Terry kann ihr noch so oft anbieten, sie im Putzschrank zu verwahren – man weiß nie, ob man nicht mal ein bisschen Zitrone oder Essig braucht. Tova sucht den Pier ab. Zu dieser späten Stunde ist er leer, die abendlichen Angler sind längst fort. Der ehemalige Fähranleger gegenüber vom Aquarium sieht aus wie eine kaputte Maschinerie. Seepocken überziehen die morschen Pfähle. Bei Flut verfangen sich Tang und Algen in den Muscheln und trocknen zu einem grünlich-schwarzen Belag, wenn das Wasser wieder abfließt.

Tova geht über die verwitterten Holzbohlen. Das alte Häuschen, in dem die Eintrittskarten verkauft werden, ist wie immer achtunddreißig Schritte von ihrem Parkplatz entfernt.

Wieder sieht sich Tova nach Passanten um, nach Menschen in den langen Schatten. Sie legt die Hand auf die Glasscheibe des Häuschens. Der diagonale Riss darin gleicht einer alten Narbe.

Dann geht sie über den Pier zu ihrem Stammplatz auf der Bank. Sie ist mit Möwenkot besprenkelt und rutschig von der Gischt. Tova setzt sich und schiebt den Ärmel hoch, um die seltsamen runden Abdrücke auf ihrem Arm zu untersuchen. Fast rechnet sie damit, dass sie weg sind. Doch sie sind noch da. Mit der Fingerspitze umkreist sie den größten Abdruck auf der Innenseite ihres Handgelenks. Er hat ungefähr die Form eines Silberdollars. Wie lange wird er noch zu sehen sein? Ob er blau wird? Mittlerweile bekommt Tova sehr schnell blaue Flecke, und der Abdruck verfärbt sich bereits bräunlich, wie eine Blutblase. Vielleicht wird er bleiben. Eine Silberdollarnarbe.

Der Nebel ist fort, der Wind hat ihn landeinwärts zu den Ausläufern der Berge geschoben. Im Süden liegt ein Frachter vor Anker, der Rumpf tief ins Wasser gedrückt von den Containern, die sich auf seinem Deck stapeln wie die Bauklötze eines Kindes. Das Mondlicht wippt auf dem Wasser, tausend Kerzen auf der Meeresoberfläche. Tova schließt die Augen und stellt sich vor, dass Erik unter Wasser ist und die Kerzen für sie hält. Erik. Ihr einziges Kind.

1300. TAG
IN GEFANGENSCHAFT

Krebse und Krabben, Venus-, Jakobs- und Kammmuscheln, Meerschnecken, Fische, Fischeier – sie alle stehen auf dem Speiseplan eines Pazifischen Riesenkraken, wenn man dem Schild neben meinem Becken glauben darf.

Das Meer muss ein prächtiges Angebot bereithalten. So viele Leckereien, frei verfügbar.

Und was bekomme ich hier? Makrele, Heilbutt und – in erster Linie – Hering. Hering, Hering, immer nur Hering. Das sind widerliche Fische, eklige, glitschige kleine Lappen. Wahrscheinlich gibt es so reichlich davon, weil sie wenig kosten. Die Haie im großen Becken werden für ihre Stumpfsinnigkeit mit frischem Zackenbarsch belohnt, und ich werde mit aufgetautem Hering abgespeist. Manchmal ist er sogar noch halb gefroren. Wenn ich Lust auf die köstliche Konsistenz frischer Austern habe, wenn ich mich danach sehne, mit dem Schnabel die Schale eines Krebses zu knacken, wenn ich nach dem süßen, festen Fleisch einer Seegurke lechze, muss ich die Sache selbst in die Tentakel nehmen.

Wenn meine Geiselnehmer mich zum Mitmachen bewegen wollen, damit ich mich an einem dieser sogenannten Spiele beteilige, werfen sie mir manchmal ein, zwei Jakobsmuscheln ins Becken. Gelegentlich spendiert Terry mir auch mal eine Muschel, wenn er gut drauf ist.

Natürlich habe ich schon oft Krebse, Muscheln, Krabben und Meerschnecken gegessen. Ich muss sie mir halt nach Feierabend selbst besorgen. Fischeier sind eine perfekte Zwischenmahlzeit, sowohl vom Geschmack her als auch von ihrem Nährwert.

Man könnte eine dritte Liste von Lebensmitteln erstellen, nach denen sich Menschen die Finger lecken, die die meisten intelligenten Lebewesen jedoch völlig ungeeignet zum Verzehr finden, zum Beispiel sämtliche Angebote aus dem Automaten im Eingangsbereich.

Heute Abend hat mich ein anderer Geruch angelockt: süß, salzig, pikant. Er kam aus dem Mülleimer, aus einem weißen Behälter mit Essensresten.

Wie auch immer das Gericht hieß, es war köstlich. Bloß wäre es mein Ende gewesen, wenn ich kein Glück gehabt hätte.

Die Putzfrau – sie hat mir das Leben gerettet.

Aufgewärmte Kekse

Früher gab es sieben Stricklieseln. Jetzt sind es nur noch vier. Jedes Jahr bleibt ein weiterer Platz am Tisch frei.

»Du meine Güte, Tova!« Mary Ann Minetti stellt ihre Teekanne ab und starrt auf Tovas Arm. Die Kanne steckt in einem gehäkelten gelben Kannenwärmer, wahrscheinlich ein Handarbeitsprojekt aus der Zeit, als die Stricklieseln bei ihrem wöchentlichen Mittagessen tatsächlich noch mit den Nadeln klapperten. Der Teekannenwärmer passt farblich zu der strassbesetzten gelben Spange an Mary Anns Schläfe, die einen Schwung verblasster mittelblonder Locken zurückhält.

Während Janice Kim sich Tee einschenkt, mustert sie Tovas Arm. »Hast du vielleicht eine Allergie?« Die Dampfwolke vom Oolong-Tee beschlägt ihre runde Brille, Janice nimmt sie ab und putzt sie am Saum ihres T-Shirts. Tova vermutet, dass es Janices Sohn Timothy gehört, weil es mindestens drei Nummern zu groß ist und das Logo des koreanischen Einkaufszentrums unten in Seattle trägt, wo Timothy mal vor ein paar Jahren in ein Restaurant investiert hat.

»Ach, dieser Ring …« Tova zieht den Ärmel ihres Pullis darüber. »Das ist nichts.«

»Das solltest du besser untersuchen lassen.« Barb Vanderhoof wirft einen dritten Zuckerwürfel in ihren Tee. Sie hat die kurzen grauen Haare zu Stacheln hochgegelt, in letzter Zeit ihr Lieblingslook. Als sie zum ersten Mal damit ankam, witzelte sie, sie wäre im Alter unter die Igel gegangen. Die Stricklieseln mussten lachen. Nicht zum ersten Mal stellt Tova sich vor, die Hand auf die Stacheln ihrer Freundin zu legen. Sie fragt sich, ob das Haar nachgeben oder piksen würde wie die Seeigel unten im Aquarium.

»Schon gut«, wiederholt Tova. Ihre Ohrenspitzen werden rot.

»Na, da kann ich dir was erzählen.« Barb trinkt einen Schluck Tee. »Also, meine Andie, die hatte letztes Jahr einen Ausschlag, als sie über Ostern zu Besuch hier war. Ich selbst habe ihn nicht gesehen, er war an einer eher intimen Stelle, wenn ihr versteht, was ich meine, aber es war kein Ausschlag, wie man ihn von unangemessenem Verhalten bekommt, natürlich nicht. Nein, es war einfach ein Ausschlag. Jedenfalls habe ich ihr gesagt, sie soll damit zu meinem Hautarzt gehen. Er ist wirklich toll. Aber meine Andie ist ja so was von stur. Es wurde immer schlimmer, und dann …«

Janice unterbricht Barb: »Tova, soll Peter dir jemanden empfehlen?« Janices Mann, Dr. Peter Kim, ist Arzt im Ruhestand, hat aber immer noch gute Beziehungen zu seinen ehemaligen Kollegen.

»Ich brauche keinen Arzt.« Tova zwingt sich zu einem schwachen Lächeln. »Das war nur ein kleiner Zwischenfall auf der Arbeit.«

»Auf der Arbeit!«

»Ein Zwischenfall?«

»Was ist denn passiert?«

Tova holt tief Luft. Noch immer kann sie den Tentakel um ihren Arm spüren. Die Abdrücke sind über Nacht schwächer geworden, aber noch dunkel genug, um gefährlich zu wirken. Wieder zieht sie den Ärmel darüber.

Ob sie es den Frauen erzählen soll?

»Ein Missgeschick mit den Putzmitteln«, sagt sie schließlich.

Drei Augenpaare um den Tisch sehen sie skeptisch an.

Mit einem Geschirrtuch wischt Mary Ann einen imaginären Fleck von der Tischplatte. »Dass du da arbeiten kannst, Tova! Als ich das letzte Mal im Aquarium war, wurde mir von dem Geruch so schlecht, dass ich mich fast übergeben habe. Wie hältst du das nur aus?«

Tova nimmt einen Schokokeks von der Platte, die Mary Ann auf den Tisch gestellt hat. Sie erwärmt die Plätzchen immer im Ofen, bevor die Frauen zum Essen kommen, weil sie behauptet, man könne keinen Tee trinken, ohne etwas Selbstgebackenes dabei zu knabbern. Dabei kauft Mary Ann die Kekse bei Shop-Way. Das wissen alle Stricklieseln.

»Das alte Gebäude. Natürlich riecht's da«, sagt Janice. »Aber jetzt mal ehrlich, Tova, ist alles in Ordnung? Körperliche Arbeit, in unserem Alter! Warum tust du dir das an?«

Barb verschränkt die Arme vor der Brust. »Nach Ricks Tod habe ich auch eine Weile unten in St. Ann's gearbeitet. Ich hatte Langeweile! Ich sollte sogar das Büro leiten.«

»Du hast die Ablage gemacht«, brummt Mary Ann. »Mehr nicht.«

»Und dann hast du aufgehört, weil du die Sachen nicht so ablegen durftest, wie du wolltest«, ergänzt Janice trocken. »Aber immerhin hast du nicht auf Händen und Füßen den Boden gewienert.«

Mary Ann beugt sich vor. »Tova, du weißt doch hoffentlich: Wenn du Hilfe brauchst …«

»Hilfe?«

»Ja, *Hilfe.* Ich weiß nicht, wie Will sich um das Finanzielle gekümmert hat.«

Tova drückt den Rücken durch. »Danke, aber ich brauche keine Hilfe.«

»Aber falls doch.« Mary Ann presst die Lippen aufeinander.

»Brauche ich nicht«, wiederholt Tova leise. Und das stimmt. Für ihre bescheidenen Ansprüche ist zur Genüge Geld auf dem Konto. Sie braucht keine Almosen, weder von Mary Ann, noch von sonst jemandem. Außerdem: Wie kann sie so etwas sagen, und nur wegen ein paar Abdrücken auf ihrem Arm?

Tova steht auf, stellt die Teetasse ab und lehnt sich gegen den Schrank. Das Fenster über der Spüle geht auf Mary Anns Garten, wo sich die Rhododendronbüsche unter einem tiefen grauen Himmel ducken. Als ein leichter Wind durch die Zweige geht, scheinen die zarten rosaroten Blüten zu zittern. Tova würde sie am liebsten wieder in die Knospen drücken. Die kühle Luft ist untypisch für Mitte Juni. In diesem Jahr ist der Sommer wirklich spät dran.

Auf der Fensterbank hat Mary Ann eine Auswahl religiöser Gegenstände versammelt: gläserne Engelchen mit Pausbacken, Kerzen, eine kleine Armee silberner Kreuze in verschiedenen Größen, aufgereiht wie Soldaten. Mary Ann putzt sie bestimmt täglich, damit sie so blitzen.

Janice legt Tova eine Hand auf die Schulter. »Erde an Tova?«

Ungewollt muss Tova lächeln. Janices künstliche Stimme

lässt Tova vermuten, dass ihre Freundin wieder zu viele Sitcoms geguckt hat.

»Reg dich bitte nicht auf. Mary Ann meint es nur gut. Wir machen uns Sorgen.«

»Danke, aber bei mir ist alles okay.« Tova tätschelt Janices Hand.

Ihre Freundin zieht die sorgfältig gezupfte Augenbraue hoch und führt Tova an den Tisch zurück. Offensichtlich hat Janice eingesehen, dass Tova das Thema wechseln möchte, denn sie spricht das naheliegendste aus dem Strauß von Möglichkeiten an: »Und, Barb, was gibt es Neues von den Mädchen?«

»Ach, habe ich das nicht erzählt?« Dramatisch holt Barb Luft. Man muss nicht zweimal fragen, um zu erfahren, wie es um das Leben von Barbs Töchtern und Enkelkindern bestellt ist. »Andie wollte die Mädchen eigentlich in den Sommerferien herbringen. Aber dann hätte es plötzlich bei der Planung *geruckelt*. So hat sie sich ausgedrückt: *geruckelt*.«

Janice putzt ihre Brille mit einer bestickten Serviette von Mary Ann. »Wirklich, Barb?«

»Seit Thanksgiving sind sie nicht mehr hier gewesen! Über Weihnachten waren sie mit den Kindern in *Las Vegas*. Das ist doch unglaublich! Wer verbringt denn bitte die Feiertage in *Las Vegas*?« Barb betont den Namen der Stadt, um ihre Verachtung zum Ausdruck zu bringen.

Janice und Mary Ann schütteln den Kopf, Tova nimmt sich noch einen Keks. Während Barb eine Geschichte über die Familie ihrer Tochter erzählt, die zwei Stunden entfernt in Seattle lebt, nicken die anderen Frauen. Man könnte glatt meinen, Seattle liege auf der anderen Seite des Erdballs, wenn man hört, wie selten Barb ihre Kinder sieht.

»Ich habe ihr gesagt, dass ich meine Enkel bald wieder in die Arme nehmen will. Weiß Gott, wie lange ich noch da bin …«

Janice seufzt. »Ist gut, Barb.«

»Entschuldigt mich kurz.« Tova schiebt ihren Stuhl übers Linoleum, sie geht zur Gästetoilette.

Wie der Name schon sagt, begannen die Stricklieseln als Handarbeitsclub. Vor fünfundzwanzig Jahren trafen sich eine Handvoll Frauen aus Sowell Bay, um Wolle und Strickmuster zu tauschen. Im Laufe der Zeit wurde die Gruppe zu einem Zufluchtsort, an den sie vor ihren zu groß gewordenen Häusern und vor der bittersüßen Leere fliehen konnten, als die Kinder erwachsen wurden und wegzogen. Das war einer der Gründe, warum Tova anfangs nicht mitmachen wollte. Bei ihr war die Leere nicht süß, nur bitter; damals war Erik seit fünf Jahren verschwunden. Die Wunde war noch nicht verheilt, es brauchte nicht viel, um den Schorf abzulösen, und dann blutete es von Neuem.

Der Wasserhahn auf Mary Anns Gästetoilette quietscht beim Zudrehen. Die Themen der Frauen haben sich im Laufe der Jahre nicht groß geändert. Zuerst hieß es: *Wie schade, dass die Uni so weit weg ist*, oder: *Die Kinder melden sich nur noch Sonntagsnachmittags*. Jetzt geht es um die Enkelkinder und Urenkel. Die Frauen haben ihre Mutterschaft immer mit breiter Brust vor sich hergetragen; Tova hingegen behält sie für sich, tief in sich verborgen, wie eine Kugel von einer Schussverletzung. Das ist für sie etwas Persönliches.

Ein paar Tage vor Eriks Verschwinden hatte Tova einen Mandelkuchen zu seinem achtzehnten Geburtstag gebacken. Noch tagelang hielt sich der Marzipanduft im Haus. Bis heute erinnert Tova sich daran, wie er in der Küche hing. Er war wie ein Besuch ohne Anstand, wie jemand, der nicht weiß, wann es Zeit ist zu gehen.

Anfangs nahm man an, Erik sei davongelaufen. Der Letzte, der ihn gesehen hatte, war ein Steward von der Elf-Uhr-Fähre in südlicher Richtung, der letzten Tour des Tages. Er sagte, ihm sei nichts Besonderes aufgefallen. Erik musste das Kassenhäuschen nach Schichtende abschließen, was er auch immer pflichtbewusst tat. Er war sehr stolz darauf, dass man ihm den Schlüssel anvertraut hatte; schließlich war es nur ein Ferienjob. Der Sheriff sagte später, das Kassenhäuschen sei offen gewesen, die gesamten Einnahmen hätten noch in der Kasse gelegen. Eriks Rucksack fand man unter dem Stuhl, zusammen mit seinem tragbaren Kassettenrekorder und den Kopfhörern. Selbst sein Portemonnaie war da. Bevor Fremdverschulden ausgeschlossen werden konnte, spekulierte der Sheriff, Erik hätte vielleicht nur Pause gemacht.

Aber warum sollte er das Häuschen während seiner Schicht verlassen? Das hatte Tova nie verstanden. Will vertrat immer die These, dass ein Mädchen im Spiel gewesen sei, aber davon gab es keine Spur – ebenso wenig von einem Jungen, was das betraf. Eriks Freunde waren sich sicher, dass er damals mit niemandem zusammen war. Sie behaupteten, wenn er eine Freundin gehabt hätte, hätten sie es gewusst. Erik war beliebt.

Eine Woche später fand man das Boot: ein verrostetes altes Segelbötchen, dessen Fehlen niemand in der bescheidenen Marina neben dem Fähranleger bemerkt hatte. Es wurde mit durchtrennter Ankerleine angespült. Eriks Fingerabdrücke waren auf dem Ruder. Eine dünne Beweislage, sagte der Sheriff, aber alles deute darauf hin, dass sich der Junge das Leben genommen habe.

Verbreiteten die Nachbarn.

Stand in der Zeitung.

Alle glaubten es.

Nur Tova nicht. Nicht eine Minute lang.

Blinzelnd schaut sie in den Spiegel auf der Gästetoilette und tupft sich das Gesicht ab. Seit Jahren ist sie mit den Stricklieseln befreundet, aber manchmal fühlt es sich an, als sei sie ein Teil im falschen Puzzle.

Tova holt ihre Tasse aus der Spüle, schenkt sich noch mal Tee ein und setzt sich wieder hin, um sich am Gespräch zu beteiligen. Es geht um den Nachbarn von Mary Ann, der seinen Orthopäden wegen einer verunglückten Operation verklagen will. Die Frauen sind sich einig, dass der Arzt zur Verantwortung gezogen werden muss. Dann bewundern sie die Fotos von Janices kleinem Yorkie Rolo, der oft in der Handtasche mit zu den Strickliesein gebracht wird. Heute musste er allerdings mit einem übersäuerten Magen zu Hause bleiben.

»Armer Rolo«, sagt Mary Ann. »Glaubst du, er hat was Falsches gefressen?«

»Du darfst ihm nichts von deinem Essen geben«, mahnt Barb. »Rick hat unserer Sully hinter meinem Rücken oft die Reste vom Teller zugesteckt. Aber ich habe es immer gemerkt. Oh, wie die Häufchen stanken!«

»Barbara!«, mahnt Mary Ann mit aufgerissenen Augen. Janice und Tova lachen.

»Entschuldigt meine Ausdrucksweise, aber dieser Hund konnte das ganze Haus zustinken. Möge er in Frieden ruhen.« Barb drückt die Hände wie zum Gebet aneinander.

Tova weiß, wie sehr Barb ihre Golden-Retriever-Hündin Sully geliebt hat. Vielleicht mehr als ihren verstorbenen Ehemann Rick. Im letzten Jahr verlor sie beide innerhalb weniger Monate. Tova fragt sich manchmal, ob es besser ist, wenn sich persönliche Tragödien häufen, weil die schon bestehende Trauer dann nur größer wird. Man hat es schneller hinter sich. Aus Erfahrung wusste sie, dass die Abgründe der Verzweiflung ein Ende hatten. Wenn die Seele voll Kummer war, perlte weiteres Leid einfach ab, floss über, so wie der Ahornsirup, den Erik sich samstagsmorgens auf den Pfannkuchen goss, wenn Tova es erlaubte.

Um drei Uhr holen die Strickliesein ihre Jacken und Taschen, um aufzubrechen. Mary Ann nimmt Tova zur Seite.

»Sag bitte Bescheid, wenn du Hilfe brauchst.« Sie legt ihre Hände um Tovas. Mary Anns olivbraune italienische Haut wirkt vergleichsweise jung und glatt. Tovas skandinavische Gene, die in ihrer Jugend so gut zu ihr waren, haben sich im Alter gegen sie verschworen. Schon mit vierzig Jahren war ihr hellblondes Haar grau. Mit fünfzig waren die Falten in ihrem Gesicht wie in Lehm gebrannt. Jetzt sieht Tova manchmal ihr Spiegelbild in einem Schaufenster und merkt, dass sie die Schultern hochzieht. Sie kann kaum glauben, dass das ihr Körper ist.

»Ich versichere dir, dass ich keine Hilfe brauche.«

»Aber wenn dir dieser Job zu viel wird, hörst du auf, ja?«

»Natürlich.«

»Gut.« Mary Ann wirkt nicht überzeugt.

»Vielen Dank für Speis und Trank, Mary Ann.« Tova schlüpft in ihre Jacke und lächelt den dreien zu. »War ein schöner Nachmittag, wie immer.«

Tova streicht übers Armaturenbrett und drückt aufs Gaspedal, damit der alte Automatik noch einen Gang runterschaltet. Stöhnend nimmt der Wagen den Berg.

Mary Ann wohnt in einem breiten Tal, in dem es früher nur Narzissenfelder gab. Tova weiß noch, wie sie als kleines Mädchen hindurchgefahren ist, zusammen mit ihrem großen Bruder Lars auf der Rückbank des alten Packards. Papa am Steuer, Mama daneben mit heruntergedrehter Scheibe, das Kopftuch unterm Kinn festgehalten, damit es nicht davonflog. Tova ließ ihre Scheibe auch hinunter und reckte den Kopf so weit hinaus, wie sie sich traute. Im Tal roch es süßlich nach Mist. Millionen gelber Blüten verschwammen zu einem Meer aus Sonnenschein.

Heute durchzieht ein Schachbrettmuster aus Wohnstraßen das Tal. Alle paar Jahre macht der Landkreis großen Wirbel um die Ausbesserung der Straße, die sich den Hang hinauf windet. Mary Ann schreibt deswegen ständig Briefe an die Verwaltung. Die Straße sei zu steil, behauptet sie, das begünstige die Bildung von Schlammlawinen.

»Nicht zu steil für uns«, sagt Tova, als ihr Wagen den höchsten Punkt überwunden hat.

Auf der anderen Seite hat man einen weiten Blick über den Puget-Sund. Durch die Wolken fällt ein Sonnenstrahl aufs Wasser. Plötzlich reißt die Lücke auf, wie von einer unsichtbaren Hand geöffnet, und taucht das Meer in helles Licht.

»Na, wie find ich das denn?«, sagt Tova und klappt die Sonnenblende hinunter. Blinzelnd biegt sie rechts auf den Sound View Drive, der sich an der Kammlinie entlangzieht. Sie fährt Richtung Heimat.

Endlich Sonne! Tova muss die Blüten ihrer Astern zurückschneiden. Schon seit Wochen dämpft das kühle, feuchte Wetter, selbst für die Verhältnisse am Nordwestpazifik ungewöhnlich, Tovas Begeisterung für die Gartenarbeit. Bei der Vorstellung, endlich loslegen zu können, drückt sie das Gaspedal durch. Vielleicht schafft sie noch vor dem Abendessen das gesamte Blumenbeet.

Zu Hause angekommen, schwebt sie regelrecht durch die Räume in den Garten und nimmt noch ein Glas Wasser mit. Nur kurz bleibt sie stehen, um auf den blinkenden roten Knopf ihres Anrufbeantworters zu drücken. Der Apparat ist ständig voll; irgendwelche Leute versuchen, ihr irgendwas zu verkaufen, dennoch hört Tova immer zuerst die Nachrichten ab. Wie kann man ein rot blinkendes Licht im Hintergrund einfach ignorieren?

Als Erstes spricht jemand, der Spenden sammelt. *Löschen.*

Die zweite Nachricht ist auf jeden Fall ein Betrugsversuch. Wer ist schon so dumm und ruft zurück, um seine Kontonummer durchzugeben? *Löschen.*

Die dritte Nachricht kann nur ein Versehen sein. Unterdrückte Stimmen, dann ein Klicken. Mit dem Hintern gewählt, wie Janice Kim das nennt. Das Risiko, das man eingeht, wenn man sein Handy in die Gesäßtasche steckt. *Löschen*.

Die vierte Nachricht beginnt mit Schweigen. Tova will schon auf die Löschtaste drücken, da meldet sich eine Frauenstimme. »Tova Sullivan?« Sie räuspert sich. »Hier ist Maureen Cochran. Aus dem Pflegeheim Charter Village.«

Mit einem Klirren stellt Tova ihr Wasserglas auf die Arbeitsfläche.

»Wir haben leider eine schlechte Nachricht für Sie ...«

Tova drückt kräftig auf die Taste, um den Apparat zum Schweigen zu bringen. Sie braucht nicht mehr zu hören. Mit dieser Nachricht rechnet sie schon seit einiger Zeit.

Ihr Bruder Lars.

1301. TAG IN GEFANGENSCHAFT

Ich mache es folgendermaßen:

Am oberen Ende meines Beckens ist ein Loch für die Pumpe in der Scheibe. Zwischen dem Pumpengehäuse und dem Glas befindet sich ein Spalt, groß genug, dass ich das Ende eines Tentakels hindurchschieben und das Gehäuse abschrauben kann. Dann treibt die Pumpe im Becken, und das Loch ist offen. Es ist klein. Ungefähr so breit wie zwei oder drei Menschenfinger.

Jetzt kommt der Einwand: *Aber das ist ja winzig! Du bist doch riesengroß!*

Das stimmt, aber ich habe kein Problem damit, meinen Körper so zu verformen, dass er hindurchpasst. Das ist der einfache Part.

Wenn ich draußen bin, rutsche ich an der Scheibe in den Pumpenraum hinunter, der hinter meinem Bassin liegt. Nun beginnt die Herausforderung: Man könnte sagen, die Uhr läuft. Sobald ich das Wasser verlassen habe, bleiben mir achtzehn Minuten Zeit. Dann muss ich zurück sein, sonst bekomme ich »die Konsequenzen« zu spüren. Achtzehn Minuten kann ich außerhalb des Wassers überleben. Diese Information steht natürlich nicht auf dem Schild neben dem Becken. Das habe ich selbst herausgefunden.

Auf dem kalten Betonboden muss ich mich schnell entscheiden, ob ich im Pumpenraum bleiben oder die Tür öffnen will. Jede Wahl hat ihre Vor- und Nachteile.

Wenn ich beschließe, im Pumpenraum zu bleiben, habe ich freien Zugang zu den Becken neben meinem. Leider üben sie nur begrenzte Anziehungskraft auf mich aus. Die Seewölfe kommen schlichtweg nicht in Frage, und zwar aus offensichtlichen Gründen. Diese Zähne! Pazifische Kompassquallen sind mir zu würzig, die Gelbbauch-Schnurwürmer schmecken wie Gummi. Miesmuscheln sind vom Geschmack her irgendwie langweilig, und Seegurken sind zwar köstlich, dennoch muss ich mich zusammenreißen. Wenn ich noch mehr davon fresse, riskiere ich, dass Terry mir auf die Schliche kommt.

Wenn ich hingegen die Tür öffne, kann ich mich im Gang und im großen Becken bedienen. Ein deutlich ansprechenderes Angebot. Doch es hat seinen Preis: Zuerst muss ich mehrere Minuten in das Öffnen der Tür investieren. Da sie schwer ist und wieder zufällt, brauche ich auf dem Rückweg noch mal mehrere Minuten, um sie erneut aufzumachen.

Warum ich sie nicht offen halte?

Nun, das liegt auf der Hand.

Einmal habe ich etwas davorgestellt. Den Hocker, der unter meinem Becken steht. In den gewonnenen Minuten in Freiheit plünderte ich einen Eimer mit frischen Heilbuttstücken, den Terry unter der Klappe des großen Beckens stehen gelassen hatte. (Ich nehme an, dass der Heilbutt als Frühstück für die Haie am nächsten Morgen gedacht war. Aber die dämlichen Tiere sind dermaßen begriffsstutzig. Tut mir also nicht leid.)

Mit dieser trügerischen Muße war es ein fast angenehmer Ausflug. Vielleicht das schönste Erlebnis, seit ich gefangen genommen wurde. Doch als ich zurückkehrte, musste ich etwas feststellen, das ich bis heute nicht verstanden habe: Durch irgendein Ungeschick hatte der Hocker die Tür nicht aufgehalten.

Die Lektion des Tages: Traue keiner offenen Tür.

Als ich sie endlich wieder aufgezogen hatte, schwanden meine Kräfte. »Die Konsequenzen« entfalteten ihre volle Wirkung.

Meine Gliedmaßen bewegten sich langsamer, ich konnte nur noch verschwommen sehen. Mein Mantel wurde schwer und hing schlaff hinunter. Wie durch einen Schleier nahm ich wahr, dass meine Haut einen blassen bräunlich-grauen Farbton angenommen hatte.

Als ich durch den Pumpenraum kroch, fühlte sich der Boden nicht mehr kalt an. Ich nahm keine Temperatur mehr wahr. Irgendwie gelang es meinen schwerfälligen Saugnäpfen, mich ins Becken zu befördern.

Ich drückte meine Tentakel und den Mantel durch die Öffnung. Mittendrin hielt ich inne, schwebte über dem Wasser. Meine Tentakel waren völlig taub, spürten nichts mehr.

Kurz erwog ich, dort zu bleiben. Nichts war auch eine Möglichkeit. Was verbarg sich wohl jenseits des Lebens?

Als das Wasser mich aufnahm, kehrten meine Sinne zurück. Mein Sehvermögen schärfte sich, ich erkannte die vertraute Umgebung meines Beckens. Ich schlang einen Tentakel um die Pumpe und setzte sie wieder ein, um die Lücke zu schließen. Kraftvoll und flink schwamm ich in meine Höhle hinter dem Stein, schleppte meinen Mantel durch das kalte Wasser. Mein Bauch, randvoll mit Heilbutt, war angenehm gefüllt.

Als ich mich anschließend in meiner Höhle ausruhte, pochten meine drei Herzen. Die dumpfen Schläge schlichter Erleichterung. Ein Urinstinkt, ausgelöst von einem unerwarteten Sieg über den Tod. Ich könnte mir vorstellen, dass eine Muschel sich so fühlt, wenn sie sich vor meinem zuschnappenden Schnabel im Sand vergraben kann. Wenn man dem Schicksal getrotzt hat, wie Menschen es nennen.

Die Konsequenzen. Es war nicht das einzige Mal, dass ich sie erfahren habe. Auch bei anderen Gelegenheiten habe ich die Grenzen meiner Freiheit ausgereizt. Doch nie wieder habe ich versucht, ein paar Minuten mehr herauszuschinden, indem ich die Tür offen halte.

Ich muss nicht extra erklären, dass Terry nichts von diesem Spalt ahnt. Außer mir weiß niemand davon. Und da ich möchte, dass es so bleibt, bedanke ich mich schon im Voraus für die Verschwiegenheit aller, die es hier lesen.

Mir wurde die Frage gestellt, ich habe geantwortet.

So ist das.

Der Wohnpark Welina ist was für Liebhaber

Cameron Cassmore späht mit zusammengekniffenen Augen durch die Windschutzscheibe, so erbarmungslos knallt die Sonne vom Himmel. Er hätte seine Sonnenbrille aufsetzen sollen. Zu dieser unchristlichen Stunde um neun Uhr am Samstagmorgen mit einem dicken Kater nach Welina zu fahren … uargh. Durstig greift er zu der offenen Dose im Becherhalter von Brads Pick-up und trinkt einen Schluck. Uargh, ein abartiger Energydrink. Mit einem Geräusch des Ekels spuckt Cameron die Flüssigkeit aus dem Fenster und wischt sich den Mund mit dem Hemdärmel ab, dann zerdrückt er die Dose und wirft sie auf den Beifahrersitz.

»Um was musst du dich kümmern?«, hatte Brad mit müden Triefaugen gefragt, als Cameron ihn gebeten hatte, ihm den Wagen zu leihen. Nach der improvisierten Wahnsinns-Metal-Show ihrer Band Moth Sausage in Dell's Saloon am Vorabend hatte Cameron bei Brad und Elizabeth auf der Couch übernachtet.

»Um eine Clematis«, hatte Cameron geantwortet. Aus dem panischen Anruf seiner Tante Jeanne hatte er entnommen, dass der bescheuerte Wohnparkbesitzer ihr wieder wegen der Kletterpflanze in den Ohren lag. Letztes Mal war es so weit gekommen, dass der Vermieter damit drohte, Tante Jeanne wegen des Rankgerüsts zwangsräumen zu lassen.

»Was zur Hölle ist eine Clematis?« Ein leichtes Grinsen umspielte Brads Mundwinkel. »Klingt irgendwie heiß.«

»Das ist 'ne Pflanze, du Penner!« Cameron hatte sich nicht die Mühe gemacht zu erklären, dass es sich um eine blühende, mehrjährige Kletterpflanze aus der Familie der Hahnenfußgewächse handelte. Ursprünglich aus China und Japan, war sie in der viktorianischen Zeit nach Westeuropa gelangt und wurde für die Fähigkeit geschätzt, Gerüste zu begrünen.

Warum konnte er sich solchen Blödsinn merken? Wenn er doch nur das nutzlose Wissen aus dem Kopf bekäme, das seine Gedanken blockierte! Als Cameron auf den Highway fährt, der ihn zu Tante Jeannes Wohnpark bringt, gibt er Gas und lässt alle Scheiben runter, um sich eine Zigarette anzuzünden. Normalerweise raucht er nicht mehr, nur wenn er sich scheiße fühlt; und an diesem Vormittag fühlt er sich wie ein riesengroßes Stück Scheiße. Der Qualm weht aus dem Fenster und löst sich über dem flachen, verstaubten Ackerland von Merced Valley auf.

In Tante Jeannes Garten wiegen sich Maßliebchen im Wind. Sie hat noch ein paar große Büsche mit weißen Blüten, ein blinkendes gitterartiges Netz und einen Brunnen, der mit sechs DD-Batterien läuft. Das weiß Cameron, weil seine Tante ihn gefühlt bei jedem Besuch darum bittet, die Batterien auszutauschen.

Und sie hat Frösche. Überall Frösche. Kleine Zementfrösche mit Rissen, in denen Moos wächst, Frösche als Blumentöpfe, eine Stars-and-Stripes-Windhose an einem rostigen Mast, dekoriert mit drei grinsenden, patriotisch in Rot, Weiß und Blau gekleideten Fröschen.

Weihnachtsfrösche.

Wenn es im Wohnpark Welina einen Preis für den schönsten Garten gäbe, wäre Tante Jeanne auf jeden Fall eine heiße Kandidatin. Nein, sie würde gewinnen. Das Auffälligste an ihrem mustergültigen Garten ist der absolute Gegensatz zu dem Chaos im Trailer, das Cameron nur zu gut kennt.

Die Verandastufen quietschen unter seinen Arbeitsstiefeln. Ein Blatt Papier klemmt hinterm Griff der Insektengittertür. Cameron nimmt es heraus und schielt darauf: ein Flyer für die Bingo-Meisterschaft im Trailerpark. Er zerknüllt die Einladung und stopft sie in die Hosentasche. Nie im Leben würde Tante Jeanne zu so einer albernen Veranstaltung gehen. Die gesamte Anlage ist furchtbar. Schon der Name: *Welina*. Das heißt »willkommen« auf Hawaiianisch. Dabei könnte Hawaii nicht weiter weg sein.

Gerade will Cameron auf die Klingel drücken, natürlich in der Form eines Frosches, da hört er Geschrei hinter dem Trailer.

»Wenn Sissy Baker, diese blöde Kuh, sich um ihren eigenen Mist kümmern würde, käme sie nicht auf solche bescheuerten Ideen, oder?«, dröhnt Tante Jeanne, und Cameron kann sich gut vorstellen, wie sie da in ihrem grauen Lieblingssweatshirt steht, die Hände in die breiten Hüften gestützt, und finster dreinschaut. Als er um den Trailer herumgeht, muss er ungewollt grinsen.

»Jeanne, bitte, das müssen Sie doch verstehen!« Die Stimme des Wohnparkinhabers ist leise und gönnerhaft. Jimmy Delmonico. Wirklich ein Schlappschwanz erster

Güte. »Die anderen Bewohner bekommen Angst, wenn sie von Schlangen hören. Das verstehen Sie doch, oder?«

»Hier sind aber keine Schlangen! Wieso bilden Sie sich überhaupt ein, mir erzählen zu können, was ich mit meinem Busch machen soll?«

»Es gibt Vorschriften, Jeanne.«

Cameron marschiert hinter den Trailer. Delmonico sieht Tante Jeanne empört an, die tatsächlich ihren grauen Sweater trägt. Mit rotem Gesicht hält sie eine Handvoll dichter Ranken hoch, die das hinten an ihrem Trailer angebrachte Spalier überziehen. Ihr Gehstock, auf dessen oberes Ende ein verblasster grüner Tennisball geklemmt ist, lehnt an der Außenwand.

»Cammy!«

Tante Jeanne ist der einzige Mensch auf der Welt, der Cameron so nennen darf.

Er trottet zu ihr hinüber und grinst, als sie ihn kurz an sich drückt. Wie immer riecht sie nach abgestandenem Kaffee. Dann wendet er sich mit ernstem Gesicht an Delmonico. »Wo ist das Problem?«

Tante Jeanne schnappt sich ihren Stock und weist damit anklagend auf den Wohnparkbesitzer. »Cammy, sag ihm, dass ich keine Schlangen in meiner Clematis habe! Er will, dass ich sie rausreiße! Und das nur, weil Sissy Baker behauptet, sie hätte da was gesehen. Dabei weiß jeder, dass die alte Eule so gut wie blind ist!«

»Sie haben es gehört: Da sind keine Schlangen drin«, sagt Cameron mit fester Stimme und weist mit dem Kopf auf die üppig rankende Pflanze, die seit seinem letzten Besuch förmlich explodiert ist. Wie lange ist das her? Einen Monat?

Delmonico zwickt sich in den Nasenrücken. »Freut mich, Sie wiederzusehen, Cameron.«

»Ganz meinerseits.«

»Hören Sie, das steht so in der Satzung des Wohnparks.« Delmonico seufzt. »Wenn sich ein Anwohner beschwert, bin ich verpflichtet, der Angelegenheit auf den Grund zu gehen. Und Missus Baker hat behauptet, sie hätte eine Schlange gesehen. Und zwar genau in dem Busch da. Da hätten sie zwei gelbe Augen angeblinzelt.«

Cameron lacht höhnisch. »Dann muss sie lügen.«

»Muss sie«, echot Tante Jeanne und wirft Cameron aus dem Augenwinkel einen fragenden Blick zu.

»Ach, ja?« Delmonico verschränkt die Arme vor der Brust. »Missus Baker ist seit vielen Jahren ein angesehenes Mitglied dieser Gemeinschaft.«

»Sissy Baker ist wirklich nicht mehr ganz richtig im Kopf!«

»Cammy!« Vorwurfsvoll schlägt Tante Jeanne ihm auf den Arm. Seine saftige Ausdrucksweise stammt von der Frau, die ihm beim Lernen des Alphabets beibrachte, es heiße »A wie Arsch.

»Wie bitte?« Delmonico lupft seine Brille.

»Schlangen können nicht blinzeln.« Cameron verdreht die Augen. »Geht gar nicht. Sie haben keine Augenlider. Schlagen Sie's nach.«

Der Wohnparkbesitzer will etwas sagen, schließt den Mund aber wieder.

»Fall erledigt. Nix mit Schlangen.« Cameron verschränkt die Arme, die mindestens doppelt so breit wie Delmonicos sind. In letzter Zeit war im Fitnessstudio öfter Bizepstag.

Delmonico sieht tatsächlich aus, als würde er gern gehen. Mit Blick auf seine Schuhe brummt er: »Auch wenn das stimmt, das mit den Schlangen und den Augenlidern … Es gibt Vorschriften. Beschwert euch deswegen beim Landkreis, wenn ihr wollt, aber wenn ich einen Hinweis bekomme, dass eine meiner Parzellen von Schädlingen befallen ist …«

»Ich habe doch gesagt, hier gibt es keine Schlangen!« Tante Jeanne wirft die Hände in die Luft. Ihr Gehstock landet auf dem Rasen. »Sie haben meinen Neffen gehört. Keine Augenlider! Wissen Sie, um was es in Wirklichkeit geht? Sissy Baker ist neidisch auf meinen Garten!«

»Ja, Jeanne.« Delmonico hebt Einhalt gebietend die Hand. »Wir wissen alle, dass Sie einen wunderschönen Garten haben.«

»Sissy Baker lügt, und sie ist blind!«

»Das mag sein, wie es wolle, aber es gibt Sicherheitsvorschriften. Und wenn irgendwo eine gefährliche Situation entsteht …«

Cameron macht drohend einen Schritt auf Delmonico zu. »Ich glaube nicht, dass hier irgendwer jemanden gefährden will.« Eigentlich blufft er. Cameron hasst Prügeleien. Aber das muss dieser Hampelmann ja nicht wissen.

Delmonico erschreckt sich fast wie eine Comicfigur, klopft auf seine Tasche und zieht dann umständlich sein Handy hervor. »Hey, tut mir leid. Da muss ich drangehen.«

Cameron schmunzelt. Der alte Telefontrick. Der Typ ist echt armselig.

»Schneiden Sie den Strauch einfach ein bisschen zurück, Jeanne, ja?«, ruft er auf dem Kiesweg über die Schulter.

Cameron braucht fast eine ganze Stunde, um die Clematis zu beschneiden. Auf einer wackligen Trittleiter stehend, führt er Tante Jeannes pingelige Anweisungen aus: »Da noch ein bisschen«, »Nein, nicht so viel!«, »Mach links was weniger!«, »Nein, ich meinte rechts. Ach, nee, doch links.« Seine Tante sammelt die abgeschnittenen Zweige und violetten Blüten in einem Gartenmüllsack.

»Stimmt das eigentlich mit den Schlangen, Cammy?«

»Ja, klar.« Er steigt die Leiter hinunter.

Tante Jeanne runzelt die Stirn. »Also, in meiner Clematis sind wirklich keine Schlangen, oder?«

Während Cameron die Handschuhe auszieht, wirft er ihr einen Seitenblick zu. »Hast du da schon mal eine entdeckt?«

»Ähm, nein …«

»Na, siehst du!«

Tante Jeanne lacht, öffnet die Hintertür ihres Trailers und schiebt mit ihrem Gehstock einen Stapel Zeitungen hinein. »Bleib noch ein bisschen, Schatz. Willst du einen Kaffee? Tee? Whiskey?«

»Whiskey, dein Ernst?« Es ist noch keine zehn Uhr morgens. Bei dem Gedanken an Alkohol zieht sich Camerons Magen zusammen. Er duckt sich unter dem Türrahmen hindurch und gewöhnt sich drinnen blinzelnd an das trübe Licht. Angesichts des Zustands im Trailer stößt er einen Seufzer der Erleichterung aus. Ja, es ist schlimm. Aber nicht schlimmer als beim letzten Mal. Eine Zeitlang hatte er den Eindruck, als würde sich der Müll vermehren wie eine Schar Karnickel.

»Also einfach einen Kaffee«, sagt Tante Jeanne augenzwinkernd. »Du wirst alt, Cammy. Macht keinen Spaß mehr mit dir!«

Er grummelt etwas vor sich hin von wegen, er hätte am Vorabend zu viel Spaß gehabt, und Tante Jeanne nickt wie immer leicht amüsiert. Sie merkt natürlich, dass er an diesem Morgen in den Seilen hängt. Vielleicht wird er wirklich alt. Bisher ist dreißig echt Scheiße.

Um an die Kaffeemaschine zu gelangen, schiebt seine Tante das Durcheinander aus Kartons und Papier auf der winzigen Arbeitsfläche zur Seite. Cameron nimmt ein Taschenbuch von einem Berg Müll, unter dem ein klappriger kleiner Schreibtisch fast verschwindet. Ein uralter Computer summt in den Tiefen des Tohuwabohus. Das Büchlein ist ein Liebesroman, einer von der Sorte, wo ein muskulöser Mann mit nacktem Oberkörper auf dem Cover abgebildet ist. Cameron legt das Taschenbuch zurück, und der Stapel kippt um.

Wann ging das los? Tante Jeanne sagt, sie würde halt Sachen sammeln. In Camerons Kindheit war sie anders. Manchmal fährt er in Modesto, wo er aufgewachsen ist, durch die Gegend, vorbei an dem kleinen Häuschen, in dem sie ihn aufzog. Da war immer alles sauber. Vor ein paar Jahren hat sie es verkauft, um die Arztrechnungen aus dem Sommer davor bezahlen zu können. Es stellte sich heraus, dass es ein Vermögen kostet, wenn man auf dem Parkplatz von Dell's Saloon umgeschubst wird, und das war nicht mal Tante Jeannes Schuld. Irgendwelche Arschlöcher vom Land machten Ärger, und sie wollte nur, dass sich alle ein bisschen beruhigten. Unbeabsichtigt bekam sie einen Schlag an die Schläfe, fiel hin und lag dann reglos auf dem Pflaster. Eine schlimme Gehirnerschütterung, eine gebrochene Hüfte, monatelange Physio- und Ergotherapie. Um seine Tante zu pflegen, ließ Cameron eine gute Stelle bei einer Renovierungsfirma sausen, wo er eventuell eine Ausbildung hätte machen können. Er schlief auf ihrer Couch, damit sie nicht vergaß, ihre Medikamente zu nehmen, fuhr sie zu dem Spezialisten für Kopfverletzungen in Stockton und holte sie wieder ab. Jeden Nachmittag drückte er lautlos die Verandatür auf und fing den Postboten ab, damit sie nicht mitbekam, wenn eine neue Rechnung eintrudelte. Sein armseliges Sparkonto hielt ihnen die Geldeintreiber eine Weile vom Leib.

Als Tante Jeanne das Haus letztlich verkaufen musste, war sie gerade zweiundfünfzig geworden, das Mindestalter für den Trailerpark Welina. Aus Gründen, die Cameron bis heute nicht versteht, beschloss seine Tante nicht etwa, sich ein kleines Apartment zu leisten, sondern kaufte von dem übrig gebliebenen kleinen Geldbetrag diesen Trailer und zog her. War das der Punkt, wo sie mit dem Sammeln anfing? Ist diese Müllhalde von Campingplatz der Grund dafür, dass es bergab ging?

Tante Jeanne stellt zwei dampfende Kaffeebecher auf den Tisch und macht Cameron ein Zeichen, sich neben sie aufs Sofa zu setzen. Dabei erzählt sie, dass Sissy Baker sie seit einem Missverständnis beim letzten Sommerfest eh auf dem Kieker habe (Cameron fragt nicht näher nach).

»Und, wie war's auf der Arbeit?«

Cameron zuckt mit den Schultern.

»Haben sie dich wieder rausgeschmissen?«

Er antwortet nicht.

Tante Jeanne kneift die Augen zusammen. »Cammy! Du weißt genau, dass ich unten in der Verwaltung meine Beziehungen hab spielen lassen, damit du eine Stelle bei dem großen Bauprojekt bekommst.« Tante Jeanne sitzt halbtags am Empfang der Bezirksverwaltung. Schon seit Jahren. Natürlich kennt sie da jeden. Und es stimmt, es war ein großes Bauvorhaben, ein Büropark am Stadtrand. Egal, Cameron war am zweiten Tag nur lächerliche zehn Minuten zu spät, und dieses Arschloch von Vorarbeiter sagte, er könne sich verziehen. Doch nicht Camerons Schuld, dass der Vorarbeiter nicht das kleinste bisschen Verständnis hatte!

»Ich hab dich nicht gebeten, deine Beziehungen spielen zu lassen«, brummt er und erklärt, was passiert ist.

»Das heißt, du hast es verbockt. So richtig. Und jetzt?«

Cameron zieht einen Schmollmund. Tante Jeanne sollte eigentlich auf seiner Seite stehen. Schweigen macht sich zwischen ihnen breit; sie trinkt einen Schluck Kaffee. Auf ihrem Becher tanzen Comicfrösche, darüber steht in knallroten Buchstaben: »WHO LET THE FROGS OUT?« Cameron schüttelt den Kopf und versucht, das Thema zu wechseln. »Deine neue Flagge draußen ist cool.«

»Ja?« Ein klein wenig erhellt sich ihr Gesicht. »Hab ich in einem Katalog gefunden und bestellt.«

Cameron nickt. Das überrascht ihn nicht.

»Wie geht's Katie?«, fragt Tante Jeanne.

»Gut«, sagt Cameron heiter. Tatsächlich hat er seine Freundin nicht mehr gesehen, seit er ihr am Vortag, als sie zur Arbeit fuhr, einen Abschiedskuss gab. Eigentlich wollte sie sich den Auftritt von Moth Sausage ansehen, bekam dann aber Kopfschmerzen, und Cameron war länger als geplant unterwegs und übernachtete schließlich bei Brad. Trotzdem geht's Katie gut. Sie gehört zu den Mädels, die nie Probleme haben, denen es immer gut geht.

»Sie ist ein guter Fang.«

»Ja, sie ist super.«

»Ich wünsche mir nur, dass du glücklich bist.«

»Bin ich.«

»Und es wäre schön, wenn du einen Job mal länger als zwei Tage behalten könntest.«

Na super, schon wieder. Cameron schaut finster drein und reibt sich das Gesicht. Hinter seinen Augen pocht es. Wäre wahrscheinlich gesünder, wenn er Wasser trinken würde.

»Du bist so intelligent, Cammy, so verdammt clever …«

Er steht vom Sofa auf und guckt aus dem Fenster. Nach einer langen Minute sagt er: »Tja, für Intelligenz wird man bloß nicht bezahlt.«

»Bei dir sollten sie eine Ausnahme machen.« Tante Jeanne klopft auf den Platz neben sich auf dem Sofa. Cameron lässt sich darauf sacken und lehnt seinen dröhnenden Kopf an ihre Schulter. Er liebt seine Tante Jeanne, natürlich. Aber sie versteht ihn einfach nicht.

Keiner in der Familie weiß, woher Cameron seine Intelligenz hat. Und mit Familie sind er und Tante Jeanne gemeint. Das ist seine gesamte Verwandtschaft.

An das Gesicht seiner Mutter kann er sich kaum erinnern. Er war neun Jahre, als Tante Jeanne ihn bei ihr abholte. Seine Mutter hatte gesagt, er solle seine Tasche packen, er würde das Wochenende bei seiner Tante verbringen. Das war nichts Ungewöhnliches. Cameron übernachtete öfter bei Tante Jeanne. Aber diesmal holte seine Mutter ihn nicht wieder ab. Er erinnert sich daran, wie sie ihn zum Abschied an sich drückte und tintige Tränen über ihr geschminktes Gesicht liefen. Mit seltener Klarheit weiß er noch, wie knochig sich ihre Arme anfühlten.

Aus dem Wochenende wurde eine Woche, dann ein Monat. Schließlich ein Jahr.

Irgendwo in ihrem vollgestopften Kramschrank bewahrt Tante Jeanne die Keramikteile auf, die seine Mutter als Kind gesammelt hat. Herzen, Sterne, Tiere. Auf einigen steht ihr Name: Daphne Ann Cassmore. Immer mal wieder fragt seine Tante, ob er die Gegenstände haben wolle, und jedes Mal verneint Cameron. Was soll er mit dem alten Mist, wenn seine Mutter nicht lange genug clean bleiben konnte, um sich um ihn zu kümmern?

Zumindest weiß Cameron, von wem er das Katastrophen-Gen geerbt hat.

Tante Jeanne beantragte das alleinige Sorgerecht für ihn, was ihr umgehend gewährt wurde. Es sei deutlich besser, wenn Cameron bei einer Verwandten sei, als wenn er »ins System komme«, sagte die zuständige Frau beim Jugendamt leise, daran erinnert er sich noch.

Tante Jeanne war zwölf Jahre älter als Daphne, hatte nie geheiratet und keine eigenen Kinder. Für sie war Cameron immer das Gottesgeschenk, das sie sich nicht zu träumen erhofft hatte.

Seine Kindheit bei Tante Jeanne war gut. Sie war anders als die Mütter seiner Freunde. Wer würde vergessen, wie sie Halloween in einem Freddy-Krueger-Kostüm zum Umzug seiner Grundschule kam? Doch irgendwie funktionierte es.

In der Schule kam Cameron gut mit. Dort lernte er erst Elizabeth, dann Brad kennen. Manchmal hörte er Leute sagen, für ein Kind mit seinen Voraussetzungen sei er erstaunlich gut integriert.

Und sein Vater? Möglicherweise hat Cameron die Intelligenz von ihm.

Was seinen Vater angeht, ist alles möglich. Weder er noch Tante Jeanne haben eine Ahnung, wer es sein könnte. Als Cameron klein war und noch nicht verstand, woher Babys kommen und dass mindestens ein Samenspender nötig ist, glaubte er immer, er hätte einfach keinen Vater.

»Wenn ich an die Leute denke, mit denen deine Mutter sich rumgetrieben hat, bist du ohne ihn wahrscheinlich besser dran«, sagt Tante Jeanne immer, wenn sie auf das Thema zu sprechen kommen. Doch das hat Cameron nie geglaubt. Er ist überzeugt, dass seine Mutter clean war, als er geboren wurde. Er hat Fotos von ihr, auf denen sie ihm auf einer Schaukel im Park Schwung gibt und die Haare ihr in weichen braunen Locken auf die Schultern fallen. Die Probleme und die Drogen kamen erst später, davon ist Cameron überzeugt.

Sie kamen seinetwegen.

Tante Jeanne will aufstehen. »Noch was Kaffee, Schätzchen?«

»Bleib sitzen, ich hole die Kanne«, sagt Cameron und versucht, seine Kopfschmerzen abzuschütteln. Vorsichtig bahnt er sich den Weg durch den Unrat in die Küche.

Als er die beiden Becher vollschenkt, ruft Tante Jeanne vom Sofa: »Sag mal, wie geht's eigentlich Elizabeth Burnett? Das Kind kommt doch Ende des Sommers, oder? Vor ein paar Tagen habe ich ihre Mutter beim Tanken getroffen, aber wir hatten keine Zeit, uns zu unterhalten.«

»Ja, Elizabeth platzt bald. Aber es geht ihr gut. Ihr und

Brad, beiden.« Cameron gibt Kaffeesahne in die Becher, die weiße Schlieren bildet.

»Sie war immer so ein süßes Mädchen. Habe nie verstanden, warum sie Brad genommen hat und nicht dich.«

»Tante Jeanne!«, stöhnt Cameron. Er hat ihr schon tausend Mal erklärt, dass es mit Elizabeth einfach nicht passte.

»Mein ja nur.«

Cameron, Brad und Elizabeth waren in ihrer Jugend die besten Freunde: die drei Musketiere. Jetzt sind die anderen beiden verheiratet und bekommen ein Kind. Cameron ist durchaus klar, dass das Kleine bei Brad und Elizabeth seinen Platz als dritter im Bunde einnehmen wird.

»Apropos Brad, ich muss los. Er braucht seinen Pick-up heute Mittag zurück.«

»Oh! Eins noch!« Mit Mühe stemmt sich Tante Jeanne von der Couch hoch und stützt sich auf ihren Stock. Cameron will ihr helfen, doch sie scheucht ihn zur Seite.

Eine gefühlte Stunde wühlt sie in dem Gerümpel nebenan herum. Cameron kann sich nicht zusammenreißen und kontrolliert einen Stapel Papier auf dem Tisch. Alte Stromrechnungen (zum Glück bezahlt), eine aus der Fernsehzeitung (so was gibt es noch?) gerissene Seite und ein Schwung Entlassungspapiere von der Ambulanz im Drugstore, an deren oberstes Blatt ein Rezept geheftet ist. Mist, das ist was Persönliches. Doch bevor Cameron die Papiere weglegen kann, registriert er ein Wort auf dem Rezept. Seine Wangen laufen rot an. Das kann doch nicht sein!

Tante Jeanne hat Chlamydien?

Der Gehstock nähert sich dem Wohnzimmer. Schnell

will Cameron die Papiere zurücklegen, doch zu seinem Entsetzen beginnt der Stapel zu wanken. So hält er das Blatt mit der Diagnose in der Hand, wo es wie eine ansteckende Krankheit haftet, als seine Tante hereinkommt.

»Ach das!« Lässig zuckt sie mit den Schultern. »Das weiß hier eh jeder.«

Innerlich zieht sich alles in Cameron zusammen. Er muss schlucken. »Also, das ist kein Spaß, Tante Jeanne. Ich bin froh, dass du dich behandeln lässt.«

»Natürlich!«

»Wäre vielleicht gut, wenn du dich … ähm … schützt?« Führt er tatsächlich gerade dieses Gespräch mit seiner Tante?

»Also, ich hab ja nichts gegen Gummis, aber Wally Perkins, der will einfach nicht …«

»Sei leise! Ich will es nicht wissen.«

Seine Tante schmunzelt. »Das ist die gerechte Strafe fürs Rumschnüffeln.«

»Du hast recht.«

»Egal. Es geht um das hier.« Mit ihrem Pantoffel stößt sie gegen einen Karton, den Cameron noch nicht bemerkt hat. »Da sind Sachen von deiner Mutter drin. Ich dachte, die willst du vielleicht haben.«

Er steht auf. »Nein, danke«, sagt er, ohne den Karton eines zweiten Blickes zu würdigen.

1301. TAG
IN GEFANGENSCHAFT

Aktuell wiege ich siebenundzwanzig Kilo. Ich bin ein strammer Kerl.

Wie immer begann die Untersuchung mit dem Eimer. Dr. Santiago nahm den Deckel von meinem Becken und ließ den großen gelben Eimer hineinsinken. Darin lagen sieben Jakobsmuscheln. Dr. Santiago manövrierte meinen Mantel mit ihrem Netz über den Rand, auch wenn das überflüssig war. Für frische Jakobsmuscheln wäre ich freiwillig in den Eimer gegangen.

Süß sickerte die Betäubung in mich hinein. Meine Tentakel wurden schlaff. Meine Augen schlossen sich.

Meine erste Begegnung mit dem Eimer ist schon lange her. Es war am dreiunddreißigsten Tag meiner Gefangenschaft. Damals hat mir das Gefühl Angst gemacht. Mittlerweile genieße ich die Zeit im Eimer. Wenn ich darin bin, empfinde ich absolutes Nichts, was fast in jeder Hinsicht angenehmer ist, als alles mitzubekommen.

Dr. Santiago trug mich zum Tisch, meine Arme schleiften über den Beton. Sie hievte mich wie ein Päckchen auf die Waage und staunte: *Ho, so ein strammer Kerl!*

Wie viel?, fragte Terry und knuffte mich mit seinen großen braunen Händen, die immer nach Makrele riechen.

Über eins Komma drei Kilo mehr als letzten Monat, erwiderte Dr. Santiago. *Bekommt er anderes Futter?*

Nicht dass ich wüsste, aber ich kann noch mal nachsehen, antwortete Terry.

Ja, bitte. So eine Gewichtszunahme ist anormal, gelinde ausgedrückt.

Was soll ich dazu sagen? Ich bin eben ein ganz besonderes Kerlchen.

Trüber Juni

Heute hilft im Shop-Way ein neuer Mitarbeiter beim Einpacken.

Als der junge Mann die Erdbeer- und Orangenmarmelade nebeneinander in die Tüte stellt, presst Tova die Lippen aufeinander. Die Gläser klirren unheilvoll, während er den Rest verstaut: Kaffeebohnen, grüne Weintrauben, Tiefkühlerbsen, eine Honigflasche in Bärenform, eine Packung Kosmetiktücher. Die weichen mit Lotion. Die teure Sorte. Anfangs kaufte Tova sie für Will, als er im Krankenhaus lag, wo die Papiertücher wie Schmirgelpapier waren. Jetzt hat sie sich zu sehr an sie gewöhnt, um wieder zu einer günstigeren Marke zu wechseln.

»Die brauche ich nicht, meine Liebe«, sagt Ethan Mack, als Tova ihm ihre Kundenkarte hinhält. Der Kassierer ist ein redseliger alter Knabe mit starkem schottischen Akzent, dem tatsächlich der ganze Laden gehört. Er klopft sich mit dem schwieligen Fingerknöchel an die graue Schläfe und grinst. »Alles hier abgespeichert. Kaum warst du hier, hab ich deine Nummer eingegeben.«

»Danke, Ethan.«

»Gern.« Er reicht Tova den Bon und lächelt wie immer leicht schief, aber freundlich.

Tova überfliegt die Quittung, um sich zu vergewissern, dass die Marmelade mit dem jeweiligen Rabatt gebongt wurde. Da ist sie: die zweite zum halben Preis. Tova hätte es nicht zu kontrollieren brauchen. Ethan hat alles im Griff. Seit er vor ein paar Jahren nach Sowell Bay zog und den Shop-Way übernahm, hat sich der Service im Supermarkt deutlich verbessert. Wird nicht lange dauern, bis Ethan seiner neuen Aushilfe gezeigt hat, wie man die Tüten richtig bepackt. Tova steckt den Kassenzettel in ihre Handtasche.

»Das ist'n Juni, was?« Ethan lehnt sich zurück und verschränkt die Arme vor dem Bauch. Es ist nach zehn Uhr abends. Es steht niemand an der Kasse, der neue Mitarbeiter hat sich auf die Bank neben der Feinkosttheke gesetzt.

»Hat viel geregnet«, stimmt Tova zu.

»Du kennst mich ja, so'n bisschen. Wasser stört mich nicht. Bin ja nicht aus Zucker. Aber ich hab echt schon vergessen, wie die Sonne aussieht.«

»Da hast du recht.«

Ethan glättet die gesammelten Bons und ordnet sie zu weißen Stapeln. Sein Blick bleibt an dem runden Saugnapfabdruck an Tovas Handgelenk hängen, an dem violetten Kreis, der kaum verblasst ist, seit der Krake sie dort gepackt hat. Ethan räuspert sich. »Tova, mein Beileid zum Tod deines Bruders.«

Sie senkt den Kopf und schweigt.

Ethan fügt hinzu: »Wenn du irgendwas brauchst, musst du's nur sagen.«

Sie sieht ihm in die Augen. Tova kennt Ethan seit Jahren; der Mann gibt sich nicht gerade Mühe, Tratsch aus dem Weg zu gehen. Tova hat noch keinen über sechzigjährigen Mann gekannt, der so gerne klatscht und lästert. Daher weiß Ethan mit Sicherheit, dass sie und ihr Bruder sich voneinander entfremdet hatten. In bedächtigem Tonfall sagt sie: »Lars und ich standen uns nicht besonders nahe.«

Hatten sie sich je nah gestanden? Früher auf jeden Fall. Als Kinder ganz sicher. Als Jugendliche auch noch. Auf Tovas Hochzeit stand Lars neben ihrem Mann Will, beide in grauen Anzügen. Beim anschließenden Empfang hielt Lars eine wunderbare Rede, bei der allen die Tränen kamen, selbst Tovas stoischem Vater. Jahrelang feierten Tova und Will Silvester bei Lars in Ballard, wo sie Reispudding aßen und um Mitternacht mit Sekt anstießen, während der kleine Erik unter einer gehäkelten Decke auf der großen Couch schlief.

Doch nach Eriks Tod änderte sich das. Hin und wieder hakte eine der Stricklieseln bei Tova nach, wollte wissen, was zwischen ihr und Lars vorgefallen sei, dann erwiderte Tova *Eigentlich nichts*, und so war es auch. Es entwickelte sich nach und nach. Kein heftiger Streit, kein Fäusteschütteln oder Brüllen. An einem Silvesterabend rief Lars an und teilte Tova mit, dass Denise und er etwas anderes vorhätten. Seine Frau Denise, zumindest für eine Zeitlang. Wenn Tova und Will zum Essen kamen, lehnte sich Denise gern an die Küchenzeile, während Tova bis zu den Armen im Spülwasser dastand, und beteuerte immer wieder, sie sei *da*, falls Tova *reden* wolle. Als Tova ihrem Bruder gegenüber ihre Verärgerung darüber zum Ausdruck brachte, meinte Lars, es sei ja kein Verbrechen, wenn sich seine Frau Sorgen um seine Schwester mache, selbst wenn sie einander nicht gut kennen würden.

Nach jenem missglückten Jahreswechsel wurde ein Osteressen ausgelassen, dann eine Geburtstagsfeier abgesagt, und ein Treffen zu Weihnachten kam nie über die Phase von »*Wir sollten uns wirklich mal wieder sehen*« hinaus. Aus Jahren wurden Jahrzehnte, und die Geschwister entfremdeten sich.

Ethan nestelt an dem kleinen silbernen Schlüssel herum, der an der Schublade der Kasse baumelt. Leise sagt er: »Trotzdem, ist nun mal Familie.« Mit einer Grimasse lässt er seinen rundlichen Körper auf den Drehstuhl neben der Kasse sacken. Tova hat gehört, dass der Stuhl gut für seinen kaputten Rücken ist. Auf diese Art von Tratsch legt sie eigentlich keinen Wert, aber manchmal bekommt sie ungewollt etwas mit. Die Stricklieseln unterhalten sich gern über solche Themen.

Tova seufzt. *Ist nun mal Familie.* Sie weiß, dass Ethan es gut meint, aber das ist lächerlich. Natürlich ist ihr Bruder Familie, was sollte er sonst sein? Lars war ihr letzter lebender Verwandter. Ein Angehöriger, selbst wenn sie seit Jahren nicht mehr mit ihm gesprochen hat.

»Ich muss los«, sagt sie schließlich. »Mir tun die Füße vom Arbeiten weh.«

»*Aye!* Der Job im Aquarium.« Es klingt, als sei Ethan für den Themenwechsel dankbar. »Grüß die Muscheln von mir!«

Tova nickt ernst. »Mache ich.«

»Sag ihnen, wie gut es ihnen im Vergleich zu ihren Verwandten hier in der Tiefkühltruhe geht.« Ethan weist zum Regal mit den Meeresfrüchten hinten im Laden hinüber, wo es mit Ausnahme von ein paar frisch vor Ort gefangenen Fischen fast nur tiefgekühlte Ware gibt. Mit einem belustigten Funkeln in den Augen stützt Ethan die Ellenbogen auf den Tresen.

Tova wird rot, begreift die Neckerei einen Moment zu

spät. Tova hievt ihre Einkaufstasche hoch. Wie erwartet, rutscht der Inhalt auf eine Seite. Die Marmeladengläser klirren.

Manche Dinge kann man nur auf eine Art richtig machen.

Mit einem nachdrücklichen Blick auf die Aushilfe, die sich auf die Bank neben der Delikatessentheke gefläzt hat und auf dem Handy herumtippt, stellt Tova ihre Tasche noch mal ab und rückt die Orangenmarmelade auf die andere Seite von den Weintrauben. Wie es von Anfang an hätte sein müssen.

Ethan folgt ihrem Blick. Er steht auf und bellt durch den Laden: »Tanner! Musst du nicht die Molkereiprodukte auffüllen?«

Der Junge stopft sich das Handy in die Tasche und marschiert nach hinten ins Lager.

Verstohlen lächelt Tova, weil Ethan so selbstzufrieden wirkt. Als er es merkt, reibt er sich den kurzen drahtigen Bart, der inzwischen fast vollständig weiß ist und nur noch einen rötlichen Stich hat. Für Weihnachten wird Ethan ihn wachsen lassen. Ethan Mack gibt einen sehr überzeugenden schottischen Weihnachtsmann ab. Jeden Samstag im Dezember sitzt er in einem Polyesterkostüm im Gemeindezentrum und lässt sich mit den Kindern der Stadt oder auch mal mit einem kleinen Hund fotografieren. Janice bringt Rolo jedes Jahr zum Nikolaus.

»Kinder brauchen hin und wieder einen kleinen Anstoß«, sagt Ethan. »Aber geht uns wohl allen so.«

»Stimmt.« Tova hebt ihre Einkaufstüte an und wendet sich zum Gehen.

»Wenn du irgendwas brauchst …«

»Danke, Ethan. Sehr lieb von dir.«

»Fahr vorsichtig, ja?«, ruft er noch, als die Türglocke klingelt.

Zu Hause zieht Tova ihre Turnschuhe aus und stellt im Fernsehen Channel Four ein. Die Elf-Uhr-Nachrichten sind nur auf Channel Four zu ertragen. Mit Craig Moreno, Carla Ketchum und der Meteorologin Joan Jennison. Channel Seven ist billiger Schund, und diesen Wichtigtuer Foster Wallace auf Channel Thirteen kann sich wirklich niemand antun! Channel Four ist die einzige vernünftige Alternative.

Die Erkennungsmelodie der Nachrichten dringt in die Küche, wo Tova ihre Einkäufe auspackt. Sie hat nicht viel mitgenommen; der Kühlschrank ist noch voll mit Aufläufen, die die Strickliesеln und andere Wohltäter in der letzten Woche auf ihre Veranda gestellt haben, um sie über den Tod von Lars hinwegzutrösten.

»Meine Güte!«, stöhnt Tova, bückt sich und kramt im überfüllten Kühlschrank herum, um neben einer riesigen Form mit Schinken-Käse-Gratin, die Mary Ann am Vortag gebracht hat, ein wenig Platz für die Weintrauben zu schaffen.

Ein kratzendes Geräusch erschreckt sie. Tova richtet sich auf.

Es kommt von der Veranda. Noch ein Auflauf? Zu dieser Uhrzeit? Tova geht am Wohnzimmer vorbei, wo im Fernseher eine Werbung für eine Lebensversicherung läuft. Die Haustür ist noch offen, weil Tova alle Hände voll hatte. Sie schaut blinzelnd durch die Fliegengittertür und rechnet damit, eine weitere milde Gabe auf der Fußmatte zu entdecken, doch da steht nichts. In der Auffahrt parkt auch kein Auto.

Mit einem Quietschen öffnet sie die Gittertür. »Hallo?«

Erneutes Kratzen. Ein Waschbär? Eine Ratte?

»Wer ist da?«

Zwei gelbe Augen. Dann ein vorwurfsvolles Miauen.

Tova atmet geräuschvoll aus, obwohl sie die Luft nicht bewusst angehalten hat. In der Nachbarschaft gibt es einige streunende Katzen, aber diese graue hat sie noch nie gesehen. Auf den zweiten Blick erkennt Tova, dass es ein Kater ist. Er sitzt auf Tovas Verandatreppe wie ein König auf dem Thron. Das Tier blinzelt und schaut mit eindringlichem Blick zu ihr hoch.

»Was ist?« Tova runzelt die Stirn und wedelt mit der Hand. »Scht!«

Der Kater legt den Kopf schräg.

»Scht, hab ich gesagt!«

Er gähnt.

Tova stemmt die Hände in die Hüften, und das Tier stakst auf sie zu und windet seinen schmalen Körper um ihre Beine. Tova spürt jede einzelne Rippe an ihrem Knöchel.

Sie schnalzt mit der Zunge. »Ich hätte Schinkengratin anzubieten. Was hältst du davon?«

Das Schnurren des Katers wird lauter. Verzweifelter.

»Na, gut. Aber wenn ich dich dabei erwische, dass du meine Blumenbeete als Katzenklo benutzt, dann …« Tova verschwindet im Haus. Cat, wie sie beschließt, das Tier zu nennen, späht durchs Insektengitter.

Auf der Verandaschaukel beobachtet Tova, wie Cat einen riesigen Teller mit kaltem Schinken, Käse und Kartoffeln verschlingt. Wenn Tova Mary Ann die Auflaufform zurückgibt, wird sie ihr nicht verraten, wem es so gut geschmeckt hat.

»Na, ich lass dich mal in Ruhe.« Tova nimmt sich vor, die Form am nächsten Morgen wieder reinzuholen, geht ins Haus und schließt die Tür hinter sich. Die Werbepause in den Nachrichten ist vorbei.

»So, Carla, ich kann's kaum erwarten, dass wir hier in Seattle Sommerwetter bekommen«, sagt Craig Moreno schmunzelnd im Wohnzimmer.

»Und ich erst mal, Craig!« Carla Ketchum lacht glucksend. Gleich wird sie ihren Unterarm auf den Tisch legen und in die Kamera strahlen, um sich dem Kollegen zuzuwenden. Sie trägt mit Sicherheit Blau. Offenbar glaubt sie, dass es ihr gut steht. Und weil es heute geregnet hat, wird sie ihre blonden Haare nicht als glatten Bob tragen, sondern gewellt. Das alles kann Tova in der Küche natürlich nicht sehen, aber sie weiß es trotzdem.

»Mal schauen, was Joan dazu zu sagen hat. Nach der Werbung!«

Jetzt wird die Kamera wieder auf Craig Moreno schwenken. Wenn er Joans Namen ausspricht, steigt seine Stimme eine Nuance höher. Das ist seit ein paar Wochen so. Wahrscheinlich hat er seitdem eine Beziehung mit der Wetterfrau.

Tova bleibt nicht, um sich die Wettervorhersage anzuhören. Das ist nicht nötig: Es wird bewölkt und regnerisch sein. Der trübe Juni geht weiter.

Frauen nachlaufen

Auch wenn Ethan Mack ein bisschen Sonne gebrauchen könnte, mag er nebelige Nächte. Lichthöfe bilden sich um Straßenlaternen, das Horn einer Fähre dröhnt irgendwo im Dunst. Die mitternächtliche Kälte kriecht ihm unter den Kragen, während er auf der Bank vor seinem Supermarkt sitzt und eine Pfeife raucht.

Streng genommen, ist das nicht erlaubt. Laut Handbuch müssen sich Angestellte ausstempeln, wenn sie eine Raucherpause einlegen. Natürlich hat Ethan das Handbuch selbst verfasst, doch er versucht, die Vorschriften einzuhalten. Allerdings sind Tanner und er die einzigen Angestellten, und der Junge ist gerade hinten und bekommt nichts mit.

Zu sehen, wie Tova in die Nacht verschwindet, macht ihn immer nervös. Durch das Abhören des Polizeifunks weiß Ethan, dass nachts viele Verrückte unterwegs sind. Warum muss Tova so spät einkaufen gehen?

Seit fast zwei Jahren kommt sie nun spätabends vorbei. Seither bügelt Ethan sein Flanellhemd vor dem Arbeiten. Damit er ein bisschen ordentlicher aussieht. Ein bisschen vorzeigbarer.

Er zieht die Wärme der Pfeife tief in die Brust und atmet aus. Der Qualm vermischt sich mit dem Nebel.

Der Nebel erinnert Ethan an seine Heimat: Kilberry,

am Jura-Sund in Westschottland gelegen. Immer noch die Heimat, obwohl er seit vierzig Jahren in den USA lebt. Vor vierzig Jahren packte er seinen Seesack und kündigte seine Stelle als Hafenarbeiter in Kennacraig. Vor vierzig Jahren lief er zum letzten Mal einer Frau nach.

Die Sache mit Cindy ging nach hinten los. Von Anfang an war der Plan Quatsch gewesen: zu einer Amerikanerin zu ziehen, die er im Urlaub kennengelernt hatte, seine Ersparnisse für einen Flug von Heathrow nach JFK auf den Kopf zu hauen. Ethan kann sich noch gut erinnern, wie die Inseln im ovalen Fenster des Flugzeugs immer kleiner wurden.

Tanner steckt seinen widderartigen Kopf durch die Tür nach draußen. Falls er mitbekommt, dass Ethan gegen die Vorschriften verstößt, lässt er sich nichts anmerken. Der Junge ist nicht die hellste Kerze. »Soll ich die ganze Kühltruhe machen?«

»Natürlich! Was glaubst du, wofür ich dich bezahle?«

Murrend schlüpft Tanner wieder rein. Ethan schüttelt den Kopf. Die Jugend heutzutage …

New York in den Siebzigern war ein hartes Pflaster, und es dauerte nicht lange, da hatten Ethan und Cindy größere Pläne. Cindy verkaufte das gesamte Inventar ihrer Wohnung in Brooklyn, um sich einen alten VW-Transporter zu leisten, mit dem sie durchs Land fuhren. Die unendliche Weite haute Ethan um. Pennsylvania, Indiana, Nebraska, Nevada. In jeden einzelnen Bundesstaat hätte Schottland komplett reingepasst.

Als sie wieder ans Meer kamen, war Ethan erleichtert. Ein paar Wochen hielten sie sich an der Küste von Nordkalifornien auf, liebten sich im Schatten gewaltiger

Mammutbäume, dann fuhren sie über den Pacific Coast Highway nach Norden. In einer heruntergekommenen Kapelle in der Nähe der Grenze zu Oregon gaben Ethan und Cindy sich das Ja-Wort.

Wochen später versagte das Getriebe des Bullis in Aberdeen, Washington. Ethan versuchte, es zu reparieren, aber es war hinüber. Am nächsten Morgen war Cindy fort.

So war das.

Aberdeen gefiel Ethan. Es kam ihm irgendwie vertraut vor, obwohl er nie in der Stadt gleichen Namens an der Nordküste Schottlands gewesen war. Tief hängender grauer Himmel. Ruppige, hart arbeitende Menschen. Er fand Anstellung als Schauermann. Mietete sich in einer Pension ein. Trank frühmorgens seinen Tee und sah zu, wie der Nebel sich um die Schiffsmasten wand.

Die Gewerkschaft sorgte für ihn, schickte ihn im Alter von fünfundfünfzig mit einer bescheidenen Rente in den Ruhestand. Unfreiwillig zog er tiefer ins Land, näher an die Stadt heran, wo die Physiotherapeuten saßen, die er für seinen Rücken brauchte, der nach jahrelangem Holzschleppen kaputt war. Doch der Ruhestand machte ihn unruhig. Im Supermarkt suchte man jemanden für die Spätschicht und stellte nur zu gern einen ergonomisch geformten Stuhl an die Kasse. Ethan machte Nägel mit Köpfen, kratzte seine Ersparnisse zusammen und kaufte den ganzen Laden.

Jetzt, zehn Jahre später, braucht er das Geld immer noch nicht, nicht wirklich. Die Gewerkschaftsrente deckt Miete, Lebensmittel und den Treibstoff für seinen Pick-up. Der kleine Gewinn aus dem Supermarkt ermöglicht ihm hin und wieder neue Vinylplatten für seine Sammlung oder eine ordentliche Flasche Scotch. Richtiger Islay-Whiskey, nicht die Plörre aus den Highlands.

Scheinwerfer spiegeln sich auf dem nassen Asphalt, ein Auto kommt auf den Parkplatz. Ethan macht seine Pfeife aus und geht schnell in den Laden.

Er nimmt seinen Posten an der Kasse ein, während ein junger Mann und eine junge Frau hereingewankt kommen. Sie haben die Arme so eng umeinander geschlungen, dass sie sich komplett synchron bewegen. Sie taumeln durch die Gänge, prallen kichernd gegen die Pfeiler vor den Chips und dem Mineralwasser. An der Kasse nesteln sie eine Geldkarte hervor. Sie fahren los, biegen auf die Straße. Kurz wird die Schaufensterscheibe in helles Licht getaucht.

Chaoten. Die bringen noch jemanden um. Jemanden wie Ethans Schwester Mariah, die von einem Lkw angefahren wurde, als sie kaum zehn Jahre alt war. Fischer auf dem Rückweg vom Pub. Die Welt ist voller Spinner.

Die Vorstellung, dass Tova mit ihrem Auto unterwegs sein könnte, macht Ethan ein ungutes Gefühl. Er würde gern bei ihr vorbeifahren und nachsehen, ob ihr Wagen da ist. Vielleicht hat sie Licht im Haus an.

Nein. Er hat sich einmal damit ruiniert, einer Frau nachzulaufen.

1303. TAG
IN GEFANGENSCHAFT

Ich kann sehr gut Geheimnisse bewahren.

Man könnte einwenden, ich hätte ja keine andere Wahl. Wem sollte ich schon etwas erzählen?

Insofern ich mit den anderen Gefangenen kommunizieren kann, sind diese armseligen Unterhaltungen kaum der Rede wert. Stumpfe Hirne, unterentwickelte Nervensysteme. Ausgelegt aufs Überleben und darin vielleicht erstklassig, doch keine andere Kreatur hier besitzt eine Intelligenz, die meiner gleichkäme.

Ein einsames Leben. Vielleicht wäre es erträglicher, wenn ich jemanden hätte, mit dem ich meine Geheimnisse teilen könnte.

Überall sind Geheimnisse. Manche Menschen haben unglaublich viele. Wie kommt es, dass sie nicht platzen? Das scheint mir das Erkennungsmerkmal der menschlichen Spezies zu sein: miserable Kommunikationsfähigkeit. Nicht dass andere Arten viel besser wären, sicher nicht, doch selbst ein Hering weiß, in welche Richtung seine Schule schwimmt, und kann ihr folgen. Wieso benutzen Menschen nicht ihre Millionen Wörter und teilen sich einfach mit, was sie möchten?

Auch das Meer kann Geheimnisse sehr gut behalten.

Insbesondere eins, vom Grunde des Meeres, trage ich immer mit mir herum.

Babyschlangen sind besonders gefährlich

Drei Tage lang steht der Karton bei Cameron in der Küche auf der Arbeitsfläche, unangetastet.

Tante Jeanne hatte ihn persönlich aus dem Trailer getragen. *Wirf ihn weg, wenn du willst, aber guck wenigstens noch mal rein*, hatte sie gesagt. *Familie ist wichtig.*

Cameron hatte die Augen verdreht. *Familie.* Doch wenn seine Tante etwas wirklich will, ist Streiten sinnlos. Also nahm er den Karton mit nach Hause. Cameron liegt auf dem Sofa und schaut hinüber. Er überlegt, ob er den Sportsender ausstellen soll, um mal einen Blick in die Kiste zu werfen. Könnte ja was drin sein, das er beim Pfandleiher versetzen kann. Katie wird bald seinen Anteil der Miete für Juli haben wollen.

Vielleicht nach dem Mittagessen.

Die Mikrowelle summt. Cameron wartet und sieht zu, wie sich seine Nudelsuppe dreht. Kochen durch hochfrequente elektromagnetische Strahlung, die Moleküle dazu bringt, sich gegenseitig regelrecht zu verprügeln. Wer denkt sich so was aus, wer überlegt sich, wie man das vermarktet? Egal, wer auch immer der Typ war, er badet wahrscheinlich in Geld, inmitten von heißen Supermodels. Das Leben ist ungerecht.

Ping.

Cameron nimmt die dampfende Schüssel aus dem Gerät. Er trägt sie zum Sofa und passt auf, dass nichts herausschwappt. Da öffnet sich quietschend die Wohnungstür. Er erschrickt.

»Scheiße!« Brühend heiße Flüssigkeit schwappt ihm über die Hand.

»Cam! Ist alles in Ordnung?« Katie lässt ihre Tasche fallen und kommt herübergelaufen.

»Schon gut«, murmelt er. Was macht sie an einem Dienstagnachmittag zu Hause? Allerdings könnte sie ihn das auch fragen. Seine Gedanken drehen sich im Kreis. Hat er Katie erzählt, er würde heute arbeiten? Hat sie ihn danach gefragt?

»Warte!«, sagt sie und schlüpft schnell in die Küche. Ihr perfekter kleiner Arsch wackelt in dem grauen Rock. Katie arbeitet an der Rezeption des Holiday Inn an der Fernstraße. Zum Glück macht sie in letzter Zeit die Tagesschicht. Wenn sie immer noch Nachtschicht hätte, wäre er längst aufgeflogen.

Mit zwei feuchten Tüchern kommt sie zurück und reicht ihm eins.

»Danke«, sagt Cameron. Die Kühle des Tuchs ist eine willkommene Linderung. Katie hockt sich hin, um mit dem anderen Lappen die Suppe aufzuwischen.

»Du bist aber schon früh zu Hause«, bemerkt Cameron beiläufig und beugt sich vor, um ihr zu helfen.

»Ich habe heute Nachmittag einen Zahnarzttermin. Schon vergessen? Hab ich doch letzte Woche erzählt.«

»Ach, ja. Stimmt.« Cameron nickt. Er kann sich schwach erinnern.

»Aber hast du denn gesagt, du hättest heute frei?« Sie zupft eine einsame Nudel vom Teppich, legt sie auf den

Lappen und sieht Cameron mit zusammengekniffenen Augen an.

»Äh, ja. Ich hab heute frei.« Er fügt nicht hinzu: und morgen, übermorgen und überübermorgen auch.

»Komisch, dass sie dir so schnell freigeben. Du bist doch erst in der dritten Woche da.«

»Genau genommen, ist heute ein Feiertag.« Verdammt, warum hat er das jetzt gesagt?

Katie erhebt sich. »Ein Feiertag?«

»Ja.« Eine aalglatte Lüge. »Internationaler Bauunternehmertag. Da haben alle frei.« Was soll Cameron ihr auch sonst erzählen? Die Wahrheit? Er braucht einfach Zeit. Ein paar Tage, dann hat er einen neuen Job. Dann ist alles wieder gut.

»Der internationale Bauunternehmertag?«

»Genau.«

»Da haben alle frei?«

»Ja, alle. «

»Komisch, dass nebenan auf dem Dach trotzdem gearbeitet wird, oder?«

Cameron will etwas sagen, doch die knallenden Geräusche der Nagelpistole vom Dach des Nachbarhauses übertönen ihn.

Katies Gesicht ist kalt und ausdruckslos. »Sie haben dich wieder gefeuert.«

»Ich meine, genau genommen …«

»Was ist passiert?«

»Ähm, ich habe …«

»Wann wolltest du mir das erzählen?«, unterbricht sie ihn.

»Ich versuche es gerade, wenn du mir eine Chance gibst!«

»Weißt du was? Ist schon gut.« Katie nimmt ihre Tasche und stapft zur Tür. »Hab keine Zeit für so was. Komme schon zu spät zum Termin. Jetzt ist Schluss mit den Chancen.«

Chancen. Wenn das Leben über Chancen Buch führen würde, wäre es Cameron schwer was schuldig. Was weiß Katie schon über drogensüchtige Eltern? Was weiß sie über den quälenden Hass in ihm, der nie verschwindet?

Katie mit ihren Eltern, die ihr zum Highschoolabschluss ein Auto geschenkt haben. Katie mit ihrem engen grauen Rock und den geraden weißen Zähnen, die gerade von einem Zahnarzt liebevoll schmachtend poliert werden. Zum Abschied bekommt sie bestimmt wieder eine Zahnbürste geschenkt. Die wird sie, unausgepackt, in die Schublade im Bad legen, weil sie eh eine hypermoderne elektrische Zahnbürste benutzt.

Als sie endlich nach Hause kommt, liegt Cameron auf der Couch und guckt einen trashigen Actionfilm. Ihm fällt auf, dass Katie ziemlich lange weg war. Stundenlang, draußen ist es schon fast dunkel. So lange dauert kein Zahnarzttermin, auch wenn er das nicht genau beurteilen kann; schließlich war er seit Jahren nicht beim Zahnarzt. Vielleicht hatte Katie jede Menge Löcher. Oder bekam eine Wurzelbehandlung. Das hatte Tante Jeanne letztes Jahr mitgemacht, und sie hatte eine Woche lang Schmerzen. Die Vorstellung, dass jemand der perfekten Katie mit einem spitzen Bohrer im Mund herumfuhrwerkt, ist irgendwie befriedigend. Cameron bekommt leichte Schuldgefühle.

»Hey!«, ruft er und wartet auf ihren genervten Seufzer, der bedeutet, dass sie immer noch sauer auf ihn ist, nur nicht mehr ganz so schlimm. Er wird sich entschuldigen, sie wird die Stirn runzeln, es aber nicht richtig ernst meinen, dann wird er die Hand auf ihren Oberschenkel legen, sie wird sich an ihn lehnen und dann werden sie auf der Couch kuscheln und den albernen Film zu Ende gucken, bevor sie ins Bett gehen und anständigen Versöhnungssex haben.

Doch Katie reagiert nicht, sondern geht direkt ins Schlafzimmer. Cameron grinst ungläubig. Sofort in die Kiste?

Dann hört er lautes Poltern. Was zum …? Er geht nachsehen.

Als er hereinkommt, segelt sein Arbeitsschuh gerade über die Brüstung des mondbeschienenen Balkons und landet unten auf dem kleinen Viereck aus harschem Gras.

Wumm.

Der zweite Schuh fällt auf den Gehweg und macht mit offenen Schnürsenkeln ein paar Hüpfer über die unkrautüberwucherten Pflastersteine.

»Katie! Können wir vielleicht reden?«

Sie antwortet nicht.

»Hör mal, es tut mir leid. Ich hätte es dir sagen sollen.«

Wieder keine Reaktion.

Wusch.

Eine Baseballkappe segelt knapp an Camerons Ohr vorbei. Sein Lieblingskäppi von den Niners. Jetzt reicht's! Ja, er hätte ihr erzählen sollen, dass er rausgeworfen wurde. Aber könnten sie vielleicht mal kurz darüber sprechen, bevor sie alles rauswirft, was er besitzt?

»Katie«, sagt er vorsichtig. Als sei sie ein wildes Tier,

streckt er die Hand aus und legt sie zaghaft auf ihre Schulter.

»Lass das!«, knurrt sie und dreht sich ab. Sie reißt eine Boxershorts aus der Kommode, zerknüllt sie in der Faust und wirft sie zur Balkontür, doch der Schwung reicht nicht aus. Die Unterhose fällt auf den Boden.

Cameron bückt sich und hebt sie auf. »Können wir nicht darüber reden?«

»Ich kann das nicht mehr, Cam.« Zum ersten Mal, seit Katie heute Nachmittag zum Zahnarzt gegangen ist, sieht sie ihm ins Gesicht. Ihre Augen funkeln wie die Lagerfeuer, die sie früher im Schatten von Camerons Jeep gemacht haben, wenn sie in der Wüste übernachteten. Doch die Zeiten sind längst vorbei. Schon vor Monaten haben die Geldeintreiber sich den Jeep geholt. Cameron hatte die Bank anrufen wollen, um über eine sogenannte Zahlungsvereinbarung zu sprechen. Er wollte das wirklich tun, ehrlich, aber nein, schon schickte die Bank diese Arschlöcher vorbei und ließ den Wagen abschleppen. Keine Chance. Wieder hatte das Leben einen Eintrag in seinem Buch vergessen.

»Ich wollte es dir erzählen, ich schwöre! Außerdem war das nicht meine Schuld.«

»Natürlich nicht. Ist es ja nie, oder?«

»Nein!« Camerons Erleichterung, dass Katie ihn nun doch versteht, währt nur kurz. Es ist nur Ironie. Seine Wangen brennen. »Hey, das ist echt kompliziert.« Na, klar schmeißt sie ihn raus. Wahrscheinlich würde er sich selbst rauswerfen.

Katie schließt die Augen. »Cameron, das ist nicht kompliziert. Ich werde es dir so einfach wie möglich erklären, damit es dein kindliches Gehirn auch versteht: Es – ist – aus!«

»Aber ich hab doch das Geld für die Miete«, beharrt er, als ihm Tante Jeannes geheimnisvolle Kiste einfällt. Verzweiflung kriecht in seine Stimme. Mit der Boxershorts in der Hand folgt er Katie vom Schlafzimmer in die Küche.

»Es geht nicht um die Miete! Es geht um deine Unfähigkeit, ehrlich zu anderen zu sein.« Sie nimmt die geheimnisvolle Kiste von der Arbeitsfläche und geht damit ins Schlafzimmer. Zum Balkon. Zu Camerons Überraschung zieht sich etwas in ihm zusammen.

»Gib mir die!«

»Gut, egal. Hau einfach ab.« Katie lässt den Karton fallen, er landet mit einem schweren Rums auf dem Teppich. Katies Gesichtsausdruck hat sich verändert, das Feuer in ihren Augen ist erloschen. Sie wirkt müde.

»Jetzt sofort?« Cameron schnaubt verächtlich. Das kann nicht ihr Ernst sein.

»Nein, nächsten Samstag. Ich hab deine Sachen nur aus Spaß aus dem Fenster geworfen.« Katie verdreht die Augen. »Ja. Natürlich jetzt.«

»Wo soll ich denn hin?«

»Nicht mein Problem.« Sie lacht hohl. »Interessiert mich jetzt nicht mehr, aber irgendwann musst du mal erwachsen werden, ja?«

Der Karton gibt einen ganz annehmbaren Hocker ab. Allemal besser als die Bordsteinkante. Im Dunkeln wartet Cameron mit seinen Sachen darauf, dass Brad ihn abholt.

Er wartet und wartet. Eine Stunde.

Ausgerechnet jetzt hat er kein Auto.

Schließlich kommen Scheinwerfer um die Ecke. »Was ist denn los?« Brad steigt aus und schlägt die Fahrertür hinter sich zu.

»Das frag ich dich! Warum hast du so lange gebraucht?«

»Hm, mal sehen. Zum einen war ich schon im Bett. Es ist nämlich fast elf am Dienstagabend.« Brad wirft Camerons Sachen auf die Ladefläche. »Es gibt Leute, die morgen arbeiten müssen, ja?«

»Leck mich!«

Brads Gesicht verzieht sich zu einem Grinsen. »Jetzt gleich? Nee, lass mal stecken.«

»Egal. Können wir einfach losfahren?« Als Cameron eine Mülltüte mit seinen Klamotten auf den Pick-up hievt, schielt er zum Balkon hoch, wo die Tür noch offen steht und das Licht im Schlafzimmer brennt. Mit Sicherheit verfolgt Katie, was unten vor sich geht. Cameron wirft einen letzten Blick auf das erleuchtete Fenster, dann legt er seinen Gitarrenkoffer auf die Ladefläche und hebt die Ladeklappe an. Sie quietscht laut und schließt mit einem metallischen Klappern.

»Los!«, sagt Brad und entriegelt die Beifahrertür. »Rein mit dir!«

»Danke«, brummt Cameron, steigt ein und nimmt den Karton auf dem Schoß.

Das Haus von Brad und Elizabeth liegt am Stadtrand, wo quasi über Nacht Wohngebiete aus dem Boden sprießen, wie ein hässlicher Hautausschlag. Pompöse Gipssäulen, unechte Backsteinfassaden, Garagen für vier Autos. Protzen, was das Zeug hält. Die beiden haben vor ein paar Jahren nach der Hochzeit einen großen Batzen Geld von

Elizabeths Eltern bekommen, als Anzahlung fürs Haus. Muss schön sein, so was.

Auf der viertelstündigen Fahrt von seiner Wohnung zu Brads Haus beschwert Cameron sich aber nicht darüber. Von seiner ehemaligen Wohnung. Jetzt ist es Katies Apartment. Im Mietvertrag steht eh nur ihr Name. Als Cameron einzog, lag sie ihm ständig in den Ohren, er solle den Vermieter anrufen, damit er offiziell eingetragen würde, denn Katie hielt sich immer an die Vorschriften. Nach einer Weile sprach sie ihn nicht mehr darauf an. Vielleicht ahnte sie schon, was kommen würde.

»Was ist in dem Karton?«, unterbricht Brad Camerons Gedanken.

»Babyschlangen«, gibt er postwendend mit ernstem Gesicht zurück. »Zig Stück. Hoffentlich hat Elizabeth nichts dagegen.«

Nachdem Cameron seinem Freund eine halbe Stunde später genau erzählt hat, was passiert ist, schiebt Brad ihm einen Untersetzer über den Couchtisch zu, bevor er ihm ein schwitzendes Bierglas reicht.

»Vielleicht kommt sie ja drüber weg«, sagt Brad und gähnt. »Gib ihr ein, zwei Tage Zeit.«

Cameron schaut hoch. »Sie hat meinen ganzen Kram in den Garten geschmissen, wie in einem beschissenen Weiberfilm. Alles, was ich besitze.«

Brad schielt zu den Sachen in der Ecke hinüber. »Das ist alles, was dir gehört?«

»Tja, kann nicht jeder in so einem riesigen Kasten wohnen.« Es ist witzig gemeint, kommt jedoch bissig heraus. Camerons Ton wird nachgiebiger. »Hab halt versucht, minimalistisch zu leben.«

Brad hebt eine Augenbraue, dann hält er seinem Freund das Glas entgegen. »Egal. Auf den Neuanfang!«

»Danke, dass ich noch mal bei euch schlafen kann. Ich bin euch was schuldig.« Cameron stößt an, das Bier schwappt über den Rand. Wie aus dem Nichts zaubert Brad ein Küchentuch hervor und wischt den Tisch ab.

»Du bist mir 'ne ganze Menge schuldig. Einchecken nach Mitternacht kostet übrigens extra.« Brad grinst, doch seine Augen sind ernst. »Und ich muss dir das sicherlich nicht noch mal sagen, aber wenn du irgendwas kaputt machst, besorgst du neue Möbel.«

Cameron nickt. Denselben Vortrag hat er sich schon letzte Woche angehören müssen, als er nach dem Auftritt auf der Couch übernachtete. Elizabeth hat gerade neue Möbel fürs Wohnzimmer gekauft; offenbar ist deren Verwendung für normale Wohnzimmeraktivitäten wie Sitzen oder Liegen ein sehr heikles Thema. Sonst hat Cameron immer im Gästezimmer geschlafen, aber das wurde für das Baby umgestaltet. Noch vor einem Monat hat er gegen Bezahlung in Pizza die Rigipswand für einen Einbauschrank eingezogen, nachdem Brad den alten Schrank rausgerissen hatte, um ein albernes Regalsystem einzubauen. Rigipswände könnte Cameron im Schlaf einziehen – einmal hat er das sogar gemacht. Gut, im Halbschlaf. Behauptete jedenfalls der Vorarbeiter auf der Baustelle und setzte Cameron Knall auf Fall vor die Tür.

»Aber hör zu, Cam«, sagt Brad. »Maximal zwei Nächte.«

»Capito.«

»Und, wo willst du hin?« Brad faltet das mit Bier getränkte Haushaltstuch zusammen und legt es ordentlich an die Tischkante.

Cameron stützt den Fuß im Turnschuh aufs andere Knie und dreht den ausgefransten Schnürsenkel um seinen Finger. »Vielleicht in eins von den neuen Apartments im Ort?«

Brad seufzt. »Cam …«

»Was? Ich hab einen Kumpel, der da gearbeitet hat. Der meinte, von innen sehen die gut aus.« Cameron stellt sich vor, wie er es sich auf einem breiten Ledersofa bequem macht und die nackten Füße in einen kuscheligen Teppich gräbt. Da bräuchte er natürlich einen Flatscreenfernseher, mindestens zwei Meter Diagonale. Den würde er sich an die Wand hängen und die Kabel verschwinden lassen, das sieht besonders edel aus.

Brad beugt sich vor und verschränkt die Hände. »Nie im Leben bekommst du eins von den Apartments.«

»Warum nicht?«

»Alter, du hat keinen Job!«

»Stimmt nicht. Das eine Projekt ist bloß gerade abgeschlossen.«

»Du hängst doch immer zwischen zwei Bauprojekten.«

»Die Bauindustrie ist zyklisch.« Cameron setzt sich auf, seine Stimme wird schärfer. Was weiß Brad schon über echte körperliche Arbeit? Der hockt doch den ganzen Tag in seinem Minibüro beim örtlichen Stromanbieter und schiebt Papier von links nach rechts.

Früher träumte Brad davon, wegzuziehen, nach San Francisco oder so. Aber jetzt wird er bleiben, und Cameron kennt den Grund. Elizabeth und seine Eltern sind hier, und jetzt werden die vier auch noch Großeltern. Der gesamte Clan trifft sich Sonntagsabends zum Essen. Gibt wahrscheinlich mit Honig glasierten Schinken oder so'n Scheiß. Warum sollten sie jetzt wegziehen? Cameron überlegt, ob es ein besonderes Band gibt, das Kinder aus normalen Familien miteinander verbindet. Eins, das er nie gekannt hat.

»Cam, wie hoch ist dein Kreditscore?«

Cameron überlegt. Tatsächlich hat er keine Ahnung. Eher würde die Hölle zufrieren, als dass er sich danach erkundigt. Als er sich vor ein paar Jahren den Jeep holte, war der Wert irgendwo bei sechshundert, aber das liegt schon einige fragwürdige Entscheidungen zurück. Mit einem sarkastischen Grinsen sagt er: »Hundertzwanzig.«

Brad schüttelt den Kopf. »Das ist vielleicht dein Ergebnis beim Bowling, aber auf keinen Fall dein Kreditscore.«

»Tja, was soll ich sagen? Ich kann super bowlen.«

»Hört sich so an.«

Cameron betastet mit dem Finger die kleinen Löcher in der Seite seines Turnschuhs. Wahrscheinlich stammen sie von Katies kleinem Köter, irgendeiner Zwergrasse mit einer Schwäche für Schuhwerk, insbesondere seins. Der Hund war eine absolute Nervensäge, so dass Katie ihn ihren Eltern gab, aber sie brachten ihn bei jedem Besuch mit. Wenigstens muss Cameron sich jetzt nicht mehr mit der Töle herumschlagen.

»Warum drückst du nicht noch mal die Schulbank?«, schlägt Brad nicht zum ersten Mal vor. »Deinen Berufsabschluss machen oder so.«

Cameron brummt missmutig. Brad ist klug genug, um zu wissen, dass das College Geld kostet, Geld, das Cameron nicht hat. Da kommt ihm eine Idee, eine gute. »Du weißt doch, das Apartment über dem Dell's?«

Brad nickt. Alle Gäste in ihrer Stammkneipe kennen die kleine Wohnung im ersten Stock. Manchmal machen sie Witze, dass Old Al, der Wirt, ein Vermögen verdienen könnte, wenn er sie stundenweise vermietete.

»Vielleicht vermietet er sie mir ja«, meint Cameron.

»Vielleicht. Nachdem du deinen Deckel bezahlt hast.«

»Ich frage ihn nächste Woche, wenn wir unseren Auftritt haben.«

Brad räuspert sich. »Nächste Woche?«

»Okay, ich gehe morgen mal rüber.«

»Gut«, sagt Brad und senkt den Blick. »Ich wollte übrigens noch was mit dir besprechen. Eigentlich wollte ich warten, bis wir alle zusammen sind, aber …«

»Aber was?« Cameron runzelt die Stirn. »Spuck's aus!«

»Ähm, unser Auftritt mit Moth Sausage nächste Woche … Das wird mein letzter.«

»Was?« Cameron hat das Gefühl, es hätte ihm jemand gegen den Brustkorb getreten.

»Ja, ich steige aus.« Brad zieht eine Grimasse. »Mit dem Baby und so finden Elizabeth und ich es am besten, wenn ich …«

»Du bist der Sänger!«, platzt es aus Cameron heraus. »Du kannst nicht aufhören!«

»Tut mir leid.« Brad rutscht tiefer in den Sessel. »Kannst du noch damit warten, es den anderen zu sagen? Ich wollte wirklich warten, bis wir alle zusammen sind.«

Cameron steht auf und geht zum Fenster.

»Ist nun mal so, dass mit dem Baby alles anders wird«, wiederholt Brad.

Wütend schaut Cameron in Brad und Elizabeths Vorgarten, auf die hellen Außenlichter, den Golfrasen, den Backsteinweg. Zu seinem Entsetzen bekommt er einen Kloß im Hals. Natürlich würde Brad die Band verlassen, wenn das

Baby kommt. Cameron hätte es wissen müssen. »Versteh schon«, sagt er schließlich.

»Ich komm aber zu den Auftritten.«

Cameron verschluckt ein höhnisches Lachen. Ohne Brad wird es keine Auftritte von Moth Sausage mehr geben.

»Elizabeth auch. Vielleicht können wir das Baby mitbringen.« Brad stößt einen langen Seufzer aus. »Es tut mir wirklich leid.«

»Schon gut.« Cameron setzt sich wieder aufs Sofa, räumt die Zierkissen zur Seite und stapelt sie besonders ordentlich. »Ist spät, ich muss schlafen.«

»Ja, gut.« Brad wartet noch einen Moment, dann räumt er die leeren Gläser ab. »Warte, du brauchst ein Laken«, sagt er und verschwindet im Flur.

Ein Laken? Für die Couch? Seit wann?

Eine Minute später taucht Brad mit einem Bettlaken in Originalverpackung auf, die er Cameron zuwirft. Sie sind violett-weiß gestreift. Mit Sicherheit von Elizabeth ausgesucht. Violett war schon immer ihre Lieblingsfarbe.

Brad lauert neben Cameron, wie eine verfluchte Mücke. »Soll ich dir helfen?«

»Nee.« Cameron lächelt knapp. »Nacht.«

»Okay. Ähm … Nacht.« Aus der Küche ruft Brad herüber: »Lass die Babyschlangen im Karton!«

Cameron antwortet nicht.

1306. TAG
IN GEFANGENSCHAFT

Menschliche Wesen haben nur wenige angenehme Eigenschaften, doch ihre Fingerspitzen sind wahre Kunstwerke.

Ich bin ein Experte für Fingerabdrücke. Man könnte sagen, meine Fähigkeit ist eine glückliche Begleiterscheinung des alltäglichen Umgangs mit Menschen, mit ihren triefenden Nasen, feuchten Achselhöhlen und klebrigen Handflächen, die nach Lotion oder Wassereis stinken.

Aber wenn die Türen zur Nacht schließen und die Lichter gedimmt werden, erscheinen verblüffende, kunstvolle Muster an der Glasscheibe meines Beckens.

Manchmal hocke ich lange davor und studiere sie. Winzige ovale Meisterwerke. Mit dem Auge folge ich den Rillen von außen in die Mitte und wieder zurück. Jeder Abdruck ist einzigartig. Ich kann mich an jeden einzelnen erinnern.

Fingerabdrücke mit ihrer einmaligen Form sind wie Schlüssel.

Ich erinnere mich auch an jeden einzelnen Schlüssel.

Riesige Hauer

»Mrs. Sullivan?«

Ein kleiner Mann läuft über den Parkplatz des Sowell Bay Aquariums und wedelt mit einem Briefumschlag. Tova bereitet sich gerade auf ihre Schicht vor und holt ihre Putzmittel aus dem Wagen. Das Männlein fädelt sich an der Handvoll Autos der abendlichen Angler und letzten Jogger vorbei. Die meisten Fahrzeuge kennt man aus Sowell Bay. Aus irgendeinem Grund war Tova die graue Limousine, aus der der Fremde stieg, nicht aufgefallen.

»Tova Sullivan?«, ruft er wieder und kommt näher.

Sie schlägt die Kofferraumklappe zu. »Kann ich Ihnen helfen?«

»Endlich habe ich Sie gefunden!«, sagt er und ringt nach Luft. Er lässt ein Lächeln aufblitzen, das zu breit für sein Gesicht ist. Sein Gebiss ist riesengroß. Die Zähne erinnern Tova an die ausgebleichten Entenmuscheln, die an den tangüberzogenen Felsen unten am Ufer kleben.

»Sie waren nicht leicht zu finden«, sagt der Mann.

»Wieso?«

»Ich habe Ihre Adresse ins Navi eingegeben, aber das hat mich ständig im Kreis geschickt, und Ihr Telefon zu Hause klingelt nur, ohne dass man eine Nachricht hinterlassen könnte. Ich dachte schon, ich müsste einen Detektiv einschalten.«

Bei dem Hinweis, ihr Anrufbeantworter könne voll sein, wird Tova warm im Nacken. Noch schlimmer ist, dass der Vorwurf mehr oder weniger berechtigt ist. Dennoch antwortet sie ruhig: »Einen Detektiv?«

»Das kommt öfter vor, als Sie meinen.« Der Mann schüttelt den Kopf, dann hält er ihr die Hand hin. »Bradley LaRue. Ich bin der Nachlassverwalter von Lars Lindgren.«

»Freut mich.«

»Zuerst möchte ich Ihnen mein Beileid aussprechen.« Mr. LaRue klingt nicht sonderlich zerknirscht.

»Wir haben uns nicht sehr nah gestanden«, erklärt Tova. Zum wiederholten Male.

»Gut ... Dann will ich Sie auch nicht lange belästigen, aber ich muss Ihnen das hier zustellen.« Der Nachlassverwalter drückt Tova den Umschlag in die Hand. »Ihr Bruder besaß ein paar Dinge, wie Sie vielleicht wissen.«

»Mr. LaRue, ich habe wirklich keine Ahnung, was mein Bruder hatte oder nicht hatte.« Tova schiebt den Finger unter das Siegel auf dem Umschlag und späht hinein. Sie erkennt ein offizielles Dokument, eine Art Auflistung unter dem Briefkopf des Pflegeheims Charter Village.

»Nun, jetzt wissen Sie es. Wir müssen uns irgendwann zusammensetzen, um die verwaltungstechnischen Fragen zu klären, aber fürs Erste ist das eine Liste seiner Besitztümer. Es sind nur ein paar persönliche Gegenstände.«

»Aha.« Tova klemmt sich den Umschlag unter den Arm.

»Sie könnten im Heim anrufen und mitteilen, wann Sie gedenken, vorbeizukommen und alles abzuholen.«

»Vorbeikommen? Charter Village liegt oben in Bellingham. Das ist eine Stunde Fahrt!«

LaRue zuckt mit den Schultern. »Holen Sie die Sachen ab oder lassen Sie es sein. Wenn keiner kommt, werden sie nach einer gewissen Zeit entsorgt.«

Wenn keiner kommt. Lars hat nicht wieder geheiratet, aber Tova vermutet, dass er wohl die eine oder andere Geliebte hatte. Zumindest eine gute Freundin. Ist das nicht einer der Gründe, warum man in so eine Anlage zieht? Wegen der sozialen Kontakte? Aber dieser LaRue scheint ja andeuten zu wollen, dass niemand wegen Lars da war. Vielleicht hatte er nie Besuch. War ihr Bruder in Gegenwart einer gelangweilten Krankenschwester gestorben? Einer Hilfskraft, die die Stunden bis zum Feierabend zählte?

»Ich fahre hin«, sagt Tova leise.

»Super. Dann ist meine Arbeit erst mal getan. Ich melde mich.« LaRue lacht wieder mit seinen großen Zähnen. »Noch Fragen?«

Eine Menge Fragen trudeln Tova durch den Kopf, doch nur eine spricht sie aus: »Wie haben Sie mich hier gefunden?«

»Ah, ein sehr freundlicher Kassierer in dem Supermarkt oben auf dem Hügel hat mir geholfen. Als ich Sie zu Hause nicht angetroffen habe, habe ich dort einen Kaffee getrunken, und wir kamen ins Gespräch. Er erwähnte, Sie könnten vielleicht hier sein. Netter Kerl. Starker schottischer Akzent. Hatte was von einem Kobold.«

Tova seufzt. Ethan.

Glücklicherweise ist das Aquarium an diesem Abend nicht besonders stark verschmutzt. Kein festgeklebtes Kaugummi, das es zu entfernen gilt. Nichts in den Mülleimern, was ausgelaufen wäre. Keine unaussprechliche Sauerei auf den Toiletten.

Und offenbar sind alle Tiere in ihren Becken.

»Wir sehen uns da hinten.« Die Glasscheibe des Krakenbassins ist mit fettigen Fingerabdrücken verschmiert, die Tova einsprüht und wegwischt, während das Tier sie aus der oberen Ecke beobachtet. Inzwischen rechnet Tova fast schon damit, dass Marcellus' Becken leer ist und sie ihn stattdessen bei den Seegurken nebenan findet, die ihm am besten zu schmecken scheinen. Tova kann nicht behaupten, dass sie das gut findet, aber sie muss trotzdem darüber grinsen. Ihr gemeinsames Geheimnis.

Der Krake rollt seine Fangarme aus und kommt zur Glasscheibe, das Auge unverwandt auf Tova gerichtet.

»Keinen Hunger heute, oder was?«

Er blinzelt.

»Eine Stunde. Auf der Schnellstraße«, murmelt Tova und beugt sich vor, um einen hartnäckigen Fleck auf dem Glas zu entfernen. »Ich fahre nicht gern über die Schnellstraße, weißt du.«

Auf seine bedächtige, fast urzeitliche Weise klebt der Oktopus einen Tentakel von innen an die Scheibe und zieht sich näher heran. Seine Saugnäpfe am Glas sind heute bläulich-violett.

Tova wringt den Lappen aus. »Ich mag solche Heime nicht. Altenheim, Pflegeheim … das ist doch alles dasselbe, oder? Sie riechen nach Krankheit und Alter.«

Das Auge des Kraken schimmert wie eine Murmel aus einer anderen Welt. Es verfolgt jede ihrer Bewegungen, während sie den Lappen zusammenfaltet und verstaut.

Tova stützt sich auf ihren Wagen. »Wo Lars war, herrschte

schon immer Unordnung. Jetzt darf ich sogar noch nach seinem Tod hinter ihm herräumen. Er war schon früher ein kleiner Chaot. Aber das war nicht der Grund, warum wir nicht mehr miteinander geredet haben. Nein, das war nicht der Grund.«

Tova schüttelt den Kopf über sich selbst. Was macht sie da? Mit einem Kraken sprechen? Ja, sie begrüßt hier immer alle Tiere, sie liegen ihr schließlich am Herzen, aber das ist jetzt etwas anderes. Sie unterhält sich mit einem Oktopus. Und es kommt ihr tatsächlich so vor, als würde dieses Wesen *zuhören*.

So unmöglich das auch ist.

Aber es ist ihr egal.

»Dann gute Nacht, der Herr!« Tova nickt dem Kraken höflich zu und geht weiter.

Am Seepferdchenbecken klebt ein handgeschriebenes Schild am Glas. Tova erkennt Terrys Schrift. *»Paarungszeit! Bitte nicht stören!«*

»Oh!« Tova legt die Hand aufs Herz und späht vorsichtig am Zettel vorbei ins Bassin. Ist es schon wieder so weit?

Als die Seepferdchen letztes Jahr laichten, gab Terry eine kleine Babyparty für alle acht Mitarbeiter. Mackenzie, das Mädchen am Eingang, hatte Luftballons aufgeblasen und eine Girlande aufgehängt, auf der stand »Hoppe, hoppe, Reiter«. Wird das dieses Jahr auch so sein? Eigentlich mag Tova keine Feiern, aber eine Handvoll Leute im Pausenraum, Girlanden und ein Möhrenkuchen wären jetzt eine willkommene Abwechslung. Falls es dieses Jahr eine Party für die Seepferdchen gibt, hat Tova noch nichts davon gehört, und sie ist überzeugt, dass man sie nicht ausschließen würde. Jedenfalls nicht bewusst.

Nun ja, wenn es eine Feier ohne sie gäbe, würde sie es am nächsten Tag sehen. Es ist eh absurd. Das sagten die Stricklieseln im vergangenen Jahr, als Tova ihnen davon erzählte.

Vielleicht ist sie die Einzige auf der Welt, die Hippocampus-Babys aufregender als Menschenbabys findet.

Als Tova in den Supermarkt kommt, putzt Ethan gerade die Kasse. Er strahlt. »Tova!«

Die Einkaufskörbe sind ordentlich neben dem Zeitungsständer gestapelt, doch Tova marschiert daran vorbei, auch an der kurzen Schlange von Einkaufswagen. Sie ist nicht zum Einkaufen hier.

»Guten Abend, Ethan.«

Er wird rot. Sein Gesicht leuchtet über seinem buschigen Bart.

»Ich hatte gerade Besuch auf der Arbeit. Weißt du irgendwas darüber?«

»*Aye*, der Typ mit den riesigen Hauern.« Ethan faltet seinen Lappen zusammen und steckt ihn verlegen in die Schürze. »Ich hätte ihm nichts erzählt, wenn er nicht gesagt hätte, es wär wichtig. Der Nachlass deines Bruders und so.«

Tova schnalzt mit der Zunge. »Nachlass? Hat er das gesagt?«

»Ja, doch. Wer will denn keinen Nachlass?«

Tova seufzt. Gibt es irgendein Drama im Ort, von dem Ethan nichts weiß? »Offenbar hat mein Bruder ein paar persönliche Dinge im Pflegeheim hinterlassen. Nichts von Wert, da bin ich mir sicher, aber jetzt muss ich dahin fahren und die Sachen abholen.«

Ethan wirkt aufrichtig zerknirscht. Reue überschattet seine großen grünen Augen. »So ein Mist, Tova. Tut mir leid.«

»Das ist mindestens eine Stunde Fahrt.«

»*Aye*, ganz schöne Strecke.« Er knibbelt an einer Schwiele auf seinem Daumen.

Tova betrachtet ihre Turnschuhe. Sie ist es nicht gewohnt, um Hilfe zu bitten, aber Ethans Angebot schien ehrlich gemeint, und die Vorstellung, zwei Stunden allein auf der Schnellstraße zu fahren, macht sie nervös. »Ich würde dein Angebot gern annehmen.«

»Welches Angebot?« Ethans Stimme wird munterer, er schaut hoch.

»Du hast gesagt: Falls ich irgendwas brauche. Jetzt wäre es so weit.«

»Ja, gerne! Was brauchst du denn?«

Tova schluckt. »Jemanden, der mit mir nach Bellingham fährt.«

1308. TAG IN GEFANGENSCHAFT

Die Seepferdchen machen es schon wieder.

Die Menschen sind ganz aufgeregt, als sei das eine Überraschung. Ist es nicht, das kann ich versichern. Die Seepferdchen laichen jedes Jahr um dieselbe Zeit. Während meiner Gefangenschaft hier habe ich vier Fortpflanzungszyklen von ihnen miterlebt.

Es gibt Hunderte von Seepferdchenlarven. Vielleicht Tausende. Am Anfang ist es eine regelrechte Wolke von Eiern, die sich im Verlauf von mehreren Tagen zu einem Durcheinander zuckender Wesen verwandeln, die keinerlei Ähnlichkeit mit ihren Eltern aufweisen. Sie sehen eher aus wie Miniaturausgaben der Meereswürmer, die sich durch den Sand im Haupttank bohren.

Ich finde es spannend, dass ein frisch zur Welt gekommenes Wesen so wenig Ähnlichkeit mit seinen Erzeugern hat.

Bei Menschen ist das offensichtlich nicht der Fall. Ich kenne Menschen jeder Altersstufe, und sie sehen in jedem Stadium eindeutig menschlich aus. Auch wenn das Menschenjunge hilflos ist und vom Elternteil getragen werden muss, kann man es nicht mit einer anderen Art verwechseln. Menschen werden einfach immer größer und manchmal auch wieder kleiner, wenn sie sich dem Ende ihrer Lebensspanne nähern, aber sie haben immer vier

Gliedmaßen, zehn Finger, zehn Zehen und zwei Augen vorne im Kopf.

Menschenjunge sind ungewöhnlich lange von ihren Eltern abhängig. Es leuchtet natürlich ein, dass die ganz Kleinen Hilfe bei den simpelsten Tätigkeiten brauchen: essen, trinken, urinieren, koten. Ihr unförmiger Körper und die plumpen Gliedmaßen erschweren diese Tätigkeiten. Doch auch wenn sie körperlich unabhängiger werden, kommen sie nicht allein zurecht. Beim kleinsten Anlass rufen sie Mutter oder Vater heran: ein offener Schnürsenkel, ein verschlossenes Saftpäckchen, eine kleine Auseinandersetzung mit einem anderen Kind.

Im Meer würden Menschenjunge kläglich versagen.

Ich weiß nicht, wie ein Pazifischer Riesenkrake laicht. Wie könnten meine Larven aussehen? Sind wir Formwandler wie Seepferdchen oder immer gleich wie Menschen? Ich werde es wohl nie erfahren.

Morgen wird es einen Besucheransturm geben. Vielleicht lässt Terry die Eingangstüren sogar länger auf, damit auch nach den normalen Öffnungszeiten noch Menschen kommen und sich das Laichen der Seepferdchen ansehen können. Diese Nachzügler werden an meinem Becken vorbeihasten, die meisten interessieren sich nicht für die anderen Tiere hier.

Hin und wieder bleibt mal jemand stehen. Mit ihm oder ihr erlaube ich mir dann ein Spielchen. Ich rolle meine Tentakel aus und lasse sie in der künstlichen Strömung der Pumpe treiben. Einer nach dem anderen saugt sich an der Scheibe fest, der Mensch kommt näher heran. Dann schiebe ich meinen Kopf ganz nach vorn und sehe ihm in die Augen. Normalerweise ruft er dann seine Gefährten herbei. Sobald ich Schritte höre, schieße ich zurück hinter meinen Stein und hinterlasse nur einen Strudel im Wasser.

Wie vorhersagbar Menschen doch sind!

Mit einer Ausnahme. Die ältere Frau, die den Boden wischt, spielt meine Spielchen nicht mit, sondern spricht mit mir. Wir unterhalten uns richtig.

Happy End

Zum zigsten Mal kehren Ethans Gedanken zu den Stricklieseln zurück. Jede der Frauen hätte mit Tova nach Bellingham fahren können. Sicherlich wussten alle, wie ungern sie den Freeway nimmt. Dennoch hatte Tova *ihn* gefragt.

An diesem Morgen war er eine Stunde früher aufgestanden, damit er genug Zeit hatte, um zu duschen, seinen Bart zu trimmen und sich fein zu machen. Jeder weiß, dass Tova Wert auf Sauberkeit und Ordnung legt. Weil Ethan schon im Morgengrauen auf den Beinen gewesen war, hatte er einen Becher Tee mehr als sonst getrunken. Vielleicht war das der Grund, warum er nicht aufhören konnte, mit den Fingern aufs Lenkrad zu trommeln, als sei es ein Klavier.

»Alles in Ordnung?«, fragt Tova auf dem Beifahrersitz. Schon wieder. Sie legt ihren Stift für das Kreuzworträtsel in ihren Schoß und wischt einen Fussel vom Sitzpolster. Ethan hätte seinen Hintern um fünf statt um sechs Uhr morgens aus dem Bett schleppen sollen. Dann hätte er genug Zeit gehabt, um nicht nur sich, sondern auch seinen Wagen sauber zu machen.

»*Aye*, alles gut. Warum fragst du?«

Ein liebevolles Lächeln legt sich auf Tovas Gesicht. »Du hast Hummelhände.«

»Hummelhände?«

»Ja, Hummelhände. Wie Hummeln im Hintern. Das habe ich immer gesagt, wenn Erik seine Finger nicht stillhalten konnte.«

Ethan erschrickt, als er den Namen hört. Er atmet tief durch und zwingt sich, die Hände ruhig zu halten. »Hummelhände. Lustig.« In Gedanken legt er sich eine Erklärung zurecht, er hätte am Morgen zu viel Koffein zu sich genommen, doch als er kurz darauf zu Tova hinüberschielt, ist sie wieder in das Kreuzworträtsel vertieft und tippt sich mit dem Radiergummi ans Kinn.

Er muss irgendwas sagen. Ethan zerbricht sich den Kopf über all die Gesprächsthemen, die er sich die halbe Nacht lang zurechtgelegt hat, aber irgendwie will ihm nichts mehr einfallen. Alles, was ihm in den Sinn kommt, ist tabu: ihr toter Bruder, toter Ehemann, toter Sohn. Ethan kann immer noch nicht glauben, dass sie gerade von Erik gesprochen hat. Jetzt ist es jedoch zu spät, daran anzuknüpfen.

Ihm fällt nichts Besseres ein als: »Was machst du da?« So eine alberne Frage! Sieht doch jeder, dass sie ein Kreuzworträtsel löst.

Tova runzelt die Stirn. »Das Rätsel von gestern. Ich bin leider ein bisschen in Verzug.«

»In Verzug?« Ethan schmunzelt. »Soll das heißen, du machst das jeden Tag?«

»Natürlich. Ist schließlich das Kreuzworträtsel des Tages. Dann löse ich es auch.«

»Und wenn du mal einen Tag auslässt? Dann … holst du es nach?«

Ihr Stift kratzt über das Papier. »Natürlich.«

Das Pflegeheim Charter Village liegt in einer Landschaft aus wogenden grünen Hügeln, durch die sich eine lange, gewundene Zufahrt zieht. Auf der Fahrt über das Gelände sehen Tova und Ethan, dass überall kleine beschilderte Wege abgehen: *Gedächtnistrainingscenter, Tennisanlage. Akutversorgung, Clubhaus*. Hier gibt es alles. Schließlich weist ein Schild in Richtung Empfang. Ethan gibt Gas. Als er die kreisförmige Auffahrt nimmt, vorbei an zwei efeubewachsenen braunen Backsteinsäulen, pfeift er anerkennend. Echt edel. Sieht aus wie ein teures Internat oder eine Uni, nicht wie ein armseliger Ort, wo alte Leute noch mal Tennis spielen dürfen, bevor endgültig Schluss ist.

»Hier ist es, meine Liebe?«

Tovas Gesicht ist wie aus Stein. »Ja, glaub schon.«

Ethan stellt den Motor aus und schaut sie fragend an. »Bist du noch nie hier gewesen?«

»Nein.«

Er widersteht dem Drang, noch mal leise zu pfeifen. Tova hatte gesagt, Lars habe hier zehn Jahre gelebt. Hat sie ihn wirklich nicht einmal besucht?

Sie greift zu ihrer Handtasche und steckt die Zeitung ein. »Sollen wir?«

»*Aye*.« Hastig steigt Ethan aus dem Auto und eilt um den Wagen herum, um rechtzeitig auf der Beifahrerseite zu sein und Tova die Tür aufzuhalten, doch als er da ist, geht sie bereits auf das imposante Gebäude zu.

In der ersten halben Stunde wartet Ethan im Empfangsbereich. Die Minuten ziehen sich in die Länge. Die Ledersessel sind wirklich bequem, aber den Lesestoff kann man abhaken: *National Geographic*, Rentnerzeitschriften und eine Handvoll trockener Finanzblätter. Könnten sie hier nicht etwas halbwegs Anständiges auslegen, zum Beispiel die *Rolling Stone*, oder wenigstens *People*? Promitratsch war schon immer Ethans großes Laster. Er bekommt wieder Hummelhände, trommelt ungeduldig auf den niedrigen Couchtisch. Er steht auf und inspiziert die Ecke mit den Erfrischungen, wo es unerklärlicherweise Kaffee gibt, aber keinen Tee. Überall Leder und Efeu, aber eine kleine Tasse Earl Grey ist nicht drin? Das ist schwach!

Ethan nimmt einen Einwegbecher und schenkt sich einen koffeinfreien Kaffee ein, weil er umsonst ist. Eigentlich mag er Kaffee nicht besonders. Mit neunzehn arbeitete Ethan eine Zeitlang im Kinderzoo unten in Glasgow, wo er regelmäßig den Elefantenstall ausmisten musste. Einmal steckten zwei Kollegen den Mist in die Saftpresse. Was da rauskam, hatte erstaunlich viel Ähnlichkeit mit Kaffee ... Das hat irgendwas in ihm verändert.

Als Tova ins Gebäude geeilt war, hatte Ethan ihr nachgerufen, sie solle in aller Ruhe die Hinterlassenschaft ihres Bruders durchgehen. Nun wird ihm klar, dass er keine Ahnung hat, wie lange so was dauern kann. Muss er den ganzen Tag warten? Er hätte ein Buch mitnehmen sollen.

Vom Empfang dringen Stimmen herüber. Sieht so aus, als sammelten sich dort Interessenten zu einem Rundgang durch die Anlage.

Die Frau, die die Gruppe führt, hat einen glatten, bernsteinfarbenen Pferdeschwanz und trägt ein graues Kostüm. Sie spricht die potenziellen Bewohner mit selbstsicherer, klarer Stimme an: »Willkommen in Charter Village! Wir kümmern uns um Ihr Happy End.«

Fast hätte Ethan den Kaffee ausgespuckt. Happy End? Welcher Werbefuzzi hat sich denn den Spruch ausgedacht?

Die Frau im grauen Kostüm sieht ihn stirnrunzelnd an. »Sir?«

»*Aye?*« Ethan wischt sich den Kaffee mit dem Ärmel vom Kinn.

»Begleiten Sie uns?«

»Ich?« Er sieht sich um, als stände hinter ihm noch ein anderer *Sir*. Dann zuckt er mit den Schultern. »Klar, warum nicht?« Geht wenigstens die Zeit rum.

»Dann bitte hier entlang!« Mit einem höflichen Lächeln weist sie auf die Gruppe.

Ethan muss zugeben: Die Bewohner wirken glücklich. Vielleicht ist dieser alberne Werbespruch doch nicht so verkehrt.

Es gibt einen Billardraum, eine Cafeteria mit ewig langem Büffet, sogar eine Schwimmhalle und einen Jacuzzi. Man kann Zimmerservice buchen, dann werden die Betten täglich mit allerfeinster Bettwäsche bezogen. Als sich der Rundgang dem Ende zuneigt, ist Ethan schon halb überzeugt, hier einzuziehen. Als ob er sich das leisten könnte! Seine Rente würde in so einer Einrichtung nicht lange reichen.

Als Tova eine Stunde später mit einem Karton auftaucht, schießt Ethan vom weichen Ledersessel am Empfang hoch.

»Alles in Ordnung, meine Liebe?«

»Ja, natürlich.«

Sie wirkt sehr klein in ihrer violetten Strickjacke, und der Karton lässt sie noch zerbrechlicher erscheinen.

Diesmal ist Ethan vor ihr an der Autotür. Wie ein Kavalier hält er sie Tova auf und tritt zur Seite, damit sie einsteigen kann. Sie bedankt sich höflich. Dann nimmt er den Karton und verstaut ihn hinter dem Beifahrersitz. Da schaut etwas heraus. Ein Hochglanzprospekt mit einer Abbildung des Gemeinschaftszentrums und der Tennisplätze. Ein Mann mit einem vollen Schopf silberner Haare und kurzer weißer Tennishose schwingt einen Schläger.

Während Tova sich anschnallt, wagt Ethan einen genaueren Blick.

Das ist nicht nur eine edle Broschüre. Es ist ein ganzes Paket. Eine glänzende Werbemappe mit dem zynischen Motto: »Wir kümmern uns um Ihr Happy End!«

Ein Blatt schaut aus der Mappe heraus.

Ein Aufnahmeantrag.

1309. TAG
IN GEFANGENSCHAFT

Menschen lieben Süßes. Das ist allgemein bekannt, oder?

Während meiner Gefangenschaft habe ich viele Süßigkeiten gesehen. Sie werden im Automaten am Haupteingang verkauft. Die Menschen essen sie, während sie durch die Gänge laufen. Manche Süßigkeiten haben die Größe einer Muschel, andere sind bunt oder mit weißem Pulver bestreut. Manche sind weich, sie werden lautlos im menschlichen Mund zermalmt. Andere sind hart, dann krümelt es beim Abbeißen, Bröckchen rieseln zu Boden, und die ältere Frau namens Tova muss alles wegfegen.

Entsprechend stelle man sich meine Verwirrung vor, als ich heute Abend die Bemerkung von Dr. Santiago hörte:

Was soll ich sagen, Terry? Dr. Santiago zuckte mit den Schultern und hob kapitulierend die Hände. *Ich habe schon viele Kraken gesehen, aber der hier ist eine wirklich helle Kerze auf der Torte.*

Es ging um den sogenannten Test: Dabei wird ein durchsichtiger Plastikbehälter, dessen Deckel mit einem Riegel verschlossen ist, in mein Becken gestellt. In dem Kasten befindet sich ein Krebs. Terry beförderte den Behälter in mein Bassin. Zusammen mit Dr. Santiago stand er vor der Scheibe und spähte hindurch. Sofort nahm ich den Kasten, öffnete den Riegel, hob den Deckel an und fraß den Krebs.

Es war eine Rote Felsenkrabbe, die sich gerade schälte. Wunderbar weich und saftig. Ich verschlang sie mit einem Bissen.

Das gefiel Terry und Dr. Santiago nicht. Sie runzelten die Stirn und diskutierten. Ich denke, sie hatten erwartet, dass ich für das Öffnen des Kastens länger bräuchte.

Ich bin eine helle Kerze. Natürlich bin ich intelligent. Alle Kraken sind das. Ich erinnere mich an jedes einzelne Menschengesicht, das länger in mein Becken geschaut hat. Muster erkenne ich sofort. Ich weiß, welche Schatten die Sonne beim Aufgehen oben auf die Wand wirft und wie sie sich im Lauf der Jahreszeiten verändern.

Wenn ich will, höre ich jedes Geräusch. Aus der Art und Weise, wie das Wasser draußen vor den Mauern des Gefängnisses gegen die Felsen klatscht, kann ich folgern, wann die Ebbe einsetzt. Wenn ich will, ist meine Sehkraft hervorragend. Anhand der hinterlassenen Fingerabdrücke kann ich genau sagen, welcher Mensch die Glasscheibe meines Beckens berührt hat. Buchstaben und Wörter zu lernen, war ein Kinderspiel für mich.

Ich kann Werkzeuge benutzen. Rätsel lösen.

Keiner der anderen Gefangenen verfügt über diese Fähigkeiten.

Ich besitze eine halbe Milliarde Neuronen, verteilt auf acht Fangarme. Manchmal habe ich mich schon gefragt, ob ich in einem einzigen Tentakel mehr Intelligenz besitze als ein Mensch in seinem gesamten Schädel.

Eine helle Kerze.

Ich bin helle, aber ich bin nicht aus Wachs und stecke nicht in einer Torte.

Was für eine widersinnige Bemerkung.

Vielleicht nicht Marrakesch

Es ist zu still in dem großen Kasten. Keine Schritte stampfen in der oberen Etage über den Boden. Der Akku von Camerons Handy blinkt rot: fast leer. Er kramt in seinem Seesack nach dem Ladekabel, aber das liegt auf Katies Nachttisch. Er kann es praktisch vor sich sehen. Zurückgelassen, und Cameron buchstäblich saft- und kraftlos.

Vielleicht haben Brad oder Elizabeth ein Ladekabel übrig. Cameron schleicht in die Küche und zieht so leise wie möglich Schubladen auf. Säuberlich aufgereihtes Besteck, eine ganze Lade nur für Ofenhandschuhe. Wer braucht so viele Ofenhandschuhe? Kochen die hier für ein ganzes Regiment? Die meisten tragen ein Monogramm. EBB: Elizabeth und Bradley Burnett. EBB wie Ebbe. Als wollten die beiden aufs Meer hinaus und Cameron am Ufer zurücklassen.

»Hey!«, dringt eine Stimme aus dem Flur.

»Elizabeth!« Cameron schiebt die Schublade zu. Als wolle sie ihn verhöhnen, schließt sie nur ganz langsam und sanft, wie moderne Schränke es tun.

»Wollte dich nicht erschrecken.« Elizabeth lächelt, eine leere Tasse in der Hand. Die andere Hand ruht auf ihrem Bauch, der fast aus ihrem blassblauen Nachthemd platzt. »Wollte was trinken, aber dann muss ich nach einer Stunde wieder zur Toilette. Meine Blase ist inzwischen so klein wie ein Fingerhut.« Sie macht das Licht an, dann tappt sie zum Kühlschrank und hält den Becher unter den Wasserspender.

»Ich kann's immer noch nicht glauben, dass ihr ein Baby bekommt«, sagt Cameron. Brad und Elizabeth sind seit drei Jahren verheiratet. Selbstverständlich war Cameron Trauzeuge bei ihrer Hochzeit, aber es ist immer noch … seltsam. Seit dem Kindergarten ist Elizabeth Camerons beste Freundin. Mit Brad waren sie auch befreundet, aber er gehörte nie so richtig dazu. In der Highschool interessierte sich Elizabeth nicht für ihn, doch ein paar Jahre später kamen sie irgendwie zusammen. Dann heirateten sie, und jetzt das Kind.

»Ich bekomme ein Baby? Ich dachte, ich wäre total aufgedunsen.« Neckisch zwinkert Elizabeth. »Wieso bist du überhaupt wach?«

»Handy ist leer.« Cameron hält das nicht mehr funktionstüchtige Gerät hoch. »Habt ihr vielleicht ein Ladekabel übrig?«

Elizabeth macht eine Handbewegung. »In der Kramschublade.«

»Danke.« Er nimmt ein ordentlich aufgewickeltes Kabel heraus.

Als Elizabeth sich auf einen Barhocker an der Kücheninsel setzt, verzieht sie das Gesicht. Dann trinkt sie einen großen Schluck Wasser. »Tut mir leid, das mit dir und Katie.«

Er lässt sich auf den Hocker neben ihr sacken. »Ich hab's verbockt.«

»Hört sich so an.«

»Vielen Dank auch, Lies-im-Bett.«

»Dafür nicht, Chamäleon«, gibt sie grinsend zurück. Die

Spitznamen aus ihrer Kindheit. »Und, wie geht es jetzt weiter?«

Cameron nestelt am aufgeribbelten Bündchen seines Lieblings-Hoodies und legt die grünlichen Fäden auf die Kücheninsel. »Ich such mir eine neue Wohnung. Vielleicht das Apartment über dem Dell's.«

»Über dem Dell's? Bah!« Elizabeth rümpft die Nase. »Da muss es doch was Besseres geben. Außerdem, soll Onkel Cam vielleicht nach abgestandenem Bier riechen, wenn er das Baby besuchen kommt?«

Cameron lässt den Kopf hängen, legt ihn kurz auf den kühlen Granit, bevor er sich wieder aufrichtet. »Ich habe nicht gerade eine große Auswahl.«

Elizabeth beugt sich vor und fegt die Fädchen in ihre hohle Hand. »Das Sweatshirt ist übrigens ekelig. Brad hat seins schon längst weggeworfen.«

»Was? Warum?« Es ist zwar nicht das offizielle Band-Shirt von Moth Sausage, aber jeder von ihnen hat eins davon. Vor Jahren gekauft. Sie hatten es immer bedrucken lassen wollen.

»Wann hast du es zum letzten Mal gewaschen?«

»Letzte Woche«, erwidert Cameron empört. »Ich bin doch kein Schwein!«

»Ist trotzdem ekelig. Das löst sich doch schon auf! Und ich hab nie verstanden, warum ihr ausgerechnet diese Farbe ausgesucht habt. Sieht aus wie Babykacke!«

»Das ist Tarngrün!«

Elizabeth sieht ihn lange an. »Warum machst du nicht mal ein bisschen Urlaub oder so?«, fragt sie leise. »Was hält dich hier?«

Er blinzelt. »Wo soll ich denn hin?«

»Nach San Francisco. London, Bangkok, Marrakesch …«

»Ja, sicher. Ich mach nur schnell meinen Learjet startklar. Dann flieg ich um die halbe Welt.«

»Okay, vielleicht nicht gerade nach Marrakesch.« Elizabeth senkt die Stimme. »Ehrlich gesagt, weiß ich gar nicht genau, wo das liegt. Das kam gestern Abend bei *Glücksrad* vor.«

»In Marokko«, sagt Cameron automatisch. Nicht, dass er jemals dort war oder hinfliegen würde.

»Gut, du Schlaumeier. Ich hätte es mir vielleicht gemerkt, wenn Brad und ich nicht mitten in der Sendung eingeschlafen wären.«

Cameron rümpft die Nase. »Sorg dafür, dass ich nie heirate.«

»Ich wäre echt schockiert.« Elizabeth schüttelt den Kopf, dann legt sie einen Arm unter ihren dicken Bauch und zieht den Kopf ein. »Okay, ich muss wieder ins Bett. Das Gute ist«, sie stellt ihr Glas in die Spüle, »dass ich jetzt schon wieder zum Klo muss. Danke für das Gespräch. Zwei Fliegen mit einer Klappe.«

»Gern geschehen.« Mit dem Ladekabel in der Hand geht Cameron ins Wohnzimmer. »Bis morgen früh.«

»Bis dann.« Elizabeth macht das Licht aus und verschwindet im Flur.

Eine Stunde.

Zwei.

Drei.

Camerons Gesicht leuchtet bläulich im Licht seines Displays. Nachdem Katie einen Artikel gelesen hatte, in dem stand, dass das Licht abhängig machen würde, hatte sie eine Phase, in der sie sämtliche Handys aus dem Schlafzimmer verbannte. Angeblich beeinflussten sie irgendwie die Gehirnwellen. Cameron hatte das immer für Blödsinn gehalten, doch jetzt brennen seine Augen im Licht des Displays, und er ist ganz matschig im Kopf.

Auf Katies Social-Media-Kanälen gibt es nichts Neues. Er hat sie alle mehrmals geprüft. Sie hat ihn nicht blockiert. Noch nicht. Camerons Zeigefinger schwebt über ihrem Namen. Einmal tippen, dann würde er sie anrufen. Aber sie schläft wahrscheinlich längst. Jetzt, da er weg ist, schläft sie bestimmt viel besser als je zuvor.

Cameron hatte nie richtig dazugehört. Es war nie seine Wohnung. Er muss loslassen.

Cameron öffnet die Immobilien-App und scrollt durch die Anzeigen. Auf den Fotos sieht man immer große sonnige Fenster und glänzende Arbeitsflächen. In der Küche steht eine Schale mit frischem Obst in der Küche, zwei Apfelsinen, eine gelbe Banane und mehrere leuchtend rote Äpfel. Genau dieselbe Obstschale in jeder Anzeige. Als hätten sie die von einer Wohnung mit in die nächste genommen. Wer isst das Obst, wenn sie mit den Fotos fertig sind? Wer isst überhaupt Äpfel? Es käme besser an, die Küche mit einer dampfenden Pizza und einem Sechserpack Bier zu dekorieren.

Diese schicken Obstschalen-Apartments sind nichts für Cameron. Die Bude über dem Dell's würde ihm reichen. Old Al ist aber nicht blöd. Er wird eine Kaution verlangen. Cameron muss in diesen Karton gucken und nachsehen, ob seine abgerockte Mutter irgendwas von Wert hinterlassen hat, das er zu Geld machen könnte.

Als Cameron den Karton aus dem Wohnzimmer holt, geht im Vorgarten eine Sicherheitsleuchte an. Er erschrickt, doch es ist nur ein Waschbär. Der fetteste Waschbär, den er je gesehen hat. Selbst die Schädlinge sind hier riesig. Halb rechnet er damit, dass das Tier durchs Fenster reinguckt, um zu sehen, warum er zu dieser Zeit noch auf ist.

Cameron schiebt den Karton mit dem Fuß über den Boden. Er lässt sich auf die Couch fallen, und kaum öffnet er die erste Lasche, steigt eine Staubwolke auf. Cameron muss husten. Der Arzt von Tante Jeanne schiebt ihren chronischen trockenen Husten auf das Rauchen, aber der Staub in dem Trailer ist mindestens genauso schlimm. Nun, da er an Zigaretten gedacht hat, wird die Schmacht unerträglich. Er muss wirklich aufhören. Doch Cameron nimmt den Karton, stopft sich den Rest seiner letzten Schachtel in die Tasche der Jogginghose und geht nach draußen.

Das Mondlicht fällt auf den Inhalt des Kartons. Cameron holt einen Gegenstand nach dem anderen heraus und legt sie nebeneinander auf den Terrassentisch. Das ist überraschend spannend. Wahrscheinlich leben diese Entrümpelungssendungen im Fernsehen davon.

Doch Camerons Aufregung ist nur von kurzer Dauer. Alles uninteressanter Kram.

Ein Kästchen mit vertrockneten alten Lippenstiften.

Eine Mappe mit handbeschriebenen Zetteln, offenbar Highschool-Aufsätze. Langweilig und wertlos.

Eine abgerissene Eintrittskarte für ein Konzert von Air Supply im Kingdom in Seattle, 7. Februar 1987. Völlig überflüssig, außerdem ein fragwürdiger Musikgeschmack.

Zig Scrunchies, oder wie die Teile heißen, die Mädchen um ihre Zöpfe machen.

Mehrere alte Musikkassetten. Hauptsächlich affige Hair Bands. Ein paar Kassetten sehen unbenutzt aus, auf denen könnte man Mixtapes aufnehmen. Wäre interessant, wenn heutzutage noch jemand einen Kassettenrekorder hätte. Jedenfalls null Verkaufswert.

Cameron zieht an seiner Zigarette. Was für eine Riesenenttäuschung! Warum wollte Tante Jeanne ihm diesen Mist unbedingt mitgeben? Nichts, was in dem Karton ist, lässt auch nur das geringste warme Gefühl für seine Mutter aufkommen. Wichtiger noch, nichts wird auch nur einen Cent Bargeld bringen.

Cameron kippt den leeren Karton um, und ein kleines Säckchen fällt heraus. Das muss Schmuck sein. Jackpot! Vier Armbänder, sieben Halsketten, zwei leere Medaillons, eine kaputte Silberkette. Leider keine Diamanten, aber ein paar Teile scheinen echt Gold zu sein. Lassen sich versetzen.

Cameron glättet das Beutelchen, um sicherzugehen, dass es leer ist. Unten steckt noch etwas drin. Er schüttelt es aus, und es fällt etwas heraus. Zerknülltes Papier … nein, dafür ist es zu schwer. Ein altes Foto, das um einen dicken Absolventenring gefaltet ist. Cameron hält ihn dicht vor die Augen und liest die Inschrift:

Highschool Sowell Bay, Abschlussklasse 1989

Er streicht das Foto glatt, und selbst im Halbdunkel erkennt er seine jugendliche Mutter. Lächelnd legt sie die Arme um einen Mann, den Cameron noch nie gesehen hat.

Bugatti und Blondie

Bevor Will krank wurde, gingen Tova und er oft picknicken. Dann packte sie Käse, Obst, manchmal auch eine Flasche Rotwein mit zwei Plastikbechern ein. Bei Ebbe kletterten sie am Hamilton Park runter ans Meer und setzten sich unterhalb des Damms an den Strand. Sie gruben die nackten Füße in den Sand, und das schaumige kalte Wasser plätscherte gegen ihre Sohlen.

Tova manövriert ihren Kombi in die Parklücke. Der Name »Hamilton Park« war schon immer etwas hoch gegriffen für den schmalen Streifen durchweichten Grases, die beiden verwitterten Picknicktische und den ständig kaputten Wasserspender.

Wenn Tova es im Haus nicht mehr aushält, kommt sie her, um mit ihren Gedanken allein zu sein. Wenn selbst der Fernseher die unerträgliche Stille nicht vertreiben kann.

Die Oberfläche des Picknicktisches ist überraschend heiß, sie glüht regelrecht unter dem klaren blauen Himmel, scheint den plötzlichen Einzug des Sommers zu genießen. Tova schlägt das Kreuzworträtsel in der Zeitung auf und wischt Radierkrümel vom Papier. Es ist Ebbe, das Wasser ist ruhig, Wellen rollen träge heran. Nach kurzer Zeit bedauert Tova, keinen Hut mitgenommen zu haben, so heiß brennt ihr die Sonne auf den Scheitel.

»Na, dann wollen wir mal«, sagt sie zum Kreuzworträtsel. Die Hälfte der Kästchen ist schon ausgefüllt, das Ergebnis ihrer morgendlichen Kaffeestunde. Weiter geht es mit einem Stichwort für sechs Buchstaben: *Harry von Blondie*.

Sie unterstreicht den Hinweis. Die Rockband Blondie. Tova hatte Erik mal eine Kassette zu Weihnachten geschenkt. Damals war er ungefähr zehn Jahre alt, es könnte also ’79 oder ’80 gewesen sein. Erik spielte sie monatelang immer wieder ab, bis sich das Band verhedderte. Tova hat noch das Bild auf der Kassette vor Augen: eine Blondine mit knallroten Lippen in einem schimmernden Kleid. Sie kann sich nicht vorstellen, dass diese Frau »Harry« genannt wurde. Vielleicht gehört der Hinweis doch zu einem anderen Wort.

Wie immer macht Tova weiter.

Die nächste Umschreibung lautet: *Obstbrei, drei Buchstaben.* »Das ist einfach«, murmelt Tova und trägt drei Buchstaben ein: M – U – S.

Das Surren eines Fahrrads unterbricht Tova beim Nachdenken über das nächste Stichwort: *Ital. Autobauer Bugatti, 6 Buchstaben.* Es klackert zwei Mal, die Schuhe werden aus den Pedalen geklickt. Der Fahrradfahrer ist zwar groß und schlank, doch sein Gang in den modernen Stollenschuhen erinnert Tova an einen Pinguin. Er trippelt über den Asphalt zum Wasserspender.

»Der funktioniert leider nicht«, bemerkt sie.

»Hm?« Der Mann dreht sich zu Tova um, wundert sich über ihre Anwesenheit.

»Der Wasserspender. Er funktioniert nicht.«

»Ah. Ähm, danke.«

Tova sieht sich über die Schulter um und schaut zu, wie

er den Mund über die Düse hält. Er dreht am Hahn. Als nichts kommt, flucht er vor sich hin.

»Das muss mal repariert werden«, brummt er, nimmt die Sonnenbrille ab und schaut mit durstigem Blick über den Sund, als würde er überlegen, ob das Meerwasser wirklich so salzig ist.

Tova holt eine noch nicht geöffnete Wasserflasche aus ihrer Tasche. Sie hat immer eine dabei, nur für den Fall. »Möchten Sie was?«

Er hebt abwehrend die Hand. »Oh, nein! Das geht doch nicht.«

»Doch, bitte!«

»Na, gut.« Der Mann kommt zu ihr herüber, die Stollen unter seinen Schuhen quietschen im Gras. Er dreht die Flasche auf und trinkt. Innerhalb von Sekunden ist sie leer. »Danke. Ist heißer, als ich dachte.«

»Ja, da haben Sie recht. Endlich ist der Sommer da.«

Der Mann legt seine Sonnenbrille auf den Tisch und setzt sich Tova gegenüber. »Hm. Hätte nicht gedacht, dass es immer noch Leute gibt, die Kreuzworträtsel lösen.« Er reckt neugierig den Hals. Widerwillig dreht Tova das Rätsel so, dass es im rechten Winkel zu beiden liegt. Gemeinsam schauen sie darauf. Irgendwo über dem Sund kreischen Möwen. Als dem Mann ein Schweißtropfen vom Kinn auf die Zeitung fällt und die Schrift der Ratgeberspalte verwischt, muss sich Tova fast schütteln.

»Ettore«, sagt er unvermittelt.

»Wie bitte?«

»Ettore. Italienischer Autobauer mit sechs Buchstaben. Ettore Bugatti«, erklärt er grinsend. »Das sind heiße Schlitten.«

Tova trägt die Buchstaben ein. Das Wort passt. »Danke«, sagt sie.

»Ah, und das da ist ›Debbie‹. Debbie Harry von Blondie.«

Na klar! Tova schnalzt mit der Zunge und rügt sich selbst. Der Mann hält ihr die Hand zum Abklatschen hin. Erst zögert Tova, dann schlägt sie mit ihrer kleinen Hand gegen seine große, feuchte Pranke.

Eine alberne Geste, doch Tova gestattet sich ein Lächeln.

»Mensch, war ich damals in Debbie Harry verknallt.« Er schmunzelt. Die Haut um seine Augen legt sich in Falten.

Tova nickt. »Ja, mein Sohn mochte sie auch sehr gern.«

Der Mann starrt sie an. Seine Augen werden groß.

»Heiliger Bimbam«, flüstert er.

Tova runzelt die Stirn. »Wie bitte?«

»Sie sind die Mutter von Erik Sullivan.«

Tova erstarrt. »Ja, stimmt.«

»Wow«, stößt der Mann leise aus.

»Und wer sind Sie?« Tova zwingt sich, nur diese eine Frage zu stellen, nicht all die anderen, die aus ihr heraussprudeln wollen, immer wieder dieselben: *Haben Sie ihn gekannt? Waren Sie auch da? Was wissen Sie?*

»Ich bin Adam Wright. Bin mit Erik zur Schule gegangen. Im letzten Jahr hatten wir ein paar Kurse zusammen, bevor er …«

»Bevor er starb«, beendet Tova den Satz.

»Ja. Es … tut mir so leid.« Er klickt sich wieder in die Pedale ein. »Ähm, ich muss weiter. Danke für das Wasser!« Die Kette des Fahrrads surrt, als er davonfährt.

Lange sitzt Tova mit ihrem nicht fertiggestellten Rätsel am Picknicktisch und denkt an all die Fragen, die sie dem Mann hätte stellen sollen. Zwingt sich zu atmen.

Adam Wright. War er auch zur Messe gekommen? War er bei der Mahnwache, die am Footballfeld in der Schule abgehalten wurde?

Zu Hause wartet die Wäsche. Es ist Mittwoch, da zieht Tova immer das Bett ab und steckt die Laken in die Maschine.

Ordentlich gefaltet liegt oben auf der Waschmaschine der Flanellbademantel, den sie eine Woche zuvor aus Charter Village mitgenommen hat. Lars habe ihn jahrelang getragen, hatte die Pflegerin gesagt. Hätte Tova den Bademantel doch dagelassen! Was soll sie mit dem alten Zeug ihres toten Bruders? Man hätte den Mantel doch waschen und ihn jemand anderem geben können. Oder ihn spenden. Oder ihn zu Putzlappen zerschneiden, was Tova oft mit ihren Sachen tut, wenn sie aufgetragen sind.

Als Tova zögerte, sagte die Pflegerin, viele Menschen freuten sich über solche Dinge.

Jetzt liegt der Mantel bei ihr herum und erinnert sie daran, dass sie anders als *viele Menschen* ist.

Letzte Woche hatte sie schon die Schere in der Hand und wollte den Stoff zerschneiden, überlegte es sich dann aber doch anders. Fürs Erste hatte sie genug Putzlappen.

Zu Lars' Habseligkeiten gehörte auch eine kleine Sammlung von Fotos. Einige waren sehr alt, Erinnerungen an ihre gemeinsame Kindheit. Die hatte Tova in die Kartons mit den Familienfotos auf dem Dachboden getan, sie in ihre eigenen Alben gesteckt.

Einige Bilder waren neueren Datums, relativ neu jedenfalls. Die Gesichter darauf kannte Tova nicht. Einblicke in das Leben, das Lars führte, nachdem sie sich entfremdet hatten. Lachende Erwachsene mittleren Alters auf einer Cocktailparty, eine Wandergruppe, die vor einem Wasserfall in den Bergen Pause macht. Diesen Lars hat Tova nie kennengelernt. Sie warf die Fotos in den Müll.

Eine Aufnahme passte in keine der beiden Kategorien. Sie zeigte Lars mit einem jugendlichen Erik auf einem Segelboot. Ihre langen Beine baumelten über dem Rumpf, die braune Haut bildete einen starken Kontrast zum strahlend weißen Boot.

Lars hatte Erik das Segeln beigebracht. Hatte ihm jeden Kniff gezeigt, die Lösung für jede noch so unwahrscheinliche Situation auf See. Zum Beispiel, wie man eine Ankerleine kappte.

Es tat weh, das Foto anzusehen. Fast hätte Tova es ebenfalls in den Müll geworfen, doch in letzter Minute überlegte sie es sich anders und verstaute es hinten in der Küchenschublade, in der sie Topflappen und Handtücher aufbewahrt, auch wenn es dort ebenso wenig hingehörte.

1311. TAG
IN GEFANGENSCHAFT

Wenn es ein Gesprächsthema gibt, das Menschen nie langweilt, dann ist es der Zustand ihrer Umgebung. Und obwohl sie sich ständig darüber unterhalten, finden sie immer alles unglaublich. Dieser lächerliche Satz: *Kaum zu glauben, dieses Wetter, oder?* Wie oft habe ich den schon gehört? 1910 Mal, um genau zu sein. Im Durchschnitt anderthalb Mal pro Tag. Mir soll niemand etwas über die Intelligenz von Menschen erzählen. Sie sind nicht mal in der Lage, einleuchtende meteorologische Entwicklungen zu begreifen.

Man stelle sich vor, ich würde zu meinen Nachbarn, den Quallen, hinüberwatscheln, ungläubig meinen Mantel schütteln und so was sagen wie: *Kaum zu glauben, was diese Becken heute Blasen werfen, oder?* Das wäre lächerlich.

(Es wäre natürlich auch lächerlich, weil die Quallen nicht antworten würden. Sie können nicht sprechen. Man kann es ihnen auch nicht beibringen. Und ich habe es wirklich versucht.)

Sonne, Regen, Wolken, Nebel, Hagel, Schneeregen, Schnee. Seit Jahrtausenden laufen die Menschen auf zwei Beinen über die Erde. Man sollte meinen, dass sie es allmählich glauben.

Heute sammelte sich salzig riechender Schweiß auf den

Gesichtern. Manche Menschen nahmen die Broschüren, die am Eingang zum Gefängnis verteilt werden, und fächelten sich damit vor dem Gesicht herum. Fast alle trugen kurze Kleidung, so dass man ihre fleischigen Beine und die Schlappen sah, die bei jedem Schritt gegen ihre Fußsohlen schlagen.

Aber sie konnten nicht aufhören, sich über die Hitze auszulassen. *Kaum zu glauben, dieses Wetter, was?* Allein heute siebzehn Mal.

Eine neue Jahreszeit ist angebrochen. Wie immer hat sie sich schon über einen längeren Zeitraum durch mehr Sonnenstunden und weniger Dunkelheit angekündigt. Heute war der längste Tag des Jahres. Sommersonnenwende nennen die Menschen ihn.

Es war meine letzte.

Nichts bleibt immer versunken

Am nächsten Nachmittag sitzt Tova in Colette's Beauty Shop neben Barbara Vanderhoof unter einem Haartrockner. Der Frisörsalon findet sich seit fast fünfzig Jahren im Zentrum von Sowell Bay hinter einer Fassade mit rosafarbener Tür. Colette selbst ist schon über siebzig, genau wie die Stricklieseln, weigert sich jedoch, in den Ruhestand zu gehen und den Salon den jüngeren Frisörinnen zu übergeben, die sie im Laufe der Jahre eingestellt hat.

Zum Glück. Auch wenn Tova alles andere als eitel ist, leistet sie sich diesen kleinen Luxus. Es gibt niemanden sonst, dem sie ihre Frisur anvertraut. Der die Haare genau so auskämmt und hochsteckt, wie sie es mag. Eben hat Tova zugesehen, wie Colette geschickt Barb die Haare schnitt. Colette ist wirklich die beste Frisörin in der Gegend.

»Tova, meine Liebe! Wie *geht* es dir?« Barb beugt sich so weit herüber, wie es die helmähnliche Trockenhaube erlaubt. Das Wort *geht* betont sie besonders stark. Als wolle sie von Vornherein jeden Versuch Tovas unterbinden, so zu tun, als ginge es ihr gut. Barbara besaß schon immer die Fähigkeit, sich nichts vormachen zu lassen, was Tova ungewollt bewundert.

Doch sie ist ebenso stolz darauf, so eine Fassade gar nicht nötig zu haben. Wahrheitsgemäß antwortet sie: »Ganz gut.«

»Lars war ein guter Mensch.« Barb nimmt ihre Brille ab und lässt sie an der Perlenkette um ihren Hals baumeln. Mit der Ecke eines Taschentuchs tupft sie sich die Tränen aus den Augen. Tova verkneift sich eine schnippische Bemerkung. Nicht zum ersten Mal steigert sich Barbara übertrieben in die Tragödie eines anderen Menschen hinein. Sie kann Lars höchstens fünf, sechs Mal gesehen haben, damals als die Geschwister noch am Leben des anderen teilnahmen.

»Er ist friedlich eingeschlafen«, sagt Tova mit einer gewissen Autorität und verschweigt, dass sie es aus zweiter Hand weiß. Aber die Pflegerin in Charter Village hatte kräftig Tovas Arm gedrückt, als sie ihr versicherte, Lars habe nicht leiden müssen.

»Was für ein Segen, einfach einzuschlafen«, sagt Barb und legt die Hand aufs Herz.

»Er wohnte in einer wirklich netten Einrichtung.«

»Ach, ja?« Barb legt den Kopf schief. Diese Information ist ihr neu. Beim Treffen der Stricklieseln hatte Tova ihre Fahrt nach Bellingham nicht erwähnt. Offenbar hat Ethan Mack vom Shop-Way wenigstens einmal den Mund gehalten.

»Ja, ich bin hingefahren und habe Lars' Sachen abgeholt. War nicht viel. Aber das Heim wird gut geführt und ist sehr sauber.«

»In welchem war er denn?«

»In Charter Village, oben in Bellingham.«

»Ah!« Barb setzt ihre Brille wieder auf und blättert in der Zeitschrift auf ihrem Schoß. »Hier vielleicht?« Sie hält eine zweiseitige Anzeige hoch, die das weitläufige Gelände von Charter Village zeigt. Der Rasen unter dem wolkenlosen Himmel leuchtet unnatürlich grün.

»Ja, genau da.«

Barb hält sich die Zeitschrift dicht vor die Nase und versucht, das Kleingedruckte zu lesen. »Aha! Hier steht, sie haben einen Salzwasserpool. Und ein Kino.«

Tova sieht nicht hin. »Ach, ja?«

»Und ein Spa!«

»Es war auf jeden Fall schicker als erwartet«, gibt Tova zu.

Mit einem abschließenden Seufzer klappt Barb die Zeitschrift zu. »Egal. Meine Andie würde mich nie in ein Heim …«

»Natürlich nicht.« Tova nickt und verzieht die Lippen zu einem Lächeln, das eher zu einer Grimasse gerät.

Barb fächelt sich mit der Zeitschrift Luft zu. Unter der Trockenhaube wird es wirklich heiß.

»Tja.« Tova greift zu einer zerlesenen Ausgabe eines *Reader's Digest* auf dem Beistelltisch neben der Trockenhaube und tut so, als überfliege sie die Inhaltsangabe. Natürlich weiß sie, dass es dort einen Salzwasserpool, ein Kino und ein Spa gibt. Die Broschüre, die sie in Charter Village mitgenommen hat, liegt zu Hause auf ihrem Couchtisch. Sie hat sie schon mindestens drei Mal gelesen.

»Sind wir fertig, Tova?«, erklingt Colettes muntere Stimme von der anderen Seite des Salons. Tova schiebt die Trockenhaube hoch und nimmt ihre Handtasche, dann verabschiedet sie sich höflich von Barbara Vanderhoof, bevor sie sich zu Ende frisieren lässt.

Abends im Aquarium brennt das Licht in Terrys Büro. Tova steckt den Kopf durch die Tür, um ihn zu grüßen.

»Hey, Tova!« Terry winkt sie herein. Auf seinem Schreibtisch liegt eine weiße Schachtel vom Lieferdienst, darunter ein Stapel Papiere. Zwei Essstäbchen ragen wie Antennen heraus. Sie stecken in den Resten vom gebratenen Reis mit Gemüse vom einzigen Chinesen in der Gegend, unten in Elland. Dieselbe Art von Schachtel, die den Kraken letztens aus seinem Becken gelockt hat.

»Guten Abend, Terry!« Tova nickt dem Aquariumsdirektor zu.

»Setz dich mal hin!« Er weist auf den Stuhl vor seinem Schreibtisch und hält ihr einen Glückskeks in Plastikverpackung hin. »Möchtest du? Ich bekomme immer mindestens zwei, manchmal sogar drei oder vier. Ich weiß nicht, was die Chinesen denken. Wie viele Leute ich hier mit diesem gebratenem Reis füttere.«

Tova lächelt, bleibt jedoch in der Tür stehen. »Das ist nett, aber danke.«

»Wie du meinst.« Schulterzuckend wirft Terry den Glückskeks in das Chaos auf seinem Tisch. Wenn Tova all die willkürlichen Häufchen und umherfliegenden Papiere sieht, juckt es ihr in den Fingern. Später wird sie mit ihrem Wägelchen hier durchgehen und über das verstaubte Bilderrahmentrio hinter seinem Schreibtisch wischen. Terrys kleine Tochter auf einer Schaukel. Terry mit dem Arm auf der Schulter einer älteren Frau, seiner Mutter. Sie hat dunkelbraune Haut, einen Schopf schwarzer Locken und Terrys breites Lachen. Eine unsichtbare Böe fährt in den Ärmel von Terrys Talar, eine violett-goldene Quaste baumelt an seinem Doktorhut. Neben dem Foto hängt das entsprechende Zeugnis: Bachelor of Science, *summa cum laude*, in Meeresbiologie, verliehen von der University of Washington an Terrance Bailey.

So ein Bild fehlt auf Tovas Kaminsims. Wenn es jenen Sommerabend nicht gegeben hätte, wäre Erik im darauf folgenden Herbst zur Universität gegangen.

Terry greift zu den Essstäbchen und schiebt sich geschickt eine Portion Reis in den Mund. Tova findet es beeindruckend, wie leicht ein Junge, der, wie sie weiß, auf einem Fischerboot auf Jamaika aufwuchs, mit so etwas umgehen kann. Junge Leute lernen schnell. Nachdem Terry gekaut und geschluckt hat, sagt er: »Tut mir leid, das mit deinem Bruder.«

»Danke«, erwidert Tova leise.

Er wischt sich die Finger an der dünnen Serviette vom Lieferdienst ab. »Ethan hat es mir erzählt.«

»Schon in Ordnung«, sagt Tova. Es ist bestimmt anstrengend für Ethan, sich Themen zu überlegen, über die er beim Kassieren plaudern kann. Tova würde es verabscheuen, den ganzen Tag mit Leuten reden zu müssen.

»Gut. Ich bin froh, dass ich dich erwische, Tova. Ich wollte dich um einen Gefallen bitten.«

»Was denn?« Sie schaut hoch, dankbar für den Themenwechsel. Endlich jemand, der nicht stundenlang über ihren sogenannten Verlust reden will.

»Könntest du heute Abend die Scheiben im Eingangsbereich einmal von innen wischen?«

»Kein Problem«, antwortet Tova und fügt hinzu: »Sehr gern.« Das meint sie ernst. Auf den großen Scheiben im Eingangsbereich liegt immer ein Schmutzfilm. Nichts würde Tova gerade glücklicher machen, als sie einzusprühen und mit dem Lappen über das Glas zu reiben, bis auch der letzte Streifen verschwunden ist.

»Ich möchte gern, dass der Eingang gepflegt aussieht.

Schließlich erwarten wir dieses Wochenende viele Besucher.« Terry fährt sich über das erschöpfte Gesicht. »Falls du heute nicht alle Böden schaffst, macht das nichts, ja? Das kannst du nächste Woche nachholen.«

Am Wochenende vom vierten Juli ist das Aquarium immer sehr gut besucht. Zu den Hochzeiten von Sowell Bay organisierte die Stadt einen großen Jahrmarkt am Wasser. Mittlerweile ist es einfach etwas voller als sonst.

Tova holt ihre Gummihandschuhe heraus. Sie hat vor, die Pumpenräume zu säubern und die Scheiben am Eingang zu wischen. Es wird spät werden, aber das hat sie noch nie gestört.

»Du bist meine Rettung, Tova.« Terry lächelt sie dankbar an.

»So habe ich was zu tun.« Sie lächelt zurück.

Terry schiebt die Unterlagen auf seinem Schreibtisch herum. Tova fällt etwas silbern Glänzendes ins Auge. Eine schwere Klemmvorrichtung, deren Bügel mindestens so dick wie Terrys Zeigefinger ist. Geistesabwesend hebt er die Klemme hoch und legt sie wieder hin, wie einen Briefbeschwerer.

Tova hat das untrügliche Gefühl, dass es kein Briefbeschwerer ist.

»Darf ich fragen, wofür das ist?« Sie lehnt sich gegen den Türrahmen, ihr wird leicht übel.

Terry stößt einen Seufzer aus. »Ich glaube, Marcellus war wieder auf Abwegen.«

»Marcellus?«

»Der PRK.« Es dauert einen Moment, bis Tova die Abkürzung versteht. Pazifischer Riesenkrake. Das Tier hat einen Namen. Warum wusste sie das nicht?

»Aha«, sagt sie leise.

»Ich begreife nicht, wie er das macht. Aber diesen Monat sind acht Seegurken verschwunden.« Terry nimmt die Schraubzwinge wieder in die Hände und hält sie, als würde er sie wiegen. »Ich glaube, er drückt sich durch den kleinen Spalt. Ich muss ein Stück Holz hinten auf sein Becken legen und dann diese Klemme hier anbringen.«

Tova zögert. Soll sie Terry auf die Schachtel mit gebratenem Reis im Pausenraum ansprechen? Ihr Blick fällt auf die Schraubzwinge, die jetzt wieder oben auf dem Papierwust von Terrys Schreibtisch liegt. Schließlich sagt sie: »Ich habe keine Ahnung, wie ein Krake ein geschlossenes Becken verlassen kann.«

Und das stimmt, genau genommen. Sie weiß wirklich nicht, wie er das schafft.

»Hm, da ist etwas faul im Staate Dänemark.« Terry schaut auf die Uhr. »Hey, wenn ich jetzt losfahre, schaffe ich es vielleicht noch in den Baumarkt.« Er klappt seinen Laptop zu und fängt an, seine Sachen zusammenzupacken. »Pass auf mit den nassen Böden, Tova, ja?«

Er mahnt sie immer, vorsichtig zu sein. Terry hat Angst, dass Tova ausrutscht, sich die Hüfte bricht und das Aquarium vor den Kadi zieht, sagen jedenfalls die Strickliesefn. Tova kann sich nicht vorstellen, jemals irgendwen vor Gericht zu schleppen, schon gar nicht das Aquarium, aber sie macht sich nicht mehr die Mühe, ihre Freundinnen zu korrigieren. Außerdem ist sie stets vorsichtig. Will neckte sie gern, »Vorsicht« sei ihr zweiter Vorname.

Wahrheitsgemäß erwidert sie: »Tue ich immer.«

»Hallo, mein Freund!«, sagt sie zum Kraken. Als er ihre Stimme hört, kommt er hinter seinem Stein hervorgeschossen, eine Explosion in Orange, Gelb und Weiß. Blinzelnd schwimmt er auf die Scheibe zu. Heute hat er eine bessere Farbe, findet Tova. Kräftiger.

Sie lächelt. »Heute nicht so abenteuerlustig?«

Er saugt sich mit einem Tentakel am Glas fest. Kurz hebt sich sein knollenförmiger Mantel, als würde der Oktopus einen Seufzer ausstoßen, auch wenn das nicht sein kann. Dann saust er mit einer unglaublich schnellen Bewegung nach hinten, ohne Tova aus dem Auge zu lassen, und tastet den Rand der winzigen Lücke mit der Spitze seines Fangarms ab.

»Nein, das tust du nicht, Monsieur! Terry hat dich auf dem Kieker«, mahnt Tova, und das Tier flitzt in Richtung der Tür, die zum hinteren Zugang für alle Becken an diesem Teil der Außenwand führt. Als Tova den kleinen, feuchten Pumpenraum betritt, rechnet sie damit, den Kraken bei einem Ausbruchsversuch zu ertappen, doch er ist noch in seinem Becken.

»Andererseits … Vielleicht hast du eine letzte Nacht in Freiheit verdient«, sagt Tova, in Gedanken bei der schweren Schraubzwinge auf Terrys Schreibtisch.

Das Tier drückt sein Gesicht gegen die hintere Scheibe und reckt die Tentakel in die Höhe, wie ein Kind, das hochgenommen werden möchte.

»Du möchtest mir die Hand geben«, rät Tova.

Die Arme des Oktopus treiben im Wasser.

»Ja, nicht?« Sie zieht einen Hocker unter dem langen Metalltisch hervor und klettert vorsichtig hinauf, nun groß genug, um die hintere Abdeckung vom Becken zu schieben. Als sie den Riegel öffnet, kommt ihr der Gedanke, der Krake könne die Gelegenheit ausnutzen. Es könnte sein, dass er Tova dazu bringen will, den Deckel aufzumachen, damit er entkommen kann.

Sie geht das Risiko ein. Hebt die Abdeckung an.

Er treibt an der Oberfläche, träge, alle acht Arme von sich gestreckt wie ein fremdartiger Stern. Dann reckt er ein Tentakel aus dem Wasser. Tova streckt die Hand aus, an der noch die Abdrücke vom letzten Mal zu sehen sind, und der Krake windet seinen Fangarm wieder um ihr Handgelenk, als würde er sie riechen. Die Spitze des Tentakels erreicht ihre Hals und betastet ihr Kinn.

Zögernd berührt Tova von oben seinen Mantel, so als würde sie einen Hund streicheln. »Hallo, Marcellus. So wirst du doch genannt, oder?«

Plötzlich zieht er den Tentakel heftig nach unten. Tova droht das Gleichgewicht zu verlieren. Kurz hat sie Angst, dass der Krake sie ins Becken zerrt.

Sie beugt sich vor, bis ihre Nase fast das Wasser berührt. Ihre Augen sind nur noch Zentimeter von seinem entfernt, seine außergewöhnliche Pupille ist dunkelblau, fast schwarz, wie glänzender Marmor. Eine gefühlte Ewigkeit sehen sie einander an, und Tova merkt, dass ein zweiter Arm des Oktopus sich über ihre Schulter tastet und ihr frisch gelegtes Haar befühlt.

Sie lacht. »Bring es nicht durcheinander! Ich war gerade heute Morgen beim Frisör.«

Er lässt sie los und verschwindet hinter seinem Stein. Sprachlos schaut Tova sich um. Hat er etwas gehört? Sie berührt ihren Hals, spürt die kalte Nässe, wo sein Tentakel war.

Der Krake kommt wieder hervor und lässt sich nach oben treiben. Am Ende eines Tentakels hängt ein kleiner grauer Gegenstand. Marcellus hält ihn ihr hin. Ein Geschenk.

Ihr Hausschlüssel. Den sie letztes Jahr verloren hat.

1319. TAG
IN GEFANGENSCHAFT

Ich fand den Schlüssel auf dem Boden in der Nähe des Schranks, wo sie ihre Sachen verstaut, wenn sie putzt. Ich hätte ihn nicht nehmen sollen, aber konnte nicht anders. Irgendwie kam er mir bekannt vor.

Als ich in mein Becken zurückkehrte, verbarg ich ihn bei den anderen Schätzen in meiner Höhle. In der hintersten Ecke ist ein Loch im tiefsten Winkel des hohlen Steins, an den selbst die gründlichsten Beckenreiniger nicht herankommen. Dort verstecke ich meine Funde.

Was ich dort so alles horte? Hm, wo soll ich anfangen? Drei Murmeln, zwei Superheldenfiguren, ein Smaragdring. Vier Kreditkarten und ein Führerschein. Eine Haarklammer mit einem Edelstein. Ein Menschenzahn. Wie, das ist ekelig? Den habe ich doch nicht selbst gezogen! Der ehemalige Besitzer wackelte bei einem Schulausflug so lange daran herum, bis er ausfiel, dann verlor er ihn.

Was noch? Ohrringe, viele einzelne Ohrringe, kein einziges Paar. Drei Armbänder. Zwei Gegenstände, für die ich das Menschenwort nicht kenne. Ich nehme an, es sind … Stöpsel? Die Menschen stecken sie in die Mundöffnung ihrer kleinen Kinder, um sie zum Schweigen zu bringen.

Im Lauf meiner Gefangenschaft ist meine Sammlung beträchtlich gewachsen, mit der Zeit bin ich wählerischer geworden. Am Anfang hatte ich sehr viele Münzen, aber die sind alltäglich. Ich hebe sie nicht mehr auf, es sei denn, sie sind außergewöhnlich. Ausländische Währungen, wie die Menschen das nennen.

Im Laufe der Jahre habe ich natürlich viele Schlüssel gefunden. Inzwischen gehören sie für mich in dieselbe Kategorie wie Münzen. Normalerweise beachte ich sie nicht.

Aber wie gesagt, dieser besondere Schlüssel war doch interessant. Ich wusste, dass ich ihn nehmen musste, auch wenn ich anfangs nicht verstand, was daran besonders war. Das begriff ich erst später in der Nacht, als ich mit der Spitze meines Tentakels über dessen Einkerbungen fuhr. Ich kannte diesen Schlüssel. Besser gesagt, genau so einen.

In der Hinsicht sind Schlüssel wohl doch nicht dasselbe wie Fingerabdrücke. Man kann sie nachmachen.

Als ich noch sehr jung war, besaß ich mal ein Exemplar dieses Schlüssels. Bevor ich gefangen wurde. Er hing an einer Kette und lag auf dem Meeresgrund inmitten menschlicher Überreste. Für mich regelrecht eine Schatzkammer. Fleisch und Knochen waren natürlich nicht mehr da, sie überdauern nicht lange, dafür die Gummisohle eines Turnschuhs und ein Schnürsenkel aus Vinyl. Mehrere Plastikknöpfe, wie von einem Hemd. Sie lagen zusammen unter einer Ansammlung von Steinen. Der Schlüssel muss demjenigen gehört haben, um den die Frau trauert.

Das sind die Geheimnisse, die das Meer bewahrt. Was würde ich darum geben, sie wieder erforschen zu können! Wenn ich die Zeit zurückdrehen könnte, würde ich das alles nehmen – die Schuhsohle, den Schnürsenkel, die Knöpfe und den Schlüssel – und es der Frau geben.

Ihr Verlust tut mir leid. Ihr den Hausschlüssel zurückzugeben, ist das Mindeste, was ich tun kann.

Kein Filmstar, und auf keinen Fall ein Pirat

Um neun Uhr morgens zieht Cameron an der Eingangstür zu Dell's Saloon. Halb rechnet er damit, dass sie verschlossen ist. Doch die Tür schwingt auf. Er blinzelt, seine Augen gewöhnen sich an das schwache Licht.

Old Al, der Wirt, steckt seinen Kopf aus dem Nebenraum. »Cameron«, sagt er leicht überrascht. Sein starker Akzent erinnert an einen Mafia-Film, an Brooklyn und Italien. Der Zungenschlag klingt fast komisch mitten in Kalifornien.

»Hey, Mann …« Cameron setzt sich auf einen Hocker. In der Ecke, momentan hinter einem Stapel Bierkisten versteckt, befindet sich die kleine Bühne, wo Moth Sausage immer auftreten. Aufgetreten sind, muss man sagen, bevor Brad die Band mehr oder weniger aufgelöst hat. Neben dem Billardtisch steht auf einem Regal ein uraltes Radio, die krumme Antenne ist auf das einzige schmuddelige Fenster in der Kneipe gerichtet. Es läuft irgendeine Talkshow, ein Mann und eine Frau streiten heftig über Zinssätze, die Notenbank und ähnlich langweiligen Scheiß.

»Wie immer?« Old Al wirft eine Serviette auf die Theke.

»Nee, deshalb bin ich nicht hier.« Cameron räuspert sich. »Ich wollte dir einen Vorschlag machen. Einen immobilientechnischen Vorschlag.«

Old Al stützt sich mit verschränkten Armen aufs Waschbecken und hebt die Augenbraue.

»Die kleine Wohnung oben.« Cameron setzt sich aufrechter hin. »Die leer steht.«

»Was ist damit?«

»Die würde ich gern mieten. Hab mir das genau überlegt. Nächste Woche hätte ich die Miete für den ersten Monat zusammen und …«

Old Al hebt die Hand. »Hör auf, Cam! Kein Interesse.«

»Aber ich hab doch noch gar nicht ausgesprochen!«

»Ich hab kein Interesse, einen auf Vermieter zu machen.«

»Musst du auch gar nicht! Das regele ich alles selbst. Du bekommst nicht mal mit, dass ich da bin.«

»Kein Interesse.«

»Aber da wohnt doch keiner!«

»Genau.«

»Wie viel willst du dafür haben?« Cameron holt das schwarze Beutelchen aus der Tasche seines Hoodies und legt den Schmuck auf die Theke. »Ich kann bezahlen. Siehst du?«

Der Blick von Old Al verweilt kurz auf dem kleinen Häufchen Schmuck, dann schüttelt er den Kopf und nimmt einen grauen Putzlappen aus der Spüle. »Was hast du gemacht? Alte Leute ausgeraubt?«

Cameron schnaubt verächtlich. »Ich muss bloß ein paar Monate irgendwo unterkommen, bitte!«

»Tut mir leid, Junge.«

»Komm, Al! Du weißt, dass du mir vertrauen kannst.«

»Jetzt mal ehrlich, Cameron! Der Deckel, den du hier noch liegen hast, ist so groß, da könnte ich einen dicken Roman drauf schreiben. Und du hast mir immer noch kein Geld für den Tisch gegeben, den du letztes Jahr bei deiner kleinen Einlage kaputt gemacht hast, als du von der Bühne gesprungen bist.«

Cameron zieht den Kopf ein. »Das war Aktionskunst.«

»Das war Vandalismus, und ich habe es dir gnädigerweise verziehen, weil die Leute offenbar Bock auf den Lärm haben, den ihr veranstaltet, und weil ich mit deiner Tante befreundet bin. Aber alles hat seine Grenzen. Mensch, in dieser Stadt braucht man doch keine zehn Meter laufen, bis man irgendwo eine kleine Butze findet. Warum schleppst du deine Juwelen nicht woanders hin?«

»Darum.« Cameron führt es nicht weiter aus, als müsste bekannt sein, dass die Überprüfung seiner Kreditwürdigkeit zu Problemen führen wird.

»Wie du meinst.« Old Al zuckt mit den Schultern und wischt mit dem Putztuch kreisförmig über die Theke. Das trübe Wasser wringt er in der Spüle aus. Irgendwann wirft er den Lappen ins Becken. »Die Sachen sind von deiner Mutter, oder?«

»Ja.«

»Hat deine Tante sie dir gegeben?«

»Yep.«

Der Wirt nimmt ein goldenes Tennisarmband und hält es hoch. »Einige Sachen sind gar nicht so übel.« Er greift zum Absolventenring von 1989 und sagt: »Hm, guck dir den an! Solche Ringe zum Highschoolabschluss gibt's gar nicht mehr, oder?«

Cameron zuckt mit den Schultern. Woher soll er das wissen? Er war nie auf einer Highschool, und das ist Old Al eigentlich bekannt.

»Highschool Sowell Bay. Das ist oben im Bundesstaat Washington, oder?«

»Glaub ja«, sagt Cameron. Aber er weiß es, hat es natürlich gegoogelt. Trotzdem, der Ring kann auch ein Gegenstand sein, den seine Mutter gestohlen hat, um ihre schlechten Angewohnheiten zu finanzieren. Vielleicht war der Typ auf dem Foto ihr Komplize.

»Ich kann mich noch gut daran erinnern, wie Jeanne hochfuhr, um sie zu holen.«

»Wen?«

»Deine Mutter.«

»Was erzählst du da?«

»Hat dir deine Tante nicht davon berichtet?«

»Wovon?« Cameron legt die nassen Servietten, die er in der geballten Faust geknetet hat, auf den Tresen.

Old Al seufzt. »Also, ich kannte Daphne immer nur als Jeannes durchgeknallte kleine Schwester. So, wie ich es gehört habe, ist sie während der Highschool von Zuhause abgehauen. Hoch nach Washington, weiß der Teufel, warum. Da ist sie dann in Schwierigkeiten geraten. Jeanne hat damals schon in der Verwaltung gearbeitet, sie ist ja deutlich älter. Musste freinehmen, um ihre Schwester nach Hause zu holen. Einmal war sie abends hier und hat mir die ganze Geschichte erzählt.«

»Oh«, ist alles, was Cameron dazu einfällt. Sein Kopf fühlt sich seltsam dumpf an.

»Egal.« Old Al legt den Ring auf seine Handfläche und wackelt mit dem Kopf. »Vielleicht ist der von einem Freund. Ich hab meinen Ring meinem Schätzchen damals geschenkt.« Langsam legt sich ein Lächeln auf das Gesicht des Wirts. »Sie hat ihn an einer Kette um den Hals getragen, die war gerade so lang, dass der Ring mitten im Ausschnitt hin. Musste ich immer hingucken.«

Cameron erschaudert.

»Tja, wahrscheinlich hängt er da immer noch. Hab ihn nicht zurückbekommen, als Schluss war«, brummt Old Al.

Quietschend öffnet sich die Tür, und ein Dreieck staubigen Lichts fällt auf die Theke. Zwei alte Kerle kommen herein. Cameron kennt sie vom Sehen. Die Tagesbesetzung. Sie nicken ihm zu und setzen sich ein paar Hocker weiter an die Theke.

Unaufgefordert öffnet Old Al zwei Bierflaschen und schiebt sie über den Tresen. Eine dritte Flasche hält er Cameron hin. »Auch eins?«, fragt er und fügt dann etwas verbindlicher hinzu: »Geht aufs Haus.«

»Ja, danke.«

Old Al nickt schuldbewusst, als sei ein Bier für zwei Dollar irgendwie ein Ausgleich dafür, dass er sich mit seinem leeren Apartment so scheiße anstellt und es nicht vermieten will. Dann schlurft er zum Radio rüber, zieht den Stecker raus und wickelt die Schnur ordentlich auf. Kurz darauf leuchtet die Jukebox in der Ecke auf, und eine Westerngitarre erschallt aus den Lautsprechern. Offenbar mag die Tagesbesetzung Countrymusik, und das Dell's hat jetzt offiziell geöffnet.

Cameron trinkt das eiskalte Bier in einem einzigen Zug aus, nimmt den Siegelring vom Tresen und verschwindet.

Die Abschlussklasse der Highschool Sowell Bay von 1989 ist überraschend gut im Internet vertreten, was offenbar dem Umstand geschuldet ist, dass sie in diesem Jahr ihr dreißigjähriges Jubiläum feiert. Dreißig, so alt wie Cameron selbst. Seine Mutter wurde in dem Sommer schwanger, als sich diese Leute auf ihren Schulabschluss vorbereiteten.

Der Ring vom Freund. Welches von diesen Arschlöchern hatte seiner Mutter einen Braten in die Röhre geschoben?

Jemand hat sich die Mühe gemacht, massenweise Fotos einzuscannen und auf der für das Wiedersehenstreffen eingerichteten Seite hochzuladen. Offenbar das gesamte Jahrbuch des Abschlussjahrgangs. Alte Leute haben einfach zu viel Zeit. Cameron scrollt durch die grobkörnigen Bilder und hält gelegentlich inne, wenn er braune Locken wie die seiner Mutter sieht, doch eigentlich sucht er jemand anders. Den Typen von dem zerknitterten Foto, das neben ihm auf der Küchentheke liegt.

Cameron dreht den Ring in den Händen. Zu seiner Überraschung entdeckt er innen eine kaum noch lesbare Gravur: EELS. Aale? Hm, ein seltsames Maskottchen, aber leuchtet irgendwie ein, wenn die Schule am Meer liegt. Die Aale der Highschool Sowell Bay? Allerdings komisch, dass im Jahrbuch kein einziger Aal auftaucht.

Er schaut sich die eingescannten Fotos weiter an. Bilder von Jugendlichen bei Schulveranstaltungen, mit den aufgeplusterten Haaren und übertriebenen Klamotten der Achtziger. Sie schneiden Grimassen in die Kamera. Da: ein Bild seiner Mutter, das er noch nie gesehen hat. Sie steht mit vielen Jugendlichen auf einem Steg, und der Typ von dem anderen Foto hat den Arm um sie gelegt. Er wendet ihr den Kopf zu und vergräbt das Gesicht in ihrem windzerzausten Haar, als würde er sie auf die Wange küssen. Es ist derselbe Typ, da ist Cameron absolut sicher.

Mit feuchten Fingern zieht er das Bild größer. Die Unterschrift lautet: *Daphne Cassmore und Simon Brinks.*

»Bingo! Simon Brinks.« Camerons Stimme ist ganz rau. Schnell öffnet er ein neues Fenster und tippt den Namen ein.

Die unzähligen Suchergebnisse zeichnen ein klares Bild: ein bekannter Baulöwe aus Seattle, nebenbei Nachtclubbesitzer. Ein Artikel über sein Ferienhaus in der *Seattle Times*. Eine Fotoserie über seinen beschissenen Ferrari.

Der Typ ist ein fetter Fisch. Ein großer, fetter, extrem reicher Fisch.

Cameron stößt ein kurzes Lachen aus und ballt die Faust.

Simon Brinks. Cameron geht ins Wohnzimmer, lässt sich auf die makellose Couch von Brad und Elizabeth fallen und studiert noch mal das Bild, das um den Ring gewickelt war. Kann das wirklich sein Vater sein? Es ist nur ein Foto, aber das ist mehr, als er je gehabt hat. Er betrachtet seine Mutter, ihr sorgloses Lächeln, ihr windzerzaustes Haar. Sie ist groß und schlank, fast größer als Brinks, der selbst nicht der Kleinste zu sein scheint. Doch was Cameron vor allem ins Auge springt, sind die Wangen seiner Mutter. Sie sind voll und gesund, fast wie die Pausbäckchen eines Babys. Das ist nicht die Daphne Cassmore, die er kennt, spindeldürr und eingefallen.

Cameron sieht sich den Hintergrund des Bildes genauer an: ein riesiger, überquellender Blumentopf. Narzissen und Tulpen. Auf dem Foto muss es April sein. Vielleicht auch März oder Mai, aber wenn diese Blumen blühten, stehen die Chancen sehr gut, dass die Aufnahme im April gemacht wurde.

Cameron wurde am 2. Februar geboren. Er rechnet nach. Könnte es sein, dass es ihn auf diesem Bild schon gibt?

Von den Daten würde es hinkommen.

»Hey!«, ruft Elizabeth aus dem Flur. »Wie war's bei Dell's?«

Cameron steht auf und folgt ihr in die Küche, wo er ihr erzählt, dass es ihm nicht gelungen ist, Old Al von der Vermietung des Apartments zu überzeugen, aber dass er Simon Brinks nebst Ferrari entdeckt hat.

»Bist du dir sicher, dass er dein Vater ist?« Elizabeth macht sich daran, eine rote Paprika kleinzuschneiden. Zum Essen gibt's Fajitas. Sie hackt den Berg roter Würfel klein, ohne auf die Klinge zu achten, die immer beängstigend nah an ihren Fingerspitzen hinunterfährt. So viel Selbstvertrauen besäße Cameron auch gern.

»Wer soll es sonst sein?« Er hält das Foto hoch. »Guck dir das Bild an und sag mir, dass die beiden nicht vögeln.«

Elizabeth hebt die Augenbraue. »Hm, viele Leute vögeln. Das beweist noch gar nichts.«

»Aber das Timing. Es passt genau.«

»Hat er denn Ähnlichkeit mit dir?«

Cameron legt den Kopf schräg. »Schwer zu sagen bei der Achtzigerjahre-Frisur.«

»Hast du den Typ nicht gerade den halben Nachmittag im Internet gestalkt?«

»Ja, aber jetzt sieht er halt wie ein Typ im mittleren Alter aus. Wie ein Vater.«

»Weil alle Väter gleich aussehen.« Elizabeth verdreht die Augen.

»Nein, aber hör zu! Das ist doch nicht wichtig! Ich meine, wenn er glaubt, dass er mein Vater ist …«

»Du kannst nicht irgendeinen Typen abzocken, nur weil er auf einem Foto neben deiner Mutter steht.« Elizabeth gibt die Paprika in eine Bratpfanne, und eine zischende Dampfwolke steigt auf. »Außerdem: Willst du gar nicht wissen, ob er es wirklich ist? Willst du keine Beziehung zu ihm aufbauen?«

»Beziehungen werden überschätzt.« Cameron schiebt sich ein vergessenes Stück Paprika vom Schneidbrett in den Mund. Es ist überraschend süß.

»Aha ... Und, was hast du nun vor? Nach Washington fahren und ihn suchen?«

»Ej, ja! Warum nicht?« Cameron hofft, dass Elizabeth die Ironie in seiner Frage versteht, weil es tausend Gründe gibt, warum er es nicht tun sollte. Zum einen: Wie soll er dorthin kommen? Sicherlich wird Brad ihm nicht den Pick-up für die tausend Meilen leihen.

»Na, das wird ja ein Abenteuer.«

»Allerdings.«

Elizabeth geht zum Kühlschrank und holt ein Päckchen Putenhack heraus, reißt es auf und gibt es ebenfalls in die Bratpfanne. »Wenn ich nicht gerade diesen Alien ausbrüten würde, kämen Brad und ich auf jeden Fall mit.« Sie rührt um, das Fleisch fängt an zu zischen. »Weißt du noch, als wir klein waren? Da haben wir uns immer Geschichten ausgedacht, wie wir deinen Dad auftreiben könnten. Damals dachten wir immer, er wäre ein Pirat, ein Filmstar oder so. Oh Mann, war das albern!«

»Simon Brinks ist auf keinen Fall ein Filmstar, aber er könnte eine Art Pirat sein. Ist mir auch egal. Das kann gern sein Geheimnis bleiben, solange er bereit ist, achtzehn Jahre unterschlagenen Unterhalt nachzuzahlen.«

»Na ja, falls das alles nicht klappt: Ich habe gehört, Seattle soll wirklich schön sein.«

»Ja, ja.« Cameron nickt. Sehr schön. Viele Bäume. Wen interessiert das? Der Westen des Staats Washington ist die nasseste Gegend in Amerika, und Simon Brinks wird dafür sorgen, dass es dort Geld regnet.

Elizabeth holt einen Krug Limonade aus dem Kühlschrank und schenkt zwei Gläser voll ein. Eins schiebt sie Cameron über den Tresen zu, das andere nimmt sie selbst. »Also, Chamäleon. Auf ungelöste Geheimnisse!«

»Auf ungelöste Geheimnisse!« Er stößt mit ihr an.

In den frühen Morgenstunden seiner letzten Nacht in Kalifornien liegt Cameron wach im kalten Licht seines Handydisplays.

Mit zwei Klicks hat er eine Reise-App heruntergeladen, die er in der Werbung gesehen hat. Angeblich bucht man mit ihr garantiert zum niedrigsten Preis. Funktioniert tatsächlich. Der JoyJet-Flug nach Seattle geht um fünf Uhr morgens vom Flughafen Sacramento International, das ist in drei Stunden. Cameron kann es schaffen, wenn er … okay, wenn er jetzt sofort aufbricht.

Hastig leert er seinen grünen Seesack, dann stopft er alle Boxershorts hinein, die er besitzt, dazu seine restlichen Klamotten und das kleine Schmuckbeutelchen.

Nachdem er die Tasche gepackt hat, greift er wieder zum Handy. Er drückt sich die Daumen, und tatsächlich wird der Betrag auf seiner Kreditkarte belastet. Cameron klickt das Feld an und bucht.

Wenn Simon Brinks wirklich sein Vater ist, wird er für jede wertvolle Sekunde zahlen, die er in den vergangenen dreißig Jahren verpasst hat.

Eine theoretisch wahre Geschichte

Durch Bearbeitung mit Backnatron kann Tova den Schlüssel vom Rost befreien. Zu ihrem Erstaunen passt er trotz seines Zustands perfekt in ihre Haustür. Sie fädelt ihn auf ihren Schlüsselring und macht den anderen ab, um ihn in der Kramschublade in der Küche zu verstauen.

Sie sitzt bei ihrem morgendlichen Kaffee und dem Kreuzworträtsel, da stört sie ein leichtes Kratzen an der Verandatür. Mit schmerzendem Rücken erhebt sie sich vom Küchenstuhl und schlurft, eine Hand ins Kreuz gestützt, zur Tür. Gerade rechtzeitig, um zu sehen, wie Cat sich durch eine lose Lasche in der Fliegengittertür schlängelt. Wann hat sich der Stoff da gelöst? Wieder etwas zu reparieren. Seit Will nicht mehr da ist, ist eine Menge zusammengekommen. Vielleicht kann Tova die Lasche mit Sekundenkleber befestigen.

Sie könnte sich Sekundenkleber im Baumarkt besorgen. Es ist derselbe Baumarkt, in dem Terry das Brett holen wollte, das er für die Schraubzwinge brauchte. Die Zwinge, die Tova mit einem dumpfen Geräusch in den Mülleimer geworfen hat.

Cat sitzt mitten im Eingangsbereich, den Schwanz elegant um die schlanke Gestalt gewunden, und blinzelt Tova an, als wollte er fragen, was sie hier zu suchen habe. Das müsste sie eigentlich ihn fragen.

Wieso nutzen Tiere in letzter Zeit kleine Lücken aus?

»Na, komm rein! Wir frühstücken in der Küche. Auf der Veranda wird leider nicht mehr serviert.«

Abends im Aquarium hallen Tovas Schritte durch das leere Foyer. Sie beginnt mit ihren üblichen Vorbereitungen. »Hallo, ihr Lieben«, sagt sie auf dem Weg zum Putzschrank zu den Skalaren, grüßt ausdrücklich noch mal die Sonnenbarsche, die Asiatischen Strandkrabben, die Groppe, die gruseligen Seewölfe. Sie mischt Zitrone mit Essig, stellt Mopp und Eimer in den Gang, damit alles bereitsteht, wenn sie zurückkommt.

Wie immer versteckt sich Marcellus hinter seinem Stein. Tova huscht durch die Tür in den Pumpenraum und ist erleichtert zu sehen, dass sein Becken nicht mit Schraubzwingen gesichert ist. Sie bekommt Schuldgefühle. Ob Terry denkt, er hätte die Zwingen verlegt?

Kurz steht ihr das Bild vor Augen, wie Cat zusammengerollt auf dem Sofa lag, als Tova ging. Sie beschloss, die Fliegengittertür vorerst nicht zu reparieren.

Man soll den Tieren die Lücken gönnen. Tova muss lachen. Die Pumpen gurgeln zustimmend.

Sie zieht einen alten Tritthocker hervor und steigt vorsichtig darauf, dann schiebt sie die Abdeckung vom Krakenbecken. Die von der Pumpe gekräuselten Wellen machen Tova schwindelig. Sie schiebt die Ärmel ihres Pullis hoch, hält einen Finger über die Wasseroberfläche und fragt sich, ob ihr Arm lang genug ist, um das Tier in seinem Versteck aufzustören. Nicht, dass sie es versuchen würde. Verstecke sind heilig.

Doch sie braucht gar nicht so drastische Maßnahmen zu erwägen, denn Marcellus kommt heraus und lässt sich nach oben treiben, das Auge auf Tova gerichtet. Einer seiner Tentakel bewegt sich vor und zurück. Es ist, als winke er ihr zu. Sie lässt die Hand ins Wasser sinken und hält die Luft an, vielleicht weil das Wasser so kalt ist oder weil das, was sie tut, völlig absurd ist, vielleicht auch aus beiden Gründen. Fast augenblicklich tut es der Oktopus ihr nach und windet zwei Fangarme auf die für ihn typische Weise um Tovas Handgelenk und Unterarm, so dass sich ihre Hand schwer und ungewohnt anfühlt.

»Guten Abend, Marcellus«, sagt sie förmlich. »Wie war dein Tag?«

Das Tier drückt stärker zu, aber auf nicht unangenehme Weise, was Tova als Höflichkeit interpretiert. Es heißt bestimmt: *Sehr gut, danke der Nachfrage.*

»Du hast also nicht wieder Ärger gemacht«, bemerkt Tova und nickt anerkennend. Der Krake hat eine gesunde Farbe. Diesmal hat er kein Staubbad im Kabelsalat des Pausenraums genommen. »Braver Kerl«, fügt sie hinzu und bereut es sofort. *Braver Kerl* sagt Mary Ann immer zu Rolo, wenn er »Sitz« macht und ein Leckerli bekommt.

Falls Marcellus beleidigt ist, lässt er sich nichts anmerken. Die Spitze eines Tentakels schlingt sich um Tovas Ellenbogen, greift um den Arm herum und betastet den Knubbel ihres Musikknochens, als wollte das Tier die Mechanik des Gelenks verstehen. Wie fremd ihm ihre Anatomie vorkommen muss, überall Gelenkpfannen und zerbrechliche Knochen. Er betastet die überflüssige Haut unter ihrem Trizeps, die von der Schwerkraft nach unten gezogen wird, jedes Jahr mehr.

»Haut und Knochen. Sagen die Strickliesel immer, wenn sie glauben, ich würde es nicht hören.« Tova schüttelt den Kopf. »Wir sind schon seit Jahrzehnten befreundet, verstehst du? Haben uns jeden Dienstag zum Essen getroffen, jetzt nur noch jeden zweiten. Als Will noch lebte, hat er immer gelacht, wenn ich losging. Weiß nicht, wie du diese alten Zicken aushältst, sagte er immer.«

Der Oktopus blinzelt.

»Manchmal tratschen sie wirklich schlimm. Aber es sind meine Freundinnen …« Tova verstummt, ihre Worte werden vom Summen und Gurgeln der Pumpen verschluckt. Wie seltsam ihre Stimme in diesem Raum klingt, gedämpft durch die schwüle Luft. Oh, was würden die Strickliesel sagen, wenn sie Tova jetzt sehen könnten. Die alten Damen würden zur Höchstform auflaufen. Tova könnte es ihnen nicht verübeln. Was soll das auch, ihre Lebensgeschichte einem fremden Wesen zu erzählen?

Der Krake hält ihr Handgelenk noch immer umklammert, betastet jetzt die Muttermale auf Tovas Unterarm, für die sie sich früher geschämt hat, als sie noch jung und eitel war. Damals wirkten sie wie Brandzeichen auf ihrer glatten, blassen Haut: drei hässliche Flecke, jeder so groß wie eine Kidneybohne. Inzwischen sieht man sie bei den Falten und Leberflecken kaum noch. Für das Tier scheinen sie allerdings von großem Interesse zu sein, denn es betastet sie mehrmals.

»Erik hat immer gesagt, das wäre mein Micky-Maus-Zeichen.« Ungewollt lächelt Tova. »Ich glaube, er war neidisch darauf. Wollte auch so eins haben. Als er ungefähr fünf Jahre alt war, bekam er einen Edding in die Finger und malte sich solche Flecke auf den Arm.« Sie senkt die

Stimme. »Allerdings hat er auch die Couch mit dem Stift dekoriert. Habe die Farbe nie wieder abbekommen.«

Wieder blinzelt der Krake.

»Oh, was habe ich mich damals aufgeregt! Aber ich erzähl dir was: Als Will und ich die Couch Jahre später rauswarfen …« Tova nickt nur, als besitze der Satz die Höflichkeit, sich selbst zu beenden. Sie verschweigt, dass sie sich im Bad versteckte, als die Möbelpacker kamen und die Couch über die Auffahrt forttrugen. Jede Erinnerung an Erik war ein frischer Schmerz, selbst seine ungebetene Verschönerungsaktion.

»Er ist mit achtzehn gestorben. Zufälligerweise hier. Also, da draußen.« Tova weist mit dem Kopf zum hinteren Ende des Raums, wo ein kleines Fenster auf den Puget-Sund geht, jetzt dunkel in der Nacht. Hat Marcellus sich schon mal dort hochgehievt und hinausgespäht? Ob ihn der Anblick des Meeres wohl tröstet? Oder ist es ein Schlag ins Gesicht für ihn, seine natürliche Umgebung zu sehen, so nah und doch unerreichbar fern? Tova muss daran denken, dass ihre ehemalige Nachbarin Mrs. Sorenson manchmal, wenn das Wetter gut war, ihren Käfig mit den Sittichen auf die Veranda stellte. Sie lauschten gern dem Gesang der Wildvögel, erklärte Mrs. Sorenson. Das machte Tova immer irgendwie traurig.

Doch Marcellus folgt nicht ihrem Blick zum dunklen Fenster. Vielleicht weiß er nicht mal, dass es da ist. Sein Auge ist unverwandt auf Tova gerichtet.

Sie spricht weiter: »Er ist nachts ertrunken. War mit einem kleinen Segelboot draußen. Ganz allein.« Sie verlagert das Gewicht auf dem Hocker, weil ihre Hüfte schmerzt. »Wochenlang haben sie ihn gesucht, am Ende haben sie nur den Anker gefunden. Die Ankerleine war gekappt.« Tova schluckt. »Dann wurde von Neuem nach der Leiche gesucht, aber da war Erik mit Sicherheit schon längst nicht mehr zu finden. Auf dem Meeresgrund bleibt nichts lange liegen.«

Der Oktopus wendet kurz den Blick ab, als übernehme er ein gewisses Maß an Verantwortung für seine Verwandten, für ihren Platz in der Nahrungskette.

»Angeblich soll er es selbst getan haben. Gab keine andere Erklärung.« Tova atmet seufzend ein. »Aber das habe ich nie geglaubt. Erik war glücklich. Ich meine, er war achtzehn, wer will also wissen, was in seinem Kopf vor sich ging? Und ja, wir hatten uns gestritten … Eigentlich war das albern. Er hatte mit seinen Freunden im Haus Fußball gespielt, und dabei ging eins von meinen Dalapferden kaputt. Mein bestes. Es war alt und zerbrechlich … meine Mutter hatte es aus Schweden mitgebracht … Es zerbrach in tausend Stücke.«

Sie reckt sich auf dem Hocker. »Außerdem war er sauer auf mich, weil ich ihn gezwungen hatte, den Ferienjob am Fahrkartenschalter anzunehmen. Aber so was ist doch normal! Hätte ich einen Achtzehnjährigen den ganzen Sommer herumlungern lassen sollen?«

Das Herumlungern war eine Neigung, die Erik von Will geerbt hatte. Die beiden konnten stundenlang im Hobbyraum abhängen und Football oder Baseball gucken, oder welche Ballsportart gerade Saison hatte. Anschließend ging Tova mit dem Staubsauger durch das Zimmer und holte die Chipskrümel aus den Falten der Couch oder bearbeitete die Ringe von den schwitzenden Dosen auf dem Couchtisch mit einem Lappen. Auch als Erik nicht mehr da war, machte Will es sich jedes Mal gemütlich, wenn ein Spiel anstand. Dann saß er auf seinem angestammten Platz, Eriks war leer. Will hing herum wie immer, als hätte sich nichts geändert. Das störte Tova sehr.

Sich zu beschäftigen, war viel gesünder.

»Jedes vernünftige Elternteil hätte darauf bestanden, dass sich ein Jugendlicher einen Ferienjob sucht«, fährt sie mit leicht zittriger Stimme fort. »Wenn ich natürlich gewusst hätte, was passiert …« Ohne nachzudenken, greift Tova mit der freien Hand in die Schürzentasche, findet den Lappen und fängt an, die weißen Kalkablagerungen zu bearbeiten, die sich am schwarzen Gummirand des Beckens entlangziehen. Das Zeug ist störrisch, aber irgendwann gibt es nach. Der Krake hält ihren anderen Arm immer noch fest, auch wenn sein Auge fragend schimmert. Tova übersetzt es als: *Was machen Sie da eigentlich, gute Frau?*

Sie schmunzelt. »Ich kann einfach nicht anders, verstehst du?«

Der Schmutz am anderen Rand des Beckens ist genau außerhalb ihrer Reichweite. Tova verlagert das Gewicht und reckt den Arm. Plötzlich fängt der Hocker unter ihren Füßen an zu wackeln. Die Tentakel des Oktopus rutschen ihr durch die Finger. Mit einem schmerzhaften Aufprall landet Tova auf den harten Fliesen.

»Mensch nochmal!«, murmelt sie und bewegt alle Gliedmaßen durch. Ihr linker Knöchel ist empfindlich, doch als sie sich hinstellt, trägt er ihr Gewicht. Sie hebt den Putzlappen auf, der neben das Becken gefallen ist. Der Krake späht hinter seinem Stein hervor. Er muss sich bei dem lauten Gepolter erschrocken verzogen haben. »Nichts passiert«, sagt Tova mit einem Seufzer der Erleichterung. Alles noch heil.

Nur der Hocker nicht.

Er liegt auf der Seite vor einem Berg Gerümpel. Als Tova das Gewicht verlagerte, muss er nach vorn weggeschossen sein. Die oberste Trittstufe ist kaputt, eine Seite hat sich aus der Verankerung gelöst. »Ach, du lieber Himmel!«, stöhnt Tova und humpelt durch den Raum, um den Hocker zu holen. Sie versucht, die Trittstufe wieder reinzudrücken, aber offenbar fehlt irgendein Teilchen. Im schwachen blauen Licht sucht Tova den Fliesenboden blinzelnd nach etwas Schraubenähnlichem ab, dann holt sie ihre Brille aus der Schürzentasche, um genauer nachzusehen. Nichts.

Sie versucht noch mal, jetzt mit mehr Kraft, die Stufe in den Hocker zu drücken, aber es geht nicht. Wie soll sie das Terry erklären? Sie soll ja nicht auf Hocker steigen, schon gar nicht im Pumpenraum. Kurz überlegt Tova, ob sie das Beweisstück verschwinden lassen soll. Den kaputten Hocker zusammen mit dem Abfall in den Container zu werfen. Oder, noch besser, ihn vollständig vom Tatort zu entfernen. Ihn mit nach Hause zu nehmen und beim nächsten Sperrmüll an den Straßenrand zu stellen. Aber was wäre, wenn Terry an ihrem Haus vorbeiführe und den Hocker dort sähe? Tovas Herz schlägt schneller.

»Nein, das geht nicht«, sagt sie mit Überzeugung. Es geht wirklich nicht. Tova Sullivan ist ehrlich. Sie wird es Terry sagen müssen.

Vielleicht wird er sie von ihren Aufgaben entbinden. Wird der Ansicht sein, dass die Arbeit in ihrem Alter zu gefährlich ist. Sie könnte es ihm nicht übel nehmen.

Hinter ihr plätschert es. Als Tova sich umdreht, ist der Krake bereits zur Hälfte aus dem Becken heraus.

Staunend erstarrt Tova. »Terry hatte recht«, flüstert sie und verfolgt, wie das Tier einen seiner dicken Fangarme so abflacht, dass es den Gesetzen der Naturwissenschaften zu trotzen scheint, und sich durch den schmalen Spalt zwischen Pumpe und Deckel quetscht. Das ist eigentlich unmöglich. Der Schlitz ist nur wenige Zentimeter breit. Der riesige Mantel des Kraken ist bestimmt so groß wie eine Wassermelone. Es sieht fast aus, als würde er ihn verflüssigen, um ihn durch die Öffnung zu drücken. Unwillkürlich hält Tova die Luft an.

Als der Oktopus an der Wand hinunterrutscht, über die Fliesen schleicht und sich unter einem der Schränke versteckt, atmet Tova aus. Weg ist er. Sie fragt sich, ob er vorhat zurückzukehren. Vielleicht will er für immer verschwinden. Tova schluckt, verwundert über den Stich, den sie bei diesem Gedanken empfindet. Als hätte das Tier sich zumindest von ihr verabschieden müssen.

»Ah, da bist du ja!«, sagt sie, als er kurz darauf unter dem Schrank hervorkommt. Er sieht ihr direkt in die Augen, rutscht näher und legt ihr mit einem seiner Tentakel einen kleinen silbernen Gegenstand vor die Füße.

Tova ringt nach Luft. Eine Schraube. Das fehlende Teilchen.

»Danke«, sagt sie, doch er schlüpft schon wieder ins Becken zurück.

Als Tova am nächsten Morgen erwacht und in ihre Hausschuhe schlüpft, knickt ihr linkes Bein unter ihr weg.

»Was ist das denn?« Sie blinzelt. Der linke Knöchel. Erst als sie die violette Verfärbung sieht, merkt sie auch, dass der Fuß schmerzhaft pocht.

Beim zweiten Versuch schafft sie es, aufzustehen. Mit zusammengebissenen Zähnen humpelt sie durch den Flur in die Küche und stellt den Kaffee auf.

Bis zum Mittag schlägt sie sich durch, dann überlegt sie, ob sie nicht doch Dr. Remy anrufen soll.

Am späten Nachmittag ist sie so weit, dass sie das Büchlein mit Telefonnummern aus dem kleinen Wandtischchen im Hobbyraum holt. Sie setzt sich auf Wills alten Platz auf der Couch, das Bein auf dem Couchtisch, eine Packung Tiefkühlerbsen auf dem Knöchel, und blättert das Büchlein durch. Dann legt sie es neben sich aufs Kissen und macht den Fernseher an.

Als sie sich endlich durchringt, den Arzt anzurufen, ist es schon fast fünf Uhr. Dr. Remys Praxis schließt um fünf.

»Gemeinschaftspraxis Snohomish.« Die Stimme klingt genervt. Tova stellt sich vor, wie sich Gretchen, die Sprechstundenhilfe, über den Schreibtisch beugt, den Hörer unters Ohr geklemmt, Jacke und Handtasche schon unterm Arm. Vielleicht hätte Tova doch nicht anrufen sollen. Aber ihr Knöchel ist nun so dick und blau wie eine Pflaume, und so ungern sie es auch zugibt, braucht sie wohl doch eine ärztliche Behandlung. Sie nennt ihren Namen, ihr Geburtsdatum und erklärt kurz, worum es geht, wobei sie verschweigt, dass sich der Zwischenfall bei der Arbeit ereignete. Und schon gar nicht erwähnt sie, dass sie dabei mit einem Pazifischen Riesenkraken sprach. Sie sagt nur, sie sei beim Putzen vom Hocker gefallen, was ja praktisch auch stimmt.

»Das ist ja schrecklich, Mrs. Sullivan!« Gretchens Stimme wird verständnisvoller. »Warten Sie, ich schaue mal, ob ich Dr. Remy noch erreiche.« In der Leitung klickt es, und es ertönt Hintergrundmusik, ein Softjazz-Stück, das wohl beruhigen soll.

Als die Sprechstundenhilfe sich wieder meldet, ist ihre Stimme kühler. »Der Doktor sagt, falls Sie die Schmerzen aushalten, kommen Sie bitte als Erstes morgen Früh in die Praxis. Ich mache Ihnen einen Termin um acht Uhr. Sie sollen den Fuß hochlegen. Und nicht belasten!«

»Natürlich nicht«, sagt Tova.

»Mrs. Sullivan, das bedeutet, dass Sie heute Abend nicht das Aquarium putzen können.«

Tova öffnet den Mund, um zu protestieren, dann schließt sie ihn wieder. Was geht Gretchen ihre Arbeit an? Erst hält Ethan ihr einen Vortrag, als er Tovas Einkauf in die Kasse einbongt, und jetzt das. Können sich die Leute in Sowell Bay nicht um ihre eigenen Angelegenheiten kümmern? »Natürlich nicht«, sagt sie schließlich.

»Super. Dann sehen wir uns morgen früh.«

Tova legt auf, dann wählt sie eine andere Nummer.

Während sie wartet, dass Terry sich meldet, trommelt sie mit den Fingern auf das Couchkissen. Ob er den kaputten Hocker im Pumpenraum schon gesehen hat? Tova hatte die Schraube wieder reingedreht, aber offenbar fehlte noch ein weiteres Teilchen, um sie richtig anzuziehen, deshalb musste Tova die oberste Stufe schief zurücklassen. Eigentlich wollte sie Wills alte Werkzeugtasche mit zur Arbeit nehmen, um den Hocker zu reparieren. Wer weiß, wann sie das nun tun kann?

Und dann die Böden. Wer wischt sie heute Abend?

Ob Marcellus sich wohl fragt, wo Tova ist? Immerhin hatte er verstanden, wie wichtig diese Schraube ist. Tova kann es immer noch nicht fassen.

»Tova?«, fragt Terry. »Was ist?«

Mit einem schweren Seufzer erzählt sie ihm dieselbe Geschichte wie Gretchen. Eigentlich stimmt sie ja auch.

Es ist das erste Mal in ihrem Leben, dass sie sich krankmeldet.

Gepäck gefunden?

Cameron sucht das Kofferband ab. Wo ist sein grüner Seesack? Unter all den grauen und schwarzen Koffern müsste er gut zu sehen sein, doch er findet ihn nicht. Nach ein paar Minuten setzt sich Cameron auf eine Bank. Sein Gepäck kommt bestimmt als Letztes heraus.

Ohne das Kofferband aus den Augen zu lassen, nimmt er sein Handy und geht eine Liste von Hostels durch. Ein paar Meilen von Sowell Bay entfernt gibt es eins. Da wird er mit seiner Suche beginnen. Während er aufs Einchecken wartete, hat er online in Immobilienarchiven recherchiert. Demnach besitzt Simon Brinks drei Anwesen in der Gegend. Cameron vergrößert das Foto eines Hostelzimmers. Nicht gerade ein nigelnagelneues Apartment mit flauschigem Teppich und Flatscreenfernseher, nicht mal eine beschissene Butze über einer Kneipe, aber das Zimmer macht einen relativ sauberen Eindruck und ist so billig, dass er dort ein paar Wochen wohnen kann, wenn er den Schmuck seiner Mutter verpfändet.

Apropos, wo ist sein Gepäck? Den Absolventenring hat er in die Tasche gesteckt, aber den übrigen Schmuck hat er im Seesack verstaut. Das Band bringt immer wieder Koffer vorbei, allerdings werden es weniger. Cameron stellt sich vor, wie die Flughafenmitarbeiter in ihren orangen Westen die letzten Gepäckstücke aus dem Laderaum des Flugzeugs auf ihre Wagen werfen und damit zum Terminal fahren. Ein total umständliches System. Ineffizient und fehleranfällig. Zig Möglichkeiten, dass etwas schiefgeht.

»Typisch, oder?«

Ein Mann, der ungefähr in Camerons Alter ist und eine randlose Brille trägt, lässt sich aufs andere Ende der Bank fallen und wickelt ein Sandwich aus. Er beißt ein großes Stück ab und kaut, ohne den Mund zu schließen. Der Geruch von gewürzter Pastrami zieht herüber, Camerons Magen dreht sich. Wer isst um acht Uhr morgens Pastrami?

»Die kommen schon noch«, sagt er.

»Du fliegst wohl nicht oft mit JoyJet, was?« Der Mann mit dem Sandwich lacht dröhnend. Man kann sehen, was er im Mund hat. »Glaub mir, die sind berüchtigt dafür. Wir haben bessere Chancen, in Las Vegas zu gewinnen, als dass unsere Koffer jetzt noch rauskommen.«

Cameron atmet durch und will erklären, dass JoyJet von einer angesehenen Kapitalgesellschaft gerade auf mehrere Milliarden Dollar geschätzt wurde und die Investoren ganz wild auf JoyJet sind, weil es Gerüchte gibt, die Fluggesellschaft ginge an die Börse. Selbst eine ausgemachte Billigfluglinie würde das nicht schaffen, wenn sie gewohnheitsmäßig das Gepäck ihrer Kunden verbummelt. In dem Moment bleibt das Band stehen.

»Scheiße«, brummt Cameron.

Der Beutel mit dem Schmuck. Warum hat er ihn nicht bei sich behalten? Jetzt ist er irgendwo zwischen Sacramento und Seattle oder, was wahrscheinlicher ist, im Spind eines Flughafenmitarbeiters. Cameron schlägt die Hände vors Gesicht und stöhnt.

»Siehste? Hab ich doch gesagt.« Der Mann mit dem Sandwich nickt zum Gepäckband hinüber, das so reglos ist wie eine tote Schlange. »Los, geben wir eine Verlustmeldung auf!«

Cameron entdeckt einen kleinen Schalter am hinteren Ende der Gepäckrückgabe. Davor hat sich eine Schlange gebildet. Auf der Rückseite seines Gepäckscheins steht natürlich kleingedruckt, dass die Fluggesellschaft nicht für den Verlust von Wertsachen im Gepäck aufkommt. Er hatte den Text kurz überflogen, als er den Seesack aufgab. Die Mitarbeiterin hatte ihn darauf hingewiesen, dass der Sack nicht ins Handgepäck passen würde. Cameron war nicht auf die Idee gekommen, dass diese Ausschlussklausel ihn irgendwie betreffen könnte. Die war für andere Leute gedacht. Cameron Cassmore hatte keine »Wertsachen«.

Als er sich endlich beim Lost&Found-Schalter anstellt, sind zwanzig Personen vor ihm. Der Sandwich-Mann lehnt sich neben ihn an die Wand und futtert immer noch. Cameron hat wirklich einen Lauf.

»Ich bin übrigens Elliot.«

»Freut mich, dich kennenzulernen.« Cameron tut so, als würde er sich auf sein Handy konzentrieren, weil er dort etwas sehr Wichtiges liest.

»Genau genommen, haben wir uns noch nicht kennengelernt. Ich hab dir meinen Namen gesagt, du mir deinen aber noch nicht.«

Hat dieser Kerl nichts Besseres zu tun? »Cameron.«

»Cameron, freut mich.« Elliot bietet ihm sein stinkendes Sandwich an. »Hunger? Kannst gern was abhaben.«

»Nein, danke. Pastrami ist nicht so mein Ding.«

Elliot reißt die Augen auf. »Ah, das ist keine Pastrami! Das ist ein Yamwich!«

»Ein was?«

»Ein Yamwich! Aus Yams, ja? Vegan! Aus dem Laden am Capitol Hill. Die haben letztes Jahr einen Ableger am Flughafen aufgemacht.«

Cameron starrt auf das ölige Sandwich mit der Füllung aus dünn geschnittenen Scheiben. »Du willst mir erzählen, dass das Yamswurzel ist?«

»Ja! Das Reuben-Sandwich von denen ist der Knaller. Willst du wirklich nichts?«

»Passe.« Cameron verkneift sich ein abfälliges Spötteln. Ein typischer Hipster aus Seattle!

»Echt nicht? Ich hab hier noch ein halbes, habe ich noch nicht angerührt.«

»Okay«, gibt Cameron sich geschlagen, hauptsächlich um das Gespräch zu beenden, aber auch um die nörgelnde Stimme in seinem Hinterkopf zum Schweigen zu bringen, die ihn daran erinnert, dass er es sich nicht leisten kann, eine Essenseinladung auszuschlagen.

Elliot grinst. »Wird dir gefallen.«

Während Cameron das Brot probiert, scrollt er wieder auf seinem Handy. Katie hat ein Selfie mit ihrem Hund gepostet. Hashtag SingleDogLady. Cameron verzieht das Gesicht, doch das angenehme Knuspern im Mund vertreibt seine schlechte Laune. Yams? Das ist wirklich … nicht übel.

Er nickt Elliot zu. »Danke, Bro. Nicht schlecht.«

»Dann musst du mal den French Dip von denen probieren.«

In der Schlange geht es nur langsam vorwärts. Irgendwann knüllt Elliot das schmierige Einwickelpapier zusammen und wirft es in einen Mülleimer. Es landet in der Mitte, ohne den Rand zu berühren. Das triezt Cameron mehr, als es sollte.

Elliot dreht sich zu ihm um. »Sieht so aus, als wärst du nicht aus der Gegend? Zum Arbeiten hier? Oder im Urlaub?«

»Auf Familienbesuch.«

»Ah, schön. Ich bin auf dem Heimweg. War auf der Beerdigung meiner Oma unten in Kalifornien.«

Eine tote Oma. Das passt. »Mein Beileid«, murmelt Cameron.

»Um ehrlich zu sein, war sie nicht besonders nett, aber uns Enkelkinder hat sie geliebt«, sagt Elliot mit erstaunlich weicher Stimme. »Hat uns total verwöhnt, wie das nur Großeltern können, verstehste?«

»Ja, klar«, sagt Cameron und wirft sein Einwickelpapier ebenfalls in den Mülleimer. Er hatte nie Großeltern. Elizabeths Opa hat ihm immer in die Wange gekniffen und ihm Karamellbonbons geschenkt, wenn er zu Besuch kam und Cameron zufällig da war. Die Bonbons waren unglaublich klebrig und süß, und das Kneifen tat weh, außerdem roch der Großvater immer nach altem Mann, nach einer Mischung aus abgestandenem Urin und Arthrosecreme. Elizabeth kam das Heim, in dem er wohnte, wie ein Leichenschauhaus vor.

»Egal, jetzt hat sie wenigstens ihren Frieden.« Ein trauriges Lächeln legt sich auf Elliots Gesicht. Cameron senkt den Blick, fühlt sich wieder wie ein Eindringling, der eine typisch menschliche Erfahrung miterlebt, ein Außenseiter, der einen Einblick in eine Normalität erhält, die er nie selbst erleben wird. Großeltern verlieren, sich über Wertsachen im Koffer sorgen: Das sind Erfahrungen, die andere Menschen machen, nicht er.

Während sie weiter vorrücken, nimmt Elliot seine Brille ab und poliert sie mit seinem T-Shirt. »Deine Familie freut sich bestimmt, dich zu sehen. Willst du nach Seattle?«

»Nein, nach Sowell Bay. Mein Vater lebt da.« Das Wort fühlt sich trocken und klebrig auf Camerons Zunge an, wie die Bonbons von Elizabeths Opa.

»Super. Quality Time mit dem alten Mann, was?«

»So ähnlich.«

»Sowell Bay ist schön. Echt nett da oben.«

»Habe ich auch gehört.«

Elliot legt den Kopf schräg. »Warst du noch nie da?«

»Nein. Also, mein Dad ist erst vor kurzem dahingezogen, deshalb.« Cameron erlaubt sich ein schwaches Lächeln und wundert sich, wie leicht ihm die Lüge über die Lippen geht.

»Gut, gut«, sagt Elliot. »Sowell Bay. Früher gab's da viele Touristen, jetzt ist es ein bisschen in die Jahre gekommen. Das Aquarium ist aber noch geöffnet, meine ich. Musst du dir mal ansehen.«

»Ja, danke«, sagt Cameron, auch wenn er mit Sicherheit keine Zeit darauf verschwenden wird, sich Fische anzusehen. Schließlich muss er Simon Brinks aufspüren. Die Schlange bewegt sich langsam vorwärts. Am JoyJet-Schalter können nur Schnecken und Faultiere arbeiten. Cameron fragt: »Du hast das doch schon mal mitgemacht, oder? Wie lange dauert das hier ungefähr?«

Elliot zuckt mit den Schultern. »Ah, normalerweise sind die ziemlich schnell. So zwei, drei Stunden?«

»Drei Stunden? Du willst mich wohl auf den Arm nehmen!«

»Tja, man bekommt das, wofür man zahlt, oder?«

Tante Jeanne meldet sich beim dritten Klingeln. »Hallo?«, schnaubt sie atemlos ins Telefon.

»Alles in Ordnung?« Cameron steckt sich einen Finger ins andere Ohr, um das laute Gerede einer Reisegruppe auszublenden, die aus irgendeinem Grund beschlossen hat, sich zehn Zentimeter von ihm entfernt im letzten Winkel der Gepäckausgabe zu versammeln.

»Cammy, bist du das?«

»Ja.« Er dreht den Touristen den Rücken zu. »Was machst du gerade? Warum atmest du so schwer?« Das ungebetene Bild von Wally Perkins erscheint vor Camerons innerem Auge. Er erschaudert und würde am liebsten auflegen.

»Ich räume das zweite Schlafzimmer aus«, antwortet seine Tante.

»Da hast du dir aber was vorgenommen.«

»Tja, ich dachte, du musst ja irgendwo unterkommen.« Eine lange Pause. »Ich habe von dir und Katie gehört.«

»Spricht sich ja schnell rum.« Cameron nagt an einem Fingernagel. Er muss unbedingt von Tante Jeanne erfahren, warum sie ihm nie erzählt hat, dass seine Mutter in einem völlig anderen Bundesstaat lebte, als er gezeugt wurde. Hier vor dem Lost&Found-Schalter ist aber gerade nicht der beste Ort dafür, und jetzt macht sie sich auch noch solche Mühe wegen ihm … Er muss ihr zumindest sagen, wo er gerade ist. Er hat keine andere Wahl.

»Tante Jeanne, ich ziehe doch nicht in …« Er unterbricht sich, bevor er den Satz beenden kann. ... *in deinen vermüllten kleinen Trailer*. Bei allem, was er verbockt hat, ist es ihm immer gelungen, wenigstens das zu vermeiden.

Wenn das nur das Einzige wäre, was er bräuchte!

Ein Tröpfeln, gefolgt von einem leise dampfenden Zischen am anderen Ende verrät ihm, dass Tante Jeanne sich Kaffee eingeschenkt hat und die Kanne wieder auf die Heizplatte stellt. »Ich weiß, ich weiß. Du könntest nie hier bei mir wohnen«, sagt sie. »Aber du hast wohl auch keine bessere Idee, Cammy.«

»Hab ich doch!« Kurz überlegt er, ob er ihr sein großes Vorhaben schildern soll. Nein, nicht hier am Flughafen. »Ich habe einen Plan. Aber die Sache ist die ...«

»Was?«

»Ich brauche Hilfe. Ein kleines bisschen Hilfe.« Cameron verzieht das Gesicht.

Tante Jeannes Seufzer wandert die ganze Westküste hinauf. »Was ist jetzt wieder passiert?«

Wo soll er anfangen? Selbst für ihn ist es ein neuer Tiefpunkt, einfach abzuhauen und dann zu Hause anzurufen und um Geld zu betteln. Er ist nichts besser als seine abgehalfterte Mutter. Doch welche Wahl hat er? Auf der anderen Seite kommt Elliot aus dem kleinen Büro und marschiert auf Cameron zu. Fröhlich winkend, zieht er einen grauen Koffer hinter sich her. Glück gehabt, der Wichser.

»Was ist passiert, Cammy?«, wiederholt Tante Jeanne.

Aus einem Lautsprecher an der niedrigen Decke dröhnt blechern eine Frauenstimme, man solle immer und überall auf sein Gepäck und seine persönlichen Wertsachen achtgeben. Haha, sehr komisch.

Cameron holt tief Luft und erklärt so kurz und knapp

wie möglich, dass er den Ring und das Foto gefunden, spontan einen Flug gebucht hat und im Hostel wohnen will.

Nach längerem Schweigen sagt Tante Jeanne schließlich: »Ach, Cammy. Ich hätte es dir sagen sollen.«

»Schon gut. Aber jetzt kommt das Sahnehäubchen auf dem Scheißeis.« Das ist eine ihrer beliebtesten Redewendungen. »Die Fluggesellschaft hat mein Gepäck verloren.«

Wieder ertönt die Durchsage über ihm.

»Kannst du etwas lauter sprechen? Ich verstehe dich nicht!«

»Die haben meinen Seesack verbummelt!«, ruft Cameron. Mehrere Touristen schauen zu ihm herüber, die Gruppe rückt empört von ihm ab.

Tante Jeanne schnalzt mit der Zunge. »Was heißt das? Brauchst du Socken und Unterwäsche?«

»Mehr als das. Ich habe noch gut vier Dollar.«

»Was ist mit dem Schmuck, den ich dir gegeben habe? Ich bin davon ausgegangen, dass du den längst verpfändet hast.«

»Der ist im Seesack.«

Eine Weile ist die Leitung tot, dann seufzt Tante Jeanne wieder. »Für jemanden, der so schlau ist, bist du manchmal ein richtiger Trottel.«

Elliot riecht noch immer leicht nach Pfeffer und Senf. Er folgt Cameron über die Brücke zum Parkplatz und stellt endlose Fragen, ohne sich von Camerons kurzen Antworten abschrecken zu lassen. Hat JoyJet wirklich keine Ahnung, wo sein Gepäck gelandet ist? *Nein.* Wo will er jetzt hin? *Irgendwohin*. Wie will er dorthin kommen? *Mit dem Bus*. Zum Glück fragt Elliot nicht, wie Cameron das alles bezahlen will, denn er hätte nicht gewusst, wie er kurz und knapp das Zweitausend-Dollar-Darlehen seiner Tante erklären soll.

Tante Jeanne hat ihn mehrmals darauf hingewiesen, dass das Geld nicht geliehen sei, was Cameron so verstand, dass sie nicht mit einer Rückzahlung rechnet. Autsch. Doch JoyJet konnte seinen Seesack nicht für alle Zeiten im Fegefeuer behalten. Cameron würde den Schmuck versetzen und das Geld direkt auf Tante Jeannes Konto überweisen, und zwar lange vor dem Termin, an dem sie ihre Kreuzfahrt anzahlen muss. Sie hatte es nicht ausdrücklich gesagt, doch Cameron wusste, woher das Geld stammte. Seit Jahren sparte Tante Jeanne für ihren Traumurlaub, eine Alaska-Kreuzfahrt. Die letzte Rate wäre Ende August fällig, dann ginge es im September los. Cameron würde seine Organe verkaufen, um seiner Tante das Geld zurückzuzahlen, bevor sie wegen ihm zu Hause bleiben müsste.

»Soll ich dich irgendwo hinbringen? Ist kein Problem!«, bietet Elliot zum hundertsten Mal an.

»Nein, alles gut.«

»Bis nach Sowell Bay ist es ziemlich weit. Da bist du einen Tag und eine Nacht mit dem Bus unterwegs.«

»Ich schlaf einfach am Straßenrand«, sagt Cameron trocken.

»Hey!« Elliot muss laufen, um mit ihm Schritt zu halten. »Ich hab eine abgefahrene Idee.«

Abgefahrener als ein Pastrami-Sandwich aus Yamswurzel? Cameron schaut sich über die Schulter um. »Was denn?«

»Ein Kumpel von mir hat einen Campingbus, den er verkaufen will. Ist ziemlich alt, aber läuft einwandfrei. Wenn du den nimmst, kannst du damit rumfahren *und* hast immer was zum Schlafen dabei.«

Cameron runzelt die Stirn. Das ist gar keine so üble Idee. Aber … ein Camper? Kann er sich bestimmt nicht leisten. Er zieht sein Handy aus der Tasche und prüft die App für Geldüberweisungen: Da sind sie, zweitausend Dollar. Im Text steht ein Smiley, gefolgt von der Mahnung: *Nicht für dummen 💩 ausgeben.*

Seit wann weiß Tante Jeanne, wie man Emojis benutzt? Und fällt ein Campingbus unter dummen Scheiß? Wahrscheinlich. In erster Linie, um seine Neugier zu befriedigen, fragt Cameron: »Wie viel will er denn dafür haben?«

»Weiß ich nicht genau. Ein paar Tausend?«

»Glaubst du, er gibt ihn mir für eins-fünf?«

Elliot grinst. »Kann ihn bestimmt überreden.«

Lahm, aber treu

Zum Sonnenuntergang wimmelt es am öffentlichen Strand von Sowell Beach immer vor Felsenkrabben. Als Erik noch klein war, machten die Sullivans mal eines Sommerabends nach dem Essen einen Spaziergang, und da fand Erik eine Krabbe, die durch ein grausames Schicksal an einer Seite die Hinterbeine verloren hatte. Natürlich wollte er sie unbedingt mit nach Hause nehmen. Er nannte sie Achtbein-Eddie, denn sie hatte zwei Beine zu wenig. Einige Wochen beobachteten Erik und Will, wie der arme Eddie unbeholfen in dem Becken herumkroch, das sie mit Kies aus der Einfahrt gefüllt hatten. Tova sammelte Kartoffelschalen und Zucchinistücke für die nächtliche Fütterung von Achtbein-Eddie, ein- oder zweimal fuhr Will sogar zum Zoofachhandel nach Elland, um Salzwassergarnelen zu kaufen, die die Krabbe fröhlich verschlang.

Für eine Krabbe überlebte Eddie lange, doch eines Morgens fand Tova ihn im Becken, die glotzenden Augen für immer stehengeblieben. Will nahm den Kadaver aus dem Becken und wollte ihn in den Garten werfen, da kam Erik aus seinem Zimmer und verlangte ein richtiges Begräbnis. Der Junge warf sich auf den Boden, umklammerte die Beine seines Vaters und ließ sich nicht abschütteln – wie die protestierenden Hippies, die sich an Baumstämme ketteten, um auf Ungerechtigkeiten hinzuweisen.

Eriks selbst bemalter Grabstein ist noch immer unter den wuchernden Farnen zu finden: *RIP, Achtbein-Eddie. Lahm, aber treu.*

Nie hatte Tova mehr Mitleid mit jener armen Krabbe als jetzt, wo sie durch ihre Küche hüpft, den linken Fuß in einer lächerlichen Plastikorthese. Sechs Wochen, hat Dr. Remy gesagt. Sechs sinnlose Wochen, in denen sie kein Unkraut jäten kann. Sechs unangenehme Wochen, in denen sich der Staub auf den Fußleisten im Flur sammeln wird. Sechs unerträgliche Wochen, in denen die Böden des Aquariums von jemand anderem gewischt werden, falls Terry eine Aushilfe auftreiben kann.

»Du hast vier gesunde Beine«, sagt sie zu Cat, während sie sich den Kaffee einschenkt. »Leih mir doch eins!«

Als Antwort leckt sich Cat die Tatze.

Bevor Tova den ersten dampfenden Schluck trinken kann, klingelt es an der Tür.

»Herrschaft nochmal!« Sie müht sich zur Haustür.

»Tova!« Janices durchdringende, klare Stimme tönt durch die Fensterscheibe. »Entschuldige die Störung. Bist du zu Hause?«

Widerwillig löst Tova den Riegel.

»Ah, gut«, sagt Janice und drängt sich mit einer Auflaufform ins Haus. Mit der für sie typischen ausdruckslosen Stimme stellt sie fest: »Du bist diese Woche nicht bei den Strickliesеln gewesen.«

»Stimmt. Ich war verhindert.«

Janice lacht spöttisch. »Von wegen!« Dann setzt sie wieder ihre Sitcom-Stimme auf: »Was ist passiert? Du bist bei der Arbeit hingefallen? Hat Ethan jedenfalls erzählt.« Sie stellt ihre Auflaufform auf Tovas Küchenschrank.

Tova wird blass. Ethan? Woher weiß der das?

»Also, ich will nichts dazu sagen«, setzt Janice an und hebt abwehrend die Hand, »aber wenn du einen guten Anwalt brauchst, kann ich dir jemanden empfehlen.« Sie greift nach ihrer Handtasche. »Hab die Nummer mitgebracht.«

»Bitte, Janice. Der Fuß ist nur verstaucht.«

»Aber bös verstaucht.« Janice betrachtet den Plastikstiefel. Dann zieht sie ihr dünnes rosa Halstuch ab und hängt es mit ihrer Handtasche über die Rückenlehne von Tovas Küchenstuhl. Vor sich hin summend nimmt sie die Auflaufform, trägt sie zum Kühlschrank und fängt an, darin herumzuräumen, um Platz zu schaffen.

»Versuch's im untersten Fach«, brummt Tova.

»Aah! So geht's.« Janice reibt die Hände aneinander. »Den hat Barb für dich gemacht. Kartoffel-Lauch, hat sie gesagt. Oder so ähnlich. Hat gar nicht mehr aufgehört mit dem Rezept, das sie im Internet gefunden hat.«

»Wie lieb von ihr.« Tova humpelt zur Kaffeemaschine. »Soll ich Kaffee aufsetzen?«

»Nein, du sollst sitzen bleiben. Leg den Fuß hoch!« Janice huscht nach vorn und versperrt Tova den Weg. »Ich mach das.«

Janice kocht den Kaffee immer ziemlich schwach, dennoch setzt sich Tova hin wie angewiesen und beobachtet genau, wie Janice Kaffeepulver und Wasser abmisst.

»Muss die Katze gefüttert werden?« Janice senkt ihre runde Brille und beäugt das Tier skeptisch, das unter Tovas Esstisch sitzt. Eine solidarische Geste des Stubentigers.

»Danke, aber er hat schon was zum Frühstück bekommen«, sagt Tova. Bevor Janice noch auf die Idee verfällt, etwas zu kochen, fügt Tova schnell hinzu: »Ich auch.« Cat legt sich auf die Seite und präsentiert seinen runden Bauch, prall gefüllt mit Auflauf. Steht ihm gut. »Sympathiegewicht« nennt Tova das liebevoll.

»Okay, entspann dich. Ich will dir nur helfen.« Janice stellt zwei dampfende Becher auf den Tisch und setzt sich hin. »Warst du bei Dr. Remy?«

»Natürlich«, sagt Tova mit einem verächtlichen Schnauben.

»Und?«

»Hab ich doch gesagt. Eine Verstauchung.«

»Wie lange kannst du nicht arbeiten?«

»Ein paar Wochen«, erwidert Tova wahrheitsgemäß. Sie erwähnt nicht, dass Dr. Remy eine Untersuchung der Knochendichte angeordnet hat und mahnte, eine Rückkehr zur Arbeit in ihrem Alter sei eventuell nicht mehr ratsam. *Eventuell*, hatte er gesagt. Nichts, was in Stein gemeißelt wäre. Warum sollte Tova es also erzählen?

»Ein paar Wochen«, wiederholt Janice und beäugt skeptisch die Plastikorthese. »Wie dem auch sei. Ich bin aus einem bestimmten Grund gekommen. Also, abgesehen davon, dass ich nachsehen wollte, ob du noch lebst.«

»Aha.« Tova nimmt einen prüfenden Schluck vom Kaffee, den Janice gekocht hat. Ein Löffel Pulver mehr hätte nicht geschadet, aber es geht.

»Genau genommen, aus zwei Gründen.«

Tova nickt und wartet.

»Also, zuerst muss ich dir etwas erzählen. Wenn du letzten Dienstag bei den Stricklieseln gewesen wärst, hättest du die große Neuigkeit von Mary Ann selbst gehört, aber da du nicht dabei warst …«

»Was ist denn?«

»Sie zieht zu ihrer Tochter.«

»Zu Laura? Nach Spokane?«

»Genau.«

»Wann?«

»Nächsten Monat. Das Haus wird verkauft.«

Tova nickt langsam. »Verstehe.«

Janice nimmt ihre runde Brille ab, zieht eine Papierserviette aus dem Halter auf Tovas Tisch und putzt die Gläser. Mit zusammengekniffenen Augen schaut sie Tova an. »Ist das Beste so. Die Treppen bei ihr zu Hause sind doch so steil, und sie macht die Wäsche im Keller …«

»Ja, das ist anstrengend«, räumt Tova ein. Letztes Jahr war die Waschmaschine im Keller schuld an Mary Anns Sturz. Da hatte sie Glück und musste nur mit ein paar Stichen genäht werden. »Wie schön, dass Laura sie aufnimmt. Und dann Spokane. Was ganz anderes als Sowell Bay.«

»Ja, das stimmt.« Janice setzt ihre Brille wieder auf. »Wir wollen ein besonderes Essen zum Abschied veranstalten. Auch wenn es noch ein paar Wochen bis dahin sind, je nachdem, wie schnell es geht, aber du bist doch dabei, oder?«

»Natürlich. Das lasse ich mir nicht entgehen, selbst wenn ich hinhumpeln muss«, sagt Tova. Das ist ihr Ernst.

»Gut.« Mit undurchdringlicher Miene schaut Janice auf. »Wenn Mary Ann nicht mehr da ist, sind wir nur noch drei Strickliesein. Irgendwann müssen wir uns mal überlegen, wie das langfristig mit uns laufen soll.«

Tova atmet tief ein und versucht sich vorzustellen, wie es mit nur Barb, Janice und ihr wäre. Ohne Mary Ann und ihre gekauften und im Ofen aufgewärmten Kekse. Seit Jahrzehnten treffen sie sich jeden Dienstag. Die Treffen mit den Stricklieseln sind ihr in Fleisch und Blut übergegangen.

»Na, da haben wir drei ja was zu besprechen.« Janice steht auf und legt sich wieder das Tuch um die Schultern. Als ihr Stuhl über das Linoleum schrammt, hebt Cat den Kopf und öffnet misstrauisch ein Auge. Offenbar war der Kater eingeschlafen. »Ich muss mich beeilen. Timothy will mit mir in diesem neuen Tex-Mex-Laden unten in Elland Essen gehen.«

»Wie schön«, sagt Tova und humpelt hinter Janice zur Haustür. Janices Sohn führt seine Mutter ständig zum Essen aus. Tova stellt sich vor, wie die beiden Tortillachips in ein Schälchen mit Guacamole tunken.

»Ach! Fast hätte ich die zweite Sache vergessen!« Mit einem kurzen Lachen dreht sich Janice um und holt ein Handy aus ihrer Tasche. »Hier. Das ist deins.«

Tovas Augen werden schmal. »Ich habe kein Mobiltelefon.«

»Jetzt schon.« Janice hält ihr das Gerät hin. »Das ist Timothys altes, nichts Besonderes. Aber im Notfall hast du eins.« Sie schielt auf Tovas Fuß.

Tova schiebt das Kinn vor. »Wie oft habe ich schon gesagt, dass ich so was nicht brauche? Ich habe ein Telefon drüben im Wohnzimmer, das funktioniert einwandfrei. Ich muss nicht noch eins in der Handtasche mit mir herumtragen.«

»Doch, Tova, wenn du hier allein lebst, schon. Ganz davon zu schweigen, wenn du allein im Aquarium arbeitest, wann auch immer du da weitermachst. Was ist, wenn du noch mal fällst? Wir haben uns darüber unterhalten und waren uns einig: Du brauchst ein Handy.«

Nach einer langen Pause streckt Tova die Hand aus. Janice legt das Gerät auf ihre offene Handfläche. »Danke«, sagt Tova leise.

»Gut, gut.« Janice lächelt. »Ich sag Timothy, dass er dich anrufen und das Wichtigste erklären soll. Und ich melde mich wegen des Essens für Mary Ann. Bis dahin, falls du irgendwas brauchst …«

»Ja, klar.« Als Janice fort ist, verriegelt Tova die Tür.

Zum Abendessen gibt es Kartoffel-Lauch-Auflauf. Barb ist nicht gerade für ihre Kochkünste bekannt, doch das Gericht riecht lecker und brodelt verführerisch im Backofen. Auf jeden Fall ist es einc willkommene Abwechslung zu Huhn mit Reis, was Tova normalerweise abends isst. Sie muss Barbara eine Dankeskarte schreiben.

Der Timer piept. Tova beugt sich vor, um den dampfenden Auflauf aus dem Ofen zu holen. Mit der Form in den Händen dreht sie sich vorsichtig auf ihrem gesunden Fuß. Da vibriert etwas in ihrer Tasche.

Rrrring.

Die Auflaufform knallt auf den Boden, Öl und Käse spritzen durch den Raum. *Rrrring.* Tova macht einen Schritt auf den Küchenschrank zu. Ihr Plastikstiefel findet keinen Halt auf dem öligen Linoleum. Sie rutscht aus, fällt zum zweiten Mal in einer Woche aufs Steißbein.

Rrrring, rrring, rrring!

Tova holt das verfluchte Gerät heraus. Der schmale Bildschirm meldet einen unbekannten Anrufer. Mit zusammengebissenen Zähnen schleudert Tova das Handy von sich.

Warum können sich die Leute nicht um ihren eigenen Kram kümmern?

Jetzt muss Tova allerdings aufstehen, und das ist nicht leicht. Jedes Mal, wenn sie es versucht, rutscht sie auf dem glatten Boden aus. Das Handy liegt wie ein silberner Käfer auf der anderen Seite der Küche. Nicht, dass Tova überhaupt wüsste, wie sie es bedienen müsste, wenn sie es in die Finger bekäme. Irgendwann gelingt es ihr, sich auf einen der Stühle in der Essecke zu hieven.

»Herrgott nochmal«, stöhnt sie. Sie braucht unglaublich viele Papierservietten, um sich den Kartoffel-Lauch-Auflauf von den Händen zu wischen.

Also wieder Hühnchen mit Reis zum Abendessen. Auf der Couch, der Teller auf dem Schoß. Genauso wie Will seine Mahlzeiten einnahm, wenn ein Spiel im Fernsehen lief.

»Jetzt sieh sich einer uns an! Wie tief wir gesunken sind, Cat, hm?« Tova streichelt die weiche Stirn des Katers, dann nimmt sie die Fernbedienung und stellt die Abendnachrichten an.

Die unterleibslosen TV-Sprecher erzählen von der Börse und dem Wetter, doch Tova kann sich nicht darauf konzentrieren. In Gedanken ist sie bei der Neuigkeit über Mary Ann. Der Anfang von Mary Anns Ende, der erste Satz ihres letzten Kapitels. Nicht mehr in der Lage, allein für sich zu sorgen. Abhängig wie ein Kind. Wenigstens ist ihre Tochter Laura so lieb, sie zu sich zu nehmen, anstatt sie in ein Heim abzuschieben.

Um Barbara werden sich ihre Töchter unten in Seattle kümmern. Und Janice? Sie wohnt mit Peter bereits in der Einliegerwohnung von Timothys Haus, unauffällig unter ihrem Sohn und ihrer Schwiegertochter, die oben ihr vielbeschäftigtes Leben führen. Irgendwann muss jeder untergebracht werden.

Die durchschnittliche Lebenserwartung eines Mannes ist einige Jahre kürzer als die von Frauen, was Tova immer ziemlich ungerecht fand. Will starb ziemlich schnörkellos, zumindest für seine Verhältnisse. Der Krebs, die Krankenhausaufenthalte, die Behandlungen: Das alles war furchtbar, doch fast ebenso schrecklich war der Papierkram, die Einsprüche der Versicherung, die Planung. Stundenlang hatte Tova spätnachts allein am Küchentisch gesessen und ihr Bestes getan, um alles zu klären. Wer würde das machen, wenn ihre Zeit gekommen war? Oder würden die Papiere und Unterlagen einfach ins nachkommenfreie Nichts flattern?

Sie stellt die Schüssel mit Hühnchen und Reis auf den Couchtisch (natürlich auf einen Untersetzer) und humpelt zum Kamin hinüber. Der Plastikstiefel schleift über den Teppich. Tova streicht über die Rundungen des Zedernholzes, die ihr Vater handgeschliffen und gebeizt hat. Er selbst hatte das Holz, aus dem das Haus gebaut ist, mit der Axt geschlagen, Handwerkskunst aus der Alten Welt, gute schwedische Wertarbeit, die Jahrhunderte halten würde. Wie lange wird sich Tova halten, bis sie Opfer ihrer Zerbrechlichkeit wird? Überall lauern Gefahren: die schmale Treppe, die holprige Auffahrt … Eine heruntergefallene Auflaufform, ein verschmierter Boden.

Wird man sie auf dem Küchenboden finden? Einen

Krankenwagen rufen, der sie ins Krankenhaus bringt? Wer wird die Einweisungsformulare ausfüllen? Und das wird erst der Anfang sein.

Es sei denn …

Sie denkt an die Broschüre, die sie in Charter Village mitgenommen hat.

Vielleicht wird es Zeit, den Antrag auszufüllen.

Spezialität des Hauses

Cameron ist kein Experte für Campingbusse, trotzdem vermutet er, dass der, den er gekauft hat, Schrott ist.

Der Motor röhrt, und ein lockerer Riemen jault, als er auf die I-5 rumpelt. Elliots Kumpel hatte Cameron gewarnt, der Camper fahre etwas ruckelig, hatte ihm sogar den Ersatzriemen im Handschuhfach gezeigt, fabrikneu verpackt. Immerhin konnte Cameron den Freund überreden, mit dem Preis auf eintausendzweihundert runterzugehen.

Auch wenn das Ding Schrott ist, fühlt es sich gut an, ein eigenes Fahrzeug zu haben. Selbst wenn es mit Tante Jeannes Darlehen bezahlt wurde.

Nachdem Cameron sechs seiner übrigen rund achthundert Dollar für eine überteuerte Latte macchiato ausgegeben hat, knattert er über den Highway zwei Stunden nördlich von Seattle. Er kommt seinem Ziel immer näher. Der Fahrersitz ist mit einem müffelnden, groben Stoff bezogen, der ihm durchs Hemd am Rücken kratzt. Die Matratze hinten ist nicht viel bequemer und riecht auch nicht besser. In der letzten Nacht stand Cameron in der hintersten Ecke eines Parkplatzes in einem Industriegebiet südlich von Seattle und konnte kaum schlafen. Er würde sich jetzt noch ruhelos herumwerfen, wenn er nicht irgendwann Reifen auf dem Schotter gehört hätte und hochgefahren wäre. Durch das kleine Fenster des Busses sah er, wie ein Streifenwagen über den Parkplatz rollte. In der Dämmerung war der Umriss nicht zu verkennen. Cameron war auf den Fahrersitz geklettert und schnell verduftet.

Keine umwerfende erste Nacht in Washington. Aber heute ist ein neuer Tag.

Noch zwanzig Meilen bis Sowell Bay, stand auf dem letzten Straßenschild. Zwanzig Meilen bis zu Simon Brinks. Wie lange kommt er wohl mit achthundert Dollar aus? Eine ganze Weile, besonders jetzt, wo er keine Unterkunft bezahlen muss. So lange, bis Cameron entweder Brinks findet oder sein Seesack geschickt wird. Achthundert Kröten reichen schon eine Weile.

Die Scheibenwischer des Campingbusses kommen nicht gegen den Nieselregen auf der Windschutzscheibe an. Cameron beugt sich vor und schaut blinzelnd auf den nassen Highway vor sich. Plötzlich leuchtet das ganze Armaturenbrett rot; Cameron tritt automatisch auf die Bremse. Vor ihm ist Stau. Immerhin – die Bremsen funktionieren. Cameron trommelt mit den Fingern aufs Lenkrad. Es geht nur meterweise vorwärts. Er schaut auf die vermooste Leitplanke und den unkrautüberwucherten Randstreifen. Hier ist alles so grün. Der Wald mit den riesigen Tannen, die nie ihr Laub verlieren und so dicht nebeneinander stehen, dass Cameron fast Beklemmungen bekommt. Als würde er anstelle der Tannen Platzangst haben.

Noch zehn Meilen, dann fünf, dann zwei. Das Schild »Willkommen in Sowell Bay« am Rand des Highways ist rostig, die Schrift verblasst. Cameron fährt direkt zu der Adresse, wo sich das Bürogebäude von Simon Brinks befinden soll. Es entpuppt sich als unscheinbarer Bau in einem kleinen Gewerbegebiet abseits des Highways. »Brinks Development, Inc.« steht auf dem Schild. Als Cameron erkennt, dass nicht ein einziges Fahrzeug auf dem Parkplatz steht, hat er eine böse Ahnung. Natürlich ist die Tür verschlossen.

Egal, es ist noch früh am Tag. Vielleicht sind Brinks und seine Angestellten einfach keine Frühaufsteher. Ist Cameron selbst ja auch nicht. Hat er wahrscheinlich von seinem Vater geerbt.

Und jetzt? Vielleicht beim Aquarium vorbeifahren? Vielleicht weiß dort jemand, wann das Büro von Brinks Development besetzt ist.

An der Metallkuppel des Aquariums ziehen sich angelaufene Streifen entlang, sie ist mit Moos und Vogelkot gesprenkelt. Cameron läuft über den ebenfalls leeren Parkplatz, Möwen kreisen über dem Gebäude. Er zieht an der Tür. Verschlossen. Dann sieht er das Schild.

»Geöffnet ab zwölf Uhr«, liest er leise. Das ist also der Grund für die Ruhe hier. Was ist mit dieser Stadt los? Als sei sie im Halbschlaf oder schon halbtot. Cameron betrachtet die verlassene Uferpromenade. Wenn er es nicht besser wüsste, würde er in der Nähe eine Jauchegrube vermuten, so stinkt es hier. Der Geruch stammt vom Seetang, der auf den Felsen trocknet. Schwefel, wie faule Eier. Eine sanfte Welle nach der anderen plätschert gegen den Damm.

Noch eine Stunde bis zwölf Uhr. Nervige Warterei! Zum Frühstücken ist es zu spät, fürs Mittagessen zu früh. Aber Cameron könnte sich einen Kaffee holen. Oben an der Hauptstraße war ein Supermarkt mit einem Deli drin.

Bei der Fahrt den Hügel hinauf würgt er den Camper

zweimal fast ab. Als er endlich oben ankommt, stößt er die Luft aus. Er wusste gar nicht, dass er sie angehalten hatte.

Der Deli gehört zu einem kleinen Supermarkt, der ebenfalls ausgestorben wirkt. Als Cameron hineingeht, hat er das Gefühl, in der Zeit zurückversetzt zu werden. Nach einer Weile hört er ein Rascheln. Halb rechnet er damit, dass ein Schauspieler in Schwarz-Weiß erscheint.

Doch es ist ein älterer Herr mit einem rötlichen Bart. Eine grüne Shop-Way-Schürze spannt sich über seinen Bauch, in den dicken Armen trägt er Kartons mit Ramen-Nudeln, die er offenbar ins Regal einräumt.

»Morgen«, grüßt der Mann. »Kann ich Ihnen helfen?«

»Einen Kaffee? Ich dachte, dies wäre ein Deli.«

»Der ist vorne. Kommen Sie mit!« Er legt die Nudelpäckchen auf den Boden.

»Ich kann gern warten«, sagt Cameron mit Blick auf die Nudeln. »Hab's nicht eilig.«

Der Rotbart dreht sich zu ihm um. »Blödsinn. Tanner macht weiter.« Umstandslos brüllt er: »Tanner!«

Aus dem Labyrinth schmaler Gänge taucht ein mürrischer Teenager auf, der ebenfalls eine grüne Shop-Way-Schürze trägt. Er schlurft hinter den beiden her.

»So«, sagt der Rotbart und macht das Licht im Deli an. Es riecht nach Putzmittel und abgestandenem Essen. Nach Pfeffer und Zwiebeln. Tütenmakaroni. Der Geruch erinnert Cameron an die Wohnung, in der er lebte, bevor er bei Katie einzog. Da wusste man immer, was es bei den Nachbarn zum Essen gab.

Tanner reicht ihm eine laminierte Karte.

»Das ist die Speisekarte«, erklärt der Rotbart überflüssigerweise. »Wenn Sie sich was ausgesucht haben – der Junge kümmert sich um Ihre Bestellung.«

Cameron überfliegt das Blatt. Die Karte sieht aus, als hätte ein Hund oder ein Kleinkind die Ecken abgekaut. »Mir reicht ein schwarzer Kaffee«, sagt er, obwohl sein Magen knurrt.

»Tanner, mach ihm das Spezial«, befiehlt der Rotbart, und bevor Cameron widersprechen kann, nickt der Junge tranig und verschwindet. In einer unsichtbaren Küche scheppert eine Pfanne, Geräte werden angestellt. Rotbart beugt sich vor und raunt Cameron zu: »Pastrami-Sandwich mit Schmelzkäse.«

Was haben die nur alle mit ihrer Pastrami? Cameron hofft, dass er nicht wieder Yamswurzel vorgesetzt bekommt. »Okay«, sagt er zögernd.

»Geht aufs Haus. Tanner ist neu hier. Hab geguckt, dass er 'n bisschen was in der Küche macht, aber hier kommen nicht viele Opfer vorbei.« Grinsend rutscht der Rotbart auf die Kunstlederbank gegenüber von Cameron und fährt sich mit der Hand über den nackten sommersprossigen Schädel. »Bisschen Gesellschaft?«

Cameron zuckt mit den Schultern.

»Bei Auswärtigen gebe ich mir immer besonders viel Mühe. Als Willkommensgruß.« Der Rotbart zwinkert ihm zu.

»Woher wissen Sie, dass ich nicht von hier bin?«

»Ich kenn hier jeden.« Der alte Mann schmunzelt. »Wo bist du her?«, wechselt er zum vertrauten »Du«.

»Aus Kalifornien.«

Er stößt einen leisen Pfiff aus. »Kalifornien. Du bist aber nicht so ein scheiß Immobilienhai, oder? So ein Spekulant?«

Bei der Vorstellung, Immobilien zu besitzen, lacht Cameron höhnisch. »Nee, nee. Bin nur hier, um … Verwandte zu besuchen.«

Der Alte neigt den kahlen Kopf. »*Aye*? Dachte schon, du kommst mir irgendwie bekannt vor.«

Cameron horcht auf; warum hat er nicht sofort daran gedacht? Der alte Rotbart müsste über sechzig sein, also älter als Camerons Vater jetzt, maximal zehn Jahre. Und er gehört zu den Leuten, die alles und jeden kennen; hat er ja selbst gesagt.

»Tja«, macht Cameron. »Genau genommen, suche ich meinen Vater.«

»Wie heißt der?«

»Simon Brinks. Kennst du ihn?«

Der Rotbart reißt die Augen auf. »Nein, nicht persönlich. Tut mir leid.«

Wummernder Bass dringt aus der Küche, ein Lied, das Cameron schon tausend Mal gehört hat, ohne den Titel zu kennen. Ist das normal, wenn man die Dreißig überschritten hat? Dass man die Musik der Jugendlichen nicht mehr kennt? Ihm war schon beim letzten Auftritt von Moth Sausage aufgefallen, dass die Zuschauer irgendwie älter wirkten. War Moth Sausage inzwischen eine Classic-Rock-Band?

Nun, eigentlich spielten sie gar nichts mehr.

Der Rotbart runzelt die Stirn über den Lärm. »Ich sag ihm, dass er den Scheiß leiser machen soll.« Er will aufstehen.

Cameron hebt die Hand. Er hat Mitleid mit dem armen Tanner. »Schon gut. Mich stört's nicht.«

»Der Krach, den ihr jungen Leute Musik nennt!« Der alte Mann schüttelt den Kopf.

»Also, so schlimm finde ich's nicht, und als Leadgitarrist von Moth Sausage kenne ich mich mit Musik aus.« Cameron bedauert den Satz, kaum dass er ihn ausgesprochen hat. Was für eine bescheuerte Angeberei!

Der Rotbart reißt die Augen auf. »Moth Sausage? Die Gruppe Moth Sausage?«

»Die … die kennst du?« Cameron staunt. Die letzte Single der Band war keine hundert Mal heruntergeladen worden. Cameron und seine Kumpel waren davon ausgegangen, dass nur die Stammkunden der Kneipe den Download durchgeführt hatten, aber vielleicht hatte der Rotbart das ja auch getan. Wenn Brad erführe, dass ein Typ tausend Meilen entfernt Moth Sausage hört, würde er es sich vielleicht noch mal überlegen. Ach, was! Er würde Cameron anflehen, die Band wieder zusammenzubringen.

Rotbart nickt ernst. »Bin ein Riesenfan.«

»Wow.« Cameron ist ausnahmsweise wirklich sprachlos.

»Aah, mach nicht so'n Gesicht. Jetzt habe ich ein schlechtes Gewissen.« Die Wangen des Alten werden so rot wie sein Bart. »Hab dich 'n bisschen aufgezogen.«

»Aha«, sagt Cameron und läuft selbst rot an.

»Das war also kein Witz. Was für ein bescheuerter Name ist denn ›Moth Sausage‹?«

Ein selten dämlicher. Zumindest in der Hinsicht hatte Brad recht.

Tanner taucht auf. »Spezialität des Hauses.« Mit einem genervten Seufzer stellt er eine ovale Platte ab, auf der sich Pommes türmen. Irgendwo darunter ist vermutlich ein Sandwich versteckt. Es riecht unglaublich lecker.

»Und?« Rotbart blitzt Tanner böse an.

»Und … guten Appetit?«

»Was ist mit dem Kaffee?«

Cameron hebt die Hände. »Hey, alles in Ordnung.«

»Das ist nicht in Ordnung.« Rotbarts Nasenlöcher blähen sich. »Unser Kunde hat schwarzen Kaffee bestellt, oder nicht? Kümmer dich drum!« An Cameron gewandt, sagt er: »Entschuldigung.«

Tanner schlurft zurück in die Küche, wo er wahrscheinlich einen Becher Kaffee einschenken wird. Cameron hofft, dass der Junge nicht reinspuckt.

»Der Kaffee geht auch aufs Haus. Und jetzt viel Spaß mit dem Sandwich.« Der alte Mann rutscht aus der Sitzecke. »Und viel Glück bei der Suche nach dem Vater!«

Als Cameron den Laden verlässt, blinzelt er in den gräulichen Himmel. Wie kann es gleichzeitig bedeckt und blendend hell sein? Er tastet in der Tasche nach seiner Ray-Ban. Vielleicht merkt er deshalb erst mitten auf dem Parkplatz des Supermarkts, dass etwas mit seinem Campingbus nicht stimmt.

Er hat Schlagseite.

»Nein! Nein, nein, nein«, stöhnt Cameron und geht um den Bus herum nach hinten, wo er genau das sieht, was er befürchtet hat: Der hintere Reifen auf der Beifahrerseite ist platt. »Scheiße!«, ruft er und tritt voller Wucht gegen die Radkappe.

Das schmerzt am großen Zeh. Cameron setzt sich auf

den Bürgersteig. Sein Geld wird nicht lange reichen, wenn er jetzt noch einen Abschleppwagen und einen neuen Reifen bezahlen muss. Er schaut auf dem Handy nach, ob JoyJet angerufen hat, um ihn über sein Gepäck zu informieren. Nein. Er hat nur eine Textnachricht von Elizabeth: *Wie läuft's da oben, Chamäleon?*

»Ätzend. Mehr als ätzend«, murmelt er vor sich hin. Gedemütigt schaut er hoch und entdeckt den alten Mann vor dem Supermarkt. Er hält die Hand zum Schutz vor der Sonne über die Augen, sein rötlicher Bart flattert im Wind.

»Sieht aus, als könntest du Hilfe gebrauchen.« Rotbart schlendert zu Cameron herüber, bleibt vor ihm stehen und hält ihm die Hand hin. »Ich heiße übrigens Ethan.«

»Danke, Mann.« Cameron ergreift die Hand und folgt ihm zurück in den Laden.

1322. TAG
IN GEFANGENSCHAFT

Ich mag Fingerabdrücke, aber jetzt werden es mir zu viel.

Seit drei Tagen war sie nicht mehr zum Putzen da. Die Scheibe ist schon ganz verschmiert. Die Böden sind stumpf und von Fußabdrücken übersät. Das ist nicht gut.

Ist allgemein bekannt, dass ich drei Herzen besitze? Das muss seltsam klingen, besonders wenn man bedenkt, dass Menschen und die meisten anderen Arten nur eins haben. Mit meinen vielen Gefäßkammern würde ich gern behaupten, mich auf einer höheren spirituellen Ebene zu befinden, aber leider sind zwei meiner Herzen prinzipiell für meine Lunge und die Kiemen zuständig. Das dritte ist das »Organherz«. Es treibt den gesamten Organismus an.

Ich bin es gewöhnt, dass mein Organherz aussetzt. Es hört auf zu schlagen, wenn ich schwimme. Das ist der Grund, warum ich das große Hauptbecken meide: Darin muss ich zu viel schwimmen. Kriechen schont meinen Blutkreislauf, doch der Boden im großen Becken, wo so viele Delikatessen zu finden sind, wird von den Haien patrouilliert. Lange Strecken zu schwimmen erschöpft mich, deshalb eigne ich mich gut zur Haltung in einem kleinen Behälter.

Wenn Menschen Überraschung, Schrecken oder Angst ausdrücken wolle, sagen sie manchmal, ihr Herz hätte ausgesetzt. Zuerst hat mich das verwirrt, weil es bei mir anders ist. Doch als die Putzfrau vom Hocker fiel, bin ich nicht geschwommen. Dennoch geriet mein Herz ins Stocken.

Ich hoffe, sie wird gesund, und zwar nicht nur wegen der verschmierten Glasscheibe.

Der grüne Gymnastikanzug

Die Nacht, in der Erik starb, fiel auf einen Mittwoch.

Damals, 1989, machte Tova Mittwochsnachmittags immer Jazztanz im Gemeindezentrum von Sowell Bay, und sie ließ die Sportstunde nur selten ausfallen. Unter ihrer Jogginghose trug sie einen smaragdgrünen Gymnastikanzug, der ihre schlanke neununddreißigjährige Taille betonte. Will liebte diesen Anzug; er sagte immer, er hätte dieselbe Farbe wie Tovas Augen.

Als sie an jenem Mittwoch nach Hause kam und ihre Sportsachen auszog, um sich wie immer ein Bad einzulassen, fing Will sie ab. Die Sommersonne fiel durchs Schlafzimmerfenster und warf blasses Licht auf ihren nachmittäglichen Liebesakt. *Weißt du was?*, hatte Will gesagt und gegrinst, als sie anschließend auf den nackten Laken lagen, die Bettdecke am Fußende des Bettes zusammengeschoben. *Bald haben wir das ganze Haus für uns.*

In jenem Herbst hätte Erik an der University of Washington angefangen. Wo war er an jenem Nachmittag? Tova weiß es bis heute nicht. Die Polizei hatte sie wiederholt gefragt, aber sie konnte nur antworten, dass er wahrscheinlich mit Freunden unterwegs gewesen war. Er war natürlich immer mit Freunden unterwegs; er war achtzehn. Tova hatte schon einige Jahre zuvor aufgehört, die komplizierten Strukturen seiner sozialen Kontakte begreifen zu wollen. Er war ein guter Junge. Ein toller Junge.

Der grüne Gymnastikanzug landete an jenem Nachmittag nicht im Wäschekorb. Stattdessen hing er über der Armlehne des Charlestonsessels in der Ecke des Wohnzimmers, wo Will ihn hingeworfen hatte, als er seine Frau herausgeschält hatte. Nachdem Will und Tova gemeldet hatten, dass Erik von seiner Spätschicht am Fahrkartenhäuschen des Fähranlegers nicht nach Hause gekommen war, tauchte die Polizei von Sowell Bay früh am nächsten Morgen bei den Sullivans auf. Der grüne Gymnastikanzug lag immer noch auf dem Sessel, ein Schandfleck in einem ansonsten tadellosen Raum. Ein inoffizieller Teil der Akte.

Tova weiß noch, dass sie auf das Kleidungsstück starrte, während die Polizeibeamten redeten. Sie konnte nicht glauben, dass es wahr sein sollte. Erik musste bei einem Freund sein. Schlief auf irgendeinem Sofa. Hatte vergessen anzurufen. Guten Kindern passierte das schon mal, oder? Sogar tollen Kindern.

Irgendwann warf jemand das Gymnastiktrikot in den Wäschekorb. Tova musste es gewaschen haben, denn wer kümmerte sich sonst um die Wäsche? Will ganz bestimmt nicht. Doch sie kann sich nicht daran erinnern. Nachdem Erik offiziell als verschwunden galt und dann für tot erklärt wurde, verschwand der Anzug in einer Art Loch, wie so viele andere Dinge.

Den Charlestonsessel hat Tova noch, ließ ihn allerdings ein paar Jahre später neu beziehen. Sie wählte einen Paisleystoff in Blau- und Grüntönen, der fröhlich wirken sollte. Aber irgendwie erschien ihr der Sessel immer mitschuldig, trotz seines neuen Gewands.

Wenn sie umzieht, wird er der Erste sein, der verschwindet.

Tova hatte nie vorgehabt, später in dem Haus zu leben, in dem sie aufwuchs. Allerdings ist vieles in ihrem Leben nicht so gelaufen, wie sie es geplant hatte. Als ihr Vater das dreistöckige Haus baute, war sie erst acht Jahre alt.

Die mittlere Etage war zum Wohnen gedacht. Im Untergeschoss, in den Hügel gegraben, befand sich der Keller zum Lagern von Äpfeln, Rüben und Tonnen mit eingelegtem Lutefisk. Oben auf dem Dachboden standen die großen Truhen ihrer Mutter.

Die Truhen waren voll mit Dingen, die Tovas Eltern nicht in Schweden hatten zurücklassen wollen: Relikte, die nicht so recht in ihr neues amerikanisches Leben passten: bestickte Leinenwäsche, das geerbte Hochzeitsporzellan einer vergessenen Matriarchin, Holzkisten und Figuren, sorgfältig rot, blau und gelb bemalt. An verregneten Tagen stiegen Tova und Lars die Leiter zum Dachboden empor und spielten unter den kahlen Sparren. Sie machten Picknick auf spitzenbesetzten Tischtüchern, und die Dalapferde waren ihre Gäste.

Eines Sommers dann, einige Jahre später, beschloss Tovas Vater, es sei Zeit, die Leiter durch eine Treppe zu ersetzen. Er verpflichtete zwei seiner besten Mitarbeiter, ihm zu helfen. Sie schufteten von Sonnenauf- bis -untergang. Schon damals ging es mit der Gesundheit ihres Vaters bergab. Tova erinnert sich daran, wie er sich auf einem Stuhl im Flur ausruhte, während die jungen Männer Nägel in die Zedernbretter schlugen.

Als die Treppe gebaut war, stopften die Mitarbeiter Schlackenwolle zwischen die Dachsparren und schliffen die Bodendielen ab. In der Zwischenzeit kümmerte sich ihr Papa um die Ausstattung des Dachbodens. In eine Ecke baute er ein Puppenhaus, einen stabilen Tisch in die andere. Er zimmerte zwei Holzstühle, schnitzte Ranken und Blätter in die Beine und brannte ein Sternenmuster in die Rückenlehnen.

Als alles fertig war, fegte die Mutter den Dachboden aus. Papa klopfte die Spinnweben von einem Webteppich, der aufgerollt in einer Ecke gelegen hatte, und breitete ihn in der Mitte des fertigen Raums aus. Alle zusammen standen sie auf dem Teppich, Tova und Lars, Mama, Papa und die beiden Mitarbeiter, und bewunderten den großen Raum. Sonnenlicht kämpfte sich durch das verschmutzte Dachfenster. Mama bearbeitete es mit einem in Essig getränkten Lappen, bis es glänzte.

»So«, sagte Papa und strich über den Fensterrahmen. »Jetzt habt ihr Kinder einen schönen Raum zum Spielen.«

Doch sie waren keine Kinder mehr. Lars war ein Teenager, Tova nur zwei Jahre jünger. Sie hielten sich hin und wieder auf dem umgebauten Dachboden auf, doch bald schwand ihr Interesse am Spielen. Später fand Tova es irgendwie gnädig vom Schicksal, dass Papa nicht mehr da war und zusehen musste, wie der Raum ungenutzt blieb, an dem er so hart gearbeitet hatte.

Eigentlich hätte es ein Spielzimmer für Enkelkinder werden sollen. Aber Will und Tova hatten ja keine.

Erik war noch jung, als die Sullivans wieder in das Haus zogen, um sich um Tovas Mutter zu kümmern. Tova wollte Eriks Kinderspielzeug spenden, doch ihre Mutter mahnte:

Heb es für deine eigenen Enkelkinder auf. Deshalb verwahrte Tova es auf dem Dachboden.

Dort blieb es auch nach Eriks Tod. Dort ist es bis heute.

Das Einzige, was sich geändert hat, ist das Dachfenster. Einige Jahre nach Eriks Tod ließ Will es austauschen. Damals hatte Will eine sogenannte »Phase«, nicht unüblich bei Trauernden. Tova denkt nicht gern an die »Phase« zurück. Das Verhalten war nicht normal für Will. Andererseits ist nichts normal, wenn man sein Kind verliert.

Praktisch veranlagt, wie Tova war, sagte sie, das neue Fenster sei die Folge der »Phase«. Es war größer, heller.

Jetzt hat sie auf dem Dachboden das Gefühl, direkt durch die Glasscheibe in die Bäume dahinter gehen zu können. Es ist ein wirklich schöner Raum. Er bietet den besten Blick aufs Wasser.

Einmal machten Will und Tova einen Termin bei einer Immobilienmaklerin, einfach so.

»Unglaublich!«, hatte die gestaunt. »Das ganze Haus ist einfach unglaublich! Man würde nie damit rechnen, dass sich so was hier hinten verbirgt.«

Das stimmte. Das Haus war in den Hang gebaut, am Ende einer steilen, steinigen Auffahrt, die von Holunderbüschen gesäumt wurde. Man konnte daran vorbeifahren, ohne zu ahnen, dass es sich dort versteckte.

Die Maklerin fuhr mit den Fingern über das Treppengeländer und gurrte anerkennend, die offenen Dachbalken auf dem Speicher ließen den Raum so hoch und licht wie eine Kirche wirken. Sie nahm ein Spielzeugauto aus einem Regal, dem ein Rad fehlte. Es hatte Erik gehört. »Dieser ganze Kram muss natürlich weg, bevor das Haus auf den Markt kommt«, sagte sie.

Will und Tova beschlossen, nicht zu verkaufen.

Das Spielzeugauto ist noch da. Tova lässt es in ihre Tasche gleiten.

Diesmal wird es anders sein.

Es ist sehr spät, als Tova ins Bett geht. Cat schläft zusammengerollt auf der Tagesdecke, seine Flanke hebt und senkt sich sanft. Vorsichtig schlägt Tova die Decke zurück, um den Kater nicht zu wecken. Sie lächelt in sich hinein. Niemals hätte sie sich vorstellen können, das Bett mit einem Tier zu teilen, doch sie ist froh, dass der Kater da ist.

Sie entschwebt in eine sonderbare Welt. Es muss ein Traum sein, aber sie ist nicht völlig sicher, da es sich so banal anfühlt. In dem Traum liegt sie auf ihrem harten Bett, die Arme um sich geschlungen. Plötzlich beginnen ihre Arme zu wachsen und winden sich um sie wie der Pucksack eines Babys. Die Arme haben Saugnäpfe, eine Million winziger Saugnäpfe, die an Tovas Haut ziehen. Die Tentakel werden immer länger, bis sie zu einem Kokon werden und alles dunkel und still ist. Ein übermächtiges Gefühl überwältigt Tova, und nach einer Weile merkt sie, dass es Erleichterung ist. Der Kokon ist weich und warm, und sie ist allein, wunderbar allein. Irgendwann schläft sie ein.

Keine schicke Arbeit

Cameron sitzt an Ethans Küchentisch und weiß nicht, ob er dableiben soll oder nicht. Ethan hat einen Kumpel angerufen, der für eine Abschleppfirma arbeitet, und auch wenn der Typ nicht besonders begeistert war, hatte er Camerons Camper kostenlos zu Ethans Haus geschleppt und in der Auffahrt abgestellt. Cameron hatte sich ungefähr tausend Mal bei ihm bedankt. Um den platten Reifen muss er sich noch kümmern, aber immerhin steht er jetzt nicht mehr auf dem Parkplatz eines Supermarkts.

Das alles hat Stunden gedauert. Jetzt ist es fünf Uhr. So viel zu dem Thema, noch mal zum Büro von Brinks Development zu fahren.

»Ist das wirklich in Ordnung, wenn ich erst mal in der Auffahrt stehe?«

»Solange du morgens leise bist.«

»Ich bin nicht so der frühe Vogel«, entgegnet Cameron lachend. Wenigstens muss er sich keine Sorgen machen, am Abend auf einem zwielichtigen Parkplatz zu schlafen. Er trinkt einen kleinen Schluck Whiskey und spürt, wie seine Schultern sich kaum merklich lockern. Zum ersten Mal seit seinem Aufbruch in Modesto ist er fast entspannt.

»Um ehrlich zu sein, bin ich ganz froh über ein bisschen Gesellschaft.«

»Geht mir genauso«, erwidert Cameron. Und auch wenn

Ethan gesagt hat, er würde Simon Brinks nicht kennen, kann er Cameron vielleicht doch helfen. Ethan scheint hier jeden zu kennen. Über ein paar Ecken muss da doch was möglich sein. Selbst reiche Menschen wie Simon Brinks müssen hin und wieder mal Milch kaufen.

Cameron hat eine Idee. Eine hervorragende Idee. »Ethan?«, fragt er.

»*Aye?*«

»Brauchst du Hilfe im Shop-Way?« Cameron beugt sich über den Tisch. »Ich meine, würdest du mich einstellen?«

Ethan denkt kurz nach.

»Ich kann kassieren.« Cameron hat in seinem ganzen Leben noch keine Kasse bedient, aber wie schwer kann das schon sein? »Regale einräumen, Tische abwischen, egal.«

»Tut mir leid, aber dafür ist einfach nicht genug zu tun.« Ethan schüttelt den Kopf. »Da müsste ich Tanner rauswerfen.«

Ernüchtert leert Cameron sein Glas. »Okay. Kein Problem.«

»Aber wenn du Arbeit suchst, wüsste ich vielleicht was.« Ethan schenkt noch einen Scotch ein. Cameron lässt die bernsteingelbe Flüssigkeit in seinem Glas kreisen. Sie riecht warm und berauschend. »Ich kann den Kontakt herstellen, wenn du willst.«

Cameron stützt das Kinn auf die Faust. Der verfluchte Reifen vom Campingbus. Ethans Abschleppkumpel hatte leise gepfiffen, als er sich davor hockte und sich das Malheur ansah. Die Felge sei gebrochen, der Radkasten verzogen. Nicht gut. Vor ein paar Jahren hatte Cameron die Felge seines alten Jeeps auswechseln müssen, und die Reparatur kostete mehrere hundert Dollar. Obendrein ist sein

Gepäck immer noch nicht da, und er muss Tante Jeanne das Geld für die Kreuzfahrt zurückzahlen. Er braucht dringend Bares.

»Geht im weitesten Sinne um Hausmeistertätigkeiten«, sagt Ethan. »Nichts Schickes.«

»Stört mich nicht.« Cameron schaut hoch. »Kannst du mich vermitteln?«

»Ich muss hier irgendwo die Formulare herumliegen haben. Der Kumpel hat mir einen ganzen Stapel mitgegeben, damit ich sie an der Feinkosttheke auslege.« Ethan steht auf und verlässt die Küche mit steifen Schritten. Über die Schulter ruft er, er sei gleich zurück.

Kurz darauf ist er wieder da und wedelt mit einem Zettel.

»Das fülle ich sofort aus.« Cameron nimmt einen Stift vom Tisch.

Langsam zieht sich ein Grinsen über Ethans Gesicht. »Also, wenn ich dich empfehle, hast du den Job, Junge. Was meinst du, wollen wir uns einen kleinen Spaß mit dem Formular erlauben?«

Um Viertel vor elf am nächsten Morgen steht Cameron vor dem Aquarium. Diesmal öffnet sich die Tür.

Offenbar hat Ethan seinen *Kumpel* am Morgen als Erstes angerufen und anschließend um zehn an die Tür des Campingbusses geklopft, was Cameron aus seinem tiefen Schlaf riss. Ethans grüne Augen funkelten; die lange Nacht schien ihm überhaupt nichts auszumachen. Putzmunter richtete er Cameron aus, in einer Stunde habe er ein Bewerbungsgespräch.

»Denk dran, er heißt Terry und ist ein Fischfreak, aber er ist ein super Kerl«, hatte Ethan ungefähr zehn Mal wiederholt. »Bleib ganz locker, dann bietet er dir den Job mit Sicherheit sofort an.«

Der Mann, der sich im Bürostuhl zu Cameron umdreht, sieht nicht so aus, wie er sich einen Fischfreak vorgestellt hat. Er könnte eher Linebacker beim Football sein. Obwohl der Typ namens Terry gerade telefoniert, macht er Cameron ein Zeichen, hereinzukommen.

»Sorry«, artikuliert Terry lautlos und wendet sich wieder dem Telefon zu.

Cameron wartet im Türrahmen. Er ist in der unangenehmen Situation, der Anweisung Folge leisten zu wollen, ohne dabei zu lauschen. Er will das Bewerbungsgespräch nicht beginnen, indem er sich über eine Bitte hinwegsetzt.

Der Fischfreak senkt die Stimme. »Hör zu, Tova, ich bleibe dabei, was ich letztes Mal gesagt habe: Wenn dein Arzt dich sechs Wochen krankschreibt, dann feierst du auch sechs Wochen krank.« Die Reaktion am anderen Ende löst ein Stirnrunzeln bei Terry aus. »Gut. In Ordnung. Vier Wochen, dann gucken wir noch mal.« Erneute Pause. »Ja, natürlich! Ich achte darauf, dass du eine gute Vertretung bekommst.«

Pause.

»Ja, ich weiß, dass um die Mülleimer herum immer viel Abfall liegt.«

Pause.

»Ja, ich achte darauf, dass deine Vertretung mit reiner Baumwolle arbeitet. Polyester zieht Streifen. Hab ich verstanden.«

Pause.

»Gut. Dir auch alles Gute.« In den letzten Satz stiehlt sich eine gewisse Zärtlichkeit. Der Mann hat einen melodischen Akzent, möglicherweise karibisch. Nicht, dass Cameron je in der Karibik gewesen wäre.

Der Fischfreak legt den Hörer auf, stößt einen langen Seufzer aus und schüttelt den Kopf. Dann steht er auf und hält Cameron die Hand hin. »Terry Bailey. Sie sind wegen der Stelle hier?«

»Ja.« In Erinnerung an Ethans Worte richtet sich Cameron auf. »Ich meine: Ja, Sir. Die Hausmeisterstelle.« Er schiebt das ausgefüllte Formular über den Tisch.

»Schön, schön.« Terry lehnt sich zurück und überfliegt das Blatt. Cameron setzt sich ebenfalls und bereut plötzlich, dass sie sich die Antworten auf die Fragen ausgedacht haben. Ethan und er hatten schon den Großteil der Scotchflasche intus, und als Cameron Bedenken bekam, versicherte ihm Ethan, das Formular sei unwichtig. Seine Empfehlung sei entscheidend und würde das schon regeln.

Vielleicht hatten sie es ein bisschen übertrieben.

Terry runzelt die Stirn. »Sie waren für die Becken in Sea World verantwortlich?«

»Genau.« Cameron nickt.

»Und Sie waren Teil des Teams, das das große Haibecken in Mandalay Bay gebaut hat? Also in … Las Vegas?«

»Ja.« Cameron spürt, dass seine Lippen zucken. Ist er zu weit gegangen?

Terrys Stimme wird flach. »Wann ging die Haianlage in Mandalay Bay noch mal in Betrieb? 1994, kann das sein?«

»Yep. Super Zeit, die Neunziger!« Cameron schmunzelt lässig.

Terry fällt nicht darauf herein. »Da waren Sie doch noch gar nicht auf der Welt!«

Tatsächlich wurde Cameron 1990 geboren, doch es erscheint ihm nicht klug, Terry darauf hinzuweisen. Stattdessen sagt er: »Ein paar Antworten sind vielleicht etwas übertrieben.«

»Aha. Danke für Ihre Zeit. Sie können gehen.«

Cameron schaut auf, überrascht, wie sehr ihn diese Worte treffen. Der Fischfreak klingt aufrichtig enttäuscht.

»Das ist mein Ernst.« Terrys Stimme ist ausdruckslos. »Das hier ist für Sie nur ein großer Spaß. Für mich ist es reine Zeitverschwendung.«

»Moment!« Cameron wundert sich selbst über seinen flehenden Tonfall. Aber schließlich ist der verdammte Reifen kaputt. Und Tante Jeanne will auf ihre Kreuzfahrt. Cameron braucht dringend Geld. Er weist auf das Formular: »Ich gebe zu, das ist alles erfunden.«

»Was Sie nicht sagen.«

»Ethan meinte, Sie fänden das lustig.«

Terry seufzt.

»Aber wenn ich das kurz erklären dürfte«, fährt Cameron fort. »Ich befinde mich in einer schwierigen Situation. Aber ich kann Hausmeisteraufgaben übernehmen, kaputte Sachen reparieren … Ich mache alles, was gemacht werden muss … Ich habe jahrelang in der Baubranche gearbeitet. In Kalifornien dicke Villen für reiche Säcke gebaut.« Cameron erwähnt nicht, dass er zig Mal gefeuert wurde, befürchtet jedoch, dass es ihm ins Gesicht geschrieben steht.

Terry lehnt sich mit verschränkten Armen zurück und hebt die Augenbraue. Die universelle Geste für: *Okay, ich höre.*

Mit ernster Miene beugt sich Cameron vor. »Ich habe mehr Carrara-Marmor versiegelt, als Sie sich vorstellen können. Ich bin wirklich vielfältig einsetzbar. Versprochen.«

Gefühlt ewig schaut Terry auf das Bewerbungsformular. Schließlich sieht er mit zusammengekniffenen Augen hoch. »Kalifornien und Carrara-Marmor interessieren mich nicht. Und ich halte nichts von Ihrer humoristischen Einlage hier.«

Cameron senkt den Blick auf seine im Schoß verschränkten Hände. Die Situation erinnert ihn daran, wie er im Büro des Schuldirektors saß und zusammengestaucht wurde, weil er unter der Tribüne geraucht hatte. Wahrscheinlich hat er es verdient, genau wie damals.

Terry fährt fort: »Als ich mich an den amerikanischen Colleges bewarb, hatte ich unterirdische Ergebnisse in den Standardprüfungen. Ich hatte null Ahnung von Mathe und schrieb eher schlichtes Englisch. Aber mit dem Leben im und am Meer kannte ich mich aus, und wie. Ich bin auf einem Fischerboot vor Kingston groß geworden.« Terry verschiebt einen Stapel Papiere auf seinem überladenen Schreibtisch. »Ich wusste, dass ich Meeresbiologie studieren will, und viele Menschen haben mir eine Chance gegeben, damit ich das auch konnte.«

Cameron schielt zu dem eingerahmten Diplom hinter dem Schreibtisch hoch. *Summa cum laude*. Terry ist offensichtlich mehr als ein Fischfreak. Er ist ein Fisch-Professor.

»Das heißt ... Sie geben mir eine Chance?«

»Eigentlich nicht.« Terry sieht ihn schonungslos offen an. »Ich nehme an, Sie gehören zu den Leuten, die schon zig Chancen bekommen haben, ohne es zu begreifen. Sie haben die Gelegenheiten vertan.«

Autsch. Das tut weh.

»Ich gebe Ihnen trotzdem eine Chance, aber nicht etwa, weil ich glaube, dass Sie eine verdient hätten. Ich mache es für Ethan. Vor einiger Zeit hat er mir beim Pokern so richtig die Hosen runtergezogen, und er reitet immer wieder darauf rum.« Terry schmunzelt leise.

»Danke, Sir.« Cameron setzt sich aufrecht hin. »Sie werden es nicht bereuen.«

»Wollen Sie gar nicht wissen, was genau Sie zu tun haben?«

»Ich dachte, es ginge um Hausmeisterarbeiten.« Ethan musste von Camerons Erfahrungen im Baugewerbe erzählt haben. Cameron hatte sich vorgestellt, dass er Dächer abdichten und leckende Armaturen reparieren würde.

»So ähnlich. Es geht darum, Makrelen und andere Köderfische kleinzuschneiden. Eimer auszuwaschen. Solche Sachen.«

»Okay.« Makrelen. Wie schlimm kann das schon sein? Ist ja eh nur so lange, bis Camerons Seesack auftaucht oder er Simon Brinks findet. Entweder – oder. Das erzählt er Terry natürlich nicht.

»Zwanzig Dollar die Stunde, zwanzig Stunden die Woche.«

Als Cameron den monatlichen Verdienst ausrechnet, schwindet sein Optimismus. Abzüglich der Steuern und dem Sprit für den Campingbus wird es Ende des Sommers werden, ehe er Tante Jeanne das Geld zurückzahlen kann. Selbst wenn er ein bisschen spart, indem er sich von den abgelaufenen Lebensmitteln ernährt, die Ethan aus dem Laden mitbringt. Aber Ende des Sommers ist zu spät für die Anzahlung auf die Kreuzfahrt.

»Also, ich würde auch mehr Stunden übernehmen, wenn das möglich wäre«, sagt Cameron.

Terry legt die Finger zu einem Dreieck zusammen und fragt nach einer nachdenklichen Pause: »Sind Sie sauber?«

Automatisch schielt Cameron auf sein Hemd, das er vielleicht mal hätte durchwaschen sollen. Dann wird ihm klar, dass Terry wohl meint, ob er vorbestraft ist.

»Im Großen und Ganzen. Hab ein paar Anzeigen wegen geringfügiger Vergehen. Einmal war ich in 'ner Kneipe, die wollte gerade dichtmachen, und da …«

Terry schüttelt den Kopf. »Nein, ich wollte wissen, ob Sie saubermachen können? Also, können Sie wischen und putzen?«

»Ach so.« Cameron überlegt. »Ja, doch, klar.«

»Dann kann ich Ihnen mehr Stunden anbieten. Am Abend. Aber« – Terry hebt mahnend den Finger – »das ist nur vorübergehend. Ich brauche ein paar Wochen Ersatz für meine Putzfrau.«

»Kein Problem.«

»Eins sage ich Ihnen gleich, Cameron Cassmore: Ethan Mack ist vielleicht kein guter Ratgeber, wenn es um Bewerbungsunterlagen geht, aber er ist ein sehr guter Freund von mir. Ich gebe Ihnen diese Chance, weil er sich für Sie eingesetzt hat.«

»Verstanden.« Cameron nickt.

»Enttäuschen Sie ihn nicht!«

Während Cameron darauf wartet, dass Ethan ihn abholt, läuft er am Pier entlang. Die Mittagssonne schimmert silbrig auf der Wasseroberfläche. Von einer Gruppe Stand-up-Paddler rollen kleine Wellen Richtung Steg.

Cameron betastet die Schlüsselkarte in seiner Tasche. Noch nie hat ihm ein Chef Schlüssel anvertraut. Cameron nimmt die Karte heraus und macht ein Foto von ihr vor dem Wasser als Hintergrund, dann schickt er das Bild an Tante Jeanne.

Als er auf »Senden« drückt, kommt ein Anruf herein. Cameron erkennt die Nummer sofort; er hat sie in dieser Woche ungefähr tausend Mal gewählt. Ein halbes Dutzend Mal auf die Mailbox gesprochen. Mit klopfendem Herzen drückt er auf das grüne Symbol.

»Cameron hier«, meldet er sich mit geschäftsmäßiger Sachlichkeit.

»Hallo, hier ist John Hall von Brinks Development, Niederlassung Sowell Bay.« Die Stimme klingt müde. »Sie haben uns mehrere Nachrichten hinterlassen. Kann ich Ihnen irgendwie helfen?«

»Yeah!« Cameron atmet tief durch, um Mut zu sammeln. »Ja, wollte ich sagen. Ich würde gern einen Termin mit Mr. Brinks machen.«

»Das ist momentan leider nicht möglich.«

»Warum nicht?«

»Mr. Brinks arbeitet meistens von seinem Büro in Seattle aus. Versuchen Sie es doch da.«

»Das habe ich!« Als wäre Cameron nicht auf die Idee gekommen. Die Nummer stand schließlich auf der dämlichen Firmenwebsite. »Da wurde mir gesagt, er stehe nicht zur Verfügung.«

»Na, dann schätze ich, er steht nicht zur Verfügung«, widerholt John Hall trocken.

»Aber er muss zur Verfügung stehen!« Cameron hasst sich selbst dafür, wie weinerlich seine Stimme klingt, so wie letztens, als er Katie anflehte, seinen Kram nicht aus dem Fenster zu werfen. »Bitte! Es ist wichtig.«

Am anderen Ende hantiert John Hall mit Papieren oder irgendwas anderem herum. In der Ferne ertönt eine Lokomotive, und Cameron könnte schwören, dass er genau diesen Zug hört, hier am Pier. Wie kann es sein, dass er so nah und doch so fern ist?

Schließlich fragt Hall: »Wie ist noch mal Ihr Name?«

»Cameron Cassmore. Ich bin … ein Verwandter.«

»Aha. Verstehe.« Es folgt eine lange Pause, dann fragt Hall vorsichtig: »Vielleicht ist Ihnen bekannt, dass Mr. Brinks zu dieser Jahreszeit oft in seinem Sommerhaus anzutreffen ist?«

»Sommerhaus? Wo ist das?«

Hall lacht. »Ich kann nicht einfach die Adresse rausgeben. Fragen Sie doch einen Verwandten!«

Bis Cameron die Antwort verdaut hat, ist die Leitung tot. Schwer lässt er sich auf die Bank sinken. Wie soll er nur dieses Ferienhaus finden?

Bevor er sein Handy wieder einsteckt, sieht er Tante Jeannes Antwort: Ein Champagner-Emoji, gefolgt von: *Bin stolz auf dich, Cammy.*

1324. TAG
IN GEFANGENSCHAFT

Terry hat Ersatz gefunden. Hat die ältere Dame gegen ein jüngeres Modell ausgetauscht, wie die Menschen sagen würden.

Auf dem Weg zum Vorstellungsgespräch ist der junge Mann an meinem Becken vorbeigelaufen. Schultern bis zu den Ohren hochgezogen, feuchte Hände: offensichtlich nervös. Auf dem Rückweg war sein Gang lockerer, entspannter. Das Gespräch muss erfolgreich verlaufen sein.

Irgendwas an seinem Gang kam mir … bekannt vor. Ich hätte den Mann gern noch länger studiert, aber er war zu schnell weg. Wahrscheinlich habe ich bald genug Gelegenheit dazu. Vielleicht schon heute Abend.

Keinen Tag zu spät. Am Vorabend habe ich mich um die Ecke gewagt, um nachzusehen, ob die Felsenkrabben ihre Panzer abgeworfen haben. Sie sind nämlich am leckersten, wenn sie sich gerade geschält haben und der neue Panzer noch weich ist. Der Boden war in einem, ehrlich gesagt, besorgniserregenden Zustand. Als ich in meinen Behälter zurückkehrte, war ich längere Zeit damit beschäftigt, den Dreck zwischen meinen Saugnäpfen zu entfernen.

Ich hoffe wirklich, dass der junge Mann seine Stelle schon heute Abend antritt. Die Felsenkrabben haben sich noch nicht geschält, aber morgen ist es so weit. Ich habe keine Lust auf einen weiteren Ausflug über diese schmuddeligen Böden.

Ich muss davon ausgehen, dass die ehemalige Putzfrau nicht wiederkommt. Ich werde sie vermissen.

Eine Schwäche für verletzte Wesen

Camerons Rücken fühlt sich an, als hätte ihn jemand mit einem Baseballschläger verprügelt. Eimerweise Fischfutter kleinzuschneiden und in die Becken zu werfen, ist kein Klacks. Seine Lendenwirbelsäule schmerzt, unter dem linken Schulterblatt hat er eine störende Zerrung, und jedes Mal, wenn er den Kopf nach rechts dreht, knackt es in seinem Nacken. Das passiert leider ziemlich oft, weil der Außenspiegel an der Beifahrerseite seines Campingbusses kaputt ist.

Die Matratze macht es nicht besser. Nach einigen Nächten hat Cameron es nicht mehr ertragen. Der Vorbesitzer hat wohl nicht richtig »dicht gehalten«. In der letzten Nacht störte ihn der Uringestank so sehr, dass er die Matratze rauszog und in Ethans Auffahrt warf. Lieber schlief er auf der dreckigen Sperrholzplatte. So schlimm konnte das auch nicht sein, dachte er im Halbschlaf. Wie sich herausstellte, war es ziemlich schlimm. Er wurde alt. Schließlich war er schon dreißig.

Immerhin wurden Reifen und Radkasten repariert. Kostete schlappe siebenhundert von seinen achthundert Dollar. Da Cameron nicht damit rechnet, dass sein Seesack wie durch Zauberhand doch noch auftaucht, muss er mit den letzten hundert Mäusen klarkommen, bis er am Freitag zum ersten Mal vom Aquarium bezahlt wird. Noch drei Tage.

Wieder knackt es in seinem Nacken. Er zieht die Schultern hoch und biegt rechts ab ins Geschäftszentrum von Sowell Bay mit seiner kleinen Ladenreihe. Die Immobilienmaklerin, von der Ethan ihm erzählt hat, hat ihr Büro im Haus genau in der Mitte. Cameron parkt davor und geht an einer uralten Parkuhr vorbei, die nicht so aussieht, als würde sie noch funktionieren. Als er die Eingangstür öffnet, erklingt eine blutleere Melodie, die an ein Kinderspielzeug mit schwächer werdender Batterie erinnert.

»Kann ich Ihnen helfen?« Die Maklerin ist eine Frau mittleren Alters mit blondiertem Haar und einem schmalen, nichtssagenden Gesicht.

Cameron stellt sich vor und erklärt, er sei auf der Suche nach Simon Brinks.

Die Maklerin lacht kopfschüttelnd. »Also, ich habe zwar seine Werbung gesehen, aber ich kann nicht behaupten, ihn persönlich zu kennen.«

»Er ist in der Immobilienbranche, Sie ebenfalls. Gibt es keine Möglichkeit, irgendwie Kontakt zu ihm aufzunehmen?« Cameron wirft einen kurzen Blick auf das Schild am Schreibtisch. *Jessica Snell.* »Sie würden mir einen großen Gefallen tun, Jess.«

»Ich heiße Jessica«, sagt sie ausdruckslos. Ihr Blick huscht durch die leeren Geschäftsräume. An der Wand hängt ein Kalender von einem Ausrüster für Outdoor-Abenteuer, schon bei August aufgeschlagen. Das Foto zeigt einen vernebelten See, auf dem eine einsame Gestalt in einem Ruderboot eine Angel auswirft. Es ist erst die zweite Juliwoche. Irgendwie macht Cameron die vorgeblätterte Kalenderseite stinksauer.

»Bitte!« Flehentlich lächelnd, legt er die Handflächen aneinander. »Ich muss ihn wirklich sprechen.«

Die Maklerin sieht ihn mit zusammengekniffenen Augen an und verzieht das Gesicht zu einem säuerlichen Ausdruck. Ihre pergamentartige Haut legt sich in Falten, wie ein alter Baseballhandschuh. Sie rückt ihre Brille zurecht und fragt: »Wie war noch gleich Ihr Name?«

Cameron drückt den Rücken durch und stellt sich erneut vor. Nach kurzem Zögern fügt er hinzu: »Ich bin Brinks' Sohn.«

»Sein Sohn?«

»Wahrscheinlich. Oder … vielleicht.« Cameron schiebt die Brust heraus. »Ich meine, ich habe guten Grund zur Annahme, dass er mein Vater ist.«

Jessica Snell hebt eine Augenbraue.

»Ich habe stichhaltige Beweise. Wirklich.«

»Dann verstehe ich nicht, warum Sie meine Hilfe brauchen.« Die Maklerin zuckt mit den Schultern. »Fragen Sie doch jemand anderen aus der Familie! Vielleicht Ihre Mutter?«

»Meine Mutter ist abgehauen, als ich neun war.«

»Oje. Das ist furchtbar.« Jessica Snells Augen werden etwas größer, ihr Kinn wird lockerer. Sie hat's geschluckt. Cameron ist der Angler auf dem Bild, sie eine Forelle in dem See.

»Ich habe halt keine anderen Verwandten, verstehen Sie?« Cameron kreuzt zwei Finger hinterm Rücken. Tante Jeanne würde diese kleine Notlüge angesichts der Situation bestimmt verstehen.

Jessica Snell nickt. Mitleid macht ihren Blick weicher.

»Tja, ich habe meinen Vater nie kennengelernt«, fährt

Cameron fort. »Meine Mutter wollte es nicht.« Stimmt doch, oder? Irgendwann in ihren neun Jahren mit Cameron hätte sie ihm ja mal was über seinen Vater erzählen können, egal was. Oder sie hätte später Kontakt zu Cameron aufnehmen können. Hätte zumindest versuchen können, das wiedergutzumachen, was sie angerichtet hatte. Hätte Cameron wenigstens anbieten können, ihr Fragen zu stellen. Ja, es stimmt. Es ist die Schuld seiner Mutter, wie so vieles anderes. Und im übertragenen Sinn ist es wirklich seine Mutter, die ihn von seinem Vater ferngehalten hat. Wenn sie nicht so ein Loser gewesen wäre, wäre Simon – oder wer auch immer sein Vater ist – bestimmt bei ihr geblieben.

Die Maklerin beißt auf ihre dünne Unterlippe und sieht sich schnell nach beiden Seiten um, als habe sie vor, etwas Verbotenes zu tun. »Ich habe eine Idee. Letztes Jahr konnte ich nicht zum regionalen Treffen der Immobilienbranche.« Mit einem verächtlichen Schnauben fährt sie fort: »Ich meine, ich hätte schon hingekonnt, ich war auch angemeldet, aber dann hatte meine Tochter ein Klavierkonzert, und auch wenn es die größte Fachmesse in der Region ist, muss man manchmal andere Prioritäten setzen.«

Cameron nickt wissend, als hätte er großes Verständnis für ihr spezielles Dilemma. Er entdeckt einen Briefbeschwerer aus Keramik auf dem Schreibtisch, einen großen, streng dreinschauenden grünen Frosch. Auf dem Sockel steht in verspielter Schrift: *Sei kein Frosch!* Tante Jeanne wäre begeistert.

Die Maklerin schiebt ihre Brille hoch. Warum lässt sie sich die nicht richten? Mit einem Mini-Schraubendreher ist das schnell gemacht.

»Jedenfalls, dieses Branchentreffen«, fährt sie fort. »Ich hab's ausfallen lassen, aber Brinks war mit Sicherheit da. Hab gehört, dass er für solche Sachen lebt. Steht gern an der Theke, wird erzählt.« Sie streckt Daumen und kleinen Finger aus und kippt die Hand.

Cameron widersteht der Versuchung, mit dem Finger über die dicke Staubschicht auf dem Rücken des Frosches zu fahren. Er nickt wieder.

»Vor dieser Messe haben alle eine Teilnehmerliste bekommen, komplett mit Anschrift. Ich könnte Brinks' Adresse nachschlagen.«

»Das wäre wirklich nett. Es wäre mir eine große Hilfe.« Camerons Lächeln wird breiter, die Wangen der Maklerin laufen rot an.

»Setzen Sie sich! Es kann etwas dauern, bis ich die Liste ausgegraben habe.«

Während Snell in einem Hinterzimmer verschwindet, wartet Cameron auf einem Stuhl. Vor seinem inneren Auge spielt sich eine Szene ab: Ein grauhaariger Mann in einem Maßanzug winkt ihn zu einem auf Hochglanz polierten Mahagonitresen und ruft den Barkeeper herbei. *Komm, ich zeige dir, wie man sein Leben genießt, mein Sohn*, sagt der Mann, stützt den Ellenbogen auf die glänzende Theke und klopft auf den Hocker neben sich, prall gepolstert mit makellosem dunkelrotem Leder, anders als die harten Sitze im Dell's, in deren abgewetztem Stoff sich die Hinternabdrücke abzeichnen. Der Mann lächelt Cameron warmherzig an. Genau wie er, hat der Mann ein Grübchen in der linken Wange, und Cameron hat das Gefühl, als würde etwas in ihm blubbern und überfließen. Er braucht eine Weile, ehe er merkt, dass es eine berauschende Mischung aus Freude und Erleichterung ist. Lautlos rinnt eine goldene Flüssigkeit in zwei Gläser; vielleicht ein Cognac oder ein teuer Whiskey, so wie die Flasche von Ethan. Der Alkohol rieselt über dicke Eiswürfel, und gerade will der Mann Cameron herzlich auf den Rücken klopfen, da …

Ding-dong!

Cameron schnellt herum. Mit geballten Fäusten steht eine junge Frau in der Tür des Maklerbüros. Sie hat klatschnasse Haare und ist ausnehmend hübsch, mit Sicherheit die attraktivste Frau, die Cameron bis jetzt in Sowell Bay über den Weg gelaufen ist. Ihr wütender Gesichtsausdruck macht sie nur noch anziehender.

»Jess!«, ruft sie genervt, und es klingt, als täte sie das häufiger. Während Cameron die Besucherin mustert, gratuliert er sich, den Spitznamen der Maklerin richtig erraten zu haben.

Er zeigt mit dem Daumen nach hinten. »Die ist kurz verschwunden.«

»Aha. Irgendeine Idee, wann sie wiederkommt?« In der Stimme liegt Ungeduld. Die junge Frau verschränkt die Arme vor der Brust, so dass ihre kleinen, prallen Brüste höher in den Ausschnitt des Tanktops gedrückt werden. Unwillkürlich rückt Cameron auf seinem Stuhl herum. Wie alt ist er, zwölf? Allerdings ist es schon einen Monat her, das mit Katie.

Er schiebt das Kinn vor. »Keine Ahnung. Gleich?«

»Was macht sie denn da hinten?«

»Ähm, sie bedient mich? Ihren Kunden.«

Die junge Frau lacht abschätzig und macht einen Schritt auf Cameron zu. Sie riecht nach Sonnencreme. »Du bist ein Kunde von ihr?«

»Ja. Ist das irgendwie komisch?«

»Allerdings. Vielleicht weil die Häuser, die Jessica Snell verkauft, mehrere Millionen kosten? Du riechst wie die Stadionklos am Ende eines Footballspiels. Außerdem hast du da was Braunes am Kinn. Ich hoffe für dich, dass es Schokolade ist.«

Camerons Hand schießt hoch. Zum Frühstück hat er einen schokoüberzogenen Eiweißriegel gegessen. Er hat keinen einzigen ordentlichen Spiegel in seinem Camper. Wie soll er das also wissen?

»Gut, ich bin nicht hier, um eine Villa zu kaufen, aber Jess ist mir in einer Angelegenheit behilflich.«

»Wie auch immer«, brummt die junge Frau. Sie fährt sich durch das nasse Haar und hebt den schweren Lockenschopf im Nacken an, so dass der Knoten eines rosa Bikinis aufblitzt.

Sie schaut zum Hinterzimmer hinüber und ruft:

»JESS!«

Die Maklerin kommt mit großen Schritten zurück, das Gesicht wieder zu ihrem finsteren Blick verzogen. »Meine Güte, Avery, schrei doch nicht so herum!«

»Du hast das heiße Wasser wieder abgedreht!«, ruft die junge Frau ohne jede Einleitung.

»Ich habe die Temperatur des Boilers angepasst.«

»Woran? An den Nordpol?«

»Ich bemühe mich nur, die Nebenkosten zu senken.«

»Ich gebe dem Gasversorger lieber ein paar Kröten mehr, als beim Duschen zu frieren!«

Beim Duschen. Cameron versucht, das Bild aus seinem Kopf zu vertreiben, und landet beim Chlamydienproblem im Campingpark Welina.

Jessica Snell stemmt die Hände in die Hüften. »Tja, normalerweise duscht man auch nicht an seinem Arbeitsplatz.«

»Ah, jetzt hör mir mal zu!« Avery lacht künstlich. »Du weißt genau, dass ich morgens paddeln gehe und mich kurz abdusche, bevor ich den Laden aufmache. Ich hab mir gerade den Arsch abgefroren.«

Jessica Snell schiebt trotzig das Kinn vor. Inzwischen hat Cameron begriffen, dass die junge Frau aus dem Laden nebenan kommt. Er erinnert sich, dass dort Surf- und Paddelzubehör verkauft wird. Mit einem verächtlichen Schniefen sagt Snell: »Nirgends im Mietvertrag steht, dass endlos heißes Wasser zur Verfügung stehen muss.«

»Ich würde sagen, der Mietvertrag setzt voraus, dass die Nachbarn anständige Menschen sind.« Avery wirft Cameron einen hoffnungsvollen Blick zu, als wollte sie ihn auffordern, sich heroisch für sie in die Bresche zu werfen.

Aber die Maklerin hat ein Blatt in der Hand: Camerons Chance auf Kontakt zu seinem potenziellen Vater. Unbeteiligt zuckt Cameron mit den Schultern.

Avery wirft ihm einen bösen Blick zu, dann funkelt sie Snell wütend an. »Egal. Ich zahle schließlich dafür. Dreh das Thermostat höher!« Sie stampft wutschnaubend zur Tür, die nervig klingelt, und schlägt sie hinter sich zu. Eine Wolke Kokosduft bleibt zurück.

»Entschuldigung.« Die Maklerin lächelt nervös.

»Alles gut.«

»Ich habe eine gute Nachricht für Sie. Habe eine Adresse von Simon Brinks gefunden.« Jessica Schnell reicht ihm das Blatt und fügt leise hinzu: »Viel Glück. Ich drücke

Ihnen die Daumen. Hoffentlich wird Ihr Wiedersehen mit Ihrem Vater ein Tag der Freude.«

Cameron bedankt sich und steckt den Zettel ein.

»Das war Schokolade.« Cameron schlendert zu Avery hinüber, die gerade vor ihrem Surfshop, oder was auch immer es ist, eine Werbetafel aufstellt.

»Was?« Sie blinzelt ihn an und hält zum Schutz vor dem hellen Morgenlicht eine Hand vor die Augen.

»Der braune Fleck in meinem Gesicht. Das war Schokolade.«

»Danke fürs Bescheidsagen«, erwidert Avery trocken.

»Also, ich hatte dadrinnen das Gefühl, dass du dich für mein Wohlergehen interessierst.«

»Ach, ja?« Sie staubt ihre Hände ab und geht zur offenen Ladentür. Über dem Logo im Schaufenster steht: Sowell Bay Paddle Shop. Cameron folgt der jungen Frau ins Geschäft. Auf der einen Seite stehen lange, schwere Bretter in Reih und Glied, auf der anderen sind Kajaks und Kanus aufgestellt.

»Ich wollte nur sagen, ich bin kein Spinner«, schiebt er nach. Allerdings verhält er sich wie einer, und irgendwie kann er nicht damit aufhören. Dann diese verfluchte Matratze! Wahrscheinlich hat er längst den Uringeruch angenommen. Cameron macht einen Schritt zurück, um etwas mehr Abstand zu Avery in der abgeschnittenen Shorts einzunehmen, die ihr perfekt passt.

Mit ausdruckslosem Gesicht dreht sie sich zu ihm um. »Kann ich dir irgendwie helfen, oder …?«

»Ich sehe mich nur um.«

»Gut. Guck ruhig. Aber fass nichts an!«

»Wie alt bin ich denn? Drei?«

Avery grinst. »Du hast Schokolade im Gesicht und riechst, als hättest du in die Hose gemacht. Wenn du dir den Schuh anziehen willst …«

»Okay, ich fasse nichts an. Du kannst deinem Chef ausrichten, dass ich seine kostbare Ware nicht bekleckern werde.«

»Ich bin der Chef.« Avery legt den Kopf schräg. »Das ist mein Laden.«

Cameron will etwas erwidern, doch zu seiner Überraschung fällt ihm nichts ein. Die junge Frau kann nicht viel älter sein als er. Und das Einzige, was er besitzt, ist ein ranziger Campingbus. Avery hingegen hat einen ganzen Laden.

»Hör zu, ich kenne Typen wie dich.« Ihre Stimme hat eine gewisse Schärfe. Sie verschränkt die Arme. »Ich weiß nicht, was du im Schilde führst, aber du hast Jess angegraben, damit sie dir einen Gefallen tut. Das ist mir klar.«

»Was kümmert dich das? Ihr beide habt ja nicht gerade die beste nachbarschaftliche Beziehung.«

»Es kümmert mich, weil ich Baggertypen nicht ausstehen kann.« Avery mustert ihn von oben bis unten. »Wer bist du überhaupt? Ich hab dich hier noch nie gesehen.«

»Ich habe die Maklerin nur gefragt, ob sie mir helfen kann«, sagt Cameron und fügt nach einer kurzen Pause hinzu: »Ich bin auf der Suche nach meinem Vater.«

»Oh.« Averys Stimme wird ein wenig weicher, sie lässt die Arme sinken, so dass Cameron einen besseren Blick auf ihre sehenswerte Front bekommt. Avery atmet durch.

»Tut mir leid. Ich wollte nicht so anti rüberkommen. Hatte heute keinen guten Start in den Tag.«

»Das Gefühl kenne ich, glaub mir.« Cameron lächelt, und Avery taut noch ein bisschen mehr auf. Als er sich mit Namen vorstellt, reicht sie ihm höflich die Hand. Anschließend knackt sein verdammter Nacken wieder.

Avery zuckt zusammen. »Autsch. Alles in Ordnung?«

»Doch, eigentlich schon. Hab heute Nacht falsch gelegen.« Cameron bedauert die Worte, kaum dass er sie ausgesprochen hat. Ist so was ein Baggerspruch, wenn man über dreißig ist? Über Rückenschmerzen klagen? Er erklärt natürlich nicht, dass der Grund für sein Leiden der versiffteste Campingbus der Welt ist. Das warme Licht der Sonne fällt durchs Schaufenster. Cameron überlegt, ob er die Matratze am Morgen mit dem Schlauch hätte abspritzen sollen, bevor er losfuhr; sie hätte in der Hitze trocknen können. Warum kommen ihm solche Ideen immer zu spät?

»Das heißt, du hast dir den Nacken verzogen? Dafür habe ich was. Warte kurz.« Avery bückt sich hinter der Theke und reicht Cameron eine kleine Dose mit einer Creme. Auf dem grell orangefarbenen Preisschild auf dem Deckel steht: 19,95 $. »Da sind nur natürliche Inhaltsstoffe drin«, erklärt sie. »Nehme ich auch immer, wenn ich lange auf dem Brett war und die Muskeln verhärtet sind.«

Ungewollt zieht Cameron eine Augenbraue hoch. Zwanzig Mäuse für Öko-Vaseline. Er zwingt sich zu einem schwachen Lächeln. »Danke, aber brauch ich nicht.«

»Geht aufs Haus.«

»Nein, ist wirklich gut.«

»Nimmst du das jetzt mit?« Tatsächlich grinst Avery ihn

breit an und schiebt die Dose zu ihm hinüber. »Ich hab 'ne Schwäche für verletzte Wesen.«

Als Cameron etwas später auf die Straße tritt, ist sein Nacken dick mit der überteuerten Salbe eingecremt. Im Handy hat er Averys Telefonnummer.

Als Cameron in die Auffahrt biegt, sitzt Ethan auf der vorderen Veranda. Cameron marschiert auf ihn zu. Ihm ist durchaus bewusst, dass er von einem Ohr zum anderen grinst.

»Eben kam ein Anruf für dich«, sagt Ethan. »Eine Fluggesellschaft? Die haben eine Nummer angegeben, wo du anrufen sollst, wenn du zurückkommst.«

»Danke, Ethan.« Camerons Herz schlägt schneller. Sein Seesack! Gut, dass er Ethans Festnetznummer durchgegeben hat, als er sich das letzte Mal nach dem Stand der Dinge erkundigte. Sein Handy-Akku hält mittlerweile kaum noch eine Stunde. Bisher hat Cameron keinen Gedanken an ein neues Mobiltelefon verschwendet, aber wenn sein Gepäck mit dem Schmuck jetzt zu ihm unterwegs ist und da er außerdem einen Job hat, will er sich mal das neue Modell angucken, das im Frühjahr rausgekommen ist. Das mit den sechs Kameras und dem ganzen Schnickschnack. Das einem praktisch das Mittagessen kocht.

Immer noch grinsend steigt er in den Camper und wählt die Nummer.

»JoyJet Gepäckermittlung«, meldet sich eine Frau, die alles andere als fröhlich klingt.

Cameron nennt seine Bearbeitungsnummer. »Und, wann kommt mein Gepäck nun?«

»Einen Augenblick, Sir.« Gefühlt stundenlang tippt sie auf der Tastatur herum. Die Anschläge hallen durch die Leitung: *klick, klick, klick*. Schreibt die da einen Roman? Schließlich sagt sie: »Ja, wir haben das verlorene Gepäckstück gefunden.«

»Super. Brauchen Sie meine Adresse?«

»Es tut mir leid, Sir, aber das Gepäckstück befindet sich in St. Petersburg.«

»St. Petersburg in Florida?«

»Nein, St. Petersburg in Russland.«

»Russland?« Camerons Stimme springt eine Oktave höher. »Fliegt JoyJet überhaupt nach Russland?«

»Einen Moment bitte, Sir … Ich schaue etwas nach.« Die Tastenanschläge der Frau klingen noch aggressiver. »Ah, ich sehe, was passiert ist. Ihr Gepäck wurde aus irgendeinem Grund an ein europäisches Partnerunternehmen übergeben.« Sie stößt einen leisen Pfiff aus. »Wow, das ist sogar für uns ganz schön heftig.«

»Ach, meinen Sie?« Cameron hat Mühe, ruhig zu bleiben. »Und wie bekomme ich meinen Seesack jetzt zurück? Da sind ein paar, ähm, wichtige Sachen drin.«

»Sir, wir weisen alle Passagiere darauf hin, dass sie jegliche Wertgegenstände entfernen, bevor sie eincheck…«

»Ich hatte doch gar keine Wahl!«, ruft Cameron. »Ich musste mein Handgepäck direkt am Gate prüfen, zusammen mit tausend anderen Menschen, weil die Gepäckfächer bei Ihnen die Größe von Schuhkartons haben! Weiß bei Ihnen eigentlich keiner, wie groß ein normaler Koffer ist?«

Nach einer langen Pause sagt die Mitarbeiterin: »Sir, ich muss Sie an unsere europäische Partnergesellschaft verweisen, die wird Ihnen eine neue Bearbeitungsnummer nennen. Ich kann das Formular schon mal für Sie ausfüllen, dann leite ich es weiter. Wenn Sie mir zuerst Ihren Nachnamen nennen …«

Inschriften und Stifte

Tovas Tag beginnt früh. Sie hat viel zu erledigen.

Als Erstes fährt sie in die Stadt und parkt vor dem Maklerbüro, was gar nicht so leicht ist, weil ein riesiger Campingbus zwei Parkplätze einnimmt und die Sicht auf die Straße versperrt. Am Donnerstagmorgen um neun Uhr herrscht zwar nicht besonders viel Verkehr im Zentrum von Sowell Bay, aber man kann nie vorsichtig genug sein.

Mit einem vorwurfsvollen Blick auf das wuchtige Fahrzeug humpelt Tova ins Maklerbüro. Jessica Snell schaut ihr entgegen und legt neugierig den Kopf schräg.

»Kann ich Ihnen helfen, Mrs. Sullivan?«

»Ja, ich glaube schon.« Ruhig widerholt Tova, was sie eingeübt hat. Eine halbe Stunde später verlässt sie das Büro mit einem Termin für eine erste Besichtigung ihres Hauses am Nachmittag.

Dann geht sie den Häuserblock entlang zur Bank. Bei der Bewerbung für Charter Village muss man einen Bankscheck einreichen, außerdem eine Kopie der Kontostände. Man will sichergehen, dass der Bewerber oder die Bewerberin es sich leisten kann, vermutet Tova. Ihr wäre lieber, man würde ihr glauben, dass das Finanzielle kein Problem darstellt. Ihre Konten bei der Community Bank Sowell Bay waren immer im Plus; die beträchtliche Summe, die sie von ihrer Mutter geerbt hat, hat sie in all den Jahren kaum angetastet. Tova hat nie viel Geld ausgegeben.

Als sie die Tür aufzieht und die Bank betritt, in der es wie immer nach frischer Tinte und Pfefferminzbonbons riecht, kommt ihr der Gedanke, dass Lars seine Hälfte des elterlichen Erbes durch seinen Aufenthalt in Charter Village so gut wie aufgebraucht haben muss. Als der Notar die Vermögenswerte aufführte, waren es nur noch ein paar hundert Dollar. Bei seinem Tod hinterließ Lars praktisch nicht viel mehr als seinen Bademantel. Kurz zögert Tova. Charter Village hat wirklich einen gehobenen Standard. Das ist nicht Tovas Stil. Aber es ist sauber. Und Lars hat dort über zehn Jahre gelebt. Sie kann es sich leisten.

»Danke, Bryan«, sagt Tova zum Kassierer, der ihr den Scheck mit leicht erhobener Augenbraue reicht. Bryans Vater Cesar hat früher mit Will Golf gespielt. Tova fragt sich, ob Bryan seinen Vater anrufen und von ihren Bankgeschäften berichten wird.

Doch es ist ihr egal. Früher oder später kommt es eh heraus. Die Leute werden reden. Die Leute in Sowell Bay reden immer.

Ihr nächstes Ziel ist das Haus von Janice Kim, denn Janices Sohn besitzt einen schicken Computerscanner. Als Tova am Morgen anrief und fragte, ob sie vorbeikommen und das Gerät benutzen dürfe, bejahte Janice sofort.

»Und, kommst du klar?« Janice zieht die Brille auf die Nasenspitze und beäugt Tovas Orthese skeptisch. Tova ist nicht gerade für Spontanbesuche bekannt.

»Natürlich. Warum fragst du?«, gibt Tova ruhig zurück. Sie braucht eine Kopie ihres Führerscheins für die Bewerbungsunterlagen, doch diese Information behält sie für sich.

Janice hilft ihr beim Scannen und zeigt Tova, welche Tasten sie auf dem Drucker antippen muss. Als sie fertig sind, fragt Janice: »Trinkst du noch einen Kaffee?«

Damit hat Tova gerechnet. Die Kaffeepause bei Janice hat sie mit eingeplant.

Nachdem Tova eine Stunde später das Haus der Kims verlässt, fährt sie nach Elland. Wenn sie die Interstate nähme, würde es zehn Minuten dauern, doch Tova fährt wie immer über Nebenstraßen. Eine halbe Stunde später erreicht sie die Drogerie, die im Telefonbuch von Snohomish County unter dem Stichwort »Passfotos« aufgeführt ist. Tova braucht zwei Bilder für ihren Antrag, und da sie noch nie einen Reisepass beantragt hat, besitzt sie nichts dergleichen.

Eine junge Frau, die gelangweilter nicht sein könnte, weist Tova an, sich vor eine schlichte weiße Wand zu stellen und ihre Brille abzunehmen, was Tova widerspruchslos tut. Mit der Brille in der Hand blinzelt sie in die Kamera, die zweimal blitzt.

»Das macht achtzehn-fünfzig«, sagt die Angestellte und reicht Tova einen kleinen Umschlag mit zwei ernsten Fotos, die hinter eine Lasche geklemmt sind.

»Achtzehn Dollar?«

»Und fünfzig Cent.«

»Du lieber Himmel!« Tova nimmt einen Zwanziger aus ihrem Portemonnaie. Wer hätte gedacht, dass zwei winzige Fotos so viel Geld kosten?

Ihr viertes und letztes Ziel führt sie zum nördlichen Rand von Sowell Bay, von Elland aus fast eine Stunde entfernt.

Der Fairview Memorial Park. Es ist schön geworden, die Friedhofstore unter dem klaren, wolkenlosen Himmel sind weit geöffnet, wie einladende Arme. Ein Gehweg windet sich über den Friedhof, sanfte Kurven, mal nach rechts, mal nach links geschwungen, nie geradeaus. Als sei der Pfad so sanft wie möglich angelegt, ohne jemandem weh tun zu wollen. Der Rasen ist makellos, umrandet akkurat die zahllosen identischen Grabsteine.

Tova kniet sich hin und streicht über die Inschrift im glatt geschliffenen Stein. Er ist warm unter ihren Fingern, aufgeheizt von der Julisonne. *William Patrick Sullivan: 1938–2016. Ehemann, Vater, Freund.*

Als Tova die Inschrift an den Friedhofsbetreiber durchgab, hatte die Frau am Telefon die Frechheit, Tova zu fragen, ob sie nicht noch etwas hinzufügen wolle. Das Angebot umfasse maximal hundertzwanzig Buchstaben, erklärte sie, und Tova hätte bisher nur die Hälfte verbraucht. Manchmal ist weniger jedoch mehr. Will war ein einfacher Mann gewesen.

Neben Wills Grabstein steht der von Erik. Tova hatte keinen gewollt, aber Will hatte darauf bestanden. Es hat sie immer gestört, dass hier, auf dieser Rasenfläche, ihres Sohnes gedacht wird, während sein Leichnam bis heute irgendwo im Wasser ist. Doch der Stein steht hier, mit dieser übertrieben zierlichen Schrift, »Erik Ernest Sullivan«. Wen auch immer Will damit beauftragt hatte, hatte sich nicht die Mühe gemacht, Eriks Namen richtig zu notieren. Eigentlich war Tovas Mädchenname Lindgren Eriks dritter Name. Wie oft sie schon phantasiert hatte, den Grabstein zu entwenden und ihn am Ende des Piers ins Meer zu werfen, aber das ist natürlich Spinnerei.

Der dritte Stein in der Reihe ist leer. Er ist für Tova bestimmt. Auch in der Hinsicht gab es mehrere Fragen auf dem Anmeldeformular für Charter Village. Wünsche, Vorlieben. Tova nimmt an, sie sind als Ergänzung ihrer notariell festgehaltenen Verfügung gedacht. In diesen Unterlagen hat sie ihre Wünsche natürlich klar definiert, doch was ist, wenn zum Beispiel jemand einen Gottesdienst will? Tova könnte sich vorstellen, dass Barb das verlangen würde. Bevor Tova wegzieht, muss sie dieses Thema noch mit ihrer Freundin besprechen. Ein Grabstein wäre in Ordnung, aber einen Gottesdienst möchte sie nicht.

Stimmen schweben über den Friedhof. Tova dreht sich um und entdeckt die alte Mrs. Kretch. Du lieber Himmel, die Frau muss Mitte neunzig sein. Aber sie kommt offenbar noch ganz gut zurecht. Heute hat sie ihre Urenkelin mitgebracht, ein junges Ding mit Beinen so lang und gerade wie zwei Stricknadeln.

»Hallo, Mrs. Sullivan«, sagt die Urenkelin im Vorbeigehen. Die alte Mrs. Kretch nickt. Ihr Blick hält Tovas lange genug stand, um ihr Mitleid zu vermitteln.

»Guten Tag«, erwidert Tova.

Die Urenkelin trägt einen Korb über dem dünnen Arm. Sechs Gräber weiter bleiben die beiden stehen und breiten eine Picknickdecke aus. Als sie sich hinsetzen, weht der Geruch von Hühnchen zu Tova hinüber. Dann reden sie mit ihrem toten Familienoberhaupt, als säße es dabei. Es ist ihnen nicht im Geringsten peinlich, sich mit dem manikürten Rasen und dem kalten grauen Grabstein zu unterhalten. Ein ziemlich einseitiges Gespräch.

Tova hat am Grab nie laut mit Will gesprochen. Warum sollte sie? Sein müder, kranker Körper, in der Erde zu

Staub zerfallen, hört ja nichts mehr. Vom Krebs zerfressenes Fleisch kann nicht antworten. Tova kann sich nicht vorstellen, wie Mary Ann Minetti die Asche ihres Mannes in einer Urne auf den Kaminsims zu stellen und sich täglich mit ihm zu unterhalten. *Er kann mich im Himmel hören*, sagt Mary Ann immer, und Tova nickt nur, weil es ihre Freundin tröstet und niemandem schadet. So ist es auch bei der Familie Kretch. Warum ist es ihr dann so peinlich, wenn die beiden Frauen mit dem Toten plaudern, als säße er auf ihrer rot-weiß karierten Decke und tränke mit ihnen Limonade?

Doch für alles gibt es ein erstes Mal. Die Kretch-Damen stehen schließlich auf, und auf dem Weg zum Ausgang winkt die Urenkelin Tova andeutungsweise zu. Ihre nachmittäglichen Schatten sind lang geworden. Tova muss erledigen, weshalb sie hergekommen ist. Sie stellt sich vor Wills Grabstein und fährt sich mit der Zunge über die Lippen. Dann sagt leise, aber deutlich: »Ich verkaufe das Haus, Schatz.«

Sie streicht über den Stein, als würde ihr der Satz Tränen in die Augen treiben.

Nach dem Abendessen will sie den Aufnahmeantrag ausfüllen und die erforderlichen Unterlagen zusammensuchen.

Zehn Minuten später sitzt sie wieder im Auto. Die erste Zeile oben auf dem Formular ist ihr in die Quere gekommen: *Bitte mit schwarzer Tinte ausfüllen*. Nachdem Tova all ihre Schreibwerkzeuge ausprobiert hat, stellte sie fest, dass tatsächlich keins davon mit schwarzer Tinte schreibt.

Ein pingeliges Auge konnte nur zu dem Schluss kommen, dass die vielversprechendsten Proben tatsächlich dunkelgrau waren. Also muss Tova noch einmal los, um einen schwarzen Stift zu besorgen.

»Tova! Guten Abend, meine Liebe!«, ruft Ethan Mack aus dem Deli herüber, wo er Tische abwischt.

»Hallo, Ethan.«

Direkt vor dem Bereich mit den Lebensmitteln ist ein Ständer mit diversem Kleinkram, unter anderem Stiften. Tova überlegt: Tintenroller oder Filzstift? Gelstift oder Kugelschreiber?

Ethan steckt den Lappen in die Tasche seiner Schürze und schlendert an seinen Platz hinter der Kasse. »Wie macht sich das Bein?«

Tova stützt sich auf ihren Stock. Das einzige Zugeständnis, zu dem sie bereit ist. »Den Umständen entsprechend, danke.«

»Freut mich zu hören! Die moderne Medizin ist wirklich großartig, nicht? Kannst du dir vorstellen, wie das bei den Höhlenmenschen gewesen sein muss? Wenn du dir den Knöchel angeknackst hast, haben sie dich den Dinosauriern zum Fraß vorgeworfen!«

Tova hebt die Augenbraue. Das kann er nicht ernst meinen. Dinosaurier haben nicht zur gleichen Zeit wie die sogenannten Höhlenmenschen gelebt. Damals gab es noch überhaupt keine Menschen. Dazwischen liegen 65 Millionen Jahre. Aber vielleicht hat Ethan das nie gelernt. Wie jede Mutter eines kleinen Jungen beschäftigte Tova sich zwangsläufig mit dem Thema Dinosaurier, als Erik klein war. Zwischendurch hatte er so viele Bücher über Dinosaurier ausgeliehen, dass die Bibliothek Tovas Karte sperrte.

Ethan scharrt mit den Füßen. »Egal. Brauchst du Hilfe?«

»Ich suche einen schwarzen Stift.«

»Einen Stift? Du brauchst doch keinen dummen Stift zu kaufen! Hier, nimm den!« Er zieht einen Kuli hinter seinem Ohr hervor, wo er sich wohl in seinen wuscheligen rötlichen Haaren versteckt hat. »Weiß nur nicht mehr, ob der blau oder schwarz ist.« Er versucht, damit zu schreiben, kritzelt auf ein Blatt neben der Kasse. Vor Konzentration schiebt er die Zungenspitze zwischen den Lippen hervor.

»Danke, aber ich nehme diese hier. Und ich bezahle gern dafür.« Tova legt eine Zweierpackung mit klassischen Kugelschreibern auf den Tresen.

Endlich kooperiert Ethans Stift und schreibt auf den Schmierzettel. »Ah! Dieser ist eh blau. Kannst du aber gern als Reserve haben. Stifte hat man nie genug!« Er hält ihn ihr hin.

Tova schmunzelt. »Da möchte ich widersprechen. Will hat in Restaurants oder bei der Bank gern Stifte mitgehen lassen. Unsere Kramschublade war immer voll damit.«

»*Aye*, das glaube ich sofort. Ich hab wohl auch ein paar Mal ein Auge zugedrückt, wenn er im Laufe der Jahre den einen oder anderen Kuli aus dem Deli mitgenommen hat. Er kam ja mehrmals die Woche vorbei, hat sein Sandwich gegessen und in einem Buch gelesen, aber das weißt du ja.«

Das Lächeln bleibt lange auf Tovas Gesicht, als wüsste es nicht, wohin es verschwinden soll. Schließlich sagt sie: »Ja, er ist gern mal rausgegangen. Danke, dass du wegen der Stifte nichts gesagt hast.«

Ethan winkt ab. »Will Sullivan war ein guter Kerl.«

»Ja, das stimmt.«

»Na, dann …« Irgendwas an Ethans Stimme erinnert Tova an ein Soufflé, das in sich zusammenfällt. »Dann brauchst du den wohl nicht.« Er steckt den Stift, den er ihr angeboten hat, in die Tasche seiner Schürze.

»Trotzdem sehr nett von dir. Aber auf dem Formular steht ausdrücklich, dass man es mit einem schwarzen Stift ausfüllen soll.«

»Welches Formular?«, Ethan wird blass, seine Stimme misstrauisch. »Wovon redest du, meine Liebe?«

»Eine Bewerbung«, weicht Tova aus.

»Ich wusste es!« Ethan fällt die Kinnlade runter. »Du machst es wirklich. Ziehst hoch in dieses … Haus. Tova, meine Liebe! Dieses Heim – das ist doch nichts für dich!«

»Wie bitte?«

Ethan schnieft. »Ich meine, es ist nicht gut genug für dich.«

»Charter Village ist eine der besten Einrichtungen in diesem Bundestaat.«

»Aber Sowell Bay ist deine Heimat.«

Zu Tovas Entsetzen treten ihr Tränen in die Augen. Sie schiebt das Kinn vor, versucht, die Tränen zu verdrängen. Ruhig erklärt sie: »Lieber Ethan, ich bin ein praktisch veranlagter Mensch, und das ist eine praktische Lösung. Ich bin keine junge Frau mehr. Ich bin, nun ja …«

Ihr Blick schweift zu ihrem Fuß. Ethan sieht ebenfalls hinunter, und Tova könnte schwören, dass sein Kinn unter dem dichten Bart bebt. Sie legt die Hand auf seinen mit Sommersprossen überzogenen Unterarm, die drahtigen Haare kitzeln ihre Handfläche. Seine Haut ist überraschend warm.

»Ich ziehe ja nicht jetzt sofort um, Ethan.« Technisch gesehen stimmt das. Es wird eine Weile dauern, bis das Haus verkauft ist. Bis Charter Village ihre Bankauskünfte, Achtzehn-Dollar-Fotos und schwarz ausgefüllten Formulare geprüft hat.

»*Aye*«, ist alles, was Ethan dazu sagt.

»Und es ist gut so«, fügt Tova hinzu. »Wer soll sich sonst um mich kümmern?«

Lange schwebt die Frage zwischen ihnen. Schließlich sagt Ethan: »Also, das ist ein wichtiger Antrag. Dafür kannst du nicht diese Stifte nehmen.« Er weist auf das Zweierpack. »Die sind nix.« Suchend fährt sein Finger über das Angebot, dann nimmt er eine andere Verpackung mit einem auffälligeren Logo vom Ständer. »Das ist der Cadillac unter den Stiften.«

»Dann nehme ich den. Danke.«

»Jederzeit, meine Liebe.«

Sie räuspert sich. »Wie viel bekommst du?«

Ethan winkt ab. »Wie gesagt, du musst bei mir keinen Stift bezahlen. Der geht aufs Haus.«

»Nein, nein.« Zum zweiten Mal an diesem Tag holt Tova einen Zwanziger aus dem Portemonnaie. »Bong die später ein und behalt den Rest. Für die Empfehlung. Danke.«

»Wenn du dich bei mir bedanken willst«, platzt es aus Ethan heraus, »kannst du vielleicht mal mit mir einen Tee trinken gehen.«

Tova erstarrt. »Wo? Hier?« Sie sieht sich zum Deli um.

»Nein, nicht hier. Der Tee ist mies, ehrlich gesagt. Aber wenn du das willst, von mir aus auch hier. So weit hatte ich, ehrlich gesagt, noch nicht gedacht.« Ethan beißt sich auf die Unterlippe und trommelt mit seinen fleischigen

Fingern auf die Kasse. »Vielleicht lieber woanders? Oder gar nicht. Ist schon gut. War 'ne dämliche Idee.«

»Das war keine dämliche Idee.« Tova staunt über ihre Ausdrucksweise. Ist das der Grund, warum Janice immer wie in einer Sitcom spricht? Bevor sie lange überlegen kann, sagt sie schnell: »Sicher können wir mal zusammen einen Tee trinken. Oder einen Kaffee.«

Ethan schüttelt den Kopf. »Ihr Schweden mit eurem Kaffee.«

Tova spürt, dass sie rot anläuft, und überlegt, ob sie einen Witz darüber machen soll, dass er Schotte ist, doch bevor ihr etwas einfällt, gibt er ihr den Zettel, auf den er etwas geschrieben hat. In blauer Tinte hat er hinten seine Telefonnummer notiert.

»Ruf mich an, meine Liebe. Dann suchen wir uns was aus. Bevor du … weg bist.«

Tova nickt und verschwindet nach draußen, überrascht, wie schwer es ihr plötzlich fällt, normal zu atmen.

Es ist nach zehn, das Tageslicht ist komplett verschwunden. Auf dem Heimweg biegt Tova spontan ab.

Eine Sache muss sie noch erledigen.

Der Parkplatz des Aquariums ist leer, abgesehen von dem heruntergekommenen Campingbus, der am Vormittag vor dem Büro von Jessica Snell stand. Vielleicht gehört das Fahrzeug einem Angler. Tova schaut am Steg entlang, hält Ausschau nach einer Gestalt mit Angelrute, aber sieht nichts.

Sie humpelt zur Eingangstür und hält inne. Terry hat ihr natürlich verboten, zum Putzen herzukommen, aber er hat ihr nicht ausdrücklich verboten, ihren Schlüssel für einen Privatbesuch zu benutzen. Als sie ihm den Schlüssel geben wollte, hatte er sogar darauf bestanden, dass sie ihn behielt, was sie nicht nur als Anerkennung ihrer Vertrauenswürdigkeit verstand, sondern auch als Glauben an ihre Unverwüstlichkeit. *Du bist schneller wieder da, als du denkst*, hatte Terry gesagt.

Dieselbe Kraft, die sie am Morgen zu Wills Grabstein getrieben hat, führt sie nun hierher. Tova will dem Kraken von ihrem Plan erzählen, nach Charter Village zu ziehen. Obwohl weder Will noch Marcellus sie verstehen können, müssen sie es erfahren. Und auch wenn es nicht so wichtig ist, kann ihr der Oktopus vielleicht helfen, eine Lösung für die unangenehme Situation zu finden, in die sie sich mit Ethan Mack und der Einladung zum Tee gebracht hat. Vielleicht sollte sie es besser für sich behalten; wenn sie so tut, als sei es nie passiert, verschwindet die Einladung vielleicht von selbst? Tova kann sich bildlich vorstellen, wie das wissende Auge von Marcellus vorwurfsvoll funkelt, wie sein Tentakel wackelt und mit ihr schimpft. Sie schnalzt mit der Zunge über ihr eigenes Verhalten. Zehn Mal schlimmer als Mary Ann Minetti und die alte Mrs. Kretch zusammen.

Mit einem Klick öffnet sich die Tür. Tova muss zugeben, dass sie neugierig ist, wie es im Aquarium während ihrer Abwesenheit sauberkeitsmäßig weitergegangen ist.

Mit angehaltenem Atem bereitet sie sich auf schmutzige Fliesen und verschmierte Scheiben vor, doch zu ihrer Überraschung sieht es einigermaßen ordentlich aus. Der Typ, den Terry als Aushilfe engagiert hat, macht seinen Job ganz gut. Die Feststellung löst eine gewisse Enttäuschung in ihr aus, die melancholische Erkenntnis, dass sie nicht unersetzlich ist. Doch insgesamt ist das eine gute Entwicklung. Mehr als einmal hat die Aussicht, dass das Aquarium nicht perfekt geputzt werden könnte, dazu geführt, dass Tova ihre Pläne auf Eis legte. Vielleicht kann der Neue ja bleiben, wenn Tova aufhört.

Sie biegt um die Kurve zum Krakenbecken, so unauffällig wie möglich mit ihrem kläglichen Plastikstiefel. Was gar nicht nötig ist, denn sie ist der einzige Gast. Sie flüstert Grüße an ihre alten Freunde, die Asiatischen Strandkrabben, die Seewölfe, die Quallen und die Seegurken. Kurz schweben ihre Worte im dunklen Gang, dann lösen sie sich wie Rauchfahnen in der bläulichen Luft auf. Selbst wenn diese Tiere es könnten, würden sie niemals verraten, dass Tova da war. Dieses Geheimnis teilen sie miteinander.

Sie geht am Denkmal des Seelöwen vorbei und bleibt wie immer kurz stehen, um ihm über den Kopf zu streichen. Sie genießt das trügerische Gefühl der Verbundenheit mit ihrem Sohn, wenn sie etwas berührt, das er geliebt hat.

Als Tova sich dem hinteren Zugang zum Krakenbecken nähert, runzelt sie die Stirn. Unter der Tür sickert helles Neonlicht hervor. Jemand hat die Lampen angelassen.

Plötzlich ertönt ein furchtbares Gepolter.

So macht Gewissen Feige aus uns allen

Cameron blinzelt. Als er sich die Schläfe reibt, zuckt er zusammen. Bei seinem Sturz hat er den Tisch gestreift. Er wischt das Blut an seinem T-Shirt ab und versetzt dem kaputten Hocker einen genervten Tritt. Wenn er wollte, könnte er wahrscheinlich den ganzen Laden hier verklagen. Mangelhaftes Arbeitsgerät. Ein Arbeitsunfall. Aber dann müsste er wahrscheinlich auch erklären, was er hier überhaupt zu suchen hatte.

»He da!«, sagt er, richtet sich auf und sieht das Tier böse an. Es rührt sich nicht. Es drückt sich in die Ecke, ins Durcheinander von Schläuchen, Gläsern und Pumpenteilen im Regal über dem Becken. Als Cameron versuchte, das Tier mit einem Besenstiel zu vertreiben, ist es irgendwie dort hoch geklettert. Jetzt fuchtelt er wieder mit dem Besen vor dem Kraken herum. »Was ist denn, Junge? Ich will dir doch nur helfen!«

Der massige Körper hebt und senkt sich, wie ein Seufzer. Immerhin lebt das Ding noch, aber wahrscheinlich nicht mehr lange. Ein Oktopus kann nur kurz außerhalb des Wassers überleben (Cameron hat mal eine Doku gesehen), und dieser ist schon mindestens zwanzig Minuten auf Landgang. So viel Zeit ist zumindest verstrichen, seit Cameron den Kraken dabei überraschte, wie er durch die Hintertür schlüpfen wollte, die Cameron angelehnt hatte.

Man hätte ihn warnen sollen, dass die ausgestellten Tiere Fluchtversuche unternehmen könnten. Wieso ist das überhaupt möglich? In einem öffentlichen Aquarium sollte man sich darauf verlassen können, dass die Becken gesichert sind. Ehrlich gesagt, wird Cameron bei dem Gedanken an die Haie ein wenig mulmig, die ihre Runden im großen Becken in der Mitte drehen, besonders jetzt, da er am Kopf blutet. Können Haie durch Glas riechen?

»Komm, Junge!«, sagt er zum Kraken. Mit immer noch pochendem Kopf zieht er die Handschuhe hoch, die er angezogen hat, nachdem das Tier versuchte, Camerons Handgelenk zu umklammern. Er umfasst den Besenstiel fester. Rechnet damit, dass der Oktopus …, ja was? Wie ein Feuerwehrmann an der Stange hinunterrutscht? Genauso wenig kann Cameron das sture Kerlchen da oben sterben lassen, aber er wird das Tier auf keinen Fall noch mal anfassen, auch nicht mit Handschuhen. Es sieht aus, als wollte es ihn umbringen. »Weg da jetzt! Zurück in dein Becken!«

Die Spitze eines Tentakels zuckt trotzig und wirft zwei dünne Metallbehälter herunter, die mit doppeltem Getöse auf dem Boden landen.

Das wird der Grund sein, warum Cameron gefeuert wird. Wie oft im Leben kann ein Mensch gekündigt werden? Es sollte eine gesetzliche Höchstgrenze geben.

Hinter ihm klickt es leise. Dann ertönt eine Frauenstimme, zittrig, aber deutlich: »Hallo? Wer ist da?«

Cameron wirbelt herum und lässt fast den Besenstiel fallen. Eine zierliche Frau steht in der Tür. Sie kann nicht größer als ein Meter fünfzig sein. Die Frau ist älter, vielleicht etwas älter als Tante Jeanne, Mitte sechzig, vielleicht siebzig. Sie trägt eine violette Bluse und hat eine Orthese am linken Fuß.

»Oh! Ähm … hallo. Ich habe nur …«

Die Frau stößt einen unterdrückten Schrei aus. Sie hat das Tier oben im Regal entdeckt.

Cameron ringt mit den Händen. »Ja, ich hab gerade versucht, ihn …«

»Weg da!« Sie drängt sich an ihm vorbei. Jetzt spricht sie ruhig und bestimmt, jegliches Zögern ist verflogen. Schneller, als Cameron es angesichts ihres Alters und des Plastikstiefels für möglich gehalten hätte, durchquert sie den Raum mit drei Schritten, registriert den kaputten Hocker und schüttelt den Kopf. Dann steigt sie tatsächlich auf den Tisch. Als sie sich aufrichtet, ist sie fast auf einer Höhe mit dem Kraken.

»Ich bin's, Marcellus.«

Der Oktopus kommt ein wenig nach vorn und späht die Frau an. Sein unheimliches Auge zwinkert. Wer ist diese Frau? Und wie ist sie überhaupt hereingekommen?

Sie nickt aufmunternd. »Alles gut.« Dann streckt sie die Hand aus, und zu Camerons Entsetzen reckt ihr das Wesen einen Tentakel entgegen und wickelt ihn um ihr Handgelenk. Die Frau wiederholt: »Alles gut. Ich helfe dir jetzt runter, okay?«

Der Oktopus nickt.

Moment mal, nein. Er hat nicht genickt. Oder doch? Cameron reibt sich die Augen. Haben die hier Halluzinogene im Pumpensystem?

Das würde eine Menge erklären.

Am Arm der schmächtigen Frau rutscht der Krake über das Regal. Sie humpelt über den Tisch und redet dem Tier gut zu. Als es sich direkt über dem Becken befindet, nickt die Frau Cameron zu. »Könnten Sie bitte den Deckel aufmachen?«

Er gehorcht und hält den Deckel so weit wie möglich auf.

»Hinein mit dir!«, flüstert die Frau dem Oktopus zu.

Kaltes Salzwasser spritzt hoch, als das Wesen sich mit einem schweren Plumps fallen lässt. Automatisch dreht Cameron den Kopf zur Seite, und als er wieder hinsieht, ist der Krake verschwunden. Nur die Steinchen vor seiner Höhle am Beckenboden drehen sich im Kreis.

Die Frau bückt sich, um vom knarrenden Tisch zu steigen. Cameron eilt zu ihr, fasst sie am Ellenbogen und hilft ihr hinunter.

»Danke.« Sie putzt sich die Hände ab, rückt ihre Brille zurecht und mustert Cameron. »Haben Sie sich verletzt, mein Lieber? Die Wunde da muss versorgt werden.« Sie humpelt zu ihrer Handtasche, die sie beim Hereinkommen fallen gelassen hat, und kramt eine Weile darin herum. Dann hält sie Cameron ein Heftpflaster hin.

Er winkt ab. »Schon gut.«

»Blödsinn! Nehmen Sie es!« Ihre Stimme lässt keinen Widerspruch zu. Er nimmt das Pflaster und klebt sich den rosa Streifen an die Schläfe. Na, toll! Aber außer Ethan wird ihn heute Abend niemand mehr sehen.

»Gut.« Die Frau nickt. Mit gleichbleibend freundlicher Stimme sagt sie: »So, das wäre geschafft. Könnten Sie vielleicht erklären, was passiert ist?«

»Ich habe nichts gemacht!« Cameron zeigt auf den Behälter. »Das Biest ist abgehauen. Ich habe versucht, es zurückzuscheuchen.«

»Er heißt Marcellus.«

»Okay. *Marcellus* hat versucht, sich zu verdrücken. Ich habe nur versucht zu helfen.«

»Indem Sie mit einem Besenstiel auf ihn losgehen?«

Cameron lacht verächtlich. »Wir können nicht alle Krakenflüsterer sein, oder was auch immer Sie da gemacht haben. Hören Sie, ich habe mein Bestes getan. Wenn ich nicht gewesen wäre, wäre der Tintenfisch jetzt schon draußen im Meer.«

»Was soll das heißen?«

»Das soll heißen, dass er auf dem Weg nach draußen war, als ich ihn entdeckt habe.«

Der alten Dame fällt die Kinnlade hinunter. »Du meine Güte!«

»Tja.«

Vielleicht werfen sie Cameron doch nicht raus, sondern geben ihm stattdessen eine Gehaltserhöhung. Wenn er nicht gewesen wäre, müsste das Aquarium einen Ersatz für den Oktopus besorgen. Wie viel kostet so ein Pazifischer Riesenkrake eigentlich? Ist bestimmt nicht günstig.

Der Ton der alten Frau wird schärfer. »Warum war die Hintertür offen?«

»Weil ich die Mülleimer geleert habe? Meine Arbeit gemacht habe? Mir hat keiner gesagt, dass ich sie nicht aufhalten darf.«

»Aha.«

»Von jetzt an lasse ich die Tür zu.«

»Eine gute Idee.«

Unwillkürlich richtet Cameron sich bei ihrer letzten Bemerkung auf. Warum hat er das Gefühl, die Frau sei seine Vorgesetzte? Was macht sie hier überhaupt? Das muss erst mal geklärt werden. Das Letzte, was Cameron gebrauchen kann, ist ein Vorwurf von Terry, er hätte während seiner Schicht irgendeine verwirrte Alte ins Gebäude gelassen. Cameron mustert sie erneut. Sie wiegt höchstens vierzig Kilo. Wohl keine Einbrecherin. Außerdem kennt sie den Kraken. Vielleicht eine Meeresbiologin im Ruhestand? Oder eine ehrenamtliche Mitarbeiterin? Eine vom Seniorenprogramm?

»Darf ich fragen, was Sie hier tun?« Cameron versucht, die Frage so höflich wie möglich zu stellen. »Ich meine, Sie machen einen netten Eindruck, aber eigentlich darf hier außer mir niemand sein, hat man mir jedenfalls gesagt.«

»Jesses! Natürlich. Ich habe Sie bestimmt erschreckt. Tut mir leid. Ich bin Tova Sullivan, die Reinigungskraft.« Mit einem knappen Lächeln ihrer schmalen Lippen zeigt sie auf ihren Plastikgips. »Die verletzte Reinigungskraft.«

»Oh. Freut mich«, erwidert Cameron und denkt: *verdammt*. Diese alte, zerbrechliche Frau macht dieselbe Arbeit, die er kaum erledigt bekommt, ohne hinterher das Gefühl zu haben, einen Marathon gelaufen zu sein? Er ist schon zwei Wochen hier, trotzdem schmerzen seine Füße nach jeder Schicht. »Ich bin Cameron Cassmore, die aktuelle Reinigungskraft«, stellt er sich vor. »Beziehungsweise die Aushilfskraft. Tut mir leid, dass Sie sich verletzt haben. Als Terry mich eingestellt hat, meinte er, Sie wären ein paar Wochen außer Gefecht gesetzt.«

»Mir geht's ganz gut. War ein dummer Unfall.« Tovas Blick huscht kurz zum kaputten Hocker hinüber. »Ich bin froh, dass Terry Sie gefunden hat, Cameron. Soweit ich das sehe, sind Sie gut geeignet. Wie sich aus anderen Gründen herausgestellt hat, muss ich meiner Stelle länger als geplant fernbleiben. Vielleicht ist das mit Ihnen also eine gute Lösung.«

Cameron lässt sich das durch den Kopf gehen. Hier länger zu arbeiten, wäre nicht das Ende der Welt. Zwei Wochen sind um, und er ist Simon Brinks kein Stück näher als am Anfang. Die Kontaktdaten, die Jessica Snell ihm gegeben hat, müssen veraltet gewesen sein. Als Cameron die Nummer wählte, war kein Anschluss mehr vorhanden. »Ja, das wäre cool. Ist kein schlechter Job.«

»Er ist wunderbar.« Tova lächelt, doch sie wirkt angespannt, als verberge sie eine tiefe Traurigkeit.

Okay, sie ist nett, aber welcher vernünftige Mensch putzt liebend gern Fliesen und schrubbt Flure? Cameron scharrt mit den Füßen. »Und … sind Sie gerade einfach vorbeigekommen?«

»Ich wollte Marcellus besuchen.« Tova senkt die Stimme. »Angesichts der Tatsache, dass wir kaum miteinander bekannt sind, ist mir bewusst, dass es vielleicht eine unangemessene Bitte ist, aber ich wäre Ihnen sehr dankbar für Ihre Verschwiegenheit.«

»Warum?« Scheiße. Er wird doch noch Ärger mit Terry bekommen.

Tova atmet durch. »Um eins klarzustellen: Ich halte nichts von Lügen. Aber sehen Sie, Marcellus wird nachts immer ein wenig zum Rumtreiber, auch wenn ich bis heute nichts von seiner Absicht geahnt habe, das Gebäude zu verlassen.« Sie runzelt die Stirn. »Das ist neu und macht mir Sorgen. Aber ich weiß schon länger, dass er nachts unterwegs ist. Er ist erstaunlich geschickt darin, sein Becken zu verlassen.«

»Aber sonst weiß es niemand.« Cameron nickt. Allmählich versteht er.

»Nicht mit Sicherheit, nein. Terry ahnt es. Wenn er sicher wäre, würde er bestimmt Maßnahmen ergreifen.«

»Beispielsweise das Becken zunageln?«

Tova nickt. »Marcellus wäre am Boden zerstört. Aber etwas anderes macht mir noch größere Sorgen. Marcellus ist alt, Cameron, und ein frei herumlaufender Krake ist eine Belastung.«

Deutet sie wirklich an, was Cameron vermutet? Dass Terry, der Fischfreak, eins der Tiere einschläfern lassen würde? Heftig. Aber was wäre, wenn der Oktopus tagsüber entwischte und vielleicht ein Kind auf einem Schulausflug verfolgte? Wahrscheinlich hat Tova recht mit der Belastung. Cameron verschränkt die Arme. »Sie sind mit Marcellus befreundet.«

»Das kann man vielleicht so ausdrücken.«

»Als Sie auf den Tisch gestiegen sind, um ihn runterzuholen, hatten Sie keine Angst vor ihm.«

Tova schnalzt mit der Zunge. »Natürlich nicht. Er ist absolut zahm.«

»Trotzdem war das ganz schön mutig.«

»Danke.«

Sie senkt den Blick, dann schaut sie kurz hoch. Ihre Augen haben einen interessanten grünlich-grauen Farbton. »Also, bleibt das unser Geheimnis?«

Cameron zögert. Falls Terry herausfindet, dass Cameron zum Helfershelfer von etwas geworden ist, das er selbst nicht versteht, kann er sich seinen Job in die Haare schmieren, und erst recht kann er es dann knicken, Tante Jeanne das Geld rechtzeitig zurückzuzahlen. Und seine

Suche nach Simon Brinks? Für die Katz. Er darf diesen Job nicht verlieren. Diesmal nicht.

Doch irgendwie fühlt Cameron sich schlecht bei der Vorstellung, dass diese nette alte Frau ihren Freund verliert. Und die Art, wie der Krake ihn mit seinem unheimlichen, menschenähnlichen Auge ansah, dann die Möglichkeit, dass er eingeschläfert wird … Cameron zuckt mit den Achseln. »Ja, bleibt es.«

»Danke.« Tova nickt demütig.

Cameron hebt den Besenstiel auf und schiebt den kaputten Tritthocker an die Wand, damit er repariert wird. »So macht Gewissen Feige aus uns allen, was?«

Sie erstarrt. »Was haben Sie gerade gesagt?«

»So macht Gewissen Feige aus uns allen.« Cameron merkt, dass er rot anläuft. Wieso lässt er immer solche Klugscheißersprüche in seine Gespräche einfließen? Er will erklären: »Das ist nur ein bescheuertes Zitat von Shakespeare. Aus …«

»Hamlet«, ergänzt Tova leise. »Das war einer der Lieblingssätze meines Sohns.«

Immer auf alles gefasst sein

Tovas Erinnerung an ihre Reise von Schweden nach Amerika ist bruchstückhaft. Schließlich war sie damals erst sieben Jahre alt, ihr Bruder Lars neun: Die Zugfahrt von Uppsala, im Hotel in Gothenburg die steife Verabschiedung vom Vater, der in die neue Heimat vorausflog, mehrere Wochen vor der Familie, um sich um die Papiere und die Unterbringung zu kümmern. Das Hotel hatte kuschelige weiße Bettwäsche, die nach Lavendel roch, und einen Fernseher, in den Tova und Lars jeden Tag mehrere Stunden schauten, während sie auf die Einschiffung warteten. Im Erdgeschoss war ein Restaurant, das Schokoladenpudding in kleinen Kelchgläsern servierte. Einmal aß Lars so viele davon, dass er Bauchschmerzen bekam und sich auf die weißen Bettlaken erbrach. Tova erinnert sich noch an ihren Eindruck von der SS Vadstena, als der Fahrer sie an jenem strahlenden Maimorgen 1956 am Kai absetzte. Das Schiff lag dort, eine große graue mehrstöckige Hochzeitstorte. Zwei Monate später legten sie in Portland, Maine, an, wo sie zwei Jahre in einer kleinen Wohnung lebten, bevor sie erneut aufbrachen und in den Bundesstaat Washington zogen, nach Sowell Bay, angeblich um in der Nähe einer Handvoll entfernter Verwandter zu sein, auch wenn Tova nie welche davon kennenlernte. Die vierköpfige Familie war immer unter sich.

Jene Wochen auf dem Überseedampfer sind größtenteils aus Tovas Kopf verschwunden, was schade ist, weil es wahrscheinlich das größte Abenteuer war, das sie je erlebt hat.

Zu den wenigen klaren Erinnerungen an Bord der SS Vadstena gehört das Walross. Das war natürlich nicht der richtige Name des Passagiers mit dem langen grauen Schnäuzer, der sich an den Mundwinkeln entlang nach unten zog, nur Tova und Lars nannten den Mann so.

Das Walross spielte gern Karten. Während Lars nach dem Abendessen seine Zinnsoldaten auf dem roten Samt der Sofalehne im Salon aufreihte, versuchte das Walross, Tova und ihre Mutter zu einer Partie Gin Rommé zu überreden. Zuerst sagte Tovas Mutter, Damen würden sich nicht an Kartenspielen beteiligen, doch irgendwann gab sie nach. Im schwachen Licht der Glaslampen lernte Tova Rommé, Hearts und Siebzehn und vier. Manchmal baute das Walross mit einem durchtriebenen Zwinkern beim Geben einen Kartentrick ein, forderte Tova auf zu raten, welche Karte er gerade in der Hand hielt, drehte sie um, um Tova den Irrtum zu zeigen, nur um die von ihr genannte Karte dann aus seinem Kragen oder seinen Manschetten hervorzuzaubern.

Sei immer auf alles gefasst, Kind, sagte das Walross dann schmunzelnd, während die kleine Tova finster dreinblickte, weil sie wieder in die Irre geführt worden war.

Auch jetzt spürt sie, wie sich ihr Gesicht genervt verzieht, weil dieser Cameron zwei heruntergefallene Dosen zurück ins Regal stellt, ohne dass ihm offenbar auffällt, dass sie auf dem Kopf stehen. In den vergangenen zwei Wochen haben Barb Vanderhoff und Ethan Mack mit ihrem Tratsch über den Hallodri aus Kalifornien die Gerüchteküche angeheizt, ständig ging es um den Taugenichts, der Tovas Platz eingenommen hat. Doch sie hat gesehen, dass Cameron saubere Fingernägel und hübsche weiße Zähne hat. Er ist ordentlich gekleidet. Offenbar kennt er sich sogar mit Shakespeare aus. Er hat versprochen, ihr Geheimnis nicht zu verraten, und aus irgendeinem Grund, den Tova nicht richtig benennen kann, mag sie ihn. Eventuell vertraut sie ihm sogar.

Er ist nicht so, wie sie erwartet hat.

Das rosa Pflaster an seiner Schläfe löst sich in der schwülen Luft des Pumpenraums bereits wieder und ist auf der feuchten Haut verrutscht. Tova widersteht dem Drang, es mit dem Daumen festzudrücken. Als Cameron ihren Blick bemerkt, lächelt er verlegen. »Sorry, normalerweise laufe ich nicht rum und zitiere tote Dichter. War eine seltsame Nacht.« Er blinzelt, als wisse er nicht genau, ob das alles real ist, ein Gefühl, das Tova nur zu gut kennt.

An Cameron vorbei späht sie in Marcellus' Behälter. Das Wasser rund um die Pumpe kräuselt sich leicht, vom Kraken selbst ist nichts zu sehen. Was wäre passiert, wenn Tova nicht gekommen wäre?

»Das glaube ich gern.« Sie räuspert sich und drückt den Rücken durch. »Wie dem auch sei … Wie gefällt Ihnen die Arbeit hier? Hat Terry Sie eingearbeitet? Und brauchen Sie … Nachschub?« Der beißende Geruch des ätzenden Mittels, das er benutzt, hat sich schon überall festgesetzt. Die Essigflasche in Tovas Kofferraum könnte Abhilfe schaffe.

»Doch, doch. Den Boden mit einem Mopp zu wischen ist ja nicht gerade Raketentechnik.«

Tova schnalzt mit der Zunge. »Vielleicht nicht, aber es muss schon ordentlich gemacht werden.«

»Mache ich es denn … nicht ordentlich?«

»Na, schauen wir es uns mal an. Kommen Sie mit!« Tova öffnet die Tür und gibt Cameron ein Zeichen, ihr in den geschwungenen Gang zu folgen. Wie sie vorher schon bemerkt hatte, sind die Böden in Ordnung, aber an den Glasscheiben der Becken sind fusselige Streifen zu erkennen. Tova fährt mit dem Finger darüber. »Für die Scheiben müssen Sie ein Baumwolltuch nehmen. Kein Polyester.«

Cameron verschränkt die Arme. »Sieht doch okay aus.«

»Dann müssen Sie genauer hinsehen.«

»Was sind Sie, Expertin im Scheibenwischen?«

Tova schnalzt mit der Zunge. »Ich habe nur jahrzehntelange Erfahrung.«

»Also, mir hat keiner was von Polyester, Baumwolle oder sonst was gesagt.« Cameron schnaubt genervt. »Ich habe die Lappen genommen, die da waren. Woher sollte ich das wissen?«

Da hat er recht. Falls der junge Mann Tova permanent ersetzen soll, muss sie mit Terry über seine Einarbeitung sprechen. Sie geht zu einem Mülleimer und zeigt auf den Rand. »Und das hier, sehen Sie das? Der Müllbeutel muss komplett außen über den Rand gezogen werden, sonst rutscht er herein. Dann fällt der Müll daneben, und Sie müssen ihn extra herausholen.«

»Ich bitte sie! Ich bin durchaus in der Lage, einen Mülleimerbeutel einzulegen!«

»Offensichtlich nicht.« Tovas Ton wird schärfer. »Ich weiß ja nicht, wie man das unten in Kalifornien macht, aber …«

»Moment mal!«, unterbricht Cameron sie. »Woher wissen Sie, dass ich aus Kalifornien bin?«

»Die Leute in Sowell Bay reden gern.« Tova presst die Lippen aufeinander. Am liebsten würde sie die Bemerkung zurücknehmen. Wie oft war sie schon selbst Gegenstand des Tratsches?

»Ja, das habe ich gemerkt.« Cameron verstummt, seine Augen funkeln. »Wenn die Gerüchteküche wüsste, dass Sie heute Abend hier sind, würde sie mit Sicherheit überkochen. Wenn die Leute hören, dass Sie den Kraken besuchen.«

Tova öffnet den Mund, will etwas sagen, aber drückt die Lippen schnell wieder aufeinander.

»Keine Sorge, ich erzähl's nicht. Hab ich ja versprochen«, brummt der junge Mann. Tova betrachtet ihn mit zusammengekniffenen Augen. »Noch ein paar nützliche Tipps für mich?«, fragt er.

Tova richtet sich auf. »Ja, eine Sache noch. Die Tür. Sie sind bestimmt einer Meinung mit mir, dass eine der beliebtesten Attraktionen hier auf keinen Fall einfach wegspazieren darf.«

Cameron seufzt genervt. Fast unmerklich verdreht er die Augen nach oben. Seine Mimik löst etwas in den Tiefen von Tovas Erinnerung aus; fast genauso sah der jugendliche Erik aus, wenn er sich über seine Mutter aufregte. Sie schnalzt mit der Zunge. Junge Leute. Auch wenn dieser Cameron nach seinem Aussehen zu urteilen mindestens fünfundzwanzig sein muss, hat Tova den untrüglichen Eindruck, dass er noch lange nicht erwachsen ist.

»Wieso soll das meine Schuld sein?«, platzt es aus Cameron heraus. »Vielleicht hätte mir mal jemand Bescheid sagen können, dass hier Kraken frei herumlaufen? Und vielleicht sollte man ein Schloss an das Becken hängen.«

»Marcellus kann Schlösser öffnen«, erklärt Tova. »Was glauben Sie denn, wie er den Pumpenraum verlassen hat?«

Der junge Mann runzelt die Stirn. Darauf hat er keine Antwort. Stattdessen fragt er: »Und warum macht er das?«

Tova überlegt. Die Frage hat sie sich selbst schon oft gestellt, ohne dass sie eine befriedigende Antwort darauf hätte. Sie kann nur raten. »Ich glaube, er langweilt sich.«

Cameron zuckt mit den Schultern. »Ich fände es auch ätzend, das ganze Leben in so einem kleinen Behälter verbringen zu müssen.«

»Ja«, stimmt Tova ihm zu.

»Besonders, wenn man so intelligent ist.«

»Marcellus ist sehr klug.«

Sorge blitzt in Camerons Augen auf. »Und was mache ich, bitte schön, wenn das noch mal passiert? Wenn er rauskommt, meine ich. Während ich hier putze?«

»Dann lassen Sie ihn einfach in Ruhe«, entgegnet Tova, denn was soll man sonst darauf sagen? Der junge Mann kann nicht wieder mit dem Besenstiel vor dem Tier herumfuchteln.

»Okay. Ich lasse ihn in Ruhe.« Cameron wirft einen argwöhnischen Blick in den Flur, als würde Marcellus dort bereits lauern.

Doch irgendwas stört Tova noch. Wenn sie den Oktopus nicht befreit hätte, als sie ihn unter dem Tisch im Pausenraum fand, hoffnungslos in Stromkabeln verwickelt, was wäre dann mit ihm passiert? Vor Marcellus' heutigem Versuch, das Gebäude zu verlassen, hatte Tova angenommen, der Oktopus besäße genug Verstand, um solche kühnen Versuche zu unterlassen und seine nächtlichen Touren auf das Übliche zu beschränken: Seepferdchen necken, im Becken der Seegurken einen mitternächtlichen Snack suchen. Bei der Vorstellung, Marcellus könne einsam sterben, empfindet Tova plötzlich Angst, eine unbestimmte Reue angesichts ihrer Unfähigkeit, es zu verhindern, selbst wenn sie hier arbeiten würde. Schließlich kann das Tier zu jeder nächtlichen Stunde aus seinem Behälter klettern und in dem leeren Gebäude in Gefahr geraten.

Vielleicht wäre es ein Akt der Gnade, ihm die Flucht zu ermöglichen. Er könnte Erik einen Besuch abstatten, tief unten am Grund des Puget-Sunds. Die Vorstellung ist absolut bizarr. Ungewollt muss Tova grinsen.

Der junge Mann neigt den Kopf zur Seite. »Was ist denn so komisch?«

»Nichts.«

»Bitte, Tova! Die Klasse möchte gern mitlachen.« Ein leichtes Funkeln glimmt in Camerons Augen, ein gutmütiges Necken.

»Nein, das war nichts.«

»Nichts gibt's nicht.« Cameron grinst. Wenn er sich zurückhält, ist er ein wirklich charmantes Kerlchen. So war Erik auch; Will und Tova regten sich immer über seine Lässigkeit auf, gleichzeitig war Erik überall beliebt. Er war ein Mensch, mit dem jeder befreundet sein wollte.

Sie hat eine Idee.

»Kommen Sie mal mit!« Tova winkt Cameron zu sich und humpelt in den Pumpenraum zurück. »Ich habe einen Plan.«

»Einen Plan? Wofür?«

»Für das, was Sie tun, wenn Marcellus wieder mal nicht in seinem Becken sein sollte.«

»Eben haben Sie doch gesagt, ich soll ihn in Ruhe lassen.« Cameron trottet hinter Tova her. »Wollen Sie mir zeigen, wie man ihn fängt?«

Sie dreht sich um. »Nicht ganz. Ich zeige Ihnen, wie man sich mit ihm anfreundet.«

»Anfreundet?« Cameron bleibt wie angewurzelt stehen. »Daran habe ich kein Interesse. Das Seeungeheuer war nicht gerade freundlich zu mir, als wir uns eben kennengelernt haben.«

»Seien Sie immer auf alles gefasst, mein Lieber!« Tova lächelt.

1329. TAG
IN GEFANGENSCHAFT

Das meiste von dem, was Menschen von sich geben, ist Unsinn, aber das vielleicht Albernste ist ihre Neigung, die eigene Dummheit zu verherrlichen. Damit meine ich so absurde Bemerkungen wie: *Was ich nicht weiß, macht mich nicht heiß.* Einer der schlimmsten Sätze lautet: *Unwissenheit ist ein Segen.*

Mein Urteil über diesen Spruch versteht man vielleicht besser, wenn man bedenkt, dass ich an einem furchtbaren Ort gefangen bin. Was weiß ein gefangener Cephalopode schon darüber, was ein Segen ist? Nie wieder werde ich den Nervenkitzel einer urtümlichen Jagd im offenen Meer spüren. Nie wieder werde ich mich im silbernen Licht des Mondes rekeln, das von einem endlosen mitternächtlichen Himmel ins Wasser fällt. Nie werde ich mich paaren.

Aber ich habe Wissen. Insofern es für ein Wesen wie mich einen Segen geben kann, besteht er im Wissen.

Wie bekannt ist, lerne ich sehr schnell. Im Nu löse ich jedes Rätsel und jede Denkaufgabe, die Terry mir stellt: die verschlossene Box mit der Jakobsmuschel, das kleine Plastiklabyrinth mit der Miesmuschel als Belohnung. Ein Kinderspiel, wie die Menschen sagen würden. Dann habe ich herausgefunden, wie man den Deckel meines Beckens öffnet und die Tür zum Pumpenraum entriegelt. Ich habe mir beigebracht, genau zu berechnen, wie weit und wie lange ich unterwegs sein kann, bevor die Konsequenzen einsetzen.

Ein Segen ist es vielleicht nicht, aber wenn es so was gibt, habe ich mit meinem Wissen etwas Ähnliches wie Zufriedenheit erreicht. Oder besser ausgedrückt, eine vorübergehende Milderung des Elends.

Ach, wäre ich doch ein Mensch, für den bloße Ignoranz schon ein Segen ist! Hier, im Reich der Tiere, ist Unwissenheit gefährlich. Dem armen Hering, der ins Becken geworfen wird, ist nicht bewusst, dass unten ein Hai lauert. Man frage den Hering, ob das, was er nicht weiß, für ihn eine Freude ist.

Auch Menschen können durch ihre Ahnungslosigkeit verletzt werden. Nur sehen sie es nicht. Ich schon. Das passiert immer wieder.

Zum Beispiel der Vater und der Sohn, die letztens vor meinem Becken standen. Der Vater klopfte dem Jungen auf den Rücken, sie sprachen über einen bevorstehenden sportlichen Wettkampf. Der Vater war überzeugt, dass sich sein Sohn durchsetzen würde. Er sagte: *Du hast meinen Wurfarm, und ich war Quarterback in der Auswahl.* Ich weiß nicht, was ein Quarterback ist, aber eins weiß ich genau: Der Junge ist genetisch nicht mit dem Mann verwandt. Der Vater ist ein *Gehörnter.* Eines meiner Lieblingswörter, muss ich zugeben.

Kurz darauf kam die Mutter des Jungen dazu, und die drei zogen weiter, um sich die Groppe im Becken nebenan anzusehen. Sie ahnten nicht, dass der Verrat ihre Familie eines Tages spalten wird.

Woher ich das weiß? Ich beobachte. Ich bin sehr empathisch, vielleicht mehr, als sich der Mensch vorstellen kann.

Tausende von Genen bestimmen das Erscheinungsbild des Nachwuchses, und viele dieser Kombinationen lese ich so klar und deutlich wie ein Mensch Buchstaben. In den eintausenddreihundertachtzehn Tagen meiner erbärmlichen Gefangenschaft habe ich meine Beobachtungsgabe geschärft. Im besonderen Fall jenes sporttreibenden Sohns und seines gehörnten Ersatzvaters würde die Aufzählung der nicht übereinstimmenden Faktoren schlicht den Rahmen sprengen: die Nasenform, die Augenfarbe, die Form der Ohrläppchen. Die Stimme, der Gang. Ach, der Gang! Der ist immer sehr verräterisch. Die Bewegungen von Verwandten haben viel mehr Ähnlichkeit (oder in diesem Fall eben nicht), als Menschen ahnen.

Sollte jemand mehr Beweise verlangen, würde ich diesen einen jungen Mann auf das auffällige herzförmige Grübchen auf der linken Wange hinweisen, das ungewöhnlich tief sitzt. Auf die grünlich-goldenen Flecken in den Pupillen. Auf die Art, wie beide beim Wischen monoton vor sich hin summen (ehrlich gesagt, eine ziemlich störende Angewohnheit, auch wenn das Surren meiner Pumpe es gnädigerweise übertönt).

Indizienbeweise, könnte man einwerfen. Und abwinken. Alles Zufall. Vererbung verläuft nach ihren eigenen Gesetzen. Man könnte auf das Phänomen des Doppelgängers verweisen; Menschen, die weit voneinander entfernt leben und nicht miteinander verwandt sind, aber sich verblüffend ähnlich sehen.

Jeder weiß so gut wie ich, dass die Frau keine lebenden Nachkommen hat. Ihr einziges Kind starb vor dreißig

Jahren. Es ist bekannt, dass sie trauert. Die Trauer hat ihr Leben bestimmt. Jetzt drängt die Trauer sie in die Abschottung. Ich befürchte, dass sie die Frau irgendwann zu etwas Schlimmerem treibt.

Ich kann verstehen, wenn man mir nicht glauben will. Meine Beobachtung scheint der Logik zu widersprechen.

Ich könnte noch weitere Beweise anführen, doch jetzt muss ich mich erst ausruhen. Meine Ausführungen strengen mich an, und diesmal sind sie sehr lang geraten.

Aber man täte gut daran, mir zu glauben, wenn ich sage: Der junge Mann, der vor kurzem die Säuberungspflichten übernommen hat, ist ein direkter Nachkomme der Putzfrau mit dem verletzten Fuß.

Erst links, dann rechts

An einem Morgen Ende Juli findet Cameron endlich einen vielversprechenden Hinweis.

Der schwer greifbare Immobilientycoon Simon Brinks verbringt die Sommerwochenenden gern auf seinem Grundstück auf den San-Juan-Inseln, wo er eine luxuriöse Villa im toskanischen Stil hat, hoch oben auf einer Klippe über einer unbekannten Meerenge. So steht es in einem Zeitschriftenartikel, den Cameron auf einer obskuren Website entdeckt hat. Als er den Namen des Orts kannte und ein Foto hatte, war es nicht mehr schwer, die Adresse ausfindig zu machen. Von Sowell Bay sind es zwei Stunden mit dem Auto.

Also hin und zurück vier Stunden allein am Steuer. Cameron scrollt durch seine Telefonkontakte. Sein Daumen schwebt über Averys Nummer.

Wäre es sehr schräg, sie auf der Suche nach einem Mann mitzuschleppen, der sein leiblicher Vater sein könnte? Schon. Ist Avery schräg genug, um trotzdem mitzukommen? Wahrscheinlich. Bei ihr scheint ihm alles denkbar. Obwohl sie sich schon ein paar Mal auf einen Kaffee getroffen haben und einmal abends zusammen essen waren, in einem Pub unten in Elland, gibt es oft eine Kollision mit Averys Terminkalender, so dass sie absagen muss. Das findet Cameron für eine Singlefrau seltsam kompliziert.

Liegt wahrscheinlich am Geschäft. Er hat ja keine Ahnung, wie es ist, einen Laden zu haben. Mit angehaltenem Atem ruft er Avery an.

»Hey!« Sie scheint sich zu freuen.

»Ich gönne mir heute ein kleines Abenteuer. Hast du Lust, mitzukommen?« Cameron erklärt seinen Plan.

Averys Seufzer hallt durchs Mikro. »Ich kann leider nicht, muss arbeiten. Aber lass uns doch in den nächsten Tagen was zusammen machen!«

»Okay. In den nächsten Tagen.«

»Das meine ich ernst«, sagt sie eindringlich. »Lass uns Paddeln gehen. Ich gucke mal in meinen Kalender und melde mich dann.«

Cameron verabschiedet sich von Avery und legt das Handy auf der Stoßstange des Busses ab, wo er seine Füße abstützt. Er hat sich in Ethans Liegestuhl gefläzt. Als er nach Sowell Bay kam, regnete es viel, doch jetzt ist das Wetter perfekt. Alle Farben wirken unglaublich klar und kräftig, vom weiten blauen Himmel bis zu den üppigen grünen Bäumen. Ganz anders als in Modesto, das im Sommer zu einem drückend heißen, staubigen Ofen wird. Cameron streckt die rechte Hand aus, betrachtet seine Finger, dehnt sie und boxt in den wolkenlosen Sommerhimmel.

Endlich läuft es so, wie er es sich vorstellt.

Zum einen: Avery. Noch nie hat ein Mädchen wie sie ihm Beachtung geschenkt, und dass sie so selten Zeit hat, macht sie irgendwie noch interessanter.

Außerdem wird er bald seinem möglichen Vater persönlich gegenüberstehen.

Und drittens: Schon seit Wochen hat er einen richtigen Job. Er hasst die Arbeit nicht mal. Wer hätte das ahnen können? Fisch kleinschneiden. Und putzen! Nichts Umwerfendes, doch die Stille dabei gefällt ihm, besonders abends. Wenn er sauber macht, ist er fast die Hälfte der Zeit allein im Aquarium. Abends schlägt er so lange gegen den Süßigkeitenautomaten, bis etwas herausfällt, eine Packung Plätzchen oder ein altes Stück Kuchen, das eh keiner haben will. Dann klemmt er sich die Stöpsel ins Ohr und wischt gedankenverloren die Böden. Die andere Hälfte der Zeit ist die seltsame alte Dame da. Tova. Sie taucht regelmäßig auf, obwohl sie eigentlich krankgeschrieben ist. Cameron hat versprochen, sie nicht zu verraten. Sie stört ihn nicht. Tova ist regelrecht besessen von dem Kraken, was Cameron exzentrisch findet. Er selbst hat keine großen Fortschritte dabei gemacht, sich mit Marcellus *anzufreunden*, aber die Gesellschaft von Tova ist trotzdem angenehm.

Die Insektenschutztür fällt zu. Kurz darauf kommt Ethan hinten um den Bus herum. Ein verblasstes T-Shirt von Led Zeppelin spannt sich über seine Brust. Er blinzelt Cameron zu. »Schöner Morgen, was?«

»Yeah. Und weißt du, was?« Cameron erzählt, dass er Simons Brinks gefunden und mit Avery gesprochen hat. Ethan nickt.

»Na, dann los! Wir nehmen meinen Wagen.«

Cameron legt den Kopf schräg. »Was?«

»Hast du Tomaten auf den Ohren, Junge? Ich hab gesagt, wir nehmen meinen Truck!«

»Willst du mitkommen?«

»Na, klar! Glaubst du, ich lass dich mit dem Kerl allein?« Ethan strahlt. »Hört sich nach richtig viel Spaß an, wenn du mich fragst.«

»Okay«, sagt Cameron langsam. »Fahren wir zusammen.«

»Ist sowieso total schön da oben, besonders zu dieser Jahreszeit. Wir gönnen uns ein kleines Abenteuer. Ich spiele den Reiseführer.«

Reiseführer?

»Auf dem Weg gibt es einen super Laden mit Fish'n'Chips, direkt am Highway«, fährt Ethan fort.

Fish and Chips? Wen interessieren Fish and Chips? »Gut. Aber zuerst suchen wir Brinks.«

»Okay, erst die Erpressung, dann das Essen. Das darfst du echt nicht verpassen.«

Cameron hat immer noch nicht ganz verstanden, wie die Uferlinie hier verläuft. Das Meer ist wie ein Monster mit hundert langen Fingern, die sich ins Land winden, sich schlängelnde tiefblaue Wasserarme, die sich in vielfältigsten Formen in die dunkelgrüne Landschaft schneiden. Immer wieder überrascht ihn der Anblick des Wassers auf der linken Seite des Busses, hinter der nächsten Kurve dann auf der rechten Seite, und eine Kurve weiter geht es über eine Brücke (wie oft kann man dasselbe Gewässer überqueren?). Sie sind auf einer endlosen zweispurigen Straße, an deren Rand hin und wieder Anglerläden, Tankstellen oder schäbige kleine Gaststätten auftauchen, die für die in Aussicht gestellten Fish and Chips nicht gerade zuversichtlich machen.

»Ist nicht mehr weit«, ruft Ethan. Er ignoriert einfach die kleine Landkarte auf seinem am Armaturenbrett befestigten Handy, die die Ankunftszeit eine Stunde später angibt.

Sein muskulöser Unterarm liegt wie eine fleckige Wurst auf dem Rand des offenen Fensters. Er will die Scheiben unbedingt unten lassen, weil es ja *so ein schöner Tag für einen Ausflug* sei. Bei fünfzig Meilen pro Stunde ist Ethans Akzent ziemlich schwer zu verstehen.

Mit dem Absolventenring in der feuchten Hand geht Cameron zum hundertsten Mal die bevorstehende Konfrontation durch.

Es gibt verschiedene Möglichkeiten, wie es laufen kann: Eine (vielleicht die ideale) ist folgende: Simon Brinks ist überrascht, Cameron zu sehen. Ihm fällt die Kinnlade runter, weil er seinen Sohn sofort erkennt. Für den Fall, dass er ein mieser Kerl ist und die Vaterschaft leugnet, hat Cameron den fotografischen Beweis in der Tasche. Danach wird Brinks alles beichten.

Wenn es nicht so ideal läuft, wird Brinks Cameron mit zusammengekniffenen Augen drohen, einen Anwalt mit DNA-Tests zu beauftragen. Er wird kein Wort verlieren, bevor nicht alles bewiesen ist.

Was ist aber, wenn es bewiesen wird, und Brinks eine Beziehung zu Cameron aufbauen will? Das fragt ihn Elizabeth immer, wenn sie anruft und sich nach dem Stand der Dinge erkundigt. Sie scheint überzeugt zu sein, dass Simon eine Art brachliegenden Vaterinstinkt besitzt, der sich beim Auftauchen seines verloren geglaubten Sohns melden wird. Wie in einem Kinofilm. Aber das Leben verläuft nicht nach einem kitschigen Hollywooddrehbuch.

Tante Jeanne kommt auch dauernd mit dieser Beziehungskiste an, obwohl Cameron vermutet, dass sie sich einen Mann wie Simon Brinks nicht als Date ihrer Schwester vorstellen kann. Als Cameron beim letzten Gespräch mit seiner Tante sagte, falls er Brinks überzeugen könne, ihm einen Scheck auszustellen, würde er sich sofort in den nächsten Flieger setzen und zurückkommen, seufzte Tante Jeanne missbilligend. Bleib eine Weile da oben, wenn du schon mal da bist, hatte sie gesagt. Hast dir diesen albernen Bus gekauft, dann nutz ihn auch. Außerdem scheint dir das Leben da gutzutun.

Ja, da hatte sie schon recht.

Cameron will keine Beziehung zu einem Möchtegernvater. Er will die achtzehn Jahre Unterhalt, die dieses hintertriebene Arschloch ihm schuldet. Scheißegal, Cameron wäre mit einer einmaligen Abschlagszahlung zufrieden. Zehn Riesen? Zwanzig? Das Geld könnte er direkt Tante Jeanne schicken. Cameron kann nicht wiedergutmachen, was er ihr im Laufe der Jahre angetan hat, ganz zu schweigen von dem Geld, das sie ihm für den Camper vorgeschossen hat. Er hat fast schon die Hälfte zurückgezahlt, aber ein großer Teil fehlt noch.

»*Aye*, guck mal!« Ethan bremst vorsichtig und weist auf einen unbefestigten Weg, der vom Highway abgeht. »Falls du mal Wale gucken willst: Da unten ist ein super Platz dafür. Ich war da mal mit einer Bekannten, da haben die Orcas rumgetollt wie kleine Kätzchen. Echt ein Erlebnis! Ah, und am Abend ging es dann im Bett so richtig …«

»Ähm, danke«, unterbricht Cameron ihn. Warum reden alte Leute immer so freizügig von Sex? »Merke ich mir.«

»Mein ja nur. Ich weiß ja, dass du dieses Mädchen hast.«

»Ich glaube nicht, dass Avery hier hochfahren will, nur um sich Wale anzusehen.«

»Hast du ja noch nie vorgeschlagen, oder? Das sind eindrucksvolle Tiere.« Ethan dreht sich zu Cameron um und zwinkert, und der Wagen schlingert über die Mittellinie. Genau in dem Moment kommt ihnen ein Fahrzeug um die Kurve entgegen. Gerade noch rechtzeitig schwingt Ethan auf die richtige Spur zurück. »Leck mich! Augen auf die Straße! Jedenfalls ist der Strand da unten auch echt gut zum Strandgutsammeln. Jede Menge Seesterne und Sanddollar.«

»Wenn ich Avery Seesterne und Sanddollar zeigen wollte, würde ich sie einfach mit zur Arbeit nehmen, oder?«, bemerkt Cameron trocken. »Da gibt es die größte Sammlung einheimischer Stachelhäuter im ganzen Bundesstaat. Sagt Tova jedenfalls.«

Ethans Kopf schießt herum, beunruhigend lange sieht er Cameron an. Sein krauser Bart wackelt, als würde er sich auf die Lippe beißen. Cameron umklammert unwillkürlich den Rand des Sitzes. Eben hieß es doch noch: *Augen auf die Straße?*

Irgendwann richtet der alte Mann seine Aufmerksamkeit wieder aufs Armaturenbrett. Eine Zeitlang fahren sie schweigend. Dann sagt Ethan leise: »Du kennst Tova Sullivan?«

Scheiße. Das Geheimnis. Niemand darf wissen, dass Tova nachts ins Aquarium geht. Nicht zum ersten Mal fragt sich Cameron, warum das so wichtig ist. Er überlegt, aber findet, dass es eigentlich egal ist. Alte Menschen sind manchmal seltsam. Warum interessiert Ethan das überhaupt? Nach einer Weile antwortet Cameron: »Ja, Tova kommt manchmal vorbei und hilft aus.«

»Ich dachte, sie ist krankgeschrieben.«

»Ist sie auch. Vergiss, was ich gesagt habe.«

»Geht es ihr gut?« Eine stille Sorge liegt in Ethans Stimme.

»Ja, doch. Ihrem Fuß geht's auch besser, glaub ich.«

»Das freut mich sehr zu hören«, brummt Ethan. Seine roten Wangen sind noch röter als sonst.

Cameron grinst breit. »Ich fasse es nicht! Du *magst* sie!«

»Klar, warum auch nicht?«

»Red keinen Blödsinn! Es steht dir ins Gesicht geschrieben!«

Jetzt leuchten selbst Ethans Ohren dunkelrot. »Sie ist eine *lovely lady*.«

»Sie ist eine *lovely lady*«, ahmt Cameron den schottischen Akzent nach und schlägt Ethan leicht auf die Schulter. »Komm, alter Knabe! Erzähl! Habt ihr was laufen, oder wie?«

»Ob wir was laufen haben?« Ethans Lippen pressen sich zu einem ernsten Strich zusammen. »Niemals würde ich einer verheirateten Lady nachstellen. Und das war Mrs. Sullivan bis vor kurzem.«

»Oh.« Cameron zieht den Kopf ein. »Das wusste ich nicht.«

»Doch. Ihr Mann war ein anständiger Kerl. Ist vor zwei Jahren an Bauchspeicheldrüsenkrebs gestorben.«

Cameron faltet die Hände auf dem Schoß und betrachtet sie. Irgendwie tut es weh, das über Tova zu hören. Weil es ihr nicht wichtig war, ihm diese grundlegende Information mitzuteilen.

»Sie hat's nicht leicht gehabt«, fährt Ethan fort. »Mit ihrem Sohn und so.«

»Wovon redest du?«

»Weißt du das nicht? Klar, woher auch? Hier ist es bekannt, aber du bist ja noch nicht lange da. Und man redet nicht mehr so darüber wie früher.«

Mit einem Schaudern erinnert sich Cameron an Tovas Bemerkung: *Die Leute in Sowell Bay reden gern*. »Ich wusste nicht, dass sie einen Sohn hatte«, murmelt er.

»Eigentlich geht's mich ja nix an, aber dann kannst du's genauso gut von mir hören wie von einem anderen.« Ethan holt tief Luft. »Ende der Achtzigerjahre hatte ihr Sohn Erik einen Ferienjob am Fähranleger. Sehr intelligenter Junge. Hielt die Abschlussrede für seine Jahrgangsstufe. Super Sportler, Kapitän der Segelmannschaft. Kannst du dir vorstellen, oder?«

»Klar«, sagt Cameron. Auf jeder Highschool gibt es einen Erik.

»Jedenfalls wurde er ... Ach, Mist nochmal! Hab ich jetzt die Abzweigung verpasst?« Ethan greift zu seinem Handy und starrt auf das Display. »Hey, Rhonda! Warum hast du nicht Bescheid gesagt?«

Cameron hebt die Augenbraue. »Rhonda?«

»So nenne ich die Frau, die mir den Weg erklärt. Aber diesmal hat sie's verbockt.« Mit einem Klappern landet das Handy im Becherhalter. »Das Haus von deinem Alten ist eine Meile in die andere Richtung.« Ethan weist mit dem Daumen nach hinten.

»Was ist mit der Geschichte? Von Tovas Sohn?« Als der Pick-up einen engen Halbkreis beschreibt, umklammert Cameron den Türgriff so heftig, dass seine Fingerknöchel weiß werden. Das war auf jeden Fall kein erlaubtes Wendemanöver.

»Ach, schon gut.«

»Hey, komm!«

»Ich hätte nicht damit anfangen sollen. Ist eine traurige Geschichte.« Die Reifen des Pick-up surren über den

Asphalt gen Süden, werden immer schneller. Zwischen den dichten Baumwipfeln blitzt immer wieder blassblaues Wasser durch. »Ihr Sohn ist gestorben. Ertrunken. Mit achtzehn.«

»O Gott.« Cameron atmet hörbar aus. »Das ist ja furchtbar.«

»*Aye*«, sagt Ethan leise. »So, da wären wir.« Er lenkt den Pick-up vom Asphalt auf einen nicht beschilderten unbefestigten Weg. Eine große Staubwolke steigt auf, beide müssen husten.

Cameron lässt seine Fensterscheibe hoch und mustert den Weg skeptisch. Er ist voller Unkraut und Schlaglöcher. »Bist du dir sicher?«

Ethan hält sein Handy hoch und prüft noch mal die Adresse. »Yep. Absolut.«

Richtige Straße? Von wegen!

Obwohl hier ein guter Standort für das Ferienhaus eines Milliardärs wäre. Der leere Felsvorsprung ist auf drei Seiten vom dunkelblauen Meer umgeben. Aber nirgends ist eine Villa im toskanischen Stil zu sehen, kein Pool, an dem sich ein millionenschwerer potenzieller Vater rekelt und aus einem goldenen Kelch trinkt. Nur eine staubige Kiesfläche, die Cameron an Filme erinnert, in denen ein junges Pärchen in einem Auto herumknutscht, bis ein Serienmörder kommt und beide aufschlitzt.

»Scheiße«, brummt er und kickt einen Kiefernzapfen über den Kies. Er springt über den Rand und fällt die Klippe hinunter.

»Hier ist es also nicht«, sagt Ethan überflüssigerweise.

»Ganz bestimmt nicht.«

Vielleicht beherrscht Cameron die Suchmaschinen des Internets doch nicht ganz so hervorragend, wie er sich eingebildet hat. Die beiden gehen zum Pick-up zurück und steigen ein.

Als Ethan zum wiederholten Mal aufs Gaspedal drückt, drehen die Reifen im Sand durch.

»Hey, bleib ruhig! Du steckst in einer Furche«, erklärt Cameron geduldig. Natürlich ist der Weg nicht ausgebaut, aber für Allrad-Fahrer fällt er in die Einstiegsklasse. Ein Kinderspiel, verglichen mit den Holperpisten in der kalifornischen Wüste, die Cameron mit Katie in seinem alten Jeep bewältigte, bevor er ihm weggenommen wurde.

»Beschissene Furche«, flucht Ethan vor sich hin und tritt noch heftiger aufs Gaspedal. Das Getriebe stöhnt und quietscht, als habe es keine Lust mehr auf dieses sinnlose Abenteuer. Festgefahren im Schlamm, sind die Hinterreifen fast bis zur Achse eingesunken.

Cameron seufzt. »Darf ich mal?«

»Du?« Ethan runzelt die Stirn, dann weiten sich seine Augen vor Neugier, vielleicht auch Hoffnung. »Okay, versuch es!« Er stellt den Motor aus und wirft Cameron den Schlüssel zu.

»Gut. Komm, wir steigen aus.«

»Was?«

»Ja, raus.« Cameron versucht, die Ungeduld in seiner Stimme zu unterdrücken. »Wir müssen uns angucken, wie es unter dem Wagen aussieht. Vielleicht müssen wir die Reifen hinten ein bisschen unterstützen. Hast du irgendwas dabei, das wir als Keil benutzen könnten?« Er schaut den Weg hoch und runter. Sie sind durch einen dunklen, dichten Wald hergekommen. Dies ist nicht die weite kalifornische Wüste. Ein paar Meter entfernt liegt ein größerer Stein, der nützlich sein könnte. Cameron weist hinüber und sagt: »Hol mal den Stein da hinten.«

Ethan ist sprachlos. Er ist beeindruckt. Cameron gestattet sich ein kleines Grinsen. »Bin öfter mal mit dem Geländewagen in die Wüste gefahren.«

»Aye.« Ethan nickt und marschiert zu besagtem Stein. Als er zurückkommt, hat Cameron bereits einen dicken Erdklumpen vor die Hinterreifen gepackt. Er späht unter das Fahrgestell und benutzt seine Finger als Winkelmesser.

Dann erklärt er Ethan, was er vorhat. »Zuerst schieben wir den Wagen nach vorne, selbst wenn es nur drei, vier Zentimeter sind. Dann müssen wir schnell den Stein hinters rechte Rad legen. Anschließend muss das Lenkrad ganz nach links eingeschlagen werden, und sobald es Halt hat, nach rechts.«

»Nach links?« Ethan schaut zu der Wand aus Bäumen links hinüber. Von der Stoßstange bis zur ersten Reihe dicker Stämme sind es vielleicht sechzig Zentimeter. »Glaub ich eher nicht.«

»Das funktioniert. Ist schlichte Physik.« Dieses Gespräch hat Cameron schon oft mit allradfahrenden Freunden geführt. Sie konnten nicht sehen, was er sah: die Kräfte, die das Fahrzeug erst zur einen, dann zur anderen Seite befördern würden, auch wenn es unmöglich zu sein schien. Sie saßen vorm Lenkrad und ließen die Reifen durchdrehen, im praktischen wie im übertragenen Sinn. Cameron schaut in Ethans zweifelndes Gesicht und fügt hinzu: »Das kannst du mir glauben!«

»Na gut.«

Erst links, dann rechts, Kies und Erde spritzen im Rückspiegel hoch, und mit einem heftigen Ruck, der selbst Cameron Angst macht, zieht sich der Pick-up aus der Furche. Kaum sind sie draußen, muss Cameron laut lachen. Er hatte vergessen, wie viel Spaß das macht. Dieser Pick-up ist kein Jeep, aber für solche Sachen ist er gar nicht übel. Cameron guckt zu Ethan hinüber, der Bauklötze staunt. Mit leicht boshaftem Grinsen lenkt Cameron die Vorderräder durch ein Schlagloch, und die Männer hüpfen auf den Sitzen. »Wollen wir noch ein bisschen Spaß haben?«

Ethan auf dem Beifahrersitz wirft den Kopf in den Nacken und stößt ein seltsames, fast wölfisches Heulen aus. »Ja, los!«

Cameron drückt aufs Gas. Das ist auf jeden Fall geiler als Fish and Chips.

1341. TAG
IN GEFANGENSCHAFT

Meerestiere sind Meister der Täuschung. Vielen bekannt ist sicherlich der Anglerfisch, der mit einem leuchtenden Köder im dunklen Wasser lauert und die Beute so direkt in seinen Schlund lockt. Im Aquarium gibt es keine Anglerfische (und ich kann nicht behaupten, dass mir das leidtut), aber wir hatten mal ein interessantes Poster im Eingangsbereich, auf dem sie abgebildet waren.

Jeder lügt, um das zu bekommen, was er braucht. Das Seepferdchen ahmt einen Strang Seetang nach. Der Schleimfisch gibt sich als Putzerfisch aus und wartet den richtigen Moment ab, um ein Stück von seinem großzügigen Gastgeber abzubeißen. Selbst meine Fähigkeit, unterschiedliche Farben anzunehmen, meine Tarnung, ist im Grunde genommen eine Lüge. Eine Täuschung, die leider aus dem letzten Loch pfeift, da es mir immer schwerer fällt, mich meiner Umgebung anzupassen.

Menschen sind die einzige Spezies, die die Wahrheit zu ihrem Vergnügen verbiegt. So was nennen sie »Witze«. Manchmal sind es Wortspiele. Oder sie sagen x, meinen aber y. Sie lachen aus Höflichkeit oder tun erheitert.

Ich kann nicht lachen.

Aber heute habe ich einen Witz gehört, den ich sowohl clever als auch der Situation angemessen fand. Ich muss wohl warnen, dass die Pointe ziemlich makaber ist.

Vor meinem Becken stand eine junge Familie, und der Vater (es ist meistens der Vater, weshalb solche Witze auch wohl Dad-Jokes heißen) fragte sein Kind: *Was sagt der Tiger, wenn sein Schwanz in den Rasenmäher gerät?*

(Ich weiß auch nicht, was eine Wildkatze in der Nähe einer Rasenpflegemaschine zu suchen hat. Witze haben ihre eigene Logik.)

Das Kind kicherte und sagte: *Weiß ich nicht! Was denn?*

Der Vater antwortete: *Ist jetzt nicht mehr lang.*

Ich hätte gelacht, wenn ich könnte.

Ist jetzt nicht mehr lang. Das stimmt. Ich spüre, dass meine Zellen Probleme haben, ihre normalen Funktionen auszuführen. Morgen beginnt ein neuer Monat, und vielleicht werde ich zum letzten Mal sehen, dass Terry den Kalender an seiner Wand umschlägt. Mein unvermeidliches Ende rückt näher.

Eine Wahrheit nach drei Martini

Mary Ann Minettis Abschiedsessen beginnt um zwölf Uhr mittags an einem warmem Tag Anfang August. Tova ist zehn Minuten zu früh am Elland Chophouse. Erbarmungslos brennt die Sonne vom Himmel, und Tova steigt mit zusammengekniffenen Augen die Vordertreppe zum Restaurant im edelsten Abschnitt von Ellands Hafenviertel hinauf. Ihr Knöchel ist noch empfindlich, die Muskulatur hat sich durch die Wochen in der Orthese zurückgebildet.

»Mrs. Sullivan!«, sagt eine vertraute Stimme hinter ihr, und ein haltgebender Arm stützt ihren Ellenbogen.

»Hallo, Laura! Wie geht es dir?« Tova neigt den Kopf zu Mary Anns Tochter, einer adretten Frau von Mitte vierzig, und akzeptiert die Hilfe der jüngeren Frau beim Treppensteigen.

Mary Ann hatte erzählt, Laura sei schon vor einer Woche gekommen, um ihrer Mutter bei den Vorbereitungen zu helfen. Es war Laura, die das Abschiedsessen organisiert und dieses schicke Lokal ausgesucht hat. Tova vermutet, dass Mary Ann selbst vielleicht lieber zum Kaffeetrinken bei sich zu Hause eingeladen hätte, aber vielleicht war das gar nicht möglich, weil das Haus ja gerade leer geräumt und für die Besichtigungen vorbereitet wird.

»Gut, gut!« Laura nickt und hält Tova die Tür auf. »Und es freut mich zu sehen, dass Sie auf dem Weg der Besserung sind. Mom hat mir von Ihrem Sturz erzählt.« Mit erhobener Augenbraue schaut sie auf Tovas Fuß.

»War nur eine Zerrung.«

»Ich weiß, aber in Ihrem Alter …«

Die freundliche junge Dame am Empfang erspart Tova eine Entgegnung. Die Oberkellnerin lädt sich einen unglaublich hohen Stapel Speisekarten auf den Arm und führt Tova und Laura durch das Restaurant zu einem langen, noch leeren Tisch vor einer Fensterreihe mit Blick aufs Wasser. Mindestens die Aussicht ist wunderschön.

»Ihre Bedienung müsste gleich hier sein. Ich kann schon mal die Getränke aufnehmen«, bietet die Oberkellnerin an, geht um den Tisch herum und verteilt die Speisekarten. Es ist für mindestens dreißig Personen gedeckt. Du lieber Himmel! Wie viele Gäste hat Laura eingeladen?

»Au ja. Einen Gin Tonic, bitte.« Laura legt ihre Handtasche auf den Tisch und seufzt. »Den ganzen Vormittag habe ich mit meiner Mutter das Haus ausgeräumt, in dem sie ein halbes Jahrhundert gelebt hat. Bringen Sie mir besser einen doppelten.«

»Natürlich, Ma'am.«

Tova lässt ich auf einen Stuhl am Ende des Tisches sinken und stellt sich die Menagerie von Porzellanfiguren und glänzenden Kreuzen vor, die immer im Regal über Mary Anns Küchenspüle standen. Wahrscheinlich wurden sie in Seidenpapier eingeschlagen und in einen Pappkarton gelegt, wo sie jahrelang liegen werden, bis ein jüngeres Familienmitglied das Pech hat und entscheiden muss, was damit geschehen soll. Gezwungen lächelt Tova die Oberkellnerin an, die offenbar auf die Getränkebestellung wartet. »Nur einen Kaffee, bitte. Schwarz.«

Mit einem Nicken verschwindet die Kellnerin und lässt die beiden Frauen schweigend zurück, so dass Tova sich bald wünscht, ihre Stricksachen mitgenommen zu haben. Schließlich fragt sie: »Wie geht es den Mädchen?«

Lauras Tochter Tatum und ihre kleine Enkelin Isabelle wohnen bei Laura in Spokane. Nun wird Mary Ann, mit nur siebzig schon Urgroßmutter, zu ihnen ziehen. Die Sache mit Tatum und dem Kind war natürlich nicht geplant, aber Tova kann nur staunen, wie sich alles fügt: vier Generationen von Frauen unter einem Dach.

Laura nickt. »Den Mädchen geht's gut. Wirklich prima. Isabelle kann schon laufen.«

»Wie schön«, sagt Tova.

»Ja.« Laura lächelt, aber führt es nicht weiter aus. Viele Leute geraten ins Stocken, wenn in Tovas Gegenwart die Rede auf Kinder kommt. Manchmal ist das kein besonderes Vergnügen.

Wieder legt sich die unangenehme Stille auf die beiden, bis Tova fragt: »Wie läuft es auf der Arbeit, meine Liebe?«

»Tja … ganz normal.« Laura muss kichern, dann erzählt sie, dass diesen Sommer eine technische Modernisierung an der Universität anstand, wo sie Psychologie unterrichtet. Tova nickt immer wieder. Das klingt wirklich nach einem Albtraum. Laura seufzt, dann erklärt sie: »Das ist der Grund, warum wir Mom so schnell holen mussten. Auf jeden Fall vor Anfang des Wintersemesters. Ich habe ein schlechtes Gewissen, weil ihr euch gar nicht richtig voneinander verabschieden könnt. Ich weiß ja, wie nah ihr euch steht. Seit Jahrzehnten.«

»Es gibt ja noch das Telefon.«

»Wir wollen Mom ein Tablet besorgen. Dann kann sie virtuell an den Treffen der Stricklieseln teilnehmen!« Laura strahlt, sehr zufrieden über diese Lösung, unter der Tova sich nichts vorstellen kann. »Was ist mit Ihnen? Wann wollen Sie zurück ins Aquarium?«

Tova richtet sich auf und berichtet Laura von ihrem letzten Gespräch mit Terry. Er hat sich einverstanden erklärt, dass sie kommen und »dem Neuen helfen« darf, wie Terry sich ausdrückte. Tova ist mit dieser Vereinbarung mehr als zufrieden, denn so kann sie dem jungen Mann zeigen, wie man alles richtig macht, und die Frist sollte reichen, bevor sie am Ende des Monats nach Charter Village umzieht. Sie verschweigt, dass sie gern Zeit mit dem jungen Mann verbringt.

»Mom! Hier drüben!«, ruft Laura ihrer Mutter zu, die von der anderen Seite des Lokals herüberwinkt. Barb Vanderhoof, Janice und Peter Kim folgen Mary Ann.

»Ju-hu!« Im Näherkommen wedelt Barb mit der Hand. Sie trägt ein Paillettentop, das um die Brust herum deutlich zu eng ist. »Guck mal da! Wie schick!« Sie nimmt Laura in die Arme.

Janice setzt sich neben Tova. »Wie geht's dir, Tova?«

»Was macht der Knöchel?«, erkundigt sich Peter Kim auf der anderen Seite von seiner Frau.

»Alles gut, danke«, erwidert Tova und hofft, dass ihre Verletzung nicht zum Thema des Tages wird.

»Hervorragend. Aber was ist mit deinem Arm passiert?«

Tova zupft an ihrem Ärmel, um die neuesten Abdrücke der Saugnäpfe zu verstecken. »Das ist nichts. Kommt wahrscheinlich von der Sonne.«

Peter runzelt die Stirn. Tova merkt, dass er in Gedanken den Arztkittel anzieht und nachhaken will, doch zum Glück wird er vom Ehrengast unterbrochen.

»Herrjemine! Danke euch allen für euer Kommen!« Mary Ann kichert mädchenhaft und nimmt den für sie bestimmten Platz an der Tischmitte ein. Immer mehr Gäste treffen ein. Tova erkennt einige Nachbarn sowie Gemeindemitglieder von St. Ann's, wo Mary Ann jahrelang im Vorstand saß. Innerhalb weniger Minuten sind so gut wie alle Plätze besetzt, nur die zwei auf der anderen Seite von Tova sind noch frei. Erleichtert, niemanden neben sich zu haben, legt sie ihre Handtasche auf einen der Stühle.

»Na, das ist ja ein verrückter Verein hier!« Ein junger Mann mit dunkelbrauner Haut und blitzenden Augen kommt mit zwei Wasserkrügen heran. Sein Namensschild weist ihn als »Omar« aus. »Da bin ich aber froh, dass ich heute meine Turnschuhe angezogen habe, denn ich seh schon, ihr werdet mir Beine machen!« Die Gäste lachen wohlwollend.

»Wir machen heute richtig einen drauf!« Barb Vanderhoof simuliert Tanzbewegungen.

Omar formt die Finger zu Pistolen und richtet sie auf Barb. »Das höre ich gern!«

»Unsere liebe Freundin Mary Ann zieht weg.« Barb zeigt auf Mary Ann, die rot anläuft. »Nach Spokane.«

»Uargh! Spokane! Das tut mir aber leid.« Omar zieht ein Gesicht, als habe er in eine Zitrone gebissen, doch seine Augen funkeln.

»Hehe! Ich komme aus Spokane!« Lachend hebt Laura ihr leeres Glas.

Endlich bringt ein gestresst wirkender Hilfskellner Tovas Kaffee. Sie betrachtet die schwarze Flüssigkeit, bevor sie einen Schluck trinkt. Der Kaffee ist heiß und stark. Tova greift zur Speisekarte und überfliegt sie. Mit einem Zungenschnalzen liest sie Bezeichnungen wie »Basilikumschaum« oder »Essenz von der Steckrübe«. Wo sind die normalen Suppen und Salate geblieben? Ein Teller Maissuppe wäre doch was Feines.

»Sind diese Stühle besetzt?« Eine vage bekannte tiefe Stimme unterbricht Tovas Gedanken. Sie schaut hoch und erblickt eine große Gestalt. Ohne seine Radlerhose, die coole Sonnenbrille und den Helm sieht der Mann gar nicht so fremd aus. Es ist Adam Wright, der junge Radfahrer, der Tova vor ein paar Wochen in Hamilton Park bei ihrem Kreuzworträtsel geholfen hat. »Oh! Hallo!« Er lächelt sie an, erkennt sie ebenfalls.

»Freut mich, Sie wiederzusehen!« Tova nimmt ihre Handtasche vom Stuhl. Adam ist in Begleitung einer kleinen Frau mit kastanienbraunen Locken.

»Das ist Sandy Hewitt«, sagt er und drückt den Arm der Frau, als sich beide hinsetzen. »Sandy, das ist Tova Sullivan.«

»Freut mich«, sagt Tova mit einem Nicken. Der Hilfskellner kommt mit zwei Martinis auf einem Tablett. Vorsichtig stellt er sie vor das Pärchen.

Adam trinkt einen großen Schluck. Tova muss an den Tag im Park denken, als er ihre Wasserflasche schnell leerte. »Laura und ich sind zusammen in St. Ann's zur Sonntagsschule gegangen«, erklärt er. »Sie hat mitbekommen, dass ich jetzt wieder in Sowell Bay wohne. Und mich irgendwie eingespannt, beim Umzug ihrer Mutter zu helfen. Und jetzt habe ich meine bessere Hälfte eingespannt.« Er zwinkert Sandy zu.

»Die sind bestimmt froh, Adam zu haben.« Sandy grinst und kneift in den Oberarm ihres Mannes. »Ich helfe immer gern, auch wenn ich nicht so schwer tragen kann. Aber Laura war so nett, mich trotzdem zum Essen einzuladen. Es ist toll, so viele Leute aus Sowell Bay auf einmal kennenzulernen.«

»Ja, Laura hat sich mit der Gästeliste wirklich selbst übertroffen, was?« Tova trinkt einen Schluck Kaffee.

»Stimmt wohl.« Sandy legt den Kopf schräg. »Und, woher kennen Adam und Sie sich?«

Tova räuspert sich, dann sagt sie leise: »Adam war ein Freund meines Sohnes.«

Adam presst die Lippen aufeinander. Dann beugt er sich zu Sandy vor und flüstert ihr etwas ins Ohr, was Tova nicht verstehen kann, sie hört nur den Anfang: »Sie hatte einen Sohn, der …«

Sandy reißt die Augen auf und wirft Tova einen mitleidigen Blick zu, dann macht sie sich daran, die Speisekarte zu studieren. Sie glättet ihre Haare, setzt sich im Stuhl auf und faltet die Hände. »Wer hat sich schon entschieden, was er nimmt?«, fragt sie. »Ich habe gehört, der Tafelspitz hier soll umwerfend sein!«

Maissuppe, stellt sich heraus, hat das Elland Chophouse nicht im Angebot. Aber Omar empfiehlt ein Kürbissüppchen mit Curry, das zu Tovas Überraschung wirklich lecker ist. Mit dem dazu gereichten Stück Sauerteigbrot wischt sie es bis zum letzten Tropfen auf, während Adam Wright und Peter Kim sich über die Köpfe von Tova und Janice hinweg über die Baseballmannschaft aus Seattle und deren Pechsträhne unterhalten, ein Thema, dem Tova aber auch gar nichts abgewinnen kann.

»Baseball! Wen interessiert das?«, sagt Janice.

Tova lächelt, dann betupft sie ihre Mundwinkel mit einer Serviette. »Darüber zu reden, ist noch nerviger, als es sich anzusehen.«

Peter Kim drückt liebevoll die Schulter seiner Frau. »Entschuldigung, dass ich dich langweile, mein Schatz.«

»Hey, vielleicht bin ich verflucht!« Adam Wright lacht. »Kaum bin ich hierhergezogen, fangen die an zu verlieren. Ich hätte in Chicago bleiben sollen.« Er trinkt seinen Martini aus, lächelt Sandy an und zieht die dicke grüne Olive von dem schwertförmigen Plastikspieß. Mit dem Arm auf der Rückenlehne seiner Frau bietet er ihr die andere Olive an.

Janice beugt sich zu Sandy hinüber. »Gibt's was Neues in Sachen Haussuche?«

»Oh, ja!« Sandy strahlt. »Wir ziehen in einen von diesen Neubauten. In der Siedlung südlich vom Zentrum.«

»Das ist ja toll. Da kann man das Haus direkt so bauen, wie man es haben will.«

»Genau! Adam will sich im Keller einen Hobbyraum einrichten. Zum Baseballgucken.«

Peter Kims Gesicht erhellt sich. »Hervorragend! Ich komme an den Spieltagen rüber!«

Die vier lachen.

Sandy wendet sich an Tova: »Und Sie, Mrs. Sullivan?«

»Was denn?« Tova hebt die Braue.

»Was ist mit Ihrem Haus? Haben Sie schon Angebote bekommen?«

Janice lässt ihre Gabel fallen und starrt Tova fassungslos an.

»Jessica Snell hat uns bei der Unterzeichnung davon erzählt. Dass sie Ihr Haus gerade aufgenommen hat. Für uns wäre das natürlich nichts gewesen. Wir brauchen mindestens fünf Schlafzimmer für die Enkel, wenn sie zu Besuch kommen.«

»Theoretische Enkel«, verbessert Adam seine Frau.

Tova knetet die Serviette in ihrem Schoß.

»Aber Ihr Haus ist wirklich wunderschön«, fährt Sandy fort. »Jessica meinte, es dauert bestimmt nicht lange, einen Käufer finden. Da greift bald jemand zu.«

»Ja, denke ich auch«, erwidert Tova leise.

»Tova!«, durchschneidet Janices Stimme den Raum. »Wovon redet sie da?«

»Ach, ist das nicht …? Ich meine, wussten Sie nicht, dass …« Sandy wird so rot wie die Paprika in der Olive in Adams neuen Martini.

»Schon in Ordnung.« Tova räuspert sich. »Sandy hat recht: Ich verkaufe mein Haus. Ich habe mich für eine Suite im Charter Village in Bellingham beworben.«

Schweigen legt sich über den Tisch.

»Was?«, stößt Mary Ann aus.

»Warum hast du nichts gesagt?«, fragt Barb.

Janice beugt sich vor. »Was ist mit deinem Haus?«

»Das schöne Haus! Das Haus deines Vaters!«

»Und deine ganzen Sachen, Tova!«

»Du hast so viele schöne Sachen! Die willst du doch nicht alle weggeben, oder?«

»Wo sollen die ganzen Sachen hin?«

»So viel durchzusehen …«

»Der Dachboden! Das möchte ich mir gar nicht vorstellen.«

»Die Truhen deiner Mutter, diese schweren Zedernholzkisten. Was ist das schade!«

»Ich bin durchaus in der Lage, mich um meine Habseligkeiten zu kümmern.« Tovas Stimme ist angespannt. Das Bombardement von Kommentaren wird schwächer und hört schließlich ganz auf. Wieso meinen die Stricklieseln, Tovas Besitz beurteilen zu können? Mary Ann mit ihren unzähligen Nippesfiguren. Und Janice hat ein Zimmer, das bis oben hin mit Computerzubehör vollgestopft ist, ohne dass die Sachen noch einen richtigen Zweck haben. Aus irgendeinem Grund, der nie richtig geklärt wurde, sammelt Barb seit ihrer Jugend Elefanten! Ihr ganzes Gästezimmer ist voller Elefantenfiguren. Wieso bilden die Frauen sich ein, den ersten Stein werfen zu dürfen?

Janice legt die Hand auf Tovas Schulter. »Du brauchst das nicht zu machen, hörst du? Peter und ich haben schon immer gesagt, dass du bei uns wohnen kannst, dass du …«

»Auf gar keinen Fall! Niemals würde ich euch auf irgendeine Weise zur Last fallen wollen.«

Janice schüttelt den Kopf. »Du bist doch keine Last, Tova.«

Als abgeräumt wird, geht Mary Ann um den Tisch herum und bedankt sich bei jedem Einzelnen fürs Kommen. Janice und Peter Kim verabschieden sich mit dem Hinweis, dass sie noch zu ihrem Töpferkurs müssen. Barb Vanderhoof in ihrem zu engen Paillettentop tänzelt zu ihrem wöchentlichen Therapietermin davon. Omar bringt Laura die Rechnung und witzelt, dass Mary Ann in Spokane bestimmt nur Ärger machen wird. Adam Wright schluckt den Rest seines dritten Martinis hinunter und legt die Hände auf Mary Anns Unterarm. »Danke, dass wir kommen durften!«

»Es war wunderschön«, flötet Sandy, der offensichtlich nicht bewusst war, was für eine Bombe sie vorhin hat fallen lassen. Zum Glück scheint auch der Rest der Gäste das Thema zu den Akten gelegt zu haben, auch wenn Tova gehört hat, wie Janice mit Barb flüsterte, sie wollten Tova von ihrer Entscheidung abbringen.

Mit angespanntem Lächeln setzt sich Mary Ann auf den leeren Stuhl neben Tova. »Ich sehe dich aber noch, bevor ich am Wochenende weg bin, oder?«

»Natürlich. Ich komme vorbei.«

»Das würde mich freuen.« Mary Anns Stimme wird etwas zittrig. Laura eilt zu ihrer Mutter, stellt sich hinter sie und legt ihr einen Arm um die Schultern.

»Ich finde es so toll von dir, dass du deine Mutter zu dir holst.« Adam dreht sich zu Mary Ann um und lehnt sich auf seinem Stuhl zurück. »Mann, bin ich froh, dass ich Kinder habe, auch wenn ich dadurch immer an meine Ex gebunden sein werde. Es muss wirklich die Hölle sein, allein alt zu werden. Das ist doch der wahre Grund, warum man Kinder bekommt, oder?«

Sandy stößt ihn an. »Sei leise, Schatz!«

Laura sieht ihn mit zusammengekniffenen Augen an und erwidert nichts, sondern greift an Adam vorbei nach seinem noch nicht ganz leeren Martiniglas, um es einem vorbeigehenden Kellner zu mitzugeben.

»Ich bin so blöd!« Adam hebt die Hand und lässt sie wieder sinken. »Tut mir leid, Mrs. Sullivan. Ich hab's nicht so gemeint. Sie werden nicht allein alt werden. Auch wenn Erik nicht mehr da ist.«

»Schon gut«, sagt Tova leise. »Es ist lange her.«

»Ich erinnere mich daran, als wäre es gestern gewesen.« Adams Stimme wird klarer.

Mary Ann schlägt sich die Hand vor den Mund, Laura stützt die Hände in die Hüften und wirft Adam einen Blick zu, der töten könnte. Doch Tova wendet sich ihm zu. Auf einmal merkt sie, wie ihr Herz pocht. »Es interessiert mich immer, woran sich die Leute erinnern.«

Adam reibt sich übers Gesicht. »Ich meine, das wissen Sie bestimmt alles schon. Ich entsinne mich an das letzte Mal, als ich ihn sah. Am Nachmittag hatten wir uns am Imbiss Nachos geholt, dann ist Erik arbeiten gegangen. Am nächsten Tag wollten wir zum Wochenendhaus meiner Familie. Erik wollte wie immer ein paar Bier von zu Hause mitgehen lassen.« Adam zieht den Kopf ein. »Oh, sorry.«

Tova winkt ab. »Macht nichts.«

»Jedenfalls«, fährt Adam fort, »wollte Erik Eindruck bei einem bestimmten Mädchen machen, weiß nicht mehr, wie sie hieß. Er wollte sie zum Ferienhaus mitbringen.«

Tova versucht zu schmunzeln, aber ist wie versteinert. Bier aus dem Kühlschrank mitnehmen? Klingt ganz nach ihrem Sohn. Aber der Rest? Sie schüttelt den Kopf. »Ich wüsste nicht, dass Erik damals eine Freundin gehabt hätte.«

»Ich weiß nicht, wie offiziell es war, aber sie hatten auf jeden Fall was miteinander.« Adam runzelt die Stirn. »Verdammt! Wie hieß sie noch mal?«

Laura legt Tova eine Hand auf die Schulter. »Alles in Ordnung?«

»Tova, meine Liebe?«, fragt Mary Ann.

»Mir geht es hervorragend.« Tovas Stimme klingt, als

käme sie aus einer tiefen Höhle. Sie steht auf und bedankt sich bei Laura für das Essen, dann umarmt sie Mary Ann. Sie hört, wie Mary Ann sich von Adam Wright und Sandy Hewitt verabschiedet.

Klick, klack. Klick, klack. Tovas Sandalen klappern über den Hartholzboden des Restaurants, scheinen sie vom Tisch wegzutreiben. Draußen wird sie von der spätnachmittäglichen Sonne überfallen. Schnurstracks geht Tova über den Parkplatz des Lokals zu ihrem Auto und schirmt die Augen ab. Erst als sie hinterm Lenkrad sitzt, den Schlüssel gedreht hat und das Radio angeht, merkt sie, dass sie die Luft angehalten hat. Tova atmet aus, heiß und schnell, und ihre Brille beschlägt.

Also hatte Will doch recht.

Es gab ein Mädchen.

Im Schatten des Piers

Avery besitzt ein kleines Haus mit gelber Plastikverkleidung in einem Trabantenviertel am Highway. Die Fahrt in die Stadt dauert länger; kein Wunder, dass Avery nach ihrem morgendlichen Paddeln lieber im Laden duscht, als nach Hause zu fahren, selbst wenn das Wasser im Geschäft eiskalt ist. Neben der Auffahrt liegen zahlreiche Gartengeräte und Abfallsammler herum. Cameron findet kaum Platz für seinen Bus.

Mit einem Kaffeebecher in der Hand erscheint Avery in der Haustür. Ihre kurze Laufhose sitzt tief auf den Hüften, zwischen dem Bund und ihrem Tanktop blitzt hellbraune Haut hervor. Wow. Cameron ist plötzlich sehr froh, dass Avery vorgeschlagen hat, sich zum Paddeln bei ihr zu Hause zu treffen und nicht im Geschäft. Sie hatte behauptet, sie würde an ihren freien Tagen nicht gern in den Laden fahren, aber vielleicht hatte sie ja noch etwas anderes im Hinterkopf …

Sie blinzelt in die Sonne und sagt: »Du hast es gefunden!«

Cameron springt aus der Kabine und steckt die Schlüssel ein. »Hast du nicht damit gerechnet?«

Avery grinst. »Ehrlich gesagt, gehe ich normalerweise nicht mit jüngeren Typen aus. Von denen wurde ich mehr als einmal versetzt.«

»Jüngere Typen? Für wie alt hältst du mich denn?«

»Vierundzwanzig?«

»Versuch's mal mit dreißig!« Cameron springt die Stufen der Vordertreppe in einem Satz hinauf. »Aber ich verzeihe dir. Bei meiner jugendlichen Ausstrahlung und dem athletischen Körper sieht man mir mein Alter nicht an.«

Avery verdreht die Augen. »Spar dir die Angeberei für später, wenn ich mit dir paddeln war. Dann reden wir noch mal über den athletischen Körper.«

»Ich bin bestimmt ein Naturtalent. Hundertprozentig.«

»Na, klar«, feixt Avery und weist aufs Haus. »Willst du kurz mit reinkommen? Ich bin noch nicht ganz fertig.«

»Klar. Und du?«

Verwirrt sieht sie sich um. »Was, und ich?«

»Wie alt bist du?« Leichte Bange liegt in Camerons Stimme.

»Letzten Monat zweiunddreißig geworden.« Avery lacht über seinen erleichterten Blick und bückt sich, um eine einsame Socke vom Laminatboden aufzuheben. »Wieso, was hast du denn gedacht, wie alt ich bin?«

»Äh, Anfang zwanzig natürlich.«

Sie schlägt mit der Socke nach ihm. »Hör auf!«

Cameron setzt sein nettestes Lächeln auf. »Wieso denn nicht? Ich meine, du bist …«

Ein genervtes Brummen aus dem Nebenraum unterbricht ihn. Dann kommt ein Jugendlicher herein. Er ist fast so groß wie Cameron, hat dunkle zerzauste Locken und denselben olivbraunen Teint wie Avery. Ohne Cameron zu beachten, hält er eine Cornflakespackung hoch und klagt: »Mom! Die Cheerios sind alle!«

Cameron fällt die Kinnlade hinunter. Ein Kind? Ein Jugendlicher?

Avery macht ein überraschtes Gesicht, dann zieht sie vernehmlich die Luft ein. »Cameron, das ist Marco.« Sie wendet sich an den Teenager, der Cameron so böse ansieht wie einen frischen Hundehaufen. »Schatz, das ist mein Freund Cameron.«

»Hey«, sagt Cameron und nickt.

»Alles klar?« Marco schiebt das Kinn vor.

»Beachte ihn nicht. Er ist fünfzehn. Und ich dachte, er wäre vor zehn Minuten mit dem Fahrrad losgefahren«, erklärt Avery und wuschelt in Marcos Haaren, was er sich kurz gefallen lässt, bevor er sich unter ihr Hand wegduckt. Cameron rechnet drei Mal im Kopf durch, um sicherzugehen, dass er richtig liegt. Siebzehn. Mit siebzehn Jahren hat Avery ein Kind bekommen!

»Schätzchen, was machen wir denn normalerweise, wenn keine Cheerios mehr da sind?«

Marco verdreht die Augen. »Aufschreiben.«

»Genau. Wir schreiben es auf die Einkaufsliste«, sagt Avery spitz. »Und ich bin mir sicher, dass sich bis dahin etwas anderes zu essen finden lässt.«

»Chips sind auch alle«, brummt Marco.

»Ach, Gottchen«, sagt Avery trocken. »Hör zu, ich versuche, später noch was einzukaufen. Jetzt gehen Cameron und ich erst mal aufs Wasser. Lass das Haus stehen, bis ich zurück bin, ja?«

»Können Kyle und Nate später rüberkommen?«

»Wenn du mir versprichst, dass ihr nicht den ganzen Tag am Computer sitzt. Geht Fahrradfahren! Und der Rasen muss gemäht werden.«

»Ja, gut. Mach ich.«

»Super. Viel Spaß. Und hier …« Sie wirft ihm die Socke zu. »Die hat sich auf dem Weg in die Wäscherei verirrt.«

Als Cameron das hört, zieht er den Kopf ein. Genau das hat Katie immer zu ihm gesagt, wenn er seine Sachen im Schlafzimmer herumliegen ließ.

»Ich hätt's dir sagen sollen.« Avery beißt sich auf die Lippe und schaut aus dem Beifahrerfenster des Campingbusses. »Tut mir leid.«

»Nein! Kein Problem. Echt nicht.« Cameron legt den Arm auf den Rand des geöffneten Fensters. Ist es wirklich kein Problem? Überraschenderweise nicht. Avery als Mutter zu erleben, hat ihn aus irgendeinem Grund mächtig beeindruckt, wie noch nie ein Mädchen zuvor. Er fährt vom Highway ab auf die lange gewundene Straße, die zum Wasser hinunterführt. Das Getriebe erschaudert beim Runterschalten, und der verfluchte lockere Riemen quietscht. Cameron überlegt, ob es wirklich so schlau war, mit dem Bus zu fahren. Er hatte angeben wollen. Inzwischen sieht der Camper ganz ordentlich aus. Cameron hat ihn innen gründlich mit Essig und Zitrone geputzt, selbst die Fenster sind streifenfrei. Er hat sich sogar eine billige neue Matratze geleistet.

Avery sieht ihn von der Seite an. »Ist es für dich in Ordnung, dass ich ein Kind habe?«

»Na, das heißt doch wohl, dass du leicht zu haben bist, oder?«, sagt er und schielt zu ihr hinüber. Versteht sie die Ironie? Avery bricht in Lachen aus und knufft ihn.

»Du fliegst gleich ins Wasser, aber so was von! Ich tunk dich ganz persönlich unter.«

»Das geht nicht! Ich habe nämlich keine Schwimmsachen dabei.«

Das stimmt. Camerons Badeshorts stecken in einem schwarzen Müllsack, der inzwischen wahrscheinlich in den Keller von Brad und Elizabeth gewandert war. Er hatte die Badehose dort reingestopft, als Katie sie vom Balkon geworfen hatte.

Ungläubig sieht Avery ihn an. »Warum das denn nicht?«

»Weil ich momentan keine besitze.«

»Ich hab welche im Geschäft, ja?«

»Zu teuer für unsereins. Was glaubst du, wie viel ich dafür bekomme, Makrelen kleinzuschneiden und hinterher alles sauber zu machen?«

»Red nicht so'n Blödsinn! Ich hätte dir eine Badehose geschenkt!«

»Ich will nichts geschenkt bekommen. Obwohl, die Creme, die du mir für den Nacken gegeben hast, war super!«

»Na dann.« Lächelnd schüttelt Avery den Kopf. »Ich hoffe, du magst es kalt und nass.«

Kleine Wellen plätschern an den Kiesstrand. Wie kompliziert kann das schon sein?, denkt Cameron. Dennoch erklärt Avery ihm alles Schritt für Schritt. »So, erst mal stellst du den Fuß dadrauf.« Sie weist auf die Mitte des Bretts. »Und das Paddel hältst du so.« Sie macht es ihm vor.

Cameron nickt und hört nur halb zu, während Avery ihm hundert weitere Anweisungen gibt.

»Und das Wichtigste«, sagt sie lachend und schiebt ihr

Brett elegant ins Wasser, »fall nicht rein!« Ein Windstoß fährt unter ihre Laufhose und lenkt ihn ab.

»Mach ich nicht«, verspricht er. Cameron legt sich, wie angewiesen, auf den Bauch, und stößt sich vom Ufer ab. Sobald er sich auf ein Knie stellen will, fängt das Brett an zu wackeln. Mit einem demütigenden Platschen rutscht sein Fuß vom Board und versinkt im fünfzehn Zentimeter tiefen Wasser. »Leck mich!«, stößt Cameron aus. Das eiskalte Meer verschlägt ihm den Atem. Die Kälte ist ein Schock.

»Fünf Sekunden.« Mit erhobener Augenbraue sieht sich Avery über die Schulter um. »Ein Rekord.«

»Ich wollte nur das Wasser testen.«

»Stell dich mal breitbeiniger hin.«

Irgendwie gelingt es Cameron, beide Füße aufs Brett zu bekommen. Und Avery hat recht: breitbeinig ist besser. Als sie spitz bemerkt, sie würde mit ihm ihre Standardstrecke für Anfänger machen, reagiert er nicht. Das Wasser im Puget-Sund ist eisig.

Er folgt ihr um einen langen, gebogenen Wellenbrecher herum. Ganz außen auf einem Stein sitzt eine Möwe und neigt den Kopf. Ihr Ausdruck wirkt auf ulkige Weise streng. Von dem Vogel abgelenkt, kippt Cameron fast wieder um, doch diesmal kann er sich fangen. Mit jedem Paddelschlag fühlt er sich sicherer.

Sie sind auf halbem Weg zum Steg, als Avery ihr Paddel ablegt und sich im Schneidersitz aufs Brett setzt. Cameron macht große Augen. Soll er das etwa auch tun?

Sie kichert. »Ist nicht so schwer, wie's aussieht. Du musst nur das Gleichgewicht behalten, wenn du dich setzt.« Mit angehaltenem Atem folgt Cameron ihren Anweisungen, und bald hockt er ebenfalls auf dem Brett und hüpft auf den Wellen.

»Macht Spaß«, sagt er.

»Ja, nicht?« Avery lehnt sich zurück und stützt sich auf die Ellenbogen. Ihr Oberteil zieht sich hoch, man sieht ihren perfekten Bauchnabel. »In Sowell Bay gibt es so ungefähr das ruhigste Wasser im gesamten Puget-Sund. Einer der Gründe, warum ich hierhergezogen bin.«

»Wann war das?«

»Vor fünf Jahren? Ja, genau. Marco war zehn. Wir haben vorher in Seattle gewohnt.«

»Das muss hart gewesen sein.«

»Er hat sich gut geschlagen. Sein Vater hat eine Stelle in Anacortes angenommen, und Sowell Bay lag auf halber Strecke.« Avery plätschert mit der Hand im Wasser. »Außerdem wollte ich schon immer einen Paddelladen aufmachen, und das hätte ich mir in Seattle niemals leisten können.«

»Was hast du vorher gemacht?«

»Dies und das, aber als Marco klein war, war ich hauptsächlich Mutter. Sein Vater arbeitet auf einem Fischtrawler, der hat praktisch rund um die Uhr Dienst.« Avery schaut in die Ferne. »Im Sommer sieht er Marco kaum. Aber er ist kein schlechter Mensch.«

»Sind Ex nicht immer schlechte Menschen?« Vorsichtig schiebt Cameron ein Bein an den Rand des Bretts und taucht einen Fuß ins Wasser. Immer noch kalt, aber die Sonne brennt hier draußen so unbarmherzig, dass es sich fast gut anfühlt.

Avery lächelt. »Ach, eigentlich kommen Josh und ich gut miteinander aus. Wir waren nicht mal richtig zusammen. Haben nur einmal in der elften Klasse an der Highschool zusammen gepennt und *zack!* ist man ein Leben lang durch ein Kind verbunden.«

»*Zack!* So schnell geht eine Geburt?«

»Glaub mir, du willst nicht wissen, wie eine Geburt aussieht.« Avery legt sich auf den Bauch und stützt das Kinn auf die Hände. »Tut mir leid, dass Marco eben so blöd zu dir war. Ich bringe, ehrlich gesagt, nicht oft jemanden mit nach Hause, es ist nämlich ein paar Mal schiefgegangen …«

»Schon gut. Er ist fünfzehn. Ist normal, wenn er so brummig ist wie Oskar aus der Mülltonne.«

»Mülltonne? Sein Zimmer ist eher ein Müllcontainer! Ich geh da gar nicht mehr rein.«

»Das ist sehr klug«, sagt Cameron lachend. Ein Schnellboot fährt weiter draußen vorbei, und nach einiger Zeit schaukelt sein Brett im leichten Schwell und stößt gegen Averys. Sie haben sich fast ganz bis zum Steg rübertreiben lassen, der auf hohen Pfählen steht. Ganz am Ende albern Jugendliche herum. Ein paar balancieren auf der obersten Stange des Geländers, als sei es ein Hochseil. Als Avery das sieht, verengen sich ihre Augen.

»Wenigstens macht Marco nicht so einen Blödsinn wie die da.« Sie schüttelt den Kopf. »Das geht fast zehn Meter runter, je nach Tidenstand. Da unten sind richtig große, scharfkantige Felsen. Und alte Pfähle. Kommt man falsch auf, ist es vorbei.«

»Bah.« Cameron ist kein großer Fan von Höhen. Avery paddelt in das tintenblaue Wasser im Schatten des Piers. Er folgt ihr. Es riecht kalt und ölig. Die Wasseroberfläche spiegelt sich in kühlen Sepiatönen, Seetang klebt an den Pfählen.

Auf einmal sagt Avery: »Ich hab mal eine junge Frau davon abgehalten, hier runterzuspringen.«

»Was, hier draußen?«

»Ja. Sie saß oben auf dem Steg.« Mit dem Paddel schrappt sie über einen mit Entenmuscheln verkrusteten Pfahl.

»Wow. Wie denn?«

»Ich hab das Brett an Land gebracht und bin zu ihr gegangen. Hab mit ihr geredet.« Avery erschaudert. »Bis sie mit mir runtergekommen ist.«

»Ich wüsste gar nicht, wie ich anfangen sollte, jemanden da wegzuholen.«

»In erster Linie hab ich zugehört.« Avery zuckt mit den Schultern. »Aber es war seltsam. Ich hatte die junge Frau noch nie gesehen. Dabei ist Sowell Bay ein kleiner Ort. Wenn jemand Neues auftaucht, weiß das eigentlich jeder.«

»Hab ich gemerkt.« Unwillkürlich muss Cameron an Tova und ihre tratschenden Stricktanten denken, oder wie auch immer die Frauen sich nennen. Und wie gern Ethan ihm von den Damen der Stadt berichtet, wenn er von der Arbeit kommt. »Und was hast du gemacht, nachdem du sie vom Steg geholt hattest?«

»Hab sie zu ihrem Auto gebracht. Hätte wahrscheinlich besser die Polizei gerufen, aber …« Avery atmet langsam aus und setzt dann ein künstliches Lächeln auf. »Warum erzähle ich das überhaupt? Eigentlich wollte ich sagen, wenn ich herausfinden würde, dass Marco hier so einen Scheiß macht, würde er den Rest seines Lebens Hausarrest bekommen.«

»Er kann von Glück sagen, dass er so eine gute Mutter hat.«

»Tja, meine Mutter hat sich auch nichts von mir gefallen

lassen. Ich schätze, es kommt auf die Erziehung an. Die gibt man weiter.«

»So wäre ich auch gern erzogen worden.« Den Blick aufs Wasser gerichtet, erzählt Cameron, wie seine Mutter ihn bei seiner Tante zurückließ und nie wiederkam.

»O Gott, das tut mir leid, Cameron.« Avery nimmt ihr Paddel und klemmt es hinter sein Brett, um ihn zu sich heranzuziehen. Leise stoßen die beiden Boards gegeneinander. Avery legt Cameron die Hand aufs Knie.

Über ihnen stampfen Schritte über den Steg, das Holz vibriert. Einer der Jugendlichen stößt einen Schrei aus, und kurz rechnet Cameron damit, dass ein testosterongesteuerter Körper in das dunkle Wasser vor ihm fällt. Doch dann hören sie Lachsalven.

Er schüttelt sich. »Manchmal frage ich mich, ob meine Mutter überhaupt noch lebt.« Er senkt die Stimme. »Und gleichzeitig überlege ich dann, ob das schlimmer wäre. Dass sie die ganze Zeit da gewesen ist, all die Jahre, und nie versucht hat, Kontakt zu mir aufzunehmen, verstehst du?«

»Deine Tante hat auch nie mehr von ihr gehört?«

»Nee.«

Avery fährt mit dem Finger am Rand des Paddelbretts entlang, wo sich eine Kette kleiner Wassertröpfchen gebildet hat. »Das muss echt hart für deine Mutter gewesen sein.«

»Für *sie*?«

»Wegzugehen, meine ich. Dich bei jemandem zu lassen, der es besser macht.«

Cameron schnaubt verächtlich und will etwas erwidern, findet aber nicht die richtigen Worte. Natürlich hat er diesen Satz schon öfter gehört. Viele sagen, dass seine Mutter ihn bei seiner Tante ließ, sei für ihn Glück im Unglück gewesen. Ja, letztendlich ein Segen. Selbst Tante Jeanne hat das früher gesagt. Diese hohlen Phrasen kamen Cameron immer bescheuert vor, Plattitüden, damit er sich besser fühlt. Doch als er diese Worte von Avery hört, klingen sie irgendwie wahrer und stichhaltiger.

Als er klein war, stellte er sich immer vor, wie sein Leben mit seiner Mutter ausgesehen hätte, doch in seinen Phantasien war sie immer ... nun ja, eine typische Mutter. So eine wie die Mom von Elizabeth mit ihren Aerobic-Videos und dem berühmten Rezept für Buttertoffeekekse. Natürlich tut es höllisch weh, diesen Verlust zu betrauern. Aber vielleicht hat Avery recht. Mit seiner Mutter wäre es nie so geworden.

»Als ich merkte, dass ich mit Marco schwanger war, hab ich es mir wirklich schwer gemacht«, fährt Avery fort. »Die Entscheidung, verstehst du? Und jeder Einzelne in meiner ätzend großen Familie hatte eine Meinung dazu. Alle meinten, ich würde mein Leben ruinieren, so oder so.«

»Die Leute haben eh keine Ahnung«, sagt Cameron. »Du hast doch richtig was aus dir gemacht!«

»Tja, irgendwie schon, oder?« Ein bescheidenes Lächeln fliegt über Averys Gesicht, dann wird sie wieder ernst. »Aber damals war ich siebzehn. Ich hatte keine Ahnung, worauf ich mich einließ. Ich dachte, es wäre besser – für Marco, nicht für mich –, wenn ihn jemand anders hätte.«

»Du wolltest ihn zur Adoption freigeben?«

»Ich hab's sogar fast gemacht.« Avery zieht die Knie an den Oberkörper. »Meine Familie meinte ständig, es sei das

Beste für alle. Bloß lagen sie in meinem Fall falsch, verstehst du? Die Argumente haben mir schon eingeleuchtet. Es kann die richtige Entscheidung sein.«

Cameron sieht wieder vor sich, wie Avery ihrem Sohn durch die Haare fuhr. Schmutzige Socken fliegen bei ihr nicht herum. Cameron hat sogar Schwierigkeiten, das Geld zusammenzukratzen, um sich einen runtergekommenen Camper zu leisten, muss auf seine mehr als großzügige Tante zurückgreifen, während Avery einen kleinen Menschen großgezogen, nebenbei ein Haus gekauft und einen SUP-Laden aufgemacht hat und nicht zweimal überlegt, bevor sie einem Trottel wie ihm eine Packung organische Vaseline für zwanzig Dollar schenkt. Sie hat wirklich eine Schwäche für angeschlagene Lebewesen.

»Meine Freunde Elizabeth und Brad bekommen bald ein Kind«, sagt Cameron, ohne zu wissen, warum. »Meine besten Freunde. Wir kennen uns schon super lange.«

»Das ist schön«, sagt Avery.

»Ja. Ist unglaublich.« Cameron nickt langsam. »Ich meine, sie haben keine Ahnung, was auf sie zukommt, aber sie werden es schon rausfinden.«

»Mit Sicherheit. Das haben schon Milliarden von Menschen geschafft.«

Cameron lächelt. »Du würdest sie mögen. Ich meine, Brad ist ein Spinner, aber man kann sich auf ihn verlassen. Und ich glaube, mit Elizabeth würdest du dich gut verstehen.« Cameron plätschert mit der Hand im kalten dunklen Wasser. »Wäre schön, wenn du sie kennenlernen würdest. Irgendwann mal.« Er reibt sich den Nacken, der plötzlich ganz heiß ist.

»Ja, klar, gern.« Avery kniet sich aufs Brett und taucht

das Paddel ins Wasser. »Wollen wir zurück? Ganz schön kalt hier unten.«

Als sie eine Stunde später die Spitze des Wellenbrechers umkurven, steht dort wieder die beleidigte Möwe und guckt die beiden böse an. »Lach mal, alte Zicke!«, ruft Cameron und muss schmunzeln. Ethan färbt allmählich auf ihn ab.

Die Möwe hebt den Kopf, reißt den Schnabel auf und stößt den lautesten, bösesten Schrei aus, den Cameron je von einem Vogel gehört hat.

Er erschrickt. Sein Fuß rutscht nach hinten, er verliert das Gleichgewicht und landet mit einem lauten Platschen im Wasser. Zum zweiten Mal.

Nach Luft schnappend, taucht er auf und ruft: »Scheiße, das ist immer noch kalt!«

Wo ist Avery geblieben? Im eisigen Meer rudernd, dreht Cameron sich im Kreis und sucht sie. Er muss wie ein hilfloses Robbenbaby aussehen. Oder wie ein Seelöwe? Er hat vergessen, welcher Flossenfüßer hier im Pazifik heimisch ist. Greift die Kälte schon sein Gehirn an? Kühlt er aus?

»Soll ich dir helfen?« Da ist sie, kommt auf ihrem Board auf ihn zugepaddelt. Sie schüttet sich aus vor Lachen.

»Geht schon«, brummt Cameron und versucht, sich wieder auf das rutschige Brett zu hieven. Kaum hat er ein Knie oben, schießt das Board unter ihm hervor, und Cameron taucht wieder unter.

Als er an die Oberfläche kommt, ruft Avery ihm komplizierte Anweisungen zu: »Verlagere das Gewicht, stell das Knie auf, spann deine Körpermitte an, nein, das andere Knie, den Ellenbogen, greift damit zu, nein, mit der rechten Hand, nein, die *andere* rechte Hand …«

Irgendwann gelingt es Cameron, sich aufs Brett zu hieven. Dort sitzt er patschnass und keuchend, während die Möwe vom Wellenbrecher abhebt und an ihnen vorbeigleitet.

»Kleine Flugratte!«, schimpft Cameron und schüttelt die Faust.

Avery hat genug gelacht. Sie wischt sich mit dem Saum ihres Oberteils über die Augen. »So nah am Ufer! Du hattest es fast geschafft!«

»Schönen Dank auch, dass du an mich geglaubt hast!« Ein leichtes Grinsen zupft an Camerons Mundwinkeln. »Tja, da ich ja schon nass bin …« Er springt ins Meer und schwimmt auf Avery zu. Ihre Warnungen verhallen ungehört, er gibt ihrem Board einen kräftigen Schubs. Kreischend fällt sie auf Cameron, drückt ihn unter Wasser, ihr Brett schießt einige Meter weiter in die Luft.

Grinsend kommt Cameron hoch. »Jetzt sind wir beide nass.«

»Das ist dein Ende!« Averys Stimme klingt wie ein Reibeisen, doch ihre Augen funkeln belustigt. Er legt einen Arm um ihre Taille und zieht sie an sich. Unter Wasser ist ihr Körper fast schwerelos. Sie schlingt die Beine um seine Hüften. Ihm wird höllisch heiß, obwohl sein Körper von den Achselhöhlen abwärts taub vor Kälte ist.

»Du hast keine Sachen zum Wechseln eingepackt«, sagt er mit klappernden Zähnen. »Ich hab gesehen, dass du keine Tasche mitgenommen hast.« Seine Lippen sind so nah, dass er ihren Atem spürt.

»Weil ich nie reinfalle.«

»Gut, dass ich Decken im Bus habe.«

Lachend löst sie sich von ihm. »Cameron, wenn du jetzt

sagst, dass wir dringend aus den nassen Sachen raus müssen …«

Er spielt die beleidigte Leberwurst. »Müssen wir doch, oder nicht?«

»Und wenn du gleich auch noch sagst, wir könnten froh sein, dass wir mit dem Bus gekommen sind, weil Marco ja mit seinen Freunden im Haus ist …«

»Und? Bist du nicht froh darüber?«

»Doch.« Avery zieht sich wieder an ihn heran und küsst ihn, ganz vorsichtig. Ihre Lippen sind salzig. Sie beben, doch als sie den Mund öffnet, ist sie warm, süß, berauschend. Dann schwimmt sie mit einem kräftigen Beinschlag davon. Sie holt ihr Brett zurück, grinst Cameron herausfordernd an, was ihm fast den Rest gibt, und ruft: »Wer als Letzter am Strand ist, hat verloren!«

Es gab ein Mädchen

Es gab ein Mädchen.

Wie Giftefeu windet sich der Satz um alles, was Tova an diesem Tag macht. Als sie morgens ihr Bett macht: *Es gab ein Mädchen.* Als sie darauf wartet, dass der Kaffee durchläuft: *Es gab ein Mädchen.* Als sie die Fußleisten abstaubt (schließlich ist Mittwoch, auch wenn die Welt auf den Kopf gestellt wurde): *ein Mädchen, ein Mädchen, ein Mädchen.*

Erik war sehr beliebt und überlegte sich ganz genau, mit wem er ausging. Auf der Highschool hatte er eine Handvoll Freundinnen gehabt; die Polizei hatte mit allen lange gesprochen. Natürlich waren sie keine Verdächtigen, davon war nie die Rede. Sie waren Menschen, die Erik einmal nah gestanden hatten, die vielleicht wussten, was er an dem Abend machte, ob er allen etwas vorspielte und ausreißen wollte oder …

Mit Ashley Barrington war Erik im Herbst davor zum Homecoming-Ball der Highschool gegangen, doch sie wusste nichts, war an besagtem Abend mit ihrer Familie auf einem Schiff gewesen. Jenny-Lynn Mason, Eriks Abschlussballpartnerin vom Frühling, war ebenfalls keine Hilfe, da sie auf einer Veranstaltung unten in Seattle gewesen war und dort bei einer Freundin übernachtet hatte. Es gab noch Stephanie Lee. Als die Polizei nachhakte, erkannte Tova in ihr die Klassenkameradin, die im Frühjahr mehrmals bei den Sullivans gewesen war, um zusammen mit Erik zu lernen. Stephanie sagte, sie sei zu Hause gewesen und hätte geschlafen. Als der Detective das hörte, hob er zweifelnd die Augenbraue, vergewisserte sich aber später, dass die Aussage stimmte und die junge Frau wirklich nichts wusste.

Es gab ein Mädchen. Warum hatte Tova das nicht gewusst? Als sie versucht, sich auf das Kreuzworträtsel in der vor ihr liegenden Zeitung zu konzentrieren, scheinen ihre Augen keinen Halt zu finden. *Acht Buchstaben: waghalsig, tollkühn.* Sie weiß, dass die Antwort VERWEGEN lautet, doch ihr Stift will MAEDCHEN schreiben. Oder, noch besser, den Namen des Mädchens. Wie hieß sie? Hat Tova den Namen mal gekannt und vergessen? Hat sie ihn gehört, aber ihm keine Bedeutung zugemessen? Ist Adam Wright der Name noch eingefallen? Hat er überhaupt versucht, sich zu erinnern? Tova hat ihn im Telefonbuch gesucht, aber er stand nicht drin, was einleuchtet, da er gerade erst hergezogen war. Außerdem hat er das Gespräch im Elland Chophouse vielleicht längst vergessen. Er hatte ja einige Martini intus.

Auch das zerrt an Tovas Nerven. Was weiß man schon über Adam Wright? Wer sagt, dass man sich auf die alkoholgeschwängerte Erinnerung eines Menschen verlassen kann, der schon mittags betrunken ist? Er war ein Schulfreund von Erik, kein enger Kumpel. Hat er selbst gesagt.

Tova knibbelt am Resopal auf dem Küchentisch. Schreckliche Angewohnheit, an dem losen Ende herumzunesteln. Sie sollte die Ecke jetzt sofort mit Sekundenkleber reparieren. Stattdessen fummelt sie weiter daran herum. Warum löst sich alles auf?

Wenn sie an jenem Tag nicht mit ihrem Kreuzworträtsel im Hamilton Park gewesen wäre, wenn es nicht diese Verbindung über Debbie Harry von Blondie gegeben hätte, ausgerechnet Blondie, meine Güte … Hätte Adam sie dann im Elland Chophouse überhaupt erkannt?

Wieso erinnert er sich erst jetzt an Details aus jener Nacht?

Warum ist Erik mit dem Boot rausgefahren?

Warum weiß Adam den Namen des Mädchens nicht mehr?

Warum hat Erik ihr nicht von dem Mädchen erzählt?

Warum kommt das alles erst jetzt hoch?

»Warum?«, fragt Tova Cat, der in einem Kreis Sonnenschein auf dem Linoleum liegt. Er leckt seine Pfote und blinzelt.

Es ist Jahre her, dass Tova mit so vielen Fragen über Erik jongliert hat. Es erschöpft sie so sehr, dass sie sich nach dem Mittagessen zu einem Nickerchen auf die Couch legt, was sie seit Jahren nicht mehr getan hat.

Das Klingeln des Telefons dringt in ihren Schlaf. Tova tastet nach dem Hörer, lässt ihn fast fallen und meldet sich mit belegter Stimme: »Hallo?«

»Ich habe eine super Nachricht!« Es ist eine Frau, und für den Bruchteil einer Sekunde denkt Tova: *das Mädchen*. Doch es ist Jessica Snell, die Maklerin.

»Aha?« Tova setzt sich auf und reibt sich die Schläfe.

»Wir haben ein Angebot. Zehntausend über dem veranschlagten Preis!« Jessica Snell spult eine ganze Litanei von Informationen über die potenziellen Käufer und deren Angebot herunter und erklärt Tova, was sie tun muss, falls sie annehmen will. »Wohlgemerkt, wir haben noch nicht mal einen Tag der offenen Tür veranstaltet, deshalb würde ich es Ihnen nicht übel nehmen, wenn Sie noch ein wenig warten möchten, aber ich kann Ihnen sagen, dass das ein gutes Angebot ist. Wir hatten den Preis hoch angesetzt. Wir könnten jetzt einen Gegenvorschlag machen und das Haus noch vor dem Tag der offenen Tür vom Markt nehmen. Was meinen Sie?«

»Ja, gut.« Tova nimmt eine Zeitungsseite und einen Stift und kritzelt die Zahlen neben das halbfertige Kreuzworträtsel vom Vortag an den Rand. In letzter Zeit schafft sie es einfach nicht mehr, die Rätsel zu vervollständigen. Es ist ihr auch irgendwie nicht mehr so wichtig wie früher. »Okay, wir machen das mit dem Gegenvorschlag.«

»Super. Ich maile Ihnen die Unterlagen. Moment, wie ist Ihre ... haben wir Ihre E-Mail-Adresse schon abgespeichert?«

Tova schnieft. »Ich habe keine E-Mail-Adresse.«

»Ah, gut, Sie haben mir ja den Maklervertrag vorbeigebracht«, fährt Snell ohne zu zögern fort. »Kein Problem, dann machen wir es so. Ich werfe Ihnen heute Abend eine Kopie unseres Vorschlags rein, in Ordnung?«

»Sehr gut.«

Nachdem Tova aufgelegt hat, atmet sie schwer. Die Interessenten werden auf das Gegenangebot eingehen. Der Vertrag wird unterzeichnet, das Haus verkauft werden.

In der Küche schenkt sie sich eine Tasse kalten Kaffee aus der Maschine ein und stellt sie in die Mikrowelle, dann geht sie durch die Hintertür nach draußen. Auf der hinteren Veranda liegt Cat wieder in der Sonne. Bei seinem Anblick stößt Tova einen bitteren Seufzer aus. Als sie sich auf die kleine Gartenbank setzt, springt der Kater auf ihren Schoß, setzt ihr die Pfoten auf die Brust und reibt den Kopf an ihrem Kinn.

»Was sollen wir mit dir machen, kleiner Kerl?« Sie krault das besonders weiche Fell hinter seinen Ohren. »Ich glaube nicht, dass du einfach wieder draußen leben kannst.«

Als Antwort schnurrt er. Vielleicht ein Problem, das an einem anderen Tag gelöst werden muss.

Es gab ein Mädchen.

Die Vorstellung nagt am Rand von Tovas Bewusstsein, als sie die Unterlagen von Jessica Snell unterschreibt. Der Gedanke zupft und ziept an ihrem Gehirn, als sie das Abendessen zubereitet. Auf der kurzen Autofahrt den Hügel hinunter zum Aquarium schwebt er um sie herum wie eine lästige Fliege. Die Zufahrt zum Parkplatz erscheint wie aus dem Nichts, Tova verpasst sie beinahe, dabei ist sie hier schon tausend Mal abgebogen.

Wahnsinn. So fängt es an: Sie verliert den Verstand. Durch die beiläufige Bemerkung eines Typs, der zu viele Martinis getrunken hatte.

Cameron scheint heute in einer anderen Welt zu sein, und so arbeiten die beiden schweigend nebeneinander: Tova füllt Essig und Wasser in den Eimer, er wischt und wringt den Mopp aus. Als sie schließlich an der östlichen Seite des Gebäudes angekommen sind, fragt Tova: »Irgendeine Neuigkeit von Ihrem Vater?«

»Nee.«

»Das tut mir leid.« Mit aufgesetzt munterer Stimme sagt Tova: »Sie werden ihn schon finden, und dann wird er sich riesig freuen, dass Sie ihn gesucht haben.«

»Kann sein.« Cameron ist schon hinter der Kurve verschwunden.

Tova geht hinterher und bleibt stehen, um durch die dicke Glasscheibe in Marcellus' Becken zu spähen. Der Krake treibt hinter seinem Stein hervor, blinzelt zur Begrüßung und drückt dann ein Tentakel an die Scheibe. Die perfekt gerundeten Saugnäpfe sehen aus wie winzige Porzellanteller von einer Armee kleiner Puppen. Er zieht sich an der glatten Fläche entlang.

Tova hat eine Idee, wie sie den jungen Mann aus seiner Benommenheit holen kann.

»Wir nehmen besser den anderen Hocker, oder?«

Skeptisch verfolgt Cameron, wie Tova den alten kaputten Tritthocker wegzieht und ihn durch den neuen ersetzt. Irgendjemand muss sich um das alte Teil kümmern. Vielleicht wirft Cameron ihn heute Abend draußen in den Container.

»Letztes Mal hat Marcellus sich versteckt«, erinnert Cameron seine Kollegin. »Wieso glauben Sie, dass es heute anders ist?«

»Heute hat er bessere Laune.«

»Ach, ja? Bessere Laune?« Selbst eine Krakenflüsterin kann nicht erkennen, welche Laune ein wirbelloses Tier hat. Oder doch? Cameron späht in den Behälter. Marcellus sieht aus wie immer, er lässt sich herumtreiben wie ein Alien, und sein nervtötendes Auge bewegt sich, als hätte es einen eigenen Willen. Wenn man Marcellus aufschneiden würde, wäre Cameron nicht verwundert, wenn man innen lauter Kabel und Schaltkreise finden würde. Ein Spionageroboter in Gestalt eines Meeresbewohners, von einer fernen Galaxie hier abgesetzt. Gibt es nicht einen Film, in dem so was vorkommt? Wenn nicht, sollte es einen geben. Cameron könnte das Drehbuch schreiben.

Nur zögernd steigt er auf den Hocker und schaut zum Nachbarbecken hinüber. Seewölfe. Wirklich die hässlichsten Kreaturen, die Cameron je gesehen hat. Am Becken hängt ein Schild, dem er entnimmt, dass Seewölfe zur Familie der Aale gehören, genauer gesagt, der Aalmutterverwandten, auch wenn sie keine Ähnlichkeit mit den schlangenförmigen Fischen haben. Schon wieder Aale, denkt Cameron. Zwei Seewölfe sind draußen, stehen neben einem Stein. Ihre grässlichen Zähne ragen aus dem vorstehenden Unterkiefer. »Wir können ja auch mit denen spielen! Die sehen genauso freundlich aus.«

Tova überhört die sarkastische Bemerkung, klettert auf den Hocker und taucht die Hand ins Becken. Cameron sieht zu, wie Marcellus seine Arme um Tovas Handgelenk wickelt. Sie berührt ihn oben am Mantel, und das Wesen scheint sich an ihre Hand zu lehnen, so wie Katies dämlicher kleiner Hund, wenn er auf ihrem Schoß saß.

»Du sagst jetzt meinem Freund Cameron hallo, und diesmal bist du lieb«, sagt Tova zum Kraken. Sie gibt Cameron ein Zeichen, zu ihr auf den Hocker zu steigen. Er verdreht die Augen. Aber Marcellus scheint zu gehorchen. Er lässt Tovas Arm los und richtet seinen unergründlichen Blick auf Cameron.

»Okay«, brummt der, schält sich aus seinem Lieblings-Hoodie und wirft es auf die Arbeitsfläche, dann klettert er zu Tova hoch. Vorsichtig taucht sie seine Hand ins Becken. Das Wasser ist eiskalt. Kälter noch als der Puget-Sund, für dessen Temperatur Cameron nach seinem Ausflug mit Avery nun ein Experte ist.

Das Tier hebt einen Tentakel und streift Camerons Hand.

»Ah!« Instinktiv zieht er die Hand aus dem Wasser. Tova schmunzelt.

»Es ist normal, ein bisschen Angst zu haben«, sagt sie.

»Hab ich gar nicht«, brummt Cameron. »Es ist nur super kalt.«

»Noch mal!«, ermuntert sie ihn.

Er gehorcht und zwingt sich diesmal, die Hand im Wasser zu lassen, damit Marcellus den Handrücken betasten kann. Der Oktopus schlingt das Ende seines Fangarms um Camerons Handgelenk. Jeder einzelne Saugnapf fühlt sich an wie ein eigenständiges Wesen, und bevor Cameron sich versieht, hat er das Gefühl, als würden Hunderte Tierchen an seinem Arm emporkrabbeln.

Zu seiner Überraschung muss er lachen.

Tova lacht ebenfalls. »Fühlt sich lustig an, oder?«

»Ja.« Cameron guckt ins Wasser. Marcellus' Auge funkelt seltsam, als würde er mit ihnen lachen. Sein muskulöser Tentakel greift fester zu, reicht jetzt bis zu Camerons Ellenbogen. Wie viel Kraft hat dieses Tier eigentlich genau?

Cameron sorgt sich so sehr um die Durchblutung seines Arms, dass er gar nicht merkt, wie sich der andere Tentakel um ihn herumwindet. Erst als Marcellus ihm auf die andere Schulter tippt, wirbelt er herum, aber da ist natürlich niemand. War das Absicht? Ein Scherz des Kraken?

»Ah, er hat Sie verschaukelt!« Tovas Augen blitzen. »Das hat mein Mann auch immer mit meinem Sohn gemacht. Ältester Trick aller Zeiten.«

Der Oktopus löst seine Tentakel. Als Cameron vom Hocker steigt, untersucht er die Abdrücke der Saugnäpfe an der Unterseite seines Arms.

»Die verschwinden schnell«, versichert Tova ihm.

»Ihre nicht«, gibt Cameron zu bedenken.

»Meine Haut ist siebzig Jahre alt, mein Lieber. Ihre erholt sich schneller.«

Es ist eh egal. Die Abdrücke sehen irgendwie cool aus, wie eine Tätowierung. Vielleicht kann er Avery damit beeindrucken. Cameron nimmt eine Rolle Papiertücher aus dem Regal und trocknet seinen Arm damit ab. Als er sich umdrehen und das zerknüllte Papier in den Mülleimer in der Ecke des kleinen Pumpenraums werfen will, bemerkt er etwas Glänzendes im Krakenbecken. Es liegt in der Nähe des großen Steins, hinter dem das Tier vor einer Minute verschwunden ist, und ist fast vollständig von Sand bedeckt.

»Was ist das?«, fragt er Tova.

Sie sieht ihn fragend an.

»Das, was da glänzt.« Cameron bückt sich und schaut durch die Scheibe. Tova rückt ihre Brille zurecht und tut es ihm nach.

»Herrjemine!« Sie runzelt die Stirn. »Weiß ich nicht.«

Wie auf ein Stichwort schlängelt sich ein Tentakel des Kraken aus seiner steinigen Höhle und tastet mit der Spitze den Sand ab. Die Bewegung erinnert Cameron an seine Tante, wenn sie auf dem Sofa eingeschlafen ist und in den Kissen halbblind ihre Brille sucht.

»Ich glaube, er sucht es«, sagt Cameron und glaubt selbst nicht recht, was er da von sich gibt. Hat das Wesen ihm tatsächlich zugehört?

Bevor Tova antworten kann, entdeckt der Krake den geheimnisvollen Gegenstand und wischt den Sand zur Seite. Blinzelnd schaut Cameron durch die Scheibe. Es ist ein silbernes tropfenförmiges Etwas, vielleicht zweieinhalb Zentimeter lang. Ein Angelköder? Nein, ein Ohrring. Ein Frauenohrring.

Blitzschnell zieht das Tier den Ohrring in seine Höhle.

Aus irgendeinem Grund wirft Tova den Kopf in den Nacken und lacht.

»Was ist denn so lustig?«

Sie legt eine Hand auf die Brust. »Ich möchte behaupten, unser Marcellus ist so etwas wie ein Schatzsucher.«

»Ein Schatzsucher?«

Cameron folgt Tova nach draußen. Sie erzählt von ihrem verlorenen Hausschlüssel, den der Oktopus offensichtlich in seinem Becken fand und ihr eines Abends zurückgab. Cameron nickt, aber weiß nicht, was er von der Geschichte halten soll. Tova ist ja eine nette alte Dame, doch manches, was sie über ihren Marcellus erzählt, ist einfach verrückt. In einvernehmlichem Schweigen arbeiten die beiden weiter. Cameron lässt seine Gedanken schweifen, denkt an den Abend mit Avery, an den Duft ihres Haares auf seinem Kopfkissen. Er will nicht ständig aufs Handy gucken und überprüfen, ob sie ihm geschrieben hat. Nein. Und auf dem Heimweg wird er auch nicht bei ihrem SUP-Laden vorbeigehen, denn der hat dann eh längst geschlossen. Auf gar keinen Fall. Das nimmt er sich fest vor, während er geistesabwesend den Müll einsammelt und neue Müllbeutel einlegt.

»Vergessen Sie nicht, die Beutel um den Rand zu spannen!«, ruft Tova aus dem Gang.

Woher weiß sie das schon wieder? Hat sie Augen auf dem Rücken? Vielleicht hat sie eine Kamera in ihrer Omafrisur versteckt. Vielleicht ist sie ebenfalls ein Spionageroboter aus einer fernen Galaxie. Wäre eine geniale Wendung für Camerons Drehbuch.

»Der Beutel ist ganz über den Rand gezogen, hier!« Er weist auf den Mülleimer.

»Ziehen Sie ihn noch weiter runter! Das dauert genauso lange.«

»Das reicht so!«

»Wenn der Beutel voll ist, rutscht er rein.«

»Wenn es so weit ist, kann sich ja jemand drum kümmern.«

Mit verschränkten Armen dreht sich Tova zu ihm um. »Hat Ihnen Ihre Mutter nicht beigebracht, es von Anfang an richtig zu machen?«

Cameron starrt sie an. »Ich hatte nie eine richtige Mutter.«

Tova wird blass.

»Sie war … Ich meine, sie hatte Probleme. War abhängig. Mit neun Jahren habe ich sie zuletzt gesehen.«

»Oje. Das tut mir leid, Cameron.«

»Schon gut«, brummt er und zieht den Mülleimerbeutel nach unten. Es ärgert ihn, dass es wirklich nicht länger dauert. Als er hochschaut, reibt Tova eifrig über einen nicht vorhandenen Fleck auf der Scheibe und weicht seinem Blick aus.

»Ist wirklich in Ordnung«, wiederholt er. »Konnten Sie doch nicht wissen.«

»Das ist auf jeden Fall nicht in Ordnung. Ich muss besser aufpassen, was ich sage.«

»Nein, ich hätte Sie in Ruhe lassen sollen. Ich bin nur müde. Terry wollte, dass die Haie heute mehr Kabeljau kriegen, und Michaela war nicht da, sie ist krank, deshalb hab ich zwischen den Fütterungen noch Schreibtischdienst gemacht. Ständig klingelte das Telefon und … es war einfach ein langer Tag.«

»Sie arbeiten wirklich hart.«

»Kann sein.« Die Worte erfüllen ihn, langsam und warm wie eine heiße Hühnersuppe an einem kalten Tag. Es ist vielleicht das schönste Kompliment, das er je bekommen hat.

»Doch.« Tova lächelt ihn an und nickt ihm anerkennend zu, dann putzt sie wieder die Glasscheibe.

»Die Wahrheit ist, dass ich zwar keine Mutter hatte, aber eine Tante Jeanne«, erklärt Cameron. Er nimmt den Mopp und fängt an, über die Fußleisten zu wischen. »Sie hat mich großgezogen, nachdem meine Mutter abgehauen ist.«

Tova sieht hoch. »Erzählen Sie mehr von ihr!«

»Sie gehört zu den wunderbarsten Menschen auf dieser Erde, aber Sie würde meine Tante vielleicht nicht mögen.«

»Warum das denn nicht?«

Ein verschwörerisches Grinsen legt sich auf Camerons Gesicht. »Sie hat mit Sicherheit keine Ahnung, wie man Mülleimerbeutel richtig einlegt.«

Tovas Lachen hallt durch den leeren Gang.

1349. TAG
IN GEFANGENSCHAFT

Sie sehen es nicht.

Seit Wochen arbeiten sie nun schon zusammen. Wieso fällt es ihnen nicht auf?

Ich habe meine Sammlung schon viele Male durchsucht und überlegt, welcher Gegenstand den beiden einen entsprechenden Hinweis geben könnte. Ein sinnloses Unterfangen. Und jetzt ist meine Sammlung durcheinander. Sie quillt aus meiner Höhle, unordentlich, wirr. Gefährlich. Wenn das Becken das nächste Mal gesäubert wird und ich nicht besser aufpasse, wird mein Lager entdeckt werden. Auch wenn ich fürchte, bei der nächsten Putzaktion gar nicht mehr da zu sein.

Den beiden Menschen zuliebe muss ich ausharren. Ich kann diese Geschichte nicht auf sich beruhen lassen, so wie es jetzt aussieht. Und wie es bleiben wird, wenn ich mich nicht einmische und dafür sorge, dass sie es begreifen.

Die Trächtigkeit beim Menschen dauert ungefähr zweihundertachtzig Tage. Die Zeugung muss ungefähr zu dem Zeitpunkt stattgefunden haben, als der Junge verschwand. Der werdenden Mutter wurde jedoch erst Wochen später klar, dass sie einen Embryo in sich trug. Wenn der Nachwuchs nicht geplant ist, kann das manchmal Monate dauern. Im Laufe meiner Gefangenschaft habe ich dieses Szenario schon zig Mal bei den Besuchern beobachtet.

Wenn Tova wüsste, wann der junge Mann Geburtstag hat … Oder seinen Nachnamen. Würde das reichen? Ich muss es versuchen.

Warum ist es mir nur so wichtig, dass sie es erfährt? Ich kann es nicht genau sagen. Doch mein Ende rückt näher, und damit das Ende meiner Zeit im Aquarium. Wenn die beiden nicht bald dahinterkommen, wird ein Loch in ihrem Leben bleiben.

Im Allgemeinen mag ich Löcher. Das Loch oben in meinem Becken bringt mich in die Freiheit.

Aber das Loch im Herzen dieser Frau gefällt mir nicht. Sie hat nur ein Herz, nicht drei wie ich.

Tovas Herz.

Ich werde alles tun, was ich kann, um es zu flicken.

Manche Bäume

Der Berg von Geschirrtüchern droht zu kippen, als Tova das nächste obenauf legt. Auf ihrem Speicher erheben sich zig solcher Stapel. Die langen Holzbalken über ihr leuchten im Nachmittagslicht, das durch das große Panoramafenster fällt, wie in einer Kathedrale. Tova ist allerdings nicht so sonnig zumute. Sie mag keine Stapel.

Will war berüchtigt für seine Stapelei: Quittungen, alte Werbebriefe, Zeitschriften, die er schon zweimal gelesen hatte, Zettel, auf denen er etwas notiert hatte, das er selbst nicht mehr entziffern konnte. Ging es nach Will, mussten all diese Dinge aufgehoben werden. Wenn Tova über die Unordnung meckerte, bildete er aus dem ganzen Müll einfach einen neuen Stapel, begradigte die Kanten und schob ihn an den Rand der Arbeitsfläche oder der Kredenz und sagte zufrieden: *Siehst du? Sauber und ordentlich.*

Dann wartete Tova, bis er in seinem Fernsehsessel eingedöst war, und beförderte die gesammelten Werke mit einem Seufzer dorthin, wo sie hingehörten: manchmal in den Aktenschrank, aber meistens in den Mülleimer. Als Wills Krebserkrankung so viel Papierkram produzierte, dass der kleine Aktenschrank überquoll, kaufte Tova einen zweiten und erweiterte ihr Ablagesystem, so dass jedes Schreiben von der Versicherung und jede Arztrechnung ihren Platz hatte. Während sich der Krebs durch die Organe ihres Mannes fraß, übernahm seine Pflege die Herrschaft über ihr Leben, doch Tova hätte niemals zugelassen, dass der Papierkram die Herrschaft über die Ablageflächen in der Küche gewinnt.

»Was für ein Chaos, hm?«, fragt Tova Cat, als der Kater die Treppe zum Dachboden hochgetrippelt kommt. Kurz darauf taucht sein grauer Schwanz wie zu einem Fragezeichen gewunden hinter einem Karton auf. Mit seiner schlanken Gestalt umkurvt das Tier unglaublich anmutig die Stapel und tapst, ohne auch nur ein Staubkorn aufzuwirbeln, zu einer Lache Sonnenschein neben Tova. Cat wirft ihr einen gelangweilten Blick zu, dann legt er sich auf die Seite und schließt seine gelben Augen.

Tova lächelt, und ihr Verdruss lässt ein wenig nach. »Du bist wahrscheinlich hier hochgekommen, um zu schlafen, was?« Sie streichelt ihm über die Seite, und der Körper beginnt zu kollern und zu schnurren.

Tova hat alles in drei Kategorien aufgeteilt. Immerhin ein Anfang. Ein System. Morgen kommen Barb und Janice vorbei, zusammen mit Janices Sohn Timothy und zwei oder drei von seinen Freunden. Sie wollen Tova beim Sortieren und Schleppen helfen. Sie hat versprochen, Pizza für alle zu bestellen, obwohl es ihr übertrieben erscheint, wo ihre Tiefkühltruhe doch voll mit Aufläufen ist. Aber sie braucht die Hilfe, und es ist besser, wenn sie die Leute kennt, als eine Gruppe Fremder auf das Erbe ihrer Familie loszulassen. Außerdem haben Barb und Janice immer wieder angerufen und ihre Unterstützung angeboten. Dieser Einsatz wird sie erst mal besänftigen.

Die erste Kategorie, deutlich die kleinste, sind die Sachen, die Tova mit nach Charter Village nehmen will:

zwei alte Spielzeugautos von Erik, eine Handvoll Fotografien, den Rest des Porzellanservices ihrer Mutter, aus dem sie hin und wieder einen Kaffee trinken will, wie sie sich vorgenommen hat. Eigentlich ist es eine Schande, dass so vieles jahrelang nicht benutzt wurde. Jahrzehntelang.

Sie zerknüllt das Einwickelpapier der Untertasse und wirft es zur Tür hinüber: Müll. Dorthin wandert auch ein großes Fotoalbum und weitere Erinnerungsstücke. Auch wenn es schade ist, diese lange aufbewahrten Sachen wegzuwerfen: Wo soll sie sonst damit hin? Janice hat eine Lagerbox vorgeschlagen aber warum? Es gibt niemanden, der den Kram will.

Dann der größte Teil: alles, was Tova spenden will. Ein Lkw von einem ortsansässigen Secondhandladen kommt nächste Woche vorbei und holt alles ab. Der Großteil von Eriks Spielzeug gehört zu dieser Kategorie; vielleicht können es ja anderer Leute Enkelkinder gebrauchen. Neben den alten Spielsachen steht das gute Essservice von Tovas Mutter. Es hat die Reise über den Atlantik überstanden, also sollte es auch die Fahrt zum Secondhandladen schaffen; ob es jemand kauft, wenn es da steht, ist eine andere Frage. Erst hatte Tova es Janice schenken wollen, doch die meinte, sie hätte nicht genug Platz. Barb mit all ihren Elefanten hat offenbar ebenso wenig Stauraum. Tova hat sogar überlegt, das Service Mackenzie anzubieten, dem jungen Mädchen, das am Eingang vom Aquarium arbeitet, oder der jungen Frau, die den Paddelladen neben Jessica Snells Maklerbüro betreibt. Doch junge Frauen haben nichts mehr für feines Porzellan übrig. Sie haben keine Verwendung für alte Sachen aus Schweden. Sie haben ihr eigenes Geschirr, wahrscheinlich von Ikea. Neue Sachen aus Schweden.

Zu der Kategorie, die gespendet wird, gehören fünf Dalapferde, Holzfiguren mit kurzen Beinen, die kunstvoll rot, blau und gelb angemalt sind. Das sechste Pferd, das Erik kaputt gemacht hat, ist seit Jahren verschwunden. Tova hat immer gehofft, es irgendwann zu finden und zu reparieren, doch was würde das jetzt noch nützen? Sie nimmt eines der Pferde in die Hand und betrachtet es. Wenn sie die Figuren nach Charter Village mitnimmt, stehen sie dort herum, bis jemand anders sie irgendwann entsorgen muss. Nicht mal ein Anwalt mit riesigen Hauern, der einen Detektiv beauftragt, wird jemanden finden, der die Pferde will.

Die Dalapferde wechseln den Standort. Sie werden Tova ins Altenheim begleiten.

Sie greift zu einem Stapel vergilbter Kissenbezüge; ihre Mutter hatte die Rosenbordüre selbst auf den Rand gestickt. Tova lässt die Bettlaken auf den nächsten Wäschestapel plumpsen, der vor dem Abholen noch gewaschen werden muss. Eine Staubwolke steigt auf.

All diese Gegenstände hatte sie aufgehoben, um sie eines Tages weiterzugeben, Erinnerungsstücke, die entlang der Äste des Familienstammbaums weitergereicht werden. Doch schon vor langer Zeit hat ihr Baum aufgehört zu wachsen, sein Blätterdach dünnte aus, nicht ein einziger Sprössling kam aus dem verfaulenden alten Stamm. Aus manchen Bäumen sollen keine zarten neuen Zweige sprießen. Sie sollen stoisch im Wald stehen und stumm vergehen.

Tova faltet den nächsten Gegenstand für den Wäschestapel auseinander: eine Leinenschürze voller Falten. Die trug ihre Mutter immer beim Backen. Tova hält sie sich vors Gesicht; die Schürze riecht säuerlich, wie schlecht gewordenes Mehl. Tova legt die fransigen Bänder übereinander und versucht, den Gedanken zu verdrängen, der schon den ganzen Nachmittag an ihr nagt: *Es gab ein Mädchen.*

Wenn Erik an dem Abend nicht gestorben wäre, wäre das Mädchen vielleicht ihre Schwiegertochter geworden. Möglicherweise hätte Tova in dieser Schürze der Frau ihres Sohnes gezeigt, wie man seine Lieblingsplätzchen backt, und ihr die Schürze geschenkt, wenn Tovas Zeit gekommen wäre.

Schluss jetzt mit diesen widersinnigen Gedanken. Wer auch immer das Mädchen war – sie war Erik nicht wichtig genug, um von ihr zu erzählen.

Die Vorstellung tut trotzdem weh.

Cat beendet seinen Mittagsschlaf, als eine Bremse immer wieder von außen gegen die Fensterscheibe fliegt und den schlafenden grauen Stubentiger zu einer ernsten, wenn auch völlig sinnlosen Jagd herausfordert. Tova beobachtet, wie die Katze zum Fenster springt und mit der Tatze gegen die Scheibe schlägt, während die Fliege völlig ungerührt draußen sitzt.

»Ich weiß, wie das ist«, sagt Tova mit einem mitleidigen Nicken. Zu wissen, dass etwas da ist, ohne es greifen zu können, ist wirklich pure Folter. Mit einem gequälten Miauen stolziert Cat davon, windet sich wieder durch das Labyrinth von Stapeln und verschwindet die Treppe hinunter.

Tova wirft einen Blick auf die Uhr: gleich fünf. »Ich muss mir wohl Gedanken ums Essen machen«, murmelt sie vor sich hin, hievt ihre schmerzenden Gelenke aus dem niedrigen Sessel und bahnt sich einen Weg durch das Chaos. Es ist nicht ihre Art, eine Aufgabe nur halb zu erledigen. Als sie den Stapeln und Stößen den Rücken zukehrt, vorsichtig mit ihrem noch empfindlichen Knöchel auftritt und die Treppe hinuntersteigt, steigt ein rebellisches Gefühl in ihr auf.

Auf dem Speiseplan für den Abend steht ein Sandwich mit Eiersalat – mal wieder. Die ganze Woche hat Tova nichts anderes als Eiersalat gegessen. (Letzte Woche war ein Gutschein in der Post: ein Dutzend kaufen, ein zweites Dutzend umsonst dazu.) Doch heute will Tova einfach nicht noch ein krümeliges Sandwich essen.

Es stimmt, in letzter Zeit hat sie ihre Einkäufe morgens erledigt. Nicht weil sie Ethan mit seiner Einladung aus dem Weg gehen würde. Natürlich nicht. Sie schaut noch mal auf die Uhr. Eigentlich müsste er jetzt arbeiten. Tova reibt sich übers Gesicht. Es fühlt sich so alt an wie die Gegenstände oben auf dem Speicher, als hätte sich der Staub in jede Falte und Runzel gelegt. Ein nettes Gespräch mit dem Schotten wäre jetzt genau das Richtige.

»Ich gehe mal eben einkaufen«, informiert sie Cat auf der Armlehne der Couch, wo er zweifellos eine graue Haarschicht hinterlassen wird, die Tova später mit einer Fusselbürste entfernen muss. Egal. Sie wird die Couch natürlich nicht mit nach Charter Village nehmen, sie ist viel zu groß. Außerdem gibt es Schlimmeres als Katzenhaare.

Eine schwere Dunstglocke liegt über Sowell Bay. Einige gelangweilt wirkende Jugendliche treiben sich vor dem Supermarkt herum. Träge und lässig die Glieder in der sengenden Sonne ausgestreckt, erinnern sie Tova an eine

Sammlung langbeiniger Insekten. Als sie auf dem Weg zum Eingang über das ausgestreckte Bein eines jungen Mannes steigen muss, schnalzt sie vorwurfsvoll mit der Zunge.

Die Türglocke klingelt, und Ethan Mack schaut mit einem breiten Grinsen von seiner Kasse hoch. »Tach, Tova!«, ruft er. Der kalte Hauch aus der Klimaanlage macht ihr Gänsehaut auf den Armen. Sie hätte einen Pullover mitnehmen sollen.

»Guten Tag, Ethan.« Plötzlich weiß Tova nicht mehr, was sie sagen soll. Sie eilt hinüber zu den Gängen mit den Lebensmitteln. Dort ist es sogar noch eisiger. Tova legt eine Tüte leuchtender Rainier-Kirschen in ihren Korb. Nach kurzem Zögern füllt sie noch eine zweite Tüte. Die Kirschenzeit ist so kurz, und das Obst sieht wirklich lecker aus.

»Wow, nur drei Dollar das Pfund! Ist ja'n Schnäppchen!«

Tova dreht sich um. Eine Frau, die sie von irgendwoher kennt, schiebt sich eine Kirsche in den Mund. Tova braucht einen Moment, bis sie weiß, dass es Sandy von Mary Anns Abschiedsessen ist. Adam Wrights Freundin. Der Adam Wright, der nicht im Telefonbuch steht.

»Ah, Mrs. Sullivan, nicht?« Sandy wischt sich mit dem Handrücken den Saft aus den Mundwinkeln und grinst verlegen. »Schön, Sie wiederzusehen. Da haben Sie mich wohl auf frischer Tat ertappt.«

»Keine Sorge, ich werde Sie nicht verraten«, erwidert Tova mit angedeutetem Lächeln. »Freut mich auch, Sandy. Ich hoffe, Adam und Sie haben sich gut eingelebt.« Tova ist durch die Neubausiedlung in der Hoffnung gefahren ist, zufällig einen der beiden beim Reinholen der Post oder beim Rasenmähen zu erwischen. Es ist ihr peinlich. Jeder hat das Recht, auf seinem eigenen Grundstück nicht belästigt zu werden. Gerade Tova sollte das wissen. Und selbst wenn es ihr gelungen wäre, einen von den beiden zu erwischen: Wer sagt denn, dass Adam noch mehr über Eriks angebliche Freundin weiß, als er beim Essen durchblicken ließ? Die betreffende Nacht liegt schließlich dreißig Jahre zurück.

Und doch kann Tova seine Worte nicht vergessen. Sie erschaudert wieder.

Sandy nimmt noch eine Kirsche und reißt den Stiel ab. »Danke und ja, allmählich fühlen wir uns zu Hause. Es ist einfach wunderschön hier. Herrlich, so weit weg vom Gewühl und Gewimmel der Großstadt.« Sandy beißt die Kirsche entzwei und nimmt den Stein heraus, dann stößt sie ein kehliges »Hmmmm« aus und küsst ihre Fingerspitzen. »Müssen Sie echt mal probieren! Die sind göttlich!«

»*Aye*, Sie da! Die sind nicht umsonst!«, dröhnt Ethans Stimme durch den Markt. Mit dem Zeigefinger drohend kommt er herüber. Sandy wird aschfahl, doch Tova lächelt und schüttelt den Kopf. Ethans Augen funkeln.

Liebevoll stößt er Sandy an. »Will Sie doch nur ärgern. Stört hier keinen, wenn Sie ein paar Sachen probieren. Super Jahr für Kirschen diesmal, was?«

Sandy lacht nervös. »Puh! Ich dachte schon, ich bekäme Hausverbot im einzigen Supermarkt am Platz.«

»'türlich nicht. Wir sind hier sehr offen, Tova, stimmt's?«

Tova neigt den Kopf. »Würde ich schon sagen.«

Schmunzelnd hakt Ethan die Daumen hinter die Träger seiner Schürze. »So, ich überlasse die Damen besser ihrem Einkauf. Sagt kurz Bescheid, wenn ihr zahlen wollt.« Mit einem fröhlichen Nicken dreht er sich um und trottet zu den Melonen hinüber, wo er anfängt, die Cantaloupes ordentlich zu stapeln.

»In dieser Stadt gibt's einige Originale, was?« Sandy sieht zu Ethan hinüber. »Adam hat immer versucht, mir die … nun ja, die Einzigartigkeit von Sowell Bay zu erklären. Aber ich muss zugeben, ich habe es erst verstanden, als ich hier war.«

»Tja …« Tova schaut auf die Melonen. Wahrscheinlich gehört auch sie zu den Originalen dieser Stadt.

»Wissen Sie, ich dachte immer, ich könnte nicht in einer Kleinstadt leben. Alle sind freundlich, sicher, aber auch … keine Ahnung. Interessiert an den Angelegenheiten der anderen?«

»Wir sagen lieber, wir kümmern uns umeinander.«

Ein dünnes Lachen entweicht Sandys korallrotem Mund. Sie legt die Tüte mit den Kirschen auf die Waage. »Adam meint, ich würde mich daran gewöhnen.«

»Da hat Adam bestimmt recht.« Tova zwingt sich zu lächeln. Worüber werden die Leute im Altenheim tratschen? Wird sie da auch als Original gelten? Vielleicht lernt sie jemanden kennen, der mit Lars befreundet war. Wäre das gut oder schlecht?

»Apropos Adam.« Sandy beugt sich vor und verlagert das Gewicht in ihren strassbesetzten Sandalen, als wäre sie lieber nicht in der Gemüseabteilung des einzigen Supermarkts im Ort. »Ich denke, ich muss mich für sein Benehmen im Restaurant entschuldigen. So viel zu trinken, und das schon am Mittag! Aber er hatte viel Stress – der Umzug, die Arbeit und …«

»Schon gut, meine Liebe«, unterbricht Tova sie. Das meint sie ernst.

»Gut.« Sandy wirkt immer noch tief beschämt. »Eins wäre da noch. Wegen dieses … Themas.«

Tova wartet, dass Sandy weiterspricht. Ihr ist unangenehm bewusst, dass ihr Herz schneller schlägt.

»Ihm ist der Name wieder eingefallen. Von dem Mädchen, mit dem Ihr Sohn zusammen war, meine ich.«

Die Kirschen verschwimmen zu einer dunkelroten Fläche. Tova lehnt sich gegen die Waage und stützt sich ab. Ihr ist plötzlich schwindelig. Ihr Kopf dreht sich um die Worte: *Das Mädchen hat einen Namen.*

»Mrs. Sullivan? Ist alles in Ordnung?«

»Doch«, hört Tova sich antworten.

»Hm.« Sandy zögert, ist nicht überzeugt. »Adam meinte, ich sollte nichts sagen, aber ich habe mir gedacht, wenn ich in Ihrer Haut stecken würde … Ich meine, wenn ich mein Kind verloren hätte, und es gäbe Informationen, die mir neu sind, und seien sie noch so unwichtig …«

Du würdest es wissen wollen. Tova erlaubt sich, die Augen zu schließen, damit sich alles nicht mehr so schnell dreht.

»Jedenfalls hieß sie Daphne, hat Adam gesagt. Ihren Nachnamen wusste er nicht mehr, aber er meinte, sie war auf seiner Highschool.«

»Daphne«, wiederholt Tova. Der Name ist schwer und ungewohnt auf ihrer Zunge, wie ein altes Kaugummi.

Eine Weile herrscht Schweigen. Dann murmelt Sandy: »So, jetzt wissen Sie es.«

Tova verfolgt, wie Sandy ihren Einkaufskorb nimmt. Die Haut um ihre tränenden Augen spannt sich. »Danke, Sandy!«

Mit einem verlegenen Nicken und einem kurzen Streichen über Tovas Arm verschwindet Sandy in Richtung Kasse. Aus dem Augenwinkel bemerkt Tova, dass Ethan sie beobachtet.

Mit einer Melone in jeder Hand kommt er zu ihr. »Was hat Sandy Hewitt gerade zu dir gesagt?«

Tova runzelt die Stirn, fühlt sich plötzlich wie eine Rosenknopse unter einem kalten, dunklen Himmel. Will sich verschließen. »Nichts.«

»Sie hat einen Namen genannt.«

»Ach, unwichtiges Zeug von früher.«

»Sie hat Daphne gesagt, nicht?«

Tova hält ihre Tüte mit Kirschen hoch. »Ich wollte jetzt bezahlen. Kannst du die mit zur Kasse nehmen und einbongen, bitte?«

Am Abend gibt es nichts zu essen.

Zwei Pfund überreife Rainier-Kirschen liegen auf der Arbeitsfläche in Tovas Küche, daneben eine hastig getroffene Auswahl anderer Lebensmittel. Die Tasche hat sie achtlos hingeworfen, anstatt sie an ihren Platz am Haken neben der Tür zu hängen.

Tova geht auf den Dachboden und sucht in den Bergen von Wäsche und Porzellan herum, ohne auf Ordnung zu achten. Das Buch steht im letzten Regal am Fenster in der untersten Reihe: das Jahrbuch der Highschool Sowell Bay, Abschlussjahrgang 1989.

Vor dreißig Jahren hatte sie diesen Band studiert, auf der Suche nach etwaigen Anhaltspunkten. Und in den Jahrzehnten dazwischen haben Tova oder Will gelegentlich hineingeschaut, wenn die beiden ein Anfall von Nostalgie überwältigte. Jedes Bild von Erik, das sich zwischen den Buchdeckeln befindet, hat Tova in ihrem Gedächtnis abgespeichert.

Doch diesmal hält sie nicht Ausschau nach ihrem Sohn.

Mit trockenem, tauben Mund schlägt sie das Inhaltsverzeichnis auf. Die Schrift ist so winzig, dass sie ihre Brille braucht; mit zittrigen Fingern findet sie sie in der Brusttasche ihrer Bluse. Tova setzt sie auf. Als sie den Namen liest, schnappt sie nach Luft und hält sie an, hält sie in der Brust, während sie mit dem Finger über die Spalten fährt, jedes einzelne Wort verschlingt, bis sie das Ende erreicht und rasselnd ausatmet. Der Vorname kommt nur einmal vor.

Cassmore, Daphne A.

Seite 15, 63 und 148.

Ein unerklärlicher Stau

»Guck mich nicht so an!«

Der Krake schaut böse drein und schiebt die Spitze eines Tentakels durch den winzigen Spalt über dem Pumpenfilter hinten im Becken. Eine Drohung.

»Ich weiß, dass du mich hören kannst.« Müde reibt sich Cameron die Stirn. Warum redet er überhaupt mit dem Tier? Kraken können kein Englisch. Und auch keine andere Sprache. Oder? »Hast du Hunger, Kumpel? Wo warst du denn eben, als ich mit dem Makreleneimer da war? Bist du dir zu fein dafür?«

Das Tier blinzelt ihn an, ganz unschuldig und scheu. Nur die Spitze des Fangarms tastet sich durch den Spalt.

»Oh, nein, das lässt du sein! Heute gibt's keinen Ausflug.« Cameron läuft nach hinten zum Pumpenraum, der Wischmopp fällt klappernd zu Boden. Er muss den verdammten Deckel reparieren, damit das Tier ihn nicht mehr öffnen kann, egal was Tova über das vermeintliche Freiheitsbedürfnis des Kraken sagt. Sie ist schließlich nicht hier und sieht es nicht. Was seltsam ist. Cameron hätte nicht gedacht, dass Tova zu den Menschen gehört, die einfach nicht mehr auftauchen, doch je später es wird, desto klarer ist ihm, dass sie nicht kommt.

Vielleicht ist der verfluchte Oktopus deshalb so aufgedreht.

»Bleib da!«, ruft Cameron und nimmt ein Stück Zwirn von der Arbeitsfläche, fädelt es durch den Spalt im Deckel, dann um den Stützpfeiler neben dem Becken, und macht einen festen Knoten. Das Tier lässt sich nach oben treiben, den Blick auf Camerons Werk gerichtet. Dann fixiert der Krake Cameron lange vernichtend mit seinem Auge und schießt hinunter in seine Höhle. Ein Schwall von Blasen bleibt zurück.

»Dir auch gute Nacht«, brummt Cameron. Ein klein bisschen Schuldgefühle hat er schon, doch es ist besser so. Die Vorstellung, ohne Tovas Hilfe mit einem herumwandernden Kraken klarzukommen, macht ihm, ehrlich gesagt, angst. Als es klingelt, fährt er fast aus der Haut.

Es ist sein Handy, das neue. Cameron hat sich noch nicht an das Geräusch gewöhnt. Er konnte sich nicht überwinden, das superneue zu kaufen. Dieses ist ganz in Ordnung. Zumindest hält der Akku länger als zehn Minuten.

Ob das Avery ist? Schon bei dem Gedanken schlägt Camerons Herz schneller. Den ganzen Tag haben sie per SMS miteinander geflirtet. Er guckt nach. Die Nachricht ist nicht von Avery, sondern von Elizabeth. Da steht nur: *Ruf mich an!*

Das Baby! Wann soll das noch mal kommen? Cameron hat das Gefühl, als sei er erst seit einem Tag in Sowell Bay, doch es sind schon zwei Monate. Er legt das Handy auf den Wagen mit den Putzmitteln, steckt sich die Stöpsel in die Ohren und ruft Elizabeth zurück.

»Hey!«, meldet sie sich sofort.

»Lies-im-Bett, ist alles in Ordnung?« Er spürt, dass sein Herz immer noch rast. Wenn man ein Kind kriegt, kann eine Menge schiefgehen. Doch Elizabeth lacht leise, was wahrscheinlich bedeutet, dass sie nicht gerade in einem Krankenhausbett verblutet.

»Mir geht's gut, Chamäleon. Meistens jedenfalls. Der Arzt hat mir Bettruhe verordnet.«

»Bettruhe?«

»Ja, ich hatte Wehen. Der Alien soll aber noch ein paar Wochen länger bebrütet werden.«

»Urgs. Na ja, wer will schon einen halb ausgebrüteten Alien?«

»Deshalb bin ich ans Bett gefesselt.«

»Heißt das, du liegst den ganzen Tag im Bett rum? Hört sich verlockend an.« Cameron wringt den Wischmopp aus.

»Es ist furchtbar! Ich langweile mich so!«

»Wenigstens muss Brad dich von vorne bis hinten bedienen, oder?«

»Er wollte mir ein Sandwich mit Grillkäse machen, und prompt musste die Feuerwehr kommen.«

Elizabeth lacht in Camerons Ohrstöpseln, es klingt so nah. Plötzlich macht sich ein leeres Gefühl in seinem Bauch breit.

»Egal«, fährt Elizabeth fort. »Hab letztens sogar eine Reise-Doku geguckt. So sehen meine Tage jetzt aus. Vierzehn Stunden sinnloses Fernsehen am Tag, ungelogen!«

»Klingt echt geil«, sagt Cameron und bückt sich, um ein Bonbonpapier aufzuheben.

»Es nervt. Aber egal. In der Doku wurde Simon Brinks interviewt. Er wurde zu den neuesten Trends bei Ferienhäusern befragt, oder so ähnlich. Ich hab nicht genau hingehört, erst als sein Name fiel. Da musste ich an dich denken. Ich dachte, ich ruf mal an und frage, wie's dir geht.«

»Leider mache ich keine großen Fortschritte an der Simon-Brinks-Front.« Cameron berichtet von den Anhaltspunkten, die im Sande verlaufen sind.

»Gefällt es dir da oben wenigstens?«, fragt sie und brummt dann beängstigend. »Sorry, aber mein Rücken bringt mich um. Ich musste mich kurz umdrehen. Stell dir einen gestrandeten Wal vor.«

»Kein schlechtes Bild.« Cameron lacht. »Ja, ich würde sagen, mir gefällt's hier schon.« Er überlegt. »Hab jemanden kennengelernt.«

Elizabeth jubelt. Während Cameron die jugendfreie Version seiner knospenden Beziehung zu Avery schildert, ist der nächste Abschnitt der Fliesen im Nu gewischt.

Als sie sich verabschieden, hat Cameron einmal die Runde gewischt und ist wieder beim Kraken angekommen. Der große Kerl rekelt sich in der unteren Ecke des Beckens und beobachtet Cameron mit im Wasser treibenden Tentakeln.

»Guter Junge. Braver Krake«, brummt er.

Im Eingangsbereich klirren Schlüssel.

Tova? Cameron ist überrascht, wie sehr er sich freut.

Doch die Schritte sind zu schwer, ihr Rhythmus ist zu schnell. Kurz darauf biegt Terry um die Kurve. Cameron versucht, seine Enttäuschung zu verstecken.

»Hey, Junge!« Der Chef grinst breit. »Alles in Ordnung?«

»Ja, alles super.« Cameron hebt das Kinn, um selbstbewusst zu wirken. Gut, dass er nicht erwischt wurde, als er mit Elizabeth telefonierte.

»Perfekt. Bin nur kurz hier, um zu gucken, wie du so deine Arbeit machst.«

Cameron bekommt große Augen.

»War'n Witz! Ich hab was im Büro vergessen.« Terry kichert.

»Hat funktioniert.«

»Mach weiter so, Junge. Ich gehe hintenrum, damit ich nicht über den gewischten Boden gehen muss.« Terry ist fast verschwunden, als er innehält und noch mal zurückkommt. »Äh, Cameron, ich wollte mich an den Papierkram setzen. Hast du die Sachen schon ausgefüllt?«

»Ähm, noch nicht.« Terry hat ihn regelmäßig erinnert, ein Formular für die Personalabteilung abzugeben.

Terry verschränkt die Arme. »Du bist jetzt schon zwei Monate hier.«

»Ich weiß. Tut mir leid.«

»Das hat jetzt Priorität«, sagt Terry. »Ich weiß, es nervt, aber ich hab's zu lange schleifen lassen. Vorschriften sind Vorschriften.«

»Mache ich heute Abend noch.«

»Ach, und könntest du mir vielleicht noch eine Kopie deines Führerscheins geben? Wir haben zwar eine gemacht, als du hier angefangen hast, aber ich kann sie irgendwie nicht mehr finden.«

Cameron klopft seine Gesäßtasche ab. Er hat sein Portemonnaie dabei. »Ähm, klar.«

»Perfekt«, sagt Terry. »Leg die Kopie auf meinen Schreibtisch, bevor du gehst, ja?«

»Mach ich.«

Papierkram ist nicht gerade Camerons Stärke. Als er an dem Tisch im Eingangsbereich sitzt und sein Stift im blauen Licht des Wassertanks über dem zerknüllten Einstellungsformular schwebt, muss Cameron unwillkürlich an das Drama von Merced Valley denken.

Merced Valley ist zwar keine Eliteuni, aber ein Berufskolleg, das Cameron annehmen wollte. Ihm wurde sogar ein Stipendium angeboten. Er musste lediglich ein paar Formulare ausfüllen. Geld für das Ausfüllen von Formularen. Cameron blätterte in den Unterlagen herum und suchte sich ein paar Kurse aus. Besonders freute er sich auf Philosophie. Aber die Stipendienanträge versauerten auf dem Couchtisch und sammelten Fettspritzer von Pizzen und Wasserringe von Bierdosen.

Tante Jeanne war fuchsteufelswild gewesen. Hatte ihm vorgeworfen, seine Zukunft wegzuwerfen. Er hätte doch nur ein paar verfluchte Formulare ausfüllen müssen! Hätte keine zwanzig Minuten gedauert. Was stimmt nicht mit dir?, hatte sie geschimpft.

Das war eine gute Frage.

Der Schweiß auf der Handfläche durchnässt das Papier mit der angeblichen Adresse von Simon Brinks. Schnell tippt Cameron sie in sein Handy ein, dann schluckt er entschlossen und beginnt mit dem Ausfüllen.

Zehn Minuten später ist er fertig. Cameron legt das Formular auf Terrys Schreibtisch. Ihm fällt ein, dass er noch eine Kopie seines Führerscheins machen soll. Der verstaubte Kopierer in der Ecke von Terrys Büro, der unter Summen und Piepen zum Leben erwacht, klingt wie ein abhebendes Raumschiff. Während Cameron wartet, bedient er sich bei den Pfefferminzbonbons in der kleinen Glasschale auf Terrys Schreibtisch.

Als das Gerät endlich betriebsbereit ist, legt Cameron den Führerschein auf das Glas und drückt auf die große grüne Taste. Der Drucker stößt Alarmgeräusche aus.

»Papierstau in Schublade C«, liest Cameron auf dem

kleinen Display. Er hockt sich davor und mustert die Schubfächer mit zusammengekniffenen Augen. Es gibt zwei: A und B.

Unglaublich.

Cameron öffnet jeden Deckel, jeden Schacht, jede Klappe, die er finden kann, aber es gibt keine Schublade C, auch ist nirgends ein Blatt Papier stecken geblieben. Wieder drückt er auf die grüne Taste, aber die Botschaft im Display bleibt dieselbe. Cameron stellt das Gerät aus und wieder an, drei Mal. Stur besteht es darauf, dass etwas in einem nicht vorhandenen Schacht steckt.

»So was müssen sich Idioten ausgedacht haben«, brummt er, nimmt den Führerschein und macht den Drucker endgültig aus.

Schulterzuckend legt er den Führerschein oben auf die Unterlagen auf Terrys Schreibtisch. Er kann ihn am nächsten Abend wieder mitnehmen.

1352. TAG
IN GEFANGENSCHAFT

Oh, es macht mir so viel Spaß, den Jungen auf Trab zu halten. Natürlich meine ich es nicht böse. Ganz im Gegenteil. Für manche Menschen ist es einfach besser, herausgefordert zu werden. Ich kann das nachvollziehen. Mein Gehirn ist ein komplexes Organ, das sich aufgrund meiner Lebensumstände nicht richtig entfalten kann, und bei ihm ist es ähnlich.

Natürlich möchte ich, dass es für ihn gut ausgeht. Für Tova auch. Man könnte sagen, es ist mein letzter Wunsch.

Egal. Kommen wir zum Thema des Tages. Es lautet: Papierkram. Menschen mit ihrem Papierkram, was für eine Verschwendung. Wenn sie nicht so ein schlechtes Gedächtnis hätten, bräuchten sie vielleicht nicht so viele schriftliche Erinnerungen.

Heute jedoch bin ich dem Papierkram dankbar.

Das Band, das der junge Mann an meinem Becken befestigt hat, stellte kein Hindernis dar. Als der Moment gekommen war, er sauber gemacht hatte und verschwand, löste ich den Knoten und hob den Deckel so an wie sonst auch. Soll ich beleidigt sein, weil er meine Fähigkeiten unterschätzt?

Der Weg zu Terrys Büro war voller Versuchungen, aber die Konsequenzen stellen sich inzwischen immer früher ein, deshalb verzichtete ich auf all die lockenden Weichtiere am Wegesrand. Die Elefantenrüsselmuschel sah heute Abend besonders verzehrreif aus. Ihre Konsistenz ist angenehm fest.

Aber heute gibt's keine Elefantenrüsselmuschel. Ich hatte etwas Wichtigeres vor. Und um ehrlich zu sein, habe ich in letzter Zeit nicht so viel Appetit.

Als ich mich an Terrys Schreibtisch hochhangelte, entdeckte ich das Ziel meiner Mission.

Ein Führerschein. Ähnlich wie der in meiner Sammlung. Wie Terry so hilfreich bemerkte, sind dort der vollständige Name und das Geburtsdatum eines Menschen vermerkt.

Ich schleifte die kleine Plastikkarte durch den Gang. Derweil verstrichen die Sekunden, und die Konsequenzen rückten drohend näher. Als ich am Ziel angekommen war, war ich bereits furchtbar schwach. Nur mit Mühe konnte ich die Karte unter den Schwanz der Seelöwenstatue schieben.

Der Rückweg war langsam und anstrengend. Als ich meinen schweren Körper über den Betonboden des Flurs schleppte, hatte ich mehr als einmal Angst, dort zu verenden. An Ort und Stelle. Ohne je wieder eine Muschel zu essen. Ohne je wieder zu spüren, wie meine Tentakel sich am kühlen Glas festsaugen, ohne den menschlichen Geruch auf der Innenseite eines Handgelenks zu schmecken, ohne je wieder die Schätze meiner Sammlung zu berühren. Wenn ich heute Abend gestorben wäre, hätte es sich gelohnt?

Auf jeden Fall.

Tova ist heute Abend nicht gekommen. Morgen kommt sie vielleicht auch nicht, aber irgendwann wird sie da sein. Ich bin mir sicher, dass sie nicht gehen wird, ohne sich zu verabschieden.

Und sie wird nicht anders können, als mit dem Lappen unter dem Schwanz des Seelöwen herzuwischen. Sie muss es tun. Denn sie weiß, dass sie die Einzige ist, die das macht.

Und dann wird sie finden, was ich dort für sie hinterlegt habe. Und sie wird es verstehen.

Der ungedeckte Scheck

Ethan gießt den Laphroaig Single Malt über zwei Eiswürfel und setzt sich auf sein Sofa. Der Abend legt sich übers Wohnzimmer, das Tageslicht sickert aus dem Raum, so langsam, wie der Whiskey in seinem Tumbler verschwindet.

Cassmore.

Seit Cameron sich bei ihm vorgestellt hat, geisterte Ethan dieser Nachname durch den Kopf. Er sagte ihm was, bloß woher? Erst als er sich am Morgen die Zähne putzte, fiel es ihm wie Schuppen vor die Augen.

Ein ungedeckter Scheck.

So was kam damals, als es noch normal war, Lebensmittel mit einem Scheck zu bezahlen, immer mal wieder vor. Ließ man ihn platzen, wurde man an die Wand gehängt. Das muss bis in die Neunziger so gewesen sein.

Ethan erinnert sich an die alten verknitterten Zettel, die unter der Kasse am Tresen festgetackert waren, als er den Laden kaufte. Ungedeckte Schecks von Kunden. Eine Warnung. Manche hingen dort schon seit Jahren, besonders dieser eine. Oben in der Ecke über der Adresse stand der Name »Daphne Cassmore«. Es ging um eine lächerliche Summe. Sechs Dollar und ein paar Zerquetschte.

Ethan nahm die geplatzten Schecks sofort herunter. So wollte er seinen Supermarkt nicht führen. Doch die Namen hatte er sich gemerkt.

Es war nicht schwer gewesen, Daphne mit Cameron in Verbindung zu bringen. Ein paar Klicks auf der Website für Ahnenforschung, wo Ethan vor ein paar Monaten eine Premium-Mitgliedschaft abgeschlossen hatte, führten ihn zu Daphne Cassmore (die später heiratete und Daphne Scott wurde), und von dort zu einer Halbschwester: Jeanne Baker, zweiundsechzig Jahre, aus Modesto, Kalifornien. Die robuste Internetpräsenz von Ms. Baker bestand größtenteils aus ihrer Mitgliedschaft bei verschiedenen Sammlerbörsen und Transportdienstleistern. Cameron hatte öfter über die Sammelwut seiner Tante geklagt. Es passte.

Ethan trinkt den letzten Schluck Scotch. Er ist froh, dass nicht mehr mit Schecks bezahlt wird. Vermeintliche Betrüger so auszuhängen, ihre Schande öffentlich zu machen, das fand er grausam. Besonders bei dem Scheck von Daphne Cassmore hatte er immer Mitleid mit der Frau, die ihn unterschrieben hatte. Wegen so eines geringen Betrags an den Pranger gestellt zu werden. Was für ein Einkauf über popelige sechs Dollar hatte sie bei dem Ladenbesitzer in Ungnade fallen lassen?

Sehr tief konnte der Sturz nicht gewesen sein.

Das hatte Ethan aus Bemerkungen geschlossen, die Cameron über seine Mutter gemacht hatte. Wenn die Rede auf die Mutter kommt, wird der Junge einsilbig, doch Ethan hat genug gehört, um davon auszugehen, dass Drogen im Spiel waren. Wer will es Cameron verübeln, dass er nicht darüber sprechen will? Er wurde von seiner Mum verlassen.

Jetzt ist es völlig dunkel im Wohnzimmer, und als Ethan in die Küche geht, um sich vom Laphroaig nachzuschenken, fällt er beinahe über seine Joggingschuhe, die er vorhin ausgezogen hat. Zwischendurch ist er der Meinung, Cameron vom Gerede im Ort erzählen zu müssen, da es sich hundertprozentig herumsprechen wird, nachdem Sandy Hewitt es mitten in der Gemüseabteilung vom Shop-Way verkündete. Früher oder später wird der Junge das Gerücht hören, dass seine Mutter etwas über das Verschwinden eines Jugendlichen vor dreißig Jahren wissen könnte. Gewusst haben könnte, aber nichts sagte. Kann Cameron ein noch schlechteres Bild von ihr bekommen? Das war natürlich alles viele Jahre vor seiner Geburt.

Ist das wahr?

Wie alt ist Cameron eigentlich? Ethan kann sich nicht erinnern, ob der Junge schon mal von seinem Alter gesprochen hat, aber er kann nicht viel älter als fünfundzwanzig sein, oder?

Und dann ist da noch Tova.

Wie gut kann man jemanden kennen, dem man jahrelang die Einkäufe einpackt? Gut genug, um zu wissen, dass sie jetzt Informationen über Daphne Cassmore sucht. Tova wird nicht eher Ruhe geben, bis sie die Frau findet, von der sie glaubt, sie könne ihr das Unaussprechliche erzählen. Tova hat nie die offizielle Version von Eriks Tod geglaubt, davon ist Ethan überzeugt.

Und was geschieht dann?

Er sollte ihr sagen, dass Cameron der Sohn von Daphne Cassmore ist. Sie sollte es von einem Freund erfahren. Die beiden kommen gut miteinander klar. Wie es dem Jungen gelungen ist, Tovas harte Schale zu knacken, ist Ethan ein Rätsel; er selbst versucht es fast schon seit einem Jahr. Aber wenn Camerons Mutter in den Tod von Tovas Sohn verstrickt war, was wird Tova dann jedes Mal denken, wenn sie Cameron sieht?

Es ist nach zehn Uhr, aber Tova ist eine Nachteule. Ethan reißt sich zusammen und greift zum Telefon. Er wird sie zum Essen einladen.

Der Nachteil von Gratisessen

Cameron wirft einen eklig mehligen Pfirsich, von dem er nur einmal abgebissen hast, in den Mülleimer am Ende des Stegs. Ethans abgelaufene Lebensmittel können ein Segen, aber auch ein Fluch sein. Cameron hat diesen Sommer einen Haufen Geld fürs Essen gespart, außerdem durfte er den Campingbus gratis in Ethans Auffahrt stellen. Dafür ist er dem alten Mann auf jeden Fall etwas schuldig.

Sterne stehen am Himmel über dem Puget-Sund, ihr silberner Glanz spiegelt sich im tintenschwarzen Wasser, ein wunderschönes, willkürliches Muster, das Cameron an die dunkelbraunen Sommersprossen auf Averys Nase erinnert. Er wendet dem Meer den Rücken zu und geht zum Camper, wo er sein Handy auflädt. Nicht zum ersten Mal fragt er sich, wie es wäre, hier am Ufer zu übernachten und morgens beim Aufwachen nur das Wasser durch die Windschutzscheibe zu sehen. Er hat überlegt, es auszuprobieren, aber Ethan meinte, die Nachtstreife in Sowell Bay, ein Kumpel von ihm namens Mike, hätte seine helle Freude daran, einen Campingbus von einem öffentlichen Parkplatz abschleppen zu lassen. Da hätte der arme alte Mike in den langweiligen Morgenstunden mal was zu tun. Eines Tages würde Cameron vielleicht hier leben und ein Haus mit Blick aufs Wasser haben. Vielleicht. Er musste nur Simon Brinks auftreiben.

Doch das ist Zukunftsmusik. Gleich wird er wie jeden Abend den Hügel hoch zu seinem Platz in Ethans Auffahrt fahren, aber vorher loggt er sich noch in seine Banking-App ein und prüft, ob das letzte Gehalt auf seinem Konto eingegangen ist. Ist es. Der letzte Geldbetrag, den er Tante Jeanne noch zurückzahlen muss. Beim Eingeben der Überweisungsdaten ist er ganz aufgeregt. Er stockt die Summe noch etwas auf, einfach weil er es kann. In den Kommentar setzt er ein Herz-Emoji, aber wahrscheinlich schläft seine Tante schon. Es ist nach elf Uhr.

Ein paar hundert Mäuse bleiben übrig. Cameron müsste sie sparen. Absolut. Doch er ruft eine Seite auf, die er gut kennt. Dort wird Musik von Indie-Bands verkauft. Moth Sausage hatten ihre Songs dort angeboten, aber das ist nicht der Grund für Camerons Besuch. Aus Neugier sucht er seinen eigenen Namen, hat aber keinen Treffer. Tja, das ist keine Überraschung. Wahrscheinlich hat Brad die Sachen von der Band rausnehmen lassen. Egal. Stattdessen sucht Cameron so lange, bis er zwei noch relativ unbekannte Jam Bands findet, die wirklich nicht schlecht sind. So wie Dead oder Phish. Ethans Geschmack, nur jünger. Vielleicht ist Cameron Cassmore ein Loser und Hallodri, der in einem klapprigen Bus wohnt, aber er kennt sich mit guter Musik aus. Er kauft von beiden Bands Alben und gibt Ethans Adresse als Lieferadresse an.

Es ist ein Anfang.

Als sein Handy summt, sind die Fenster im Campingbus noch dunkel. Cameron tastet herum, bis er es findet. Tante Jeannes Name steht im Display. Ihm sackt das Herz in die

Hose. Das letzte Mal, als sie mitten in der Nacht anrief, war sie mit einer Platzwunde am Kopf und einer kaputten Hüfte im Krankenhaus. Bei ihr im Zimmer waren zwei Bullen, die mit den Hufen scharrten, weil sie unbedingt Tante Jeannes Aussage über eine Auseinandersetzung im Dell's haben wollten.

»Hallo?«, meldet er sich schnell. Damals war das Krankenhaus zwanzig Minuten entfernt, Cameron war sofort hingefahren. Jetzt möchte er nicht darüber nachdenken, wie lange die Fahrt dauern würde.

»Mir geht's gut, Cammy«, sagt Tante Jeanne sofort. Offenbar hat sie die Sorge in seiner Stimme gehört.

»Warum rufst du dann mitten in der Nacht an?« Er guckt auf die Uhr. »Es ist ein Uhr!«

»Habe ich dich geweckt?«

»Äh, ja!«

»Dachte, du wärst in der Kneipe oder so.«

»Nein. Ich habe tief und fest geschlafen. Hab mich heute bucklig gearbeitet.«

»Entschuldigung. Ich wollte dir nur sagen, dass dein Geld angekommen ist. Du hast zu viel überwiesen.« Tante Jeanne stößt einen schiefen Pfiff aus. Hat sie etwas getrunken? Im Hintergrund murmelt dumpf eine männliche Stimme, und Cameron fragt sich, ob Wally Perkins bei ihr im Trailer ist.

Er setzt sich auf und reibt sich die Augen. »Das sind die Zinsen.« Er erklärt nicht, dass er die Summe im Kopf anhand des aktuellen Leitzinses und des Gewinns ausgerechnet hat, den sie wohl mit Aktien gemacht hätte, wäre das Geld klug angelegt gewesen. Wäre es natürlich nicht, aber wen kümmerte das?

»Von Zinsen war nie die Rede.« Ihre Stimme ist kühl.

»Schulde ich dir aber.« *Und ich schulde dir noch so viel mehr*. Er sagt es nicht.

»Du schuldest mir gar nichts.« Seine Tante spricht undeutlich, auf jeden Fall. Hat ein paar Whiskey getrunken. »Ich hab eigentlich gar nicht damit gerechnet, dass ich das Geld zurückkriege.«

»Selbstverständlich zahle ich es zurück.« Cameron zögert, schiebt die Decke von sich. »Übrigens hab ich mir überlegt, dass wir mit dem Geld von Simon Brinks eine Anzahlung leisten, wenn wir geklärt haben, wie viel er mir schuldet.«

»Was für 'ne Anzahlung?«

»Für dich. Für ein Haus, in der Stadt. Damit du von diesem Campingplatz wegkommst.«

»Es gefällt mir hier aber.«

Im Hintergrund quengelt eine Männerstimme. »Was ist denn los?«

»Wally, wusstest du schon, dass wir auf einer Müllhalde leben?«

»Das habe ich nie behauptet!«, ruft Cameron.

»Nicht so direkt«, gibt Tante Jeanne trocken zurück. »Hör mal, ich freu mich, dass du auf einmal so flüssig bist und Häuser für Leute kaufen kannst, die sie gar nicht wollen. Ich schlag dir was vor: Behalt das Geld und mach was aus deinem Leben!«

»Was glaubst du denn, was ich versuche? Ist doch nicht meine Schuld, wenn ich so beschissene Karten zugeteilt bekommen habe!«

»Richtig. Man kann nichts für das, was man zugeteilt bekommt. Aber wie du deine Karten ausspielst, das liegt an dir.« Es gluckert, Eiswürfel klirren, kurz spricht niemand. Zwei Drinks werden eingeschenkt.

Cameron stößt die hintere Tür des Busses auf, kraxelt hinaus und läuft in Ethans Auffahrt hin und her. Der Asphalt unter seinen nackten Füßen ist noch warm vom heißen Sommertag. »Ich habe meine Karten ausgespielt, so gut es ging. Du hättest mir ja auch mal verraten können, dass ich aus Sowell Bay komme.«

Tante Jeanne schnaubt verächtlich. »Was hätte das genützt?«

»Eventuell hätte ich meinen Vater schon gefunden, bevor ich *dreißig Jahre* alt bin.«

»Der Mann ist nicht dein Vater.«

»Woher willst du das wissen?«

»Sie ist meine Schwester, Cammy.« Tante Jeannes Stimme klingt müde, fast kapitulierend. »So viele Fehler deine Mutter auch hat, dumm ist sie nicht. Wenn dein Vater ein großer Geschäftsmann gewesen wäre … Ich meine, wenn er auch nur ein halbwegs produktives Mitglied der Gesellschaft wäre, ach was, wenn er noch leben würde … keine Ahnung, Cammy. Ich glaube, wenn es so einfach wäre, hätte sie dafür gesorgt, dass er Teil deines Lebens gewesen wäre.«

»Sie ist ja selbst nicht Teil meines Lebens gewesen.« Er tritt gegen einen Grasbüschel in einem Spalt der Auffahrt. »Sieht aus, als hätte sie kein Problem damit gehabt, Menschen zu verlassen.«

»Jemanden zu verlassen«, sagt Tante Jeanne leise, »kann unglaublich schwer sein.«

Cameron verzieht das Gesicht ungewollt zu einer Grimasse. Ungefähr dasselbe hat Avery gesagt, als sie unter dem Steg auf dem Paddelbrett saßen, aber als Cameron es von seiner Tante hört, möchte er am liebsten ein Loch in den Asphalt treten.

»Hör mal, ich muss Schluss machen«, sagt er. »Muss morgen früh arbeiten.« Das stimmt nicht. Er fängt erst mittags an, doch es scheint ihm die Art von Ausrede zu sein, die ein verantwortungsbewusster Mensch anführen würde, um ein Telefongespräch mitten in der Nacht zu beenden.

Tante Jeanne legt die Hand aufs Mikrofon, um kurz mit Wally Perkins zu sprechen. »Okay, Cammy. Aber ich würde dich gern besuchen, wenn wir vor unserer Kreuzfahrt nächsten Monat durch Seattle kommen.«

Wir?

»Klar«, sagt Cameron. Egal. Er legt auf, steigt in den Bus und schlägt die Tür hinter sich zu, dann wirft er sich wieder auf die Matratze.

Kein Date

Am nächsten Samstag um fünf Uhr steht Tova vor Ethans Haus.

Es ist kein Date.

Die Flasche, die sie sich in die Ellenbeuge geklemmt hat, so wie manche sehr ungelenk einen Säugling halten, ist kalt auf ihrer nackten Haut. Tova findet diese Art der Geschenkübergabe besser, als wie Barbara es machte. Die hielt Tova die Flasche plump am Hals entgegen und hörte gar nicht mehr auf zu schwärmen, dass dieser Cabernet Franc vom letzten Jahr von dem Winzer drüben in Woodinville so *köstlich* sei, sie *müsse* ihn zu ihrem *Date* mitnehmen.

Es ist kein Date. Darauf hat Tova immer wieder hingewiesen. Tausend Mal, wie Cameron sagen würde. Es ist nichts weiter als ein gemeinsames Abendessen.

Ein *kurzes* Abendessen. Das stellte Tova klar, als sie die Einladung annahm. Sie verwies auf ihre Umzugsvorbereitungen. Tatsächlich hat es sie ihre gesamte freie Zeit gekostet, alle Register in der öffentlichen Bibliothek von Snohomish County zu durchforsten, um mögliche Informationen über Daphne Cassmore zu finden. Doch Tova kommt mit der Recherche nicht voran, sie hat nur wenig herausgefunden. Was sollte es da schaden, sich einen Abend freizunehmen, um mit einem Freund zu essen?

Mit einem Freund? Ist Ethan ein Freund?

Jedenfalls wäre es unhöflich, ohne ein Geschenk zu kommen. Tova trinkt selbst nicht viel Wein, aber so macht man es eben. Ein wenig ist sie Barb tatsächlich für ihre Aufdringlichkeit dankbar. Ohne deren Unterstützung hätte Tova vielleicht den Faux pas begangen und wäre mit leeren Händen losgezogen, und selbst wenn ihr eingefallen wäre, ein Mitbringsel zu besorgen, hätte sie ja kaum in den Shop-Way gehen und bei Ethan selbst eine Flasche kaufen können.

Erhobenen Hauptes marschiert sie die kurze Auffahrt zum gedrungenen Bungalow hoch. Ihr Knöchel ist fast vollständig verheilt, er schmerzt nur noch wenig. Eine riesige Hortensie mit lavendelblauen Blüten beherrscht die kleine Veranda. Tova schiebt die Zweige zur Seite. Bevor sie es sich anders überlegen kann, drückt sie auf die Klingel.

»Nabend, Tova!«, begrüßt Ethan sie und macht einen Schritt zurück, damit sie hereinkommen kann. Seine Stimme klingt seltsam gedämpft. Sie überreicht ihm die Flasche, er bedankt sich, dann fragt er, ob sie ihre Tasche ablegen wolle, und weist auf einen leicht schiefen Garderobenständer in der Ecke.

»Danke, aber die behalte ich gern bei mir.« Tova drückt die Tasche an ihre Hüfte, wie ein biblisches Feigenblatt. Als sei sie splitternackt.

»Super«, sagt Ethan.

Als Tova über den schicken Teppich geht, staunt sie über die Einrichtung, die den gesamten Raum dominiert: eine Wand des Wohnzimmers wird vollständig von Ethans Plattensammlung eingenommen. Das billige Furnier des Regals löst sich schon von den Spanplatten. Wäre das Wills und Tovas Haus gewesen, hätte Will die lose Beschichtung längst angeklebt. Sie widersteht der Versuchung, an den abgelösten Stellen zu knibbeln wie an einer Kruste, damit nichts daran hängen bleibt.

Das Haus eines anderen zu betreten, hat immer etwas Intimes. Tova schaut sich nach Bildern um, findet aber keine. Stattdessen hängen an den Wänden wunderschöne Konzertposter: Grateful Dead, Hendrix, Rolling Stones. Es könnte das Zimmer eines Teenagers sein, doch irgendwie passt die Einrichtung perfekt zu Ethan.

Unter Smalltalk folgt sie ihm in eine überraschend saubere kleine Küche, in der es nach bratenden Pilzen riecht. Tova hatte noch nie viel für oberflächliche Unterhaltungen übrig und ihre liebe Not damit. Als Ethan ihr ein Weinglas reicht, das bis zum Rand mit Barbs *köstlichem* Cabernet Franc gefüllt ist, nimmt sie es dankbar entgegen.

»Prost, meine Liebe!«, sagt Ethan.

»Prost«, erwidert Tova und stößt mit ihm an.

Nach einigen Minuten und weiteren Schlucken nimmt Tova eine Sonnenbrille vom Küchenschrank, die sie als Camerons erkennt. »War nett von dir, den Jungen in dein Haus zu lassen.«

Ethan gießt einen Schuss Rotwein in die Bratpfanne, laut zischend steigt eine riesige Dampfwolke auf. »Um ehrlich zu sein, ist es nett, ein bisschen Gesellschaft zu haben.«

Tova nickt. Sie weiß, was er meint. Es war auch schön, mit Cameron im Aquarium zu arbeiten. »Ja, finde ich auch.«

»Weißt du, bei uns zu Hause waren wir vierzehn. Elf Geschwister, meine Eltern und ich. Als ich klein war, habe ich mir immer vorgestellt, dass mein Haus irgendwann, wenn ich groß bin, aus allen Nähten platzt.«

Tova lächelt verschmitzt. »Und ich dachte, die Iren seien für ihre großen Familien bekannt.«

»Hoho, wir Schotten stehen denen in nichts nach.« Ethan grinst sie an, dann verteilt er Pilzsoße auf zwei Teller mit saftigen Hühnerbrüsten. Zu Tovas Überraschung läuft ihr das Wasser im Mund zusammen. Wie lange ist es her, dass jemand so schön für sie gekocht hat?

Die beiden genießen gerade die letzten Bissen, als die Fliegenschutztür zufällt. Kurz darauf stürzt Cameron mit düsterem Gesicht herein. Als er Tova mit Ethan am Küchentisch sieht, wirkt er überrascht.

Doch es dauert nicht lange, da schaut Cameron Ethan wieder finster an. »Hey, Mann, kann ich mal kurz mit dir sprechen?«, stößt er durch zusammengebissene Zähne hervor.

»Na, klar. Schieß los!«

»Ich war eben unten im SUP-Laden, und da kam Tanner rein, der Typ, der bei dir im Laden arbeitet. Mit seinen Freunden. Weißt du, was sie rein zufällig erzählt haben?« Cameron reißt sich zusammen. »Sie meinten, du würdest über meine …«

»Na gut.« Ethan schießt von seinem Stuhl hoch. Mit einem nachdrücklichen Blick auf Cameron führt er ihn ins Wohnzimmer. Über die Schulter sieht er sich nach Tova um, entschuldigt sich und sagt, sie solle es sich weiter schmecken lassen, jedenfalls das, was noch übrig sei, er sei in einer Minute zurück. Die beiden Männer verschwinden, wahrscheinlich in ein Hinterzimmer, außer Hörweite.

Was hat der Junge wohl? Ein leises Schuldgefühl zerrt

an Tova. Sie könnte es wissen, wenn sie die letzten beiden Schichten nicht hätte ausfallen lassen.

Die Minute zieht sich in die Länge. Tova kommt zu dem Schluss, zumindest die Unordnung nach dem Kochen beseitigen zu können. Dann hat sie wenigstens etwas zu tun. Und was für ein Chaos in der Küche herrscht! Dank des Weins beschwingter als sonst sucht sie einen Schwamm und schnalzt mit der Zunge, als sie keinen in der direkten Umgebung der Spüle findet. Womit macht Ethan sein Geschirr sauber? Nirgends ist ein Schwamm oder Spültuch zu sehen.

Die Schublade neben dem Becken scheint ihr ein logischer Platz zu sein. Doch offenbar ist es eine Kramschublade. Tova zieht die nächste auf, darin finden sich verschiedene Papiere, Werkzeuge, noch mehr Krimskrams. Tova stößt einen Seufzer aus. Warum machen Männer so was? Wenn es nach Will gegangen wäre, wäre irgendwann jeder Sekretär in ihrem Haus unter Papieren begraben gewesen. Schmunzelnd denkt sie an Marcellus mit seiner Sammlung kleiner Gegenstände, die er unter dem Kies in seiner Höhle verwahrt. Offensichtlich ist diese Neigung männlicher Lebewesen, Wertloses anzuhäufen, artenübergreifend.

Unter der Spüle müsste doch etwas sein, womit sich das Geschirr bearbeiten lässt. Als Tova die Schranktür aufzieht, sieht sie jedoch nur Cornflakespackungen und Unmengen von Instant-Reisbechern für die Mikrowelle. Ihr fällt die Kinnlade hinunter.

Wer lagert seine Vorräte unter der Spüle?

Adrenalin rauscht ihr durch den Kopf und macht sie schwindelig. Hier hätte sie eine Menge zu tun. Die ganze

Küche neu einräumen. Alle Schränke und Schubladen auswischen. Hat Ethan eine Vorstellung, wie sehr er jemanden wie Tova braucht?

Sie schließt die Augen und atmet tief durch. Zuerst muss sie sich auf das Geschirr konzentrieren.

Sie durchsucht erneut den Schrank unter der Spüle und entdeckt doch noch einen Lappen. Bei näherer Untersuchung entpuppt er sich als altes T-Shirt mit verwaschenem Aufdruck. Offensichtlich ein Putzlumpen. Perfekt zum Saubermachen.

Als der letzte Teller auf dem Abtropfgestell steht, wischt Tova mit dem alten T-Shirt über die Arbeitsflächen, beseitigt auch die Pfütze Cabernet Franc, die bei Ethans hektischem Einschenken auf dem Küchenschrank landete. Die Baumwolle saugt den Wein gründlich auf, und als Tova das T-Shirt in der Spüle durchwäscht und auswringt, verblasst der Fleck zu einem dunklen Violett. Mit stolzgeschwellter Brust sieht sie sich in der blitzeblanken Küche um, und wie auf ein Stichwort dringen Stimmen aus dem Nebenzimmer. Die Männer kommen zurück. Vielleicht haben sie ihren Disput beigelegt.

Cameron weicht Tovas Blick aus und verschwindet durch die Hintertür. Kurz darauf erwacht der Motor des altersschwachen Campers zum Leben.

»Tova, meine Liebe«, sagt Ethan. Seine Stimme ist angespannt.

»Ist alles in Ordnung?«, fragt sie und macht einen Schritt auf ihn zu.

»Ich muss dir etwas sagen.« Er tritt von einem Fuß auf den anderen. Er scheint gar nicht bemerkt zu haben, dass Tova die ganze Küche geputzt hat.

»Ja, was ist denn?«, fragt sie und überlegt, ob sie einen Fehler gemacht hat. Auf einmal wünscht sie sich nichts mehr, als zu Hause auf ihrem Sofa zu sitzen und die Abendnachrichten zu schauen. Sich das brave, vorhersagbare Geplänkel von Craig Moreno, Carla Ketchum und der Meteorologin Jean Jennison anzuhören. Tova legt den zusammengeknüllten Putzlappen auf die Arbeitsfläche und faltet die Hände.

Ethans Blick bleibt an dem Lappen hängen. Seine Augen treten hervor. »Was zum …« Er marschiert quer durch die Küche und hebt das weinbeschmutzte T-Shirt hoch. Jede Farbe weicht aus seinen Wangen.

Nervös richtet sich Tova auf.

»Was hast du gemacht?«

»Abgewaschen.« Sie stützt die Hände in die Hüften. »Ich habe die Küche geputzt, abgewaschen, die Arbeitsflächen abgewischt. Ich hätte schon nicht übel Lust, mich an das Chaos unter deiner Spüle zu machen, aber …«

»Oh, nein.« Ethans Stimme ist rau. Er lässt das alte T-Shirt auf den Tisch fallen, sinkt auf einen Stuhl und vergräbt den großen Kopf in den Händen. Mit gedämpfter Stimme sagt er: »Grateful Dead, Memorial Stadium, 26. Mai 1995.«

»Was heißt das?«

Mit blitzenden Augen schaut er hoch. »Ihr letztes Konzert in Seattle. Einer von Jerry Garcias letzten Auftritten überhaupt.«

»Ich weiß nicht … also …« Tovas Kopf dreht sich. Jerry Garcia war der Sänger der Grateful Dead und verstarb 1995, das ist ihr bekannt. In Kreuzworträtseln tauchen diese Informationen manchmal auf. Tova findet die Abstecher in die Popkultur immer etwas nervig.

»Das T-Shirt. Es war von dem Konzert. Ist ein seltenes Exemplar.« Mit einem langen Seufzer steht Ethan auf.

»Aber es lag unter der Spüle.«

Ethan winkt abfällig. »Stimmt. Es war im Kleiderschrank.«

»Das ist kein Kleiderschrank. Das ist ein Küchenschrank.«

»Das sind beides Fächer mit Türen davor! Wo ist der Unterschied?«

Tova verschränkt die Arme. »Also, die meisten Menschen verstauen ihre Putzmittel unter der Spüle.«

»Wen interessiert es, was die meisten Leute tun?« Ethan zwickt sich in den Nasenrücken. »Rotweinflecken. Die gehen doch raus, oder?«

»Man kann sie vielleicht aufhellen«, räumt Tova ein. »Mit unverdünntem Bleichmittel.«

»Aber dann ...«

»Ja«, gibt sie zu, »dann wird auch der Aufdruck blasser.«

Ethan sagt nichts, sondern steht schwerfällig auf und geht zu den Schränken hinüber. Er schüttet sich den Rest von Barbs Cabinet Franc ins Glas und leert es in einem Zug. Tova sieht zu und bekommt plötzlich kein Wort mehr heraus. Wie angewurzelt steht sie da. Wer stopft ein wertvolles Kleidungsstück in einen Küchenschrank? Ein Kleidungsstück in so einem furchtbaren Zustand, ausgewaschen und abgetragen?

Nein, heißgeliebt.

»Es tut mir leid, Ethan.«

Er drückt die Schultern durch. »*Aye*. Schon gut, meine Liebe.«

»Ich muss jetzt gehen«, sagt Tova bebend. »Danke für das Essen.«

»Warte bitte. Ich muss dir noch etwas Wichtiges sagen. Der eigentliche Grund, warum ich dich eingeladen habe …«

Doch Tova ist bereits auf dem Weg zur Haustür, ihre Handtasche an die Hüfte gedrückt. Leise fällt die Tür hinter ihr ins Schloss.

Ein seltenes Exemplar

Tova hat sich nie viel aus Rockmusik gemacht; zumindest nicht aus der modernen. Als junges Mädchen mochte sie natürlich Chuck Berry und Little Richard. Und Elvis Presley, den King persönlich. Als sie frisch verheiratet war, ging Will samstagsabends immer in der Stadt mit ihr Jitterbug tanzen, bis sie dicke Füße hatten. Aber die Musik, die aus dem Ghettoblaster im Schlafzimmer des jugendlichen Erik dröhnte? Das war für sie einfach nur Krach.

Die Mischung aus Gitarre und Schlagzeug, die nun aus dem Lautsprecher von Janice Kims Laptop tönt, liegt irgendwo dazwischen. Tova versteht nicht viel von dem, was der Sänger von sich gibt, aber er hat eine schöne Stimme. Die Musik klingt locker, als würde sie herumbummeln, mäandern. Sie ist nicht unangenehm.

»Warte mal, ich mach leiser«, sagt Janice und tippt auf die Tastatur. »Nervt es dich nicht, wenn man eine Webseite aufruft, und automatisch läuft Musik?«

»Ja, doch«, sagt Tova, obwohl sie nicht weiß, wovon Janice spricht. Rolo liegt auf der anderen Seite des Zimmers auf seinem Plüschkissen und hebt den Kopf. Das Hündchen gähnt, steht auf und schüttelt sich gründlich, bevor es herübertrottet. Janice nimmt Rolo auf den Schoß. Tova streichelt sein seidenweiches Köpfchen.

»Ah, da wären wir. Das hier hast du gesucht, oder?« Janice zoomt ein Foto von einem dürren Mann heran, der ein verblichenes weißes T-Shirt in die Kamera hält, das gleiche, das Tova am Vorabend in Ethans Haus ruiniert hat. Als sie zu Hause eintraf, hatte Ethan bereits eine Nachricht auf ihrem Anrufbeantworter hinterlassen, dass sie sich keine Sorgen über das T-Shirt machen solle. Am Morgen schickte er ihr zusätzlich eine Nachricht aufs Handy, entschuldigte sich für den unschönen Ausgang, den der Abend genommen hatte, und bat sie, ihn zurückzurufen. Tova erwog es, wusste aber nicht, wie sie auf die Nachricht reagieren sollte, außerdem schien es ihr wichtiger, sich mit Janice in Verbindung zu setzen und sie um Hilfe zu bitten.

Das T-Shirt war geliebt worden. Tova hatte etwas wiedergutzumachen.

»Ja, das ist es.« Sie verfolgt, wie Janice sich durch mehrere Fotos des T-Shirts klickt, von vorne und hinten, ausgebreitet auf einem Esstisch aus Holz.

»Diese Auktionsseite kenne ich nicht«, sagt Janice und schaut mit zusammengekniffenen Augen auf den Monitor. »Aber sie ist sicher verschlüsselt, also ist es wahrscheinlich in Ordnung, oder?«

»Gut.« Tova nickt. Netterweise hat Janice Tova nur wenige Fragen dazu gestellt, warum sie versucht, ein Erinnerungs-T-Shirt von einem Grateful-Dead-Konzert aus dem Jahr 1995 zu erwerben. Tova hat den Eindruck, als liefen die verbliebenen Stricklieseln in ihrer Nähe auf rohen Eiern, seit sie die Absicht kundgetan hat, nach Charter Village zu ziehen.

»Okay, hier musst du jetzt deine Kreditkartennummer

eingeben.« Janice klickt auf die nächste Seite. Mit gerunzelter Stirn verfolgt sie, wie die Seite lädt. »Nein, das kann nicht sein.«

»Was denn?«

»Da steht, das T-Shirt kostet zweitausend Dollar.«

Rolo jault auf, offenbar ebenso schockiert wie Janice.

»Aha.« Tova schluckt und fährt dann sachlich fort: »Ja, gut. Das ist ein seltenes Exemplar.«

Janices Augen werden schmal. »Seit wann sammelst du Konzert-T-Shirts? Was soll das, Tova?«

»Nichts.« Sie winkt ab. »Ich mache nur etwas gut.« Tova greift in ihre Handtasche und kramt in ihrem Portemonnaie herum, bis sie die Kreditkarte findet, die sie nur dann einsetzt, wenn man nicht bar bezahlen kann.

»Da machst du den Typen, der das Teil verkauft, aber gerade glücklich, so viel steht fest«, brummt Janice, nimmt Tovas Karte und tippt die Ziffern ein. Bevor sie auf den grünen Button mit der Aufschrift »Jetzt kaufen« klickt, wirft sie Tova einen letzten skeptischen Blick zu. »Wirklich?«

»Ja. Mach es.« Tova weiß nicht genau, warum ihr Herz so schnell schlägt. Es geht nur um einen Ersatz für etwas, das sie kaputt gemacht hat, und zweitausend Dollar tun ihrem Bankkonto nicht besonders weh.

In der Mitte des Monitors dreht sich kurze Zeit ein kleiner Kreis, dann erscheint ein »Danke!« und Janice sagt: »Okay, das war's. Ich drucke die Rechnung aus, wenn ich die E-Mail bekomme. Sieht aus, als würde das T-Shirt in den nächsten zwei bis drei Wochen verschickt.«

»Drei Wochen?« Tova schüttelt den Kopf. »Nein. So lange kann ich nicht warten.«

»Wieso kannst du nicht drei Wochen warten? Auf ein ausgewaschenes altes T-Shirt?«

»Darum.« Tova schiebt das Kinn vor. Noch ein Grund, warum dieser Wahn mit dem Internetshopping totaler Blödsinn ist. Wer will drei Wochen auf etwas warten, was er gekauft hat?

»Also, hier steht, man kann es auch abholen.« Janice scrollt weiter runter, Text und Abbildungen fliegen über den Monitor. Sie schaut Tova zweifelnd an. »Das Lager ist in Tukwila.«

Tukwila liegt südlich von Seattle, in der Nähe des Flughafens. Von Sowell Bay dorthin zu fahren, dauert mindestens drei Stunden. Bei dem Verkehr in Seattle vielleicht sogar länger.

»Dann hole ich es ab. Kannst du das noch ändern?«

Janice fällt die Kinnlade runter. »Wirklich?«

»Wirklich«, äfft Tova sie nach.

»Okey-dokey.« Mit unsicherem Blick klickt Janice auf verschiedene Felder. Kurz darauf erwacht ihr Drucker zum Leben und spuckt ein Blatt aus. Janice setzt Rolo auf dem Boden ab, holt den Ausdruck und reicht ihn Tova. Es ist eine kleine grobkörnige Landkarte mit einer Adresse in Tukwila.

»Sehr gut. Danke für deine Hilfe«, sagt Tova mit einem energischen Nicken, faltet das Blatt und steckt es in ihre Handtasche.

»Willst du da ganz allein hinfahren?«

»Schätze schon.«

»Wann bist du das letzte Mal durch Seattle gefahren? Und zwar auf der Autobahn, Tova?«

Sie antwortet nicht, doch es war während der Zeit, als

Will die letzten Behandlungen bekam. Er war bei einem Spezialisten an der Universität von Washington. Leider half das noch nicht zugelassene Medikament Will nicht, aber sie hatten es natürlich versuchen müssen.

»Ich begleite dich«, sagt Janice. »Und Peter nehmen wir auch mit. Er kann fahren. Ich guck mal in den Kalender, dann suchen wir einen Tag aus und …«

»Nein, danke!«, unterbricht Tova sie. »Ich mache das allein. Ich würde das gern heute erledigen.«

Janice verschränkt die Arme. »Also, du weißt, worauf du dich einlässt. Sei vorsichtig! Nimm dein Handy mit!«

Auf der Interstate stehen die Fahrzeuge dicht an dicht, wie Heringe in der Dose. Durch die regennasse Windschutzscheibe schimmern rote Bremsleuchten, während die Scheibenwischer gegen den Nieselregen anarbeiten, mitten im Sommer eher ungewöhnlich, wenn es normalerweise heiß und trocken ist. Klar, es muss ja regnen, wenn Tova das erste Mal seit ewiger Zeit wieder auf dem Freeway ist!

Zwei Jahre müsste es her sein. Vor zwei Jahren ist Will gestorben.

Meterweise rückt ihr kleiner Wagen vorwärts. Alle Autos auf der mittleren Spur, wo sich Tova befindet, scheinen nach rechts zu wechseln. Vielleicht versperrt links etwas den Weg. Gerade will sie den Blinker setzen, da klingelt ihr Handy im Becherhalter.

Tova tippt aufs Display. »Hallo?« Nichts passiert. Janice hat ihr gezeigt, wie man das Handy auf Lautsprecher stellt, aber Tova kann sich nicht mehr erinnern, welches der kleinen runden Symbole sie drücken muss. Sie probiert ein anderes und sagt noch mal lauter: »Hallo?«

»Mrs. Sullivan?«, dröhnt eine Männerstimme aus dem Gerät.

»Ja«, sagt Tova. »Am Apparat.«

»Hallo, hier ist Patrick. Ich bin für die Neuaufnahmen in Charter Village zuständig. Wie geht es Ihnen?«

»Gut, danke.« Tova wirft einen letzten Blick in den Rückspiegel und wechselt mit angehaltenem Atem auf die rechte Spur. Dann stößt sie die Luft aus. Ob Patrick das am anderen Ende hört?

»Schön. Ich rufe an, um noch mal nachzufragen, ob es in Ordnung ist, wenn wir jetzt den Scheck über Ihre Anzahlung einlösen.«

»Aha«, macht Tova.

»Wir haben noch keine Freigabe von Ihnen. Vielleicht ist das Formular auf dem Postweg verloren gegangen?«

»Ach, Sie wissen ja, wie das heutzutage mit der Post ist.«

Jetzt versuchen alle Fahrzeuge, die nach rechts gewechselt haben, wieder auf die linke Spur zu kommen. Warum können sich die Leute nicht entscheiden? Die Autos erinnern Tova an einen Schwarm hilfloser Fische, die in koordinierten Bewegungen dem Angriff eines Raubtiers ausweichen, ohne zu begreifen, dass sie zwar dem Hai auf der einen Seite entkommen, aber von der Robbe auf der anderen gefressen werden.

Patrick räuspert sich. »Ich melde mich, weil wir diese Anzahlung brauchen, um ihr Einzugsdatum bestätigen zu können. Das ist – warten Sie, ich sehe kurz nach – ah, nächsten Monat.«

Tova tritt etwas härter als beabsichtigt auf die Bremse. »Ja, das müsste hinkommen.«

»Jetzt verstehe ich, warum meine Vorgesetzte den Vorgang markiert hat. Können Sie die Abbuchung in Anbetracht der Umstände auch mündlich bestätigen? Wäre das in Ordnung?«

Tova überholt einen Sattelschlepper und wechselt wieder auf die linke Spur, wo es jetzt gut vorangeht, während rechts noch alles steht. Wie seltsam so was manchmal ist. Jede noch so kleine Entscheidung bestimmt, wie und wann man an sein Ziel gelangt. Als Will noch lebte, begleitete er Tova manchmal zum Einkaufen. Immer wählte er die langsamere Kassenschlange. Sie machten Witze darüber, dass er wirklich ein Talent dafür hatte.

An dem Tag, als Erik starb, war Tova abends mit Will im Supermarkt gewesen, vor dem Essen. Tova weiß noch, dass sie einen Karton mit diesen ungesunden cremegefüllten Kuchen kauften, die Erik so gern mochte. Hatte Will an jenem Tag wieder die langsamere Kasse ausgesucht? Wenn er eine schnellere genommen hätte, wären sie dann noch früh genug zu Hause gewesen, um sich von Erik zu verabschieden, als er zu seinem Ferienjob am Fähranleger aufbrach? Hätten sie ihn dabei erwischt, wie er Bier aus dem Kühlschrank stibitzte? Hätte er erwähnt, dass er mit einem Mädchen zusammen war? Hätte er Tova gesagt, dass sie Daphne heißt und er es nicht erwarten könne, sie mal zum Abendessen mitzubringen?

Hätte das irgendwas geändert?

»Hallo? Mrs. Sullivan? Sind Sie noch da?«

»Ja.« Blinzelnd schaut Tova zum Handy im Becherhalter hinüber. »Ich bin da.«

»Ist alles in Ordnung?« Patricks Stimme klingt leicht besorgt. Sie stellt sich vor, wie er übers Telefon gebeugt an einem der Tische hinter der Glaswand in dem Büro sitzt, das sie bei ihrem Rundgang in Charter Village gesehen hat.

»Ja. In Ordnung«, sagt Tova. »Sie können abbuchen.«

Nicht mal eine Geburtstagskarte

Cameron hat bereits das halbe Gebäude gewischt, als mit fast einstündiger Verspätung eine aufgeregte Tova hereinstürzt.

»Entschuldigung, dass ich so spät komme«, sagt sie.

»Keine Sorge. Wir haben doch schon geklärt, dass ich das auch allein schaffe.« Er grinst, aber verkneift sich die Bemerkung, dass er enttäuscht war, als sie nicht auftauchte. Dass er sich auf den gemeinsamen Abend gefreut hat, so seltsam das auch klingt. Heute hat er sich ein wenig allein gefühlt. Seit dem Streit hat er kaum mit Ethan gesprochen. Der ganze Blödsinn, den der alte Mann in der Stadt verbreitet hat … Das will Cameron einfach nicht in den Kopf. Irgendwas mit einem ungedeckten Scheck. Vor hundert Jahren. Als müsste Cameron daran erinnert werden, wie kaputt seine Mutter war.

Tova nickt und beugt sich verschwörerisch vor. »Diesmal kontrolliere ich auch nicht die Müllbeutel. Ich vertraue Ihnen.«

Cameron tut so, als sei er geschockt. »Sie vertrauen mir, dass ich Mülleimerbeutel einlegen kann! Wow, jetzt bin ich wirklich angekommen!« Er lacht, Tova ebenfalls. »Und, wo waren Sie?«

»Ah, das war wirklich ein Abenteuer.« Tova nimmt ein Putztuch und beginn, die Glasscheibe des Bassins mit den

Sonnenbarschen zu polieren. Dabei erzählt sie eine fast unglaubliche Geschichte über ein Grateful-Dead-T-Shirt, eine Online-Auktion und einen Mann in einem Lager unten in Tukwila, der ihr die Ware beinahe nicht ausgehändigt hätte, weil sie die E-Mail-Adresse ihrer Freundin nicht mehr wusste. Tova hatte sie verwendet, weil sie selbst keine besaß. Beim Reden bearbeitet sie einen Fingerabdruck auf dem Glas. Ihre Wangen sind höchst untypisch gerötet.

»Du jemine!« Sie lacht leise. »Da stehe ich hier herum und jammere.«

»Alles gut. Unglaubliche Geschichte.« Cameron schmunzelt. »Wenn Sie wollen, richte ich Ihnen eine E-Mail-Adresse ein. Kostet nichts.«

»Ich habe keinen Computer.«

»Ich auch nicht. Die E-Mails kommen aufs Handy.«

»Aufs *Handy*«, sagt Tova mit einem abwertenden Winken. »Die junge Leute mit ihren Handys.«

»Tja, wenn Sie ein Smartphone hätten, könnte man besser Kontakt halten, wenn Sie wegziehen.«

Bei der Bemerkung erstarren Tovas Gesichtszüge.

Hätte Cameron das nicht sagen sollen? Ist der Umzug ein großes Geheimnis? Das kann doch nicht sein. Ethan hat es mehrmals beiläufig erwähnt. Er hat ständig schlechte Laune, weil sein hoffnungsloser Schwarm bald nicht mehr da ist.

»Ein Smartphone. Ja, vielleicht.« Tova lächelt. »Tut mir leid, dass wir uns da abends bei Ethan nicht begrüßt haben.« Es ist, als könne sie Camerons Gedanken lesen.

»Ethan war total aufgeregt wegen des Dates. Wie war es denn?«

Tova drückt den Rücken durch. »Das war kein Date.«

»Okay. Dann: Wie war das Essen?«

Tova faltet den Putzlappen zusammen, steckt ihn in die Gesäßtasche und stützt sich auf den Wagen. »Wissen Sie, als Will starb, waren wir siebenundvierzig Jahre verheiratet. Ich kann kein Date mit einem Mann haben.«

»Warum nicht?«

Tova seufzt, als liege die Antwort auf der Hand. Schweigend putzen sie eine Zeitlang gemeinsam den gebogenen Flur und bleiben dann vor der Statue des Seelöwen stehen. Cameron wischt besonders gründlich, jede kleine Ecke in der Nische, unter den Bänken und hinter den Mülleimern.

Tova poliert den kahlen Kopf des Tiers. »Vergessen Sie nicht, unter dem Schwanz zu putzen, mein Lieber.«

»Worunter?«

»Unter dem Schwanz des Seelöwen. Hier, ich zeig's Ihnen.« Mit ihrem Lappen wischt sie unter dem glänzenden Metallschwanz her. Cameron widersteht dem Impuls, die Augen zu verdrehen. Wie soll es da schmutzig werden?

»Ja, ja, ich weiß. Es muss ordentlich gemacht werden«, brummt Cameron, doch Tova hört nicht zu. Sie beäugt etwas im Spalt zwischen der Statue und dem Boden.

Langsam richtet sie sich auf, ohne den Blick von dem Gegenstand in ihrer Hand abzuwenden. Eine Kreditkarte? Sie macht ein Gesicht, als würde sie jeden Moment »Mein lieber Schwan!«, »Sapperlot« oder »Gütiger Himmel!« rufen, doch sie schweigt sehr lange.

»Ist das Ihr Führerschein?«, flüstert sie schließlich und hält Cameron die Karte hin.

Tatsächlich, das ist sein Führerschein. Er wollte ihn heute, bevor er ging, aus seinem Fach holen, wo Terry ihn deponieren wollte. Wie um alles in der Welt ist das Teil hier gelandet?

»Ja, stimmt!« Cameron streckt die Hand aus, um den Führerschein entgegenzunehmen, doch Tova hält ihn fest und betrachtet ihn gründlich.

»Cameron«, sagt sie langsam. »Ich weiß, dass Sie in Sowell Bay Ihren Vater suchen. Und ich weiß, dass Sie keinen Kontakt zu Ihrer Mutter haben. Aber wie heißt sie?«

Er runzelt die Stirn. »Warum?«

Tova wartet.

»Sie heißt Daphne.«

»Daphne Cassmore?«

»Ähm, ja.« Was ist denn jetzt los? Wieder greift Cameron nach dem Führerschein, und diesmal lässt Tova los. Im Mondschein, der durch das Oberlicht fällt, ist ihr Gesicht blass und schmal.

»Sie hat sich mit ihm getroffen«, sagt Tova leise. »Ihre Mutter ist das Mädchen.«

Die Geschichte von Eriks Verschwinden nicht von Ethan, sondern von Tova selbst zu hören, ist etwas anderes. Cameron und Tova sitzen rechts und links auf der Bank in der Nische und sehen sich über den glänzenden Rücken des Seelöwen hinweg an. Mit ruhiger Stimme erzählt Tova, wie ihr Sohn im letzten Jahr an der Highschool an einem Juliabend zum Arbeiten an den Fähranleger ging und nie wieder zurückkam. Sie erzählt von dem Boot, dessen Fehlen niemand bemerkte. Von der gekappten Ankerleine.

»Ich habe es nie geglaubt.« Tova schüttelt den Kopf. »Ich konnte nie glauben, dass er sich umgebracht hat. Als ich hörte, dass Erik vielleicht mit einem Mädchen zusammen war, ein Mädchen, von dem seine Freunde nichts wussten …«

»Moment mal! Dieses Mädchen: Woher wissen Sie, dass es meine Mutter war?«

Tova reibt über einen schwarzen Fleck auf der Bank. Wahrscheinlich ein Schuhabdruck. »Ich habe mit einem ehemaligen Klassenkameraden gesprochen, dem es wieder eingefallen ist.«

»Und die Polizei hat diesen Klassenkameraden nie befragt?«

Tova schnalzt mit der Zunge. »Erik und er waren nicht eng befreundet. Die Ermittlungen waren am Anfang sehr gründlich. Aber es gab weder Augenzeugen noch Anhaltspunkte … Ich nehme an, die Polizei wollte den Fall abschließen.«

»Und Sie meinen, meine Mutter hatte vielleicht etwas mit …« Cameron stößt einen leisen Pfiff aus.

Mit undurchdringlicher Miene schaut Tova hoch. »Ich weiß es nicht. Aber offenbar hatte sie ein Verhältnis mit Erik. Vielleicht haben die beiden sich an jenem Abend getroffen. Möglicherweise kann sie mir etwas erzählen …« Tova verstummt und schluckt, bevor sie fragt: »Wissen Sie vielleicht, wie ich sie erreichen kann?«

Cameron schüttelt den Kopf. »Als ich sie das letzte Mal gesehen habe, war ich neun.«

»Und seitdem haben Sie nichts mehr von ihr gehört? Nicht mal eine Geburtstagskarte?«

Die Frage bohrt sich wie ein Messer in seine Eingeweide. Wie oft hat er sie sich selbst schon gestellt? Tante Jeanne beteuerte immer, seine Mutter würde ihn lieben. Dass sie gegangen sei, weil es das Beste für ihn war. Dass sie vielleicht irgendwann ihre Dämonen besiegen würde und bereit für eine Beziehung sei. Aber welche Dämonen sollten so mächtig sein, dass sie jemanden davon abhielten, eine Geburtstagskarte für neunundneunzig Cent zu kaufen und eine Briefmarke draufzukleben? Wie oft hat Cameron sich schon eingeredet, dass seine Mutter tot ist, weil das weniger weh tut, als zu glauben, dass sie sich so wenig aus ihm macht?

»Nein. Nicht mal eine Karte zum Geburtstag.« Er steht auf und geht. Seine Augen brennen, sie sind feucht, und er will nicht, dass Tova es sieht. Ein paar Mal kräftig blinzeln, dann sind die Tränen weg.

Wenn es so einfach wäre, hätte sie ihn nicht gehen lassen, erinnert er sich an Tante Jeannes Worte. *Deine Mutter war nicht blöd.* Wenn Camerons Vater hingegen tot war … Wenn er mit achtzehn einen Unfall gehabt hatte und gestorben war … Nun, das wäre ein einleuchtender Grund, warum er nie in Camerons Leben auftauchte. Er kneift die Augen zu. War das möglich? Das würde ja bedeuten, dass Tova seine … Nein, das kann nicht sein. Sie ist so zierlich und sonderbar. In seiner Familie ist niemand zierlich und sonderbar. Außerdem würde es bedeuten, dass seine Mutter gar nicht so schrecklich war, kein Opfer, sondern vielleicht sogar eine Märtyrerin und dementsprechend nicht der Grund für Camerons Leid. Damit kann er überhaupt nicht umgehen, also verdrängt er den Gedanken aus seinem Kopf.

Tova stellt sich neben ihn vor das große Becken in der Mitte. Sie beobachten, wie ein Schwarm Kabeljau vorbeizieht, angetrieben von der künstlichen Strömung. Nach vier Minuten kommen sie wieder, weiß Cameron. Diese endlosen Kreise … Was für ein Leben!

»Es tut mir leid«, sagt Tova und legt ihm die Hand auf die Schulter. Sie reibt oder drückt nicht, sondern lässt sie einfach liegen, als könne der Kontakt seinen Schmerz ein wenig lindern. Die Berührung ist so warm, dass sie fast mütterlich wirkt … Nein. Cameron will das nicht. Die Geste ist einfach nur nett, weil Tova eben außergewöhnlich nett ist, auch wenn sie auf den ersten Blick einen eher unbeteiligten Eindruck macht. Cameron sieht sie an, und es berührt ihn, wie taff diese kleine alte Frau ist, wie viel Kummer sie mit ihren gut vierzig Kilo trägt. Und jetzt nimmt sie ihm auch noch etwas ab.

Wie viel kann ein Mensch ertragen?

Im Becken kommt ein großer Grauhai näher. Seine stumpfe Nase beschreibt kleine Kreise über dem Boden, als suche er etwas. »Mir tut das mit Erik leid. Und dass meine Mutter vielleicht irgendwas damit zu tun hatte«, sagt Cameron.

»Das ist ja wohl nicht ihre Schuld, mein Lieber. Aber danke.«

Das Knopfauge des Hais registriert die beiden, das Tier verharrt kurz, dann schwimmt es weiter.

Tovas Mund verzieht sich zu einem schmalen Lächeln. »So, jetzt machen wir uns an den Boden, was?«

Bei Ethan ist das Licht schon gelöscht, als Cameron nach Hause kommt. Das wirft seinen Plan über den Haufen, sich mit dem alten Mann zu versöhnen. Wie sich herausstellte, war Ethans rätselhaftes Gerede doch nicht völlig aus der Luft gegriffen. Und tief in sich vermutet Cameron, dass an dem Gerücht etwas dran ist. Seine Mutter war an der größten Tragödie dieses Orts beteiligt.

Die ganze Zeit wartet er darauf, dass ihn diese Erkenntnis traurig oder wütend macht, wie man es erwarten sollte, aber so sehr er sich auch anstrengt, die Gefühle wollen sich einfach nicht einstellen. Ach, wen interessiert's? Sollen sie doch reden. Das Geläster der Leute über Daphne Cassmore kann Cameron nichts anhaben. Das geht ihm so was von am Arsch vorbei.

Er sucht im Minikühlschrank des Campers herum, bis er die Plastikpackung mit Cräckern, Käse und Aufschnitt findet, die er gesucht hat. Am letzten Wochenende hat Ethan einen Stapel davon aus dem Laden mitgebracht und Cameron geradezu mehrere Packungen aufgezwungen. Das Mindesthaltbarkeitsdatum sei abgelaufen, deshalb könnten sie nicht mehr verkauft werden, erklärte Ethan, aber die Lebensmittel seien so verarbeitet, dass sie praktisch ewig hielten. Cameron zieht die Plastikfolie ab, und ein pfeffriger Geruch steigt ihm in die Nase. Cameron legt mehrere kleine Salamischeiben auf einen Cräcker und will ihn gerade essen, als er eine Nachricht aufs Handy bekommt.

Sie ist von Avery: *Noch auf?*

Gerade von der Arbeit gekommen. Dann tippt er ihr ausführlich, was er über seine Mutter, Tova und Erik erfahren hat. Er kotzt sich regelrecht aus. Anschließend überlegt er es sich anders und löscht die Wörter. Zu viel für eine Textnachricht.

Avery schreibt: *Lust auf SUP diese Woche? Mittwochnachmittag? Da hast du doch frei, oder?*

Cameron grinst im düsteren Camper. *Wie viel Uhr?*, tippt er.

Vier? Treffen am Laden. Kann bisschen früher weg.

Immerhin hat sie nicht vorgeschlagen, sich im Morgengrauen zu treffen. Vier Uhr nachmittags bekommt er hin. Cameron schickt ihr einen emporgereckten Daumen.

Nimm diesmal was zum Wechseln mit. Oder … doch nicht? Dahinter zwinkert ein Emoji.

Als Cameron ins Bett schlüpft, durchströmt es ihn warm. Ein Gefühl so ähnlich wie Zufriedenheit.

Was wäre, wenn

Der Nachmittag, an dem die Stricklieseln erfuhren, dass Mary Ann Minettis jugendliche Enkelin Tatum schwanger war, liegt fast drei Jahre zurück. Tova wird diese Erinnerung bewusst, als sei es gestern gewesen.

Die übrigen Strickliseln waren angemessen entsetzt über die Nachricht. Zu ihrer eigenen Schande empfand Tova nur Neid.

Achtzehn. Tatum war achtzehn Jahre, und natürlich stand sie vor einer schwierigen Entscheidung. Die Frauen erörterten diese besondere Situation, doch in Tovas Kopf gab es nur eine Frage: *Was wäre, wenn …*

Was, wenn Erik so etwas passiert wäre? Natürlich auf der anderen Seite des Genmaterials, aber was wäre gewesen, wenn er mit achtzehn Vater geworden wäre? Dann hätte Tova ein Enkelkind. Was wäre das für ein Geschenk gewesen …

Tatum bekam ihr Kind. Mary Anns Tochter Laura half ihr bei der Versorgung des unerwarteten Enkels, und so ging alles seinen Weg, soweit Tova das bekannt war. Es lief bestimmt nicht bei allen so glatt. Mary Anns Familie hatte die finanziellen Mittel, um Tatum zu unterstützen, und Tatum wollte das Kind behalten. Auch der Vater der Kleinen ist noch dabei und unterstützt die junge Mutter einigermaßen, soweit Tova das mitbekommt. Eigentlich eine ideale Lösung. Aber so etwas kann auch anders ablaufen. Alles ist möglich.

Das Geburtstagsdatum auf Camerons Führerschein hat sich in Tovas Hirn gebrannt. Er wurde im darauffolgenden Februar geboren.

Seine Mutter, wie auch immer sie war, traf sich mit Erik. Angeblich.

Was ist, wenn Cameron seinen Vater am völlig falschen Ort sucht? Tova versucht, sich an alle Gespräche zu erinnern, die sie mit dem jungen Mann geführt hat, an alles, was er über den von ihm gesuchten Mann gesagt hat. Ein Immobilienentwickler, der überall Werbetafeln stehen hat. Cameron erwähnte einen Ring und ein Foto, Genaueres weiß Tova nicht mehr. Nichts, was Cameron erzählt hat, ließ auf irgendeine Verbindung zu Erik schließen. Und trotz allem ist Cameron überzeugt, den Richtigen gefunden zu haben. Felsenfest überzeugt.

So war Erik auch.

Tova fährt mit dem Finger über die Armlehne des Terrassenstuhls, ihr Fingernagel folgt der Maserung. Ein nächtlicher Windhauch bewegt die Sonnenblumen im mondbeschienenen Garten, sie wackeln mit den Köpfen, als wollten sie Tovas Wunschtraum von einem Enkel unterstützen. Er ist ja Unsinn. Erik kann kein Kind gehabt haben. Daphne Cassmore mit ihren achtzehn Jahren mochte mit verschiedenen jungen Männern ausgegangen sein. Sorglose achtzehn. Der Sommer nach dem Abschluss der Highschool. Wer wollte ihr das übel nehmen?

Es wäre ein außerordentlicher Glücksfall, wenn sie schwanger geworden wäre. Aber dann hätte Daphne Cassmore Tova doch ausfindig gemacht, oder? Welche Mutter würde ihrem Kind die Großeltern vorenthalten? Außerdem glaubt Tova nicht an Glücksfälle.

Cat springt auf die Verandabrüstung und sieht Tova mit schräg geneigtem Kopf an. Was soll sie nur mit dem Tier machen? In wenigen Tagen wird das Haus verkauft sein, dann zieht sie nach Charter Village. Dort sind keine Haustiere erlaubt. Tova hat extra angerufen und sich erkundigt.

Cat duckt sich, als wolle er auf ihren Schoß springen, dann hüpft er jedoch auf den Boden und rollt sich zu ihren Füßen zusammen.

Als würde er jetzt schon auf Abstand gehen.

Erstaunlich gute Substanz

Als Janice anruft und Tova zum Mittagessen einlädt, wäscht sie gerade Cats Napf aus. Mittagessen am Montag, auswärts? Um was mag es da gehen? Janice schlägt vor, dass sie sich im Deli vom Shop-Way treffen, und ist überrascht, als Tova stattdessen den Tex-Mex in Elland ins Spiel bringt.

»Wirklich? Na, gut. Ich hole dich ab«, sagt Janice.

Im Lokal weist man ihnen eine gemütliche Sitzecke zu. Bei Tortillachips und Salsa kommt Janice zur Sache.

»Diese Woche bist du das letzte Mal bei den Stricklieseln, oder?«

Tova nickt.

»Wahrscheinlich hast du gedacht, weil wir nur noch zu dritt sind, gibt es keine Abschiedsparty für dich, was?«

»Ja, ich meine nein! Ich brauche keine Party.«

»Also, Barb hat gesagt, sie bringt einen Kuchen mit.« Janice tunkt einen Chips in die Salsa. »Dann haben wir den schon mal.«

»Wie aufmerksam von Barbara«, sagt Tova. »Ein Kuchen ist nett.«

»Nett«, wiederholt Janice. »Tova, entschuldige bitte, wenn ich Klartext rede, aber hörst du mal mit dem Scheiß auf und sagst mir jetzt ehrlich, wie du auf diese Idee gekommen bist?«

Ah, darum geht's also. »Wie bitte?«

»Das hier!« Janice macht eine ausholende Handbewegung, als sei die Inneneinrichtung des Restaurants mit seinen schicken Wandbehängen aus Makramé eine Beleidigung. »Dein Haus zu verkaufen! Aus Sowell Bay wegzuziehen! Du hast dein ganzes Leben lang hier gewohnt.«

»Charter Village ist sehr nett«, sagt Tova freundlich.

»Kann ja sein, aber wir sind jetzt in den goldenen Jahren. Warum willst du die mit lauter Fremden verbringen?« Janices Stimme bricht. »Was ist mit *uns*?«

Tova will etwas sagen, doch sie bekommt kein Wort heraus.

»Und außerdem«, fährt Janice fort und hebt streng den Zeigefinger wie ein Richter in den von ihr so geliebten Justizdramen, »was ist mit Ethan Mack?«

Tova stutzt. »Was soll mit ihm sein?«

»Tova, er ist total verrückt nach dir. Warum gibst du ihm keine Chance?«

»Ethan Mack ist ein netter Mann, aber Will und ich waren …«

»Ach, hör auf! Ich weiß, dass ich nicht dasselbe erlebt habe wie du, aber Peter und ich haben darüber gesprochen. Wenn einer von uns nicht mehr ist, muss der andere nach vorne sehen. So alt sind wir noch nicht, Tova! Wir haben immer noch gute Jahre vor uns. Jahrzehnte! Siebzig ist das neue Sechzig!«

Ohne es zu wollen, muss Tova schmunzeln. »Wo hast du das denn her? Mal wieder aus dem Fernsehen?«

»Ist doch egal. Bitte, Tova, denk noch mal darüber nach! Wenn du das wirklich machen willst, dann gut, zieh dahin. Aber es ist nicht die einzige Möglichkeit.«

»Janice, eins musst du verstehen«, Tova zieht ihre Hand zurück. »Ich bin nicht wie du, Mary Ann oder Barbara. Ich habe keine Kinder, die zu mir ziehen, wenn ich gestürzt bin. Ich habe keine Enkel, die vorbeikommen und schnell den verstopften Abfluss reparieren oder die darauf achten, dass ich meine Tabletten nehme. Und meine Freundinnen und Nachbarn möchte ich nicht damit belasten.«

»Das ist dein Problem«, sagt Janice leise. »Dass du denkst, du wärst eine Belastung.«

»Charter Village ist vielleicht nicht die einzige Lösung, aber die beste.« Tova schiebt das Kinn vor. »Außerdem ist es beschlossene Sache. Am Mittwoch unterschreibe ich den Vertrag über den Hausverkauf.«

»Und wann ziehst du nach Charter Village?«

»In zwei Wochen. Bis dahin wohne ich in einem Hotel unten in Everett.«

Mit einem kapitulierenden Lächeln sagt Janice: »Dann würde ich sagen, Barb und ich kommen noch mal vorbei, bevor du weg bist. Vielleicht kannst du uns einen Termin in dem schicken Wellnessbereich da machen.«

»Natürlich«, sagt Tova.

Kurz darauf taucht eine fröhliche Kellnerin auf und rattert mit einem begeisterten Grinsen eine Liste von Margarita-Versionen herunter. Janice bestellt eine Diätlimonade, Tova schwarzen Kaffee. Die Kellnerin nickt und trollt sich, kommt aber kurz darauf zurück und erklärt zerknirscht, im Moment hätten sie keinen Kaffee da. Nachmittags sei der nicht so gefragt. Ob Tova eine Viertelstunde warten wolle? Oder würde sie auch etwas von der Espressobar nehmen? Einen Cappuccino, Latte, Mocca?

»Dann eine kleine Latte«, sagt Tova mit einem gewissen Widerwillen. Espressobar! Wie albern.

Am Dienstagnachmittag will Tova bei Ethan einkaufen gehen, zum ersten Mal seit dem schief gelaufenen Essen.

Und vielleicht auch das letzte Mal. Sie muss nur ein paar Grundnahrungsmittel holen. Der Kühlschrank ist immer noch halb voll, und das Auszugsdatum rückt näher. Nie hätte sie gedacht, dass sie so viel Zeit zwischen zwei Einkäufen verstreichen lassen könnte, aber die Aufläufe im Tiefkühler halten ewig. Die Gerichte aus Kartoffeln, Nudeln, Soße und Käse haben Tovas Wangen etwas runder werden lassen, wie sie am Morgen nach dem Baden erfreut im Spiegel festgestellt hat. Nachdem sie sich angezogen hatte, gab sie sogar ein klein wenig Rouge auf ihre Wangen.

Bevor sie aufbricht, schaut sie vier Mal nach, ob das Grateful-Dead-T-Shirt auch wirklich in ihrer Tasche ist. Schließlich will sie nicht einfach nur einkaufen gehen. Als sie das Haus verlässt, sieht sie erstaunt, dass die Zeitung immer noch zusammengerollt auf der Fußmatte liegt. Tova war an diesem Morgen so beschäftigt, dass sie ganz vergessen hat, sie hereinzuholen. Das Abonnement sollte eigentlich gekündigt werden, doch als sie den jungen Austräger letztens darauf ansprach, zuckte der nur mit den Schultern und meinte, er würde Tova die Zeitung einfach so lange bringen, wie sie da sei, er hätte sowieso immer ein paar Exemplare übrig. Tova lächelte und bedankte sich. Er ist ein lieber Kerl. Letztes Jahr Weihnachten hat sie ihm ein ordentliches Trinkgeld gegeben.

Ihr Kreuzworträtseltick wird jedenfalls gerade auf andere Weise bedient. Letzte Woche hat Janice ihr eine Nachricht auf dem Handy geschickt und sie zu einem Wettstreit herausgefordert. Plötzlich öffnete sich ein Kreuzworträtsel, und mit einem Klick gab es Rätsel in rauen Mengen auf dem kleinen Display.

So viele Kreuzworträtsel. Mehr, als man je lösen könnte. Ist das nicht toll?

Natürlich hat Tova bisher jedes Match gewonnen, aber Janice lernt schnell dazu.

Als Tova den Supermarkt betritt, steht Ethan mit einem Stift hinterm Ohr an der Feinkosttheke. Er unterbricht sein Gespräch mit einem anderen Kunden mitten im Satz und winkt herüber.

»Hallo, Ethan!«, ruft Tova mit fester Stimme. Sie nimmt einen Korb vom Stapel am Eingang.

»Guten Tag, meine Liebe!« Er sieht resigniert zu ihr hinüber, dann geht er zu einer Gruppe in der Sitzecke und nimmt die Bestellung auf.

Tova denkt beim Einkaufen viel nach. Bei jedem Artikel überlegt sie gründlich, ob sie ihn wirklich benötigt. Marmelade ist im Angebot, das zweite Glas ist gratis. Aber Tova braucht nicht doppelt Marmelade. Eventuell nicht mal eine. In Charter Village hat sie jedenfalls keine eigene Marmelade nötig, auch wenn auf dem Zimmer eine kleine Küchenzeile mit Kühlschrank ist. Sie entscheidet sich für ein kleines Glas Himbeermarmelade, das sie mitnehmen kann, wenn sie es in dieser Woche nicht leert.

Als sie fertig ist, sind zwei Kassen geöffnet, und Tova ist erleichtert, als sie sieht, dass Ethan die Gruppe im Deli bedient hat und sich jetzt an die linke Kasse setzt. Auch wenn die Schlange länger bei ihm ist, ist stellt sie sich bei ihm an. Sie legt ihren bescheidenen Einkauf aufs Band und legt das ordentlich aufgerollte T-Shirt vorsichtig ans Ende, zwischen die Milch und eine wächserne Pampelmuse.

»Glückwunsch zum Hausverkauf!« Ethan räuspert sich, als müsse er seine Befangenheit weghusten. Er bongt das Brot, die Marmelade, den Kaffee, die Eier ein. Ohne aufzusehen scannt er das Päckchen mit Waffeln, wiegt den einsamen grünen Apfel ab. Schließlich greift er zu dem weißen T-Shirt, dreht es in der linken Hand, zielt mit dem Scanner in der rechten darauf, sucht den Barcode. Langsam dämmert es ihm. Er entrollt den Stoff. Seine Kinnlade fällt runter.

»Wo um alles in der Welt hast du …?« Seine Stimme klingt, als habe sie sich in einem Netz verfangen. »Ich meine, wie hast du das gefunden …?«

Tova drückt den Rücken durch. »Hab ich im Internet gekauft.«

»*Was* hast du?«

»Das wurde im Internet versteigert. Janice Kim hat mir geholfen«, gesteht Tova.

Ethan wird ernst. »Wie viel hast du dafür bezahlt, Tova?«

»Ich wüsste nicht, was dich das angeht.«

Er rollt das T-Shirt zusammen und schüttelt es. »Die Dinger sind teuer. Tausende von Dollar.«

Hinter Tova warten inzwischen drei Kunden. Zwei recken den Hals, wollen mitbekommen, was vorne passiert.

»Du brauchst dich gar nicht aufzuregen«, zischt sie Ethan zu. »Ich habe lediglich den Gegenstand ersetzt, den ich ruiniert habe.«

Er drückt das T-Shirt an seine Brust. »Das war nur ein T-Shirt«, brummt er.

»Aber es war dir wichtig.« Tovas Stimme zittert.

»Mir ist vieles wichtig.«

»Es tut mir leid«, flüstert Tova.

»Sag das nicht, mein Sonnenschein.« Seine großen grünen Augen sind schwer. »Ich würde hundert von diesen blöden T-Shirts verschenken, wenn ich das Abendessen mit dir noch mal wiederholen könnte.« Er hält das Shirt hoch, erkennt das Konzert-Logo der Grateful Dead. Ethan lächelt Tova an. »Das hast du echt im Internet gekauft?«

»Ja. Und ich habe es in Tukwila abgeholt.«

Ethan bekommt große Augen. »So weit bist du gefahren?«

»Ja.«

»Auf dem Freeway?«

»Tja, es gab keine Abkürzung.«

»Du bist eine erstaunliche Frau, Tova, weißt du das?«

Sie weiß nicht, was sie darauf antworten soll, deshalb hält sie Ethan nur die Geldscheine zum Bezahlen hin. Doch als sie wieder zu Hause ist, Butter auf die Waffeln schmiert und den grünen Apfel kleinschneidet, gehen ihr seine Worte immer wieder durch den Kopf.

Um elf am Mittwochmorgen trifft Tova Jessica Snell in einem Notariat in Elland, um, wie verabredet, die Verkaufsverträge zu unterzeichnen.

Wie sich herausstellt, sind die Verträge noch nicht ganz fertig. Bei dem Gedanken, dass sie die Unterschrift heute doch nicht leisten muss, lockert sich der Knoten in Tovas

Brust ein wenig. Schuld ist der Kopierer, das Ganze wird sich nur um wenige Minuten verzögern. Die Frau an der Anmeldung entschuldigt sich wortreich für die Verzögerung und bietet Jessica und Tova einen Kaffee an, den Jessica ablehnt, Tova jedoch gern annimmt. Es ist eine wässrige Plörre, und der Papierbecher hat einen wächsernen Nachgeschmack, dennoch trinkt Tova ihn aus. Während sie in einem kleinen Konferenzraum warten, erzählt Jessica einiges über die Käufer, Informationen, die Tova nicht besonders interessieren. Es ist eine Familie mit drei Kindern aus Texas. Der Mann wurde versetzt, also ist er im Sommer mit seiner Frau hergekommen, um sich Immobilien anzusehen. Sie verliebten sich in Tovas Haus. Die Aussicht, die Architektur. Sie sagten, sie wollten viel renovieren, aber das Haus habe eine erstaunlich gute Substanz.

»Mein Vater würde sich freuen, wenn er das hören würde«, sagt Tova höflich.

Endlich sind die Unterlagen fertig. Eine Frau in einer sportlichen Hose und einer melonenfarbenen Bluse setzt sich neben Tova und erklärt ihr die einzelnen Paragrafen. Beim Unterzeichnen kratzt Tovas Stift übers Papier.

»Die Käufer sind sehr dankbar für Ihre Bereitschaft, so schnell zum Abschluss zu kommen«, sagt Jessica. »Der Makler hat mich ausdrücklich gebeten, Ihnen das auszurichten.«

»Gerne«, sagt Tova. Ein schneller Verkauf kommt auch ihr zupass. Warum es lange hinauszögern? Die Texaner waren großzügig, haben die Schlüsselübergabe ein paar Tage nach hinten verschoben, damit sich das Datum besser zum Einzugsdatum in Charter Village fügt.

»Vielleicht klingt das jetzt etwas komisch, aber die Käufer sagen, dass Haus sei bei der Besichtigung unglaublich sauber und aufgeräumt gewesen.« Jessica lächelt aufrichtig. »Die Käuferin hat wohl gesagt, es sähe aus wie im Katalog. Ich dachte, das hören Sie vielleicht gern.«

Tova lacht leise. »Wenn ich eins bin, dann sauber und ordentlich. Haben Sie vielleicht schon gemerkt.«

»Das ist in ganz Sowell Bay bekannt. Man wird Sie vermissen, Tova.«

Lächelnd gibt ihr die Frau in der melonenfarbenen Bluse die Hand und gratuliert, dann schüttelt auch Jessica Snell Tovas Hand. Das mochte sie noch nie, jedenfalls nicht bei Menschen. Bei Kraken ist es etwas anderes. Doch Tova schlägt ein.

Erledigt.

Später am Nachmittag geht Tova noch mal hoch auf den Dachboden zu den Wäschestapeln und Fotoalben, die sie seit dem Tag von Mary Anns Mittagessen nicht mehr angerührt hat. Es ist Zeit, einen Schlussstrich zu ziehen.

Die Balken unter der Decke leuchten in der Nachmittagssonne. Tova lässt sich auf den Boden sinken und legt sich zwischen die Stapel auf den Rücken. Sie schaut zu den Balken hoch, so wie sie es früher als Jugendliche getan hat. Sie stellt sich vor, das Haus sei ein riesiges Wesen aus Holz, und sie betrachte den Brustkorb von innen. Es hat wirklich erstaunlich gute Substanz und wird ein gutes Heim für die nächsten Besitzer abgeben. Für diese Familie aus Texas. Mit den drei Kindern.

Ob die Kinder wohl hier oben spielen werden? Tova

hofft es. Sie stellt sich drei fröhliche Geschwister vor, die unter den Dachsparren lachen und sich mit breitem Akzent miteinander unterhalten. Vielleicht bekommen sie noch mehr Geschwister, vielleicht sind die Eltern noch nicht durch mit der Familienplanung, und die Familie wird noch größer, erfüllt das ganze Haus, bis es aus allen Nähten platzt wie in Ethans unerfülltem Traum. Auf dieser selbst erschaffenen Familienburg werden die Eltern alt werden, und selbst wenn es hin und wieder mal irgendwo ein bisschen bröckelt, werden immer genug da sein, um die Eltern zu stützen.

Sie werden nicht irgendwann allein Geschirrhandtücher einpacken müssen.

Tova atmet tief durch und setzt sich auf. »Es reicht«, sagt sie laut. Es reicht jetzt, dass ein Sommerabend im Jahr 1989 auch noch den letzten Rest ihres übrigen Lebens bestimmt. Es reicht jetzt mit der Suche nach Antworten, die keiner geben kann. Es reicht jetzt, mit diesen Geistern zu leben. Charter Village wird ein Neuanfang.

In den nächsten zwei Stunden packt Tova Handtücher, Bettlaken und den restlichen Kleinkram ein. In eine Bücherkiste, die sie nur halbvoll macht, damit man sie besser tragen kann, legt sie das Jahrbuch der Sowell Bay Highschool, das Buch, in dem sie Daphne Cassmore entdeckte.

Tova erinnert sich an das Bild, an das lachende Gesicht der jungen Frau, jetzt zwischen den Seiten des schweren Buchs zusammengedrückt. War es vergebene Liebesmüh, sie finden zu wollen? Möglicherweise, doch Tova hatte es versuchen müssen. Wo auch immer Daphne Cassmore sich aufhält, sie ist der letzte Mensch, der Erik lebend sah. Tova wird niemals aufhören können, Gesichter in der

Menge zu mustern, die auch nur die kleinste Ähnlichkeit mit dieser Frau im Jahrbuch haben.

Hinter dem Panoramafenster wacht ein makelloser blauer Himmel über dem Wasser. Ein Schnellboot auf seinem Weg durch die Bucht zieht einen Keil aus zart schimmernden Wellen hinter sich her. Es wird seltsam sein, in Charter Village zu leben, wo das Meer mehrere Meilen entfernt ist. Seltsam, morgens aufzuwachen und kein Wasser zu sehen.

»Wenn du es mir doch sagen könntest«, ruft Tova der Bucht zu. Dieser Wunsch wird sie nie verlassen. Doch selbst wenn sie wüsste, was in jener Nacht geschah, bringt das Erik nicht zurück. Nichts kann ihn wiederbringen.

Tova schließt die Kartons und klebt sie zu.

Eine dicke, fette Lüge

Zum Abschluss eines Konzerts spielte Moth Sausage immer dieselben Songs. Jetzt schrammelt Cameron die ersten Akkorde des letzten Stücks auf seiner Fender, und auch wenn die E-Gitarre nicht angeschlossen ist, erfüllt der Sound Ethans kleines Wohnzimmer. Cameron hat sich aufs Sofa gefläzt und wartet darauf, dass der Trockner mit seinen Klamotten fertig ist. Heute ist schließlich Mittwoch, und Tova sagt immer, mittwochs sei Waschtag. Das muss sich irgendwie in Camerons Hirn festgesetzt haben, denn ohne groß darüber nachzudenken, hatte er morgens nach dem Aufwachen als Allererstes seine schmutzige Wäsche auf dem Boden des Campingbusses gesammelt, sich die Flasche mit dem preisreduzierten Waschmittel geschnappt und war in Ethans Waschkeller gegangen.

Er verbiegt die Hand und den Arm geradezu artistisch und trifft einen komplizierten Akkord genau richtig. Yeah, er hat es noch drauf. Den ganzen Sommer lang hat er kaum gespielt, und die harten Metallsaiten drücken sich schmerzhaft in seine weichen Fingerspitzen. Aber es ist ein schöner Schmerz.

Gähnend klemmt er die Gitarre zwischen zwei pralle Sofakissen, dann isst er einen Löffel Cornflakes aus der Schüssel auf dem Beistelltisch und wischt sich mit dem Handrücken die Milch vom Kinn. Dann steht er auf und schlendert zum Vorderfenster. Vom Haus aus sieht sein Campingbus irgendwie schmutzig aus; in der strahlenden Sonne erkennt man, wie verschmiert die Windschutzscheibe ist. Vielleicht wird Cameron den Bus heute Nachmittag noch waschen, bevor er sich mit Avery trifft.

Ethans fleckiger Rasen im Vorgarten verblasst zu einem rötlichen Braun. Alle reden ständig darüber, wie heiß und trocken es ist. Hier bedeutet heiß und trocken etwas anderes als in Modesto, doch in letzter Zeit nickt Cameron oft, wenn er die Klage hört. Als würde Modesto sich allmählich von ihm verabschieden. Wann fing das an?

»Morgen.« Ethan geht durchs Wohnzimmer, den Geruch von Seife hinter sich herziehend. Cameron folgt ihm in die Küche. Ethans Bart ist feucht, außerdem hat er versucht, die wenigen drahtigen Haare zu bändigen, die sich auf seinem fast kahlen Kopf kräuseln. Statt eines schäbigen alten Band-T-Shirts oder eines Flanellhemds, wie sonst, trägt er ein gestreiftes Poloshirt. Cameron wusste gar nicht, dass Ethan überhaupt etwas so … Normales besitzt. Das Polo steckt in einer Khakihose, die ein paar Zentimeter zu kurz ist. Ein geflochtener Ledergürtel hält die Hose unter seinem birnenförmigen Bauch.

»Wieso siehst du aus wie eine Aushilfe auf dem Golfplatz?« Camerons Mundwinkel zuckt. »Hast du wieder ein Date mit Tova?«

Ethan füllt den Wasserkessel. »Mit Tova? Nein.« Mit einem Klicken entzündet er die Flamme und stellt den Kessel auf den Herd. »Aber ich fahr die Woche natürlich noch mal bei ihr vorbei, um mich zu verabschieden.«

»Aha. Gut.« Am liebsten würde Cameron die Bemerkung mit der Aushilfe zurücknehmen.

»Hab heute ein Bewerbungsgespräch im Laden«, sagt Ethan. Er nimmt einen Thermobecher aus dem Schrank und hängt einen Teebeutel English Breakfast Tea hinein. »Brauche einen neuen Marktleiter, zumindest vorübergehend. Du hast bestimmt gehört, was mit Melody Patterson los ist, oder? Ihr kleiner Sohn hat eine schlimme Krankheit. Musste nach Seattle ins Kinderkrankenhaus. Sie lässt sich längere Zeit freistellen, damit sie sich um den Kleinen kümmern kann.«

»Das ist ja furchtbar«, sagt Cameron. Das ist es wirklich. Melody Patterson ist eine nette Frau. Doch der erste Satz von Ethan tut ihm weh, er überlagert die Tragödie der armen Melody und verletzt Cameron persönlich.

Ethan braucht einen Marktleiter. Wieso ist er nicht auf die Idee gekommen, Cameron zu fragen? Er denkt an seinen ersten Abend bei Ethan, als er sich mit dessen teurem Scotch betrank. Damals hatte Cameron gefragt, ob er im Supermarkt arbeiten könne.

Ethan erzählt immer noch von Melody, jetzt geht es um ihren Mann und die Versicherung, die sich *total anstellt* und nicht alle Kosten für den Sohn übernehmen will. Sachen, die Ethan wirklich nichts angehen, doch er kennt offenbar keine Intimsphäre, wenn er sich beim Abwiegen und Kassieren mit seinen Kunden und Kundinnen unterhält.

»Hey«, unterbricht Cameron ihn. »Nimmst du noch Bewerbungen an?«

»Für die Stelle als Marktleiter? Ja, doch. Wieso, hast du jemanden im Sinn?«

Die Spitzen von Camerons Ohren glühen. Sie müssen dunkelrot sein. »Ja, mich natürlich.«

»Dich?« Ethan wirkt ehrlich überrascht. »Hm … vielleicht.« Dann schüttelt er den Kopf. »Hör mal, das ist eine leitende Stellung. Normalerweise nehm ich dafür jemanden, der schon ein paar Jahre Erfahrung hat. Muss ja die ganzen Systeme kennen. Lagerverwaltung, Kasse, auch ein bisschen Buchführung. Das kann man nicht auf die leichte Schulter nehmen.«

»Glaubst du wirklich, ich könnte nicht …« Cameron reißt sich zusammen, bevor er etwas Falsches sagt. *Glaubst du wirklich, ich könnte nicht deinen Job machen?*, lag ihm auf der Zunge. Er setzt neu an. »Okay, vielleicht habe ich keine jahrelange Erfahrung. Ich hab auch nicht studiert oder so. Aber wir wissen beide, dass ich was auf dem Kasten habe.« Seine Stimme bebt. »Ich bin wirklich clever.«

Ethans Augen werden groß. »Ich hab nie was anderes behauptet, Cameron.«

»Na dann. Ich kann es lernen.«

»*Aye*, könntest du.« Ethan drückt den Deckel auf seinen Thermobecher. »Wenn du wirklich in die Lebensmittelbranche willst, arbeite ich dich ein. Nichts würde mich mehr freuen. Aber im Moment muss ich diese Stelle mit jemandem besetzen, der … schon qualifiziert ist.«

»Ey, ich bitte dich!« Cameron schlurft zum Küchenfenster hinüber und stolpert fast über einen Küchenstuhl, der im Weg steht. »Welche Qualifikation braucht man genau, um im Shop-Way zu arbeiten? Den ganzen Tag quatschen können?« Er dreht sich um und schaut Ethan finster an.

Dessen Wangen werden dunkelrot.

Cameron weiß, dass er den Mund halten sollte, aber er schafft es nicht. »Die schmutzige Wäsche vom ganzen Dorf waschen?«, stichelt er. »Sich das Maul über die Privatsachen anderer Leute zerreißen?« Er kann es einfach nicht lassen. »Gerüchte über meine Mutter verbreiten?«

»Ich hab versucht, sie zu finden.« Ethans Stimme ist leise, aber fest. »Ich wollte helfen.«

»Hab ich dich nie drum gebeten.«

»Hab ich auch nicht für dich getan.«

Cameron will schon zurückschießen, da wird ihm klar, was Ethan gesagt hat.

»Ich hab's für sie getan«, erklärt Ethan. »Für Tova. Damit sie einen … einen Schlussstrich ziehen kann.«

Im Keller piepst der Trockner. Gedämpft klingt das Geräusch herauf. Fertig.

»Was weiß ich«, brummt Cameron und stiefelt nach draußen zu seinem Bus. Die Wäsche holt er später ab.

Cameron schläft schlecht, unruhig, aber es ist besser als nichts. Tante Jeanne hat immer gesagt, wenn schon früh am Morgen die Kacke am Dampfen ist, soll man noch mal ins Bett gehen und von vorn anfangen.

Genau das richtige Rezept für heute.

Irgendwann muss Cameron jedoch tief eingeschlafen sein, denn als er von einem unaufhörlichen Summen geweckt wird, ist es nicht mehr Vormittag. Nachmittagslicht fällt durch die Fenster. Blinzelnd durchwühlt er sein Bettzeug auf der Suche nach seinem Handy.

Scheiße. Avery. Das Paddel-Date. Ist es schon nach vier? Im Camper ist es heiß und stickig, wie immer, wenn er den ganzen Tag in der Sonne gestanden hat. Wo ist bloß das verdammte Telefon? Er hat doch den Wecker gestellt, was ist damit?

Schließlich findet Cameron das Handy auf dem Boden unter einer schmutzigen Socke, die er beim Wäschesammeln am Morgen vergessen haben muss. Er will drangehen, hat schon einen ganzen Strauß von Entschuldigungen bereit, die er mit schlafschwerer Stimme vortragen will, da merkt er, dass es erst drei Uhr ist. Dann registriert er die Nummer. Die Vorwahl von Seattle, aber nicht Avery.

»Hallo?«

Eine Frauenstimme antwortet: »Mr. Cassmore?«

»Ähm, ja? Also, ja, das bin ich.«

»Hervorragend. Schön, dass ich Sie erreichen konnte. Hier ist Michelle Yates von Brinks Development.«

Cameron setzt sich aufrecht hin.

»Sie haben mehrmals versucht, uns zu erreichen, um einen Termin zu machen. Bitte entschuldigen Sie die späte Rückmeldung. Mr. Brinks war verreist. Aber jetzt ist er wieder da, und zufälligerweise hat er heute noch einen Termin frei. Ich weiß, es ist sehr kurzfristig, aber hätten Sie eventuell Zeit für ein Treffen?«

»Ein Treffen? Mit … ihm? Heute?«

»Sie sind doch Cameron Cassmore, der Bauunternehmer, oder?« Leiser Zweifel kriecht in Michelles Stimme.

Gut, er hatte ein bisschen geflunkert.

Michelle fährt fort: »Sie haben vor ein paar Wochen mehrere Nachrichten hinterlassen. Sie wollten sich doch mit Mr. Brinks treffen und ihm ein Angebot machen, oder?«

Okay, vielleicht war es ein ausgewachsenes Lügenmärchen gewesen.

Cameron räuspert sich. »Ähm, ja. Genau. Das war ich.« Er kann kaum glauben, dass die Story zieht, die er sich aus den Fingern gesogen hat. Wochenlang stand er vor verschlossenen Büros und leeren Gebäuden, und diese Nummer hier hat geklappt. Eine dicke, fette Lüge. Cameron ignoriert seine Gewissensbisse und sagt: »Ja, ich kann kommen. Um wie viel Uhr?«

Michelle sagt, er solle um sechs Uhr in Seattle sein, und nennt ihm eine Adresse, die Cameron hinten auf eine Tankquittung schreibt. »Fahren sie mit dem Aufzug in den Keller runter«, fügt sie hinzu, was Cameron seltsam vorkommt. Ein Büro im Keller?

Kaum hat er das Gespräch mit Michelle beendet, ruft er Terry an, der sich nach dem vierten Klingeln meldet und sehr zerstreut klingt.

»Ich frage nur sehr ungern«, beginnt Cameron, »aber wäre es vielleicht möglich, dass ich heute Nachmittag frei bekomme? Zum Putzen abends könnte ich wieder da sein. Ich muss was … erledigen.« Er holt tief Luft und schildert Terry dann auf, wie er hofft, nüchterne Art die genaue Situation mit Simon Brinks.

»Klar, Cameron.« Terry klingt besorgt. Hat er auch nur ein Wort von dem mitbekommen, was Cameron erzählt hat?

»Danke! Und, ähm … Könnten wir uns in Kürze mal darüber unterhalten, ob ich nicht richtig zum Putzen angestellt werden kann? Also nicht nur als … Aushilfe?«

»Klar, sicher.« Cameron hört mehrere gedämpfte Stimmen am anderen Ende. »Kein Problem, Junge. Ich muss auflegen. Aber keine Sorge wegen heute Abend, ist alles gut, ja?«

»Okay.«

Cameron legt auf und versucht, Terrys seltsame Reaktion zu vergessen. Er hat ihn bestimmt bei was Wichtigem unterbrochen. Dann öffnet Cameron die Navigations-App und gibt die Adresse in Seattle ein, die Michelle ihm genannt hat. Die Fahrt dauert zwei Stunden. Das heißt, um vier muss er auf der Straße sein. Und nicht auf einem Paddelbrett.

Avery wird das verstehen. Er wird bei ihr im Laden vorbeifahren und es ihr persönlich erklären.

Um kurz vor vier drückt er die Tür des SUP-Ladens in Sowell Bay auf.

In der letzten Ecke kommt jemand hinter einem Ständer mit Neoprenanzügen hervor. Zu Camerons Überraschung ist es nicht Avery.

Es ist ihr Sohn Marco.

Der Junge nickt Cameron kurz zu und verschwindet dann wortlos wieder hinter dem Ständer.

»Ähm, hey!«, ruft Cameron. »Ist deine Mom da?«

»Die muss was erledigen«, ruft Marco zurück. Er kniet neben einem offenen Karton auf dem glänzenden Holzboden und hat ein pistolenartiges schwarzes Plastikgerät mit einem dünnen Streifen wächsern wirkenden Papiers in der Hand. Ein Preisauszeichner.

»Wusste gar nicht, dass du hier arbeitest«, sagt Cameron und stupst eine von mehreren grell orangefarbenen Flossen an. Die waren letztes Mal noch nicht da. Sie sind der Größe nach geordnet. Es sieht aus, als hätte jemand einer Entenfamilie die Füße gestohlen und an die Wand gehängt.

Marco brummt: »Als ob ich mir das aussuchen könnte.« Er tackert einen Preis auf das Etikett einer Rettungsweste aus Neopren und hängt sie mit der Schlaufe an einen Metallhaken an der Wand.

»Oh, Kinderarbeit. Ein Übergangsritual.« Cameron lacht.

Marco reagiert nicht.

»Weißt du zufällig, wann deine Mom zurückkommt?« Cameron schielt zur Eingangstür hinüber. »Wir wollten uns eigentlich um vier Uhr treffen.« Er guckt auf die Uhr. Noch fünf Minuten.

Marco schaut hoch. »Eigentlich?«

»Ja. Wir wollten mit den Brettern aufs Wasser, aber es ist was dazwischengekommen.« Cameron beißt sich auf die Lippe und verkneift sich, Marco die ganze Geschichte zu erzählen. Er ist einem Jugendlichen keine Erklärung schuldig.

»Du lässt sie sitzen«, sagt Marco ausdruckslos.

»Natürlich nicht. Sie versteht das.«

Das Etikettiergerät klackt wieder. »Aha.«

»Und ich wollte es ihr persönlich sagen.« Cameron schaut wieder auf die Uhr. Um vier auf der Straße. Der wichtigste Termin seines Lebens. Er darf nicht zu spät kommen. Cameron räuspert sich. »Die Sache ist die, ich muss jetzt los. Könntest du deiner Mutter ausrichten, dass ich hier war? Dass es mir leidtut, absagen zu müssen?«

»Klar, sag ich ihr.«

»Danke, Mann.« Cameron huscht aus dem Laden, und um vier Uhr ist er auf den Freeway.

Der Ring

Seattle ist ein verwirrendes Labyrinth aus Gebäuden und Umgehungsstraßen, Tunneln, Seitenstraßen und Hochhäusern, die aussehen, als ständen sie direkt auf dem Highway. Als hätte ein Irrer mit Lego gebaut. Manche Ausfahrten gehen links ab, manche rechts, dazu eine Vielzahl von Brücken und Expressspuren. Die Über- und Unterführungen winden sich umeinander wie ein großer Berg Betonspaghetti.

Cameron ist schon mal durch Seattle gefahren, als er vom Flughafen kam, aber jetzt ist ihm klarer als zuvor: Im Vergleich zu Modesto ist dies wirklich eine andere Welt.

Als er die Ausfahrt Capitol Hill sieht, setzt er den Blinker. Rechts halten, dann links abbiegen, nach drei Blocks wieder rechts. Diese Wegbeschreibung ab Autobahn hat er auswendig gelernt, nur um ganz sicherzugehen.

Schließlich biegt er in die richtige Straße ein und hält Ausschau nach der Hausnummer. Er schleicht so langsam mit dem Camper, dass andere Autos genervt hupen. Cameron sucht die schnell aufeinanderfolgenden Ladenfronten ab, Cafés, Saftbars und Secondhandläden mit der Ware auf Ständern vor der Tür. Es ist zehn vor sechs an einem perfekten Augustabend, und die Gegend brummt nur so. Hier leben Hipster neben normalen Bürgern, die sich von ihren

Hunden ausführen lassen und Pendlern mit Kuriertasche und entschlossenem Schritt Tür an Tür.

Da ist die Hausnummer, die er von Michelle Yates bekommen hat. Cameron schaut noch mal nach, um sicherzugehen, denn er steht vor einer schlichten grauen Haustür. Wochenlang hat er versucht, dieses Treffen in die Wege zu leiten – und dies soll das Bürogebäude von Brinks Development sein? Cameron hatte mit einem glänzendem Büroturm gerechnet, aber vielleicht bevorzugt die Creme de la Creme von Seattle ja das Understatement. Hauchdünn geschnittene Yamswurzel statt Pastrami, bescheidene Fassaden statt stählerner Hochhäuser.

Wie durch ein Wunder entdeckt er bei der zweiten Runde um den Block einen freien Parkplatz direkt vor dem Gebäude.

Cameron macht den Motor aus und sieht auf seinem Handy nach. Immer noch nichts von Avery. Ob er ihr eine Nachricht schicken soll? Nein, er wird sie später anrufen. Dann kann er ihr bestimmt auch einiges über seinen Vater erzählen. Das Zuschlagen der Bustür wird von den Geräuschen der Stadt rundherum verschluckt. Cameron steckt zwei Vierteldollar, die er in der Mittelkonsole zwischen Kekskrümeln gefunden hat, in die Parkuhr.

Zu seiner Überraschung ist die schlichte graue Haustür nicht verschlossen. Sie öffnet sich zu einem unscheinbaren Vorraum, offensichtlich der Eingang zu einem Apartmenthaus. Links von ihm an der Wand hängt eine Reihe leicht ramponierter Metallbriefkästen, ein halbes Dutzend. Flugblätter und Postwurfsendungen liegen auf dem Boden.

Auf der rechten Seite führt eine Treppe nach oben. Direkt vor Cameron an der Wand ist ein Fahrstuhl, mit Anforderungstasten für oben und unten. Michelle hatte gesagt, er solle nach unten fahren.

»Hinunter ins Kaninchenloch«, sagt Cameron zu sich selbst, als der Aufzug klingelt.

Kaum öffnen sich die Fahrstuhltüren, nimmt er einen seltsamen Geruch wahr. Wachsartig und würzig, wie Zimt, unpassend für den Hochsommer. Er muss von den Kerzen stammen, die überall in dem dunklen Gang stehen, Kerzen vor beidseitig angebrachten Spiegeln, so dass sich die kleinen Flammen bis in alle Ewigkeit vervielfältigen. Bei näherem Hinschauen erkennt Cameron, dass die Kerzen nicht echt sind. Leuchtet ein. Keine Feuerschutzvorschrift würde es erlauben, dass jemand so viele Kerzen im Keller aufstellt.

Wo ist er hier gelandet?

Er geht über einen verschlissenen grauen Teppich um die Ecke und befindet sich plötzlich in der kleinsten Cocktailbar der Welt.

Sie ist leer. Eine kurze Theke, davor fünf Hocker. Die Messingverkleidung unter der Decke spendet warmes Licht, das den Raum in ein gelbliches Leuchten taucht.

Auf der Theke steht ein viereckiges Stück Pappe in einem Halter. Eine Getränkekarte. *Mudminnow's Schoppen* steht oben drüber, darunter eine Auflistung von Getränken mit albernen Namen. Als Cameron die Preise sieht, blinzelt er. Hat er sich gerade verguckt? Ist den Leuten nicht bewusst, dass sie in jedem Supermarkt ein Sixpack zum halben Preis von nur einem dieser *Schoppen* kaufen können? Cameron zieht einen Barhocker hervor und setzt sich.

Er hört ein Klirren und sieht hoch. Ein Mädchen kommt

durch eine Tür hinter der Theke. Sie hat kurzes, leuchtend grünes Haar, wie Gras. In jeder Hand balanciert sie ineinandergestapelte Longdrinkgläser, und ihre Augenbrauen zucken kurz überrascht, bevor sie anfängt, die Gläser in ein verstecktes Fach vor sich zu räumen. »Wir öffnen um acht«, sagt sie, ohne hochzuschauen.

»Ich habe einen Termin.« Cameron räuspert sich. »Mit Mr. Brinks.«

Das Mädchen mit dem Gras auf dem Kopf sieht hoch. Ihr Gesichtsausdruck ist unangenehm nichtssagend, als sei Cameron das Uninteressanteste, was ihr je über den Weg gelaufen ist.

»Im Ernst«, sagt Cameron. »Michelle hat mir den Termin gegeben.« Er hofft, dass es in Ordnung ist, Michelle beim Vornamen zu nennen.

Das Mädchen zuckt mit den Schultern. »Okay.« Sie huscht davon. »Ich sag ihm Bescheid.«

Simon Brinks.

In den letzten zwei Monaten hat sich Cameron den Namen so oft vorgesagt, hat so viele stark vergrößerte Abbildungen des wohlfrisierten Herrn auf Werbetafeln betrachtet, dass er es fast nicht glauben kann, als ein lässiger Mann mit einem müden Grinsen hinter der Theke erscheint.

»Hi«, sagt Cameron, plötzlich nervös und zittrig. »Ich bin …«

»Ich weiß, wer du bist, Cameron.« Simon Brinks' Lächeln wird breiter.

»Ach, ja?« Camerons Herz hämmert in seiner Brust, aber

pocht es aus Nervosität oder aus Wut? Die Vorstellung, diesen Typen zu schlagen oder zu erpressen, erscheint ihm jetzt absurd.

»Was glaubst du, warum ich diesen Laden als Treffpunkt vorgeschlagen habe?« Simon Brinks macht eine ausholende Handbewegung. »Wie du sicher bemerkt hast, besitze ich viele Büros und Gebäude, aber diese Bar war eigentlich für Daphne gedacht. Sie ist der perfekte Treffpunkt für uns.«

Camerons Puls dröhnt in seinen Ohren. Für Daphne? Gibt Brinks ohne Umschweife zu, dass er nie Alimente für Cameron gezahlt hat?

Simon lächelt. »Natalie hast du ja schon kennengelernt.« Er weist mit dem Kopf auf die Tür hinter der Theke, durch die das Mädchen mit den grünen Haaren verschwunden ist. »Sie kennt die ganze Geschichte.«

»Die ganze Geschichte.« Cameron bekommt die Worte kaum heraus.

»Ja, klar. Sie ist meine Tochter.«

Tochter. Cameron wird schwindelig. Ein Vater ... und eine Schwester? Bevor er sich zusammenreißen kann, huscht sein Blick wieder zur Tür hinter der Theke hinüber. Ist das Mädchen mit den komischen Haaren tatsächlich seine Halbschwester?

Simon verschränkt die Hände und stützt sich auf die Theke. »Du hast die Augen deiner Mutter, weißt du das?«

»Meiner Mutter.« Cameron muss schlucken.

»Daphne hatte unglaublich schöne Augen.«

Cameron atmet peinlich tief durch. Doch, sie hatte wirklich schöne Augen, oder? Er weiß nicht, ob er sich das ausdenkt oder ob er sich tatsächlich daran erinnert.

»Egal.« Brinks zuckt leicht mit den Achseln, was die Atmosphäre aufzulockern scheint. »Möchtest du einen Drink?«

»Einen Drink?«

»Ja. Mein Whiskey ist sagenumwoben.«

»Ähm, Bier ist in Ordnung. Was da ist«, sagt Cameron, ohne zu überlegen. Seine Ohren brennen. Warum kümmert ihn das? Ist es normal, dass man seinem Vater imponieren will?

Ohne ein Wort zu sagen, greift Brinks in einen Kühlschrank unter der Theke und holt zwei Bierflaschen heraus. Mit einem Zischen öffnet er sie. »Prost!« Er hebt eine an.

»Prost«, echot Cameron. Wie bizarr wird diese Geschichte später wirken, wenn er sie Avery und Elizabeth erzählt?

»So, du hast also Fragen zu deiner Mutter«, sagt Brinks nach einem langen Schluck vom Bier.

Cameron drückt die Schultern nach hinten. Schluss jetzt mit dem Gelaber. Mit ausdrucksloser Stimme sagt er: »Ich habe Fragen zu dir.«

»Aha?« Simon legt den Kopf schräg. »Na, gut. Alle halten mich für ein Rätsel, aber für dich bin ich ein offenes Buch.« Er lächelt. »Schieß los!«

»Warum hast du …« Cameron schluckt und muss sich sammeln, bevor er erneut ansetzt. »Ich meine … wie konntest du …« Ein Schluchzen platzt aus ihm heraus. Warum hat er sich keinen Plan B überlegt für den Fall, dass er kein Wort herausbekommt?

»Wie konnte ich was?« Simon Brinks kratzt sich am Kinn. »Sie gehen lassen? Also, ich hab mir durchaus was aus ihr gemacht.«

Camerons Gesichtsausdruck wird hart, dann ruft er mit schriller Stimme: »Aber aus mir hast du dir nie was gemacht!«

»Aus dir? Doch, natürlich bist du mir wichtig! Du bist ihr Sohn. Aber was sollte ich tun, nachdem sie…«

»Ich bin auch dein Sohn!« Camerons Stimme bricht.

Simon Brinks macht einen Schritt nach hinten, dann erholt er sich von dem Schock. »Tut mir leid, Cameron, aber das bist du nicht«, sagt er leise.

»Ich bin dein Sohn«, wiederholt Cameron.

Brinks schüttelt den Kopf. »Zwischen Daphne und mir ist nie was gelaufen.«

»Es kann nicht anders sein!« Zu Camerons Entsetzen beginnt sein Kinn zu beben. Er muss gewusst haben, dass das Gespräch so verlaufen könnte, oder? Dass sich die ganze Geschichte als Sackgasse erweist. Er hatte sich darauf vorbereitet, es zumindest versucht. Warum also verliert er jetzt die Fassung?

»Wie gesagt, es wundert mich nicht, dass du hier bist, Cameron, aber …«

»Warum hast du ihr deinen Highschoolring geschenkt?« Cameron nestelt den Ring aus der Tasche und legt ihn auf den Tresen. Simon nimmt ihn in die Hand und betrachtet ihn mit einem schwachen Lächeln. Als er ihn umdreht und die Unterseite studiert, wird er ernst.

»Das ist nicht meiner«, sagt er leise.

»Ach, komm! Ich habe das Bild gesehen.«

Vorsichtig legt Brinks den Ring auf den Tresen zurück. »Daphne war meine beste Freundin«, sagt er. »Ich weiß, wie das klingt, aber wir waren wirklich nur Freunde. Beste Freunde.«

Cameron will es mit einer bissigen Bemerkung abtun. Dann fallen ihm Tante Jeannes ständige Sticheleien wegen Elizabeth ein. Eine bleierne Schwere macht sich in ihm breit. Er ist seinem Vater nicht einen Schritt näher als vor zwei Monaten.

»Hast du nie, ähm … mit ihr geschlafen?« Diese allzu persönliche Frage ist ihm mehr als peinlich.

»Nein, hab ich nicht.« Brinks schmunzelt. Dann wird er wieder ernst. »Hör zu, ich mache einen Gentest, wenn du das willst. Ich bin mir nämlich hundertprozentig sicher.« Er nimmt den Siegelring wieder in die Hand und dreht ihn um, bevor er ihn weglegt. »Warte kurz, ich komme gleich wieder!«

Einige Minuten später ist er mit einem ramponierten Buch zurück und hat noch etwas anderes in der Hand. Als er das Buch auf den Tresen legt, steigt eine Staubwolke auf. Vorne drauf steht *Highschool Sowell Bay, Abschlussjahrgang 1989.* Wahrscheinlich handelt es sich um die Vorlage, aus der all die Fotos eingescannt und gepostet wurden, inklusive dem von Simon und Daphne auf dem Steg. Brinks hält Cameron den Ring auf der Handfläche hin. »Das ist meiner, siehst du?«

Cameron nimmt ihn in die linke Hand, den anderen, den er mitgebracht hat, behält er in der rechten. Beide sind gleich schwer. So nah dran, und trotzdem daneben.

Brinks weist mit dem Kopf nach hinten. »Da drüben ist ein großer Raum, der nie fertiggestellt wurde. Ich nutze ihn als Lager. Vielleicht passt es ganz gut, dass der ganze Kram von der Highschool noch da liegt. Schließlich sollte dieser Laden eigentlich unser Ding werden.«

Unser Ding? Was meint er damit? Cameron dreht den

Ring um und rechnet damit, die Inschrift »EELS« zu lesen, doch zu seiner Überraschung steht da »SOB«.

»Son of a Bitch? Das hast du da eingravieren lassen?«, fragt er.

Brinks schmunzelt. »Das sind meine Initialen. Simon Orville Brinks?«

Cameron betrachtet die beiden goldenen Ringe auf dem Tresen. »Du hast deine Initialen eingravieren lassen? Haben das alle gemacht? Ich dachte, die Aale waren eurer Maskottchen!«

»Nein. Die meisten haben ihre Anfangsbuchstaben genommen, würde ich sagen.« Brinks zuckt mit den Schultern. »Viele haben versucht, daraus ein lustiges Wort oder ein Wortspiel zu machen. Ein paar Leute aus der Gemeindejugend haben sich GOD eingravieren lassen. Und mit Sicherheit gab es nicht nur einen, bei dem FCK drin stand. Ich wollte mir auch erst FCK eingravieren lassen, aber dann hätte mich meine Mutter versohlt.«

»Fällt dir denn irgendwas zu dem hier ein?« Wieder nimmt Cameron den Ring mit der Inschrift EELS in die Hand. Wem auch immer er gehörte, er musste ein großer Fan von Fischen gewesen sein. Oder von Sushi. Hat er für den vierten Buchstaben mehr bezahlt?

Brink schüttelt den Kopf. »Würde dir ja gern helfen, aber …«

»Du kennst keinen, der EELS genannt wurde?«

Brinks fügt leise hinzu: »Ich habe meinen Vater auch nicht gekannt.«

»Tja, und trotzdem bist du Millionär geworden.« Cameron lässt die Schultern sinken.

»Ich habe hart gearbeitet.« Brinks' Stimme wird schärfer. »Ich komme ja auch aus Sowell Bay. Weißt du überhaupt, woher deine Mutter und ich uns kannten? Wie wir uns angefreundet haben?«

»Ähm … nein.« Darüber hat Cameron tatsächlich noch nicht nachgedacht. Er hatte angenommen, seine Mutter und Simon hätten sich von der Schule gekannt, wie alle anderen auch.

»Wir haben im selben runtergekommenen Mietshaus gewohnt. Während der beiden letzten Jahre auf der Highschool«, erklärt Brinks. »Auf der falschen Seite vom Highway.«

»Ich wusste nicht, dass es auch in Sowell Bay eine falsche Seite gibt.«

Brinks lacht bitter. »Tja, heutzutage ist der ganze Ort auf der falsche Seite vom Highway, aber das ändert sich so langsam.« Sein Ton wird sachlicher, er ist jetzt ganz Geschäftsmann. »In den letzten Jahren wurde viel gebaut. Ich entwickele da gerade ein Projekt direkt am Wasser. Echt schöne Eigentumswohnungen.«

Cameron nickt. Kurz überlegt er, Brinks zu fragen, ob er ihn für dieses Bauvorhaben einstellen würde. Aber wahrscheinlich würde er Referenzen und so weiter verlangen. Bekannte zu beschäftigen, ist eh ein Tabu. Nicht mal den Sohn einer ehemals besten Freundin.

»Egal.« Brinks beugt sich vor und stützt die Ellenbogen auf die Theke. »Ich habe dich gebeten, mich hier zu treffen statt im Büro, weil ich dachte, du würdest dich vielleicht darüber freuen, das hier zu sehen.« Er nimmt die Getränkekarte zur Hand und betrachtet sie. »Wie schon gesagt, den Laden habe ich für sie gemacht.«

Ratlos sieht sich Cameron in der kleinen Bar um. Eine

lächerlich winzige Kneipe im Keller eines unscheinbaren Apartmenthauses auf dem Capitol Hill – für seine Mutter?

»Als wir etwas älter waren, haben wir oft über so was wie das hier gesprochen. Klar, das war in den Achtzigern, da waren Kellerbars noch kein totales Hipsterklischee.« Brinks verdreht die Augen. »Ich weiß nicht mal mehr, wie wir damals auf diese Idee gekommen sind, aber wir haben stundenlang darüber geredet.« Sein Gesicht wird ernster. »Das war natürlich, bevor sie … Probleme bekam.«

»Probleme«, wiederholt Cameron.

Brinks betrachtet immer noch die Getränkekarte in seinen Händen. »Sie hat sogar den Namen für die Bar ausgesucht, lustig, nicht?« Mit einem schwachen Lächeln sieht er hoch. »*Mudminnow*. Das ist ein …«

»Eine Elritze. Ein kleiner Fisch«, unterbricht Cameron ihn. »Lebt im Süßwasser, in Flüssen und so. Überlebt auch bei sehr schlechten Bedingungen: extreme Temperaturen, wenig Sauerstoff im Wasser. Wenn ein Gewässer umkippt, überleben Elritzen von allen Tieren am längsten. Sie sind quasi die Kakerlaken unter den Minifischen. Nur mit einem niedlicheren Namen.«

Brinks ist beeindruckt. »Woher weißt du das alles?«

Cameron zuckt mit den Achseln: Habe er mal irgendwo gelesen. »Ich merke mir willkürlich Dinge. Kann nichts dagegen tun.«

Brinks lacht. »Du bist genau wie deine Mutter, weißt du das?«

Cameron staunt. »Echt?«

»Ja, total! Nach der Highschool wollte sie sich immer bei *Jeopardy!* bewerben.« Brinks räuspert sich. »Ihre Familie hat sie nie richtig verstanden. Sie hat ihr wahres Ich vor den anderen versteckt, glaube ich. Selbst vor ihrer Schwester.«

Große Tränen treten in Camerons Augen. Ungewollt presst er die Lippen zusammen.

»Genau das Gesicht hat sie gemacht, wenn sie unangenehm überrascht war«, bemerkt Brinks.

Cameron drückt die Faust vor den Mund. »Ich hab irgendwie immer gedacht, ich hätte das fotografische Gedächtnis von meinem Vater.«

»Auch möglich«, erwidert Brinks. »Daphne hat mir nie verraten, wer dein Vater war.«

Cameron schnaubt verächtlich. »Da sind wir schon zwei.«

»Sie war manchmal sehr in sich gekehrt. Wir standen uns echt nah, aber ich weiß, dass sie mich von vielen Dingen in ihrem Leben komplett ausgeschlossen hat. Das gehörte dazu. Sie hatte wohl ihre Gründe.«

»Tja, und wegen ihren *Gründen* bin ich ohne Eltern aufgewachsen. Sie hatte bestimmt auch gute *Gründe*, mich im Stich zu lassen.«

»Da bin ich mir sehr sicher«, sagt Brinks ohne eine Spur von Sarkasmus. »Sie hat dich geliebt, Cameron, mehr als alles in der Welt. Das weiß ich genau. Was sie auch getan hat, es war aus Liebe.«

Irgendwo in der Nähe scheppert es, wahrscheinlich hinter der Tür. Hat das Mädchen mit dem Gras auf dem Kopf die ganze Zeit gelauscht? Wie hieß Brinks' Tochter noch mal? Natalie? Cameron wird übel. Sie kennt die ganze Geschichte. Von der genialen besten Freundin ihres Vaters, die schwanger wurde und auf die schiefe Bahn geriet, von dem Sohn, der irgendwann aufkreuzen konnte. Wie immer ist Cameron der Letzte, der es erfährt.

Brinks seufzt. »Ich würde dir gern mehr erzählen. Ich habe ein schlechtes Gewissen, weil du wo weit gefahren bist in der Hoffnung, hier etwas zu finden, und jetzt hörst du etwas ganz … anderes.«

»Weißt du, wo sie ist?« Cameron knetet die Hände auf dem Schoß. Hat er das gerade wirklich gefragt? Will er das überhaupt wissen?

Doch zu seiner Erleichterung schüttelt Brinks den Kopf. »Nein, nicht mehr. Ich hab sie seit Jahren nicht mehr gesehen.«

»Wie war sie … ich meine, wo …«

»Beim letzten Mal lebte sie irgendwo im Osten des Staats Washington. Stand plötzlich vor meiner Tür. Brauchte Geld. Hab ich ihr natürlich gegeben. Es war klar, wofür sie es wollte, Cameron. Sie war noch drauf.« Brinks' Augenbrauen ziehen sich zusammen. »Vielleicht hätte ich es ihr nicht geben sollen. Keine Ahnung. Am liebsten hätte ich sie reingeholt, ins Gästezimmer gesteckt und ihr geholfen. Aber ich hatte schon genug mit Natalie zu tun. Außerdem … Man kann keinem helfen, der sich nicht helfen lassen will.«

»Stimmt.« Cameron lächelt künstlich. »Schätze, der Apfel fällt nicht weit vom Stamm.«

»Stell dein Licht nicht unter den Scheffel, Cameron! Du wirst dir schon einen Namen machen.«

»Ich kann nicht mal Mülleimerbeutel richtig einlegen.«

Brinks sieht ihn verwundert an.

»Im Aquarium. Da arbeite ich. Fische füttern und Boden wischen. Und die Mülleimer … Ach, egal.« Cameron bricht ab. Simon Brinks, berühmter Immobilientycoon und Kellerbarbesitzer von der falschen Seite des Highways, der sich seinen großen Erfolg selbst erkämpft hat, wird Camerons Hilfsarbeiterklagen nicht hören wollen.

Nach einer langen Pause sagt Brinks: »Daphne wäre stolz auf dich, Cameron.«

»Ja, bestimmt.« Cameron legt einen Fünfer auf die Theke und hofft, dass es reicht, um ein Bier im Mudminnow zu bezahlen.

Brinks schiebt den Geldschein zurück, aber Cameron ist schon halb draußen.

Ein neues Ziel

Zurück in der Kabine seines Campingbusses schlägt Cameron aufs Lenkrad. In Erwartung einer Nachricht von Avery schaut er aufs Handy, hofft auf einen Anlass, sie anrufen zu können, um die Ereignisse der letzten Stunde einem mitfühlenden Ohr anzuvertrauen, aber er hat nichts bekommen. Und jetzt? Er schaut zu, wie die Fußgänger auf dem Capitol Hill an ihm vorbeihasten. Menschen auf dem Weg zum Abendessen, Menschen, die etwas aus der Reinigung holen, Menschen beim Schaufensterbummel. Alle mit einem ganz normalen, glücklichen Leben.

Drauf geschissen.

Wie lange sitzt er schon da, als sein Handy *pling* macht? Er zuckt zusammen. Eine Textnachricht, aber nicht von Avery, sondern von Brad. Ein Foto. Cameron tippt darauf. Ein Säugling blinzelt ihn an, das zerknautschte rote Gesicht in eine hellblaue Decke gewickelt. Das Baby sieht tatsächlich wie ein Alien aus, ein niedlicher Alien. Auf dem Bild ist nur einen kleinen Teil von Elizabeths Gesicht zu sehen, aber Cameron kann erkennen, dass sie strahlt. Hat sie es also geschafft und die Geburt gut überstanden – die Vorzüge des 21. Jahrhunderts.

Cameron schließt die Augen und atmet tief durch. Er schreibt: *Hey, Alter, du bist Papa!* Brad antwortet Sekunden später mit einem Emoji, dem der Kopf explodiert.

Da Cameron schon dabei ist, schreibt er auch Avery eine Nachricht: *Hey, können wir sprechen?* Er schickt die Worte in die Unendlichkeit des Mobilfunknetzes, dann legt er einen Gang ein und verlässt den Parkplatz.

Der Verkehr aus Seattle heraus ist der Horror, aber Cameron könnte nicht sagen, ob er zehn Minuten oder drei Stunden im Stau steht. Der Camper kriecht voran, die Bremsleuchten der stehenden Autos gehen ineinander über, ein verschwommener roter Nebel. Das Handy auf dem Beifahrersitz plingt mehrmals. Als Cameron hält, schielt er in der Hoffnung darauf, dass es Avery ist, aber es sind weitere Nachrichten von Brad. Bilder vom Baby. Cameron schiebt das Telefon unter eine Fastfood-Tüte auf dem Sitz. Aus den Augen, aus dem Sinn.

Doch sein Sinn ist damit nicht einverstanden. Sein Gehirn will einfach nicht aufhören, ihn zu bombardieren. Irgendwo tief in seinem Kopf quält ihn eine Stimme: *Das war doch immer schon alles Einbildung. Zu gut, um wahr zu sein. Dies ist nicht dein Leben. Dies ist nicht deine Heimat. Er ist nicht dein Vater. Sie ist nicht deine Freundin.*

Immerhin hat er einen Job, den er mag. Wie oft hat Tova ihm schon versichert, dass Terry wirklich vorhat, ihm eine feste Stelle anzubieten? Und die hat Cameron auch verdient. Er muss selbst zugeben, dass er beim Scheibenputzen große Fortschritte gemacht hat. Er bringt den Scheiß echt zum Glänzen. Und inzwischen schafft er es in unter einer Stunde, den gesamten Kreis zu wischen, mit allen Ecken und Winkeln.

Aber warum, stichelt die Stimme wieder, *hat er dir den Job dann noch nicht angeboten?* Cameron hatte Terry ja am Nachmittag sogar drauf angesprochen.

Du bist nicht so gut, wie du dir einbildest, lästert die Stimme. *Du hast nicht mal genug Ahnung, um einen kleinen Supermarkt zu leiten.*

»Halt's Maul!«, brummt Cameron vor sich hin, wechselt auf die ganz linke Spur und gibt Gas.

Schließlich wird der Verkehr weniger, und irgendwann leuchtet die Tankanzeige. Mit zusammengekniffenen Augen schielt Cameron darauf. Nur noch gute zwanzig Meilen bis nach Sowell Bay. Wahrscheinlich schafft er es mit dem Rest im Tank. Leben am Limit. Doch bei der nächsten Ausfahrt fährt er ab und sucht eine Tankstelle.

Die Kassiererin im angeschlossenen Laden lächelt ihn freundlich an, während sie eine Tüte Chips und eine Limonade einbongt. Abendessen. Cameron lächelt nicht zurück. Es ist, als wüsste er nicht mehr, wie das geht. Sein Gesicht ist wie versteinert, auch als die Kassiererin ihn aus Höflichkeit fragt, wie es ihm geht.

Er überhört die Frage und sagt stattdessen, sie solle ihm eine Schachtel Zigaretten geben.

Während das Benzin vom Zapfhahn in den Bus gluckert, scrollt Cameron auf dem Handy herum, eine reine Reflexbewegung. Auch wenn seine Augen registrieren, dass die Wörter und Fotos vorbeirollen, kommt in seinem Kopf nichts davon an. Bis ihn ein Bild innehalten lässt.

Katie.

Hat sie ihn nicht mehr blockiert? Er tippt auf ihren Namen, und ja, ihr Profilbild erscheint. Da ist sie und lächelt ihn auf ihre überhebliche Art an. Als sei die Welt ihre Erfindung, und er könne froh sein, dort leben zu dürfen.

Sie hat in den letzten Wochen zig neue Fotos gepostet. Cameron wischt sich durch ihre Chronik. Auf der Hälfte der Bilder steht ein Arschgesicht neben ihr und legt den Arm um sie. Der Kerl hat ständig eine dämliche Panorama-Sonnenbrille auf, so dass Cameron seine dumme Fresse nicht erkennen kann.

Ist der schon bei ihr eingezogen? Wahrscheinlich hat der Typ nicht vergessen, sich in den Mietvertrag eintragen zu lassen. Bestimmt ein langweiliger Bürohengst. Der einen brandneuen SUV fährt und den Vierradantrieb noch nicht einmal eingeschaltet hat. Hat mit Sicherheit eine elektrische Zahnbürste. Am Wochenende treffen sie sich bestimmt mit seinen Eltern zum Essen.

Scheiß auf jeden Einzelnen dieser Menschen, scheiß auf ihr normales, glückliches Leben! So etwas wird Cameron niemals haben, egal, wie sehr er sich anstrengt. Nicht mal hier oben in Washington.

Er öffnet die Navigationsapp. Gibt ein neues Ziel ein. Von Sowell Bay nach Modesto.

Fünfzehn Stunden.

Frühzeitig eingetroffen

Als Tova am Mittwochabend zur Arbeit kommt, steht die Eingangstür offen. Tova ist ein bisschen früher als sonst, weil Terry am Telefon so aufgeregt klang. Sie hat ihren Teller ungewaschen in die Spüle gestellt und schnell noch Katzenfutter in Cats Napf getan, dann ist sie zum Aquarium gefahren.

Geht es um die aufgehaltene Hintertür? Als Tova daran denkt, was passierte, als Cameron die Tür offen ließ und Marcellus zu fliehen versuchte, zieht sich ihr Magen zusammen. Doch Terry kommt mit einem breiten Grinsen aus seinem Büro und winkt ihr zu.

»Was ist los?« Tova geht zu ihm hinüber.

»Wichtiger Tag heute. Und das sage ich nicht nur, weil es dein vorletzter ist.«

Tova legt den Kopf schräg.

»Wir bekommen eine Lieferung«, erklärt Terry. Er ist regelrecht aus dem Häuschen. »Hätte nicht geglaubt, dass es noch klappt, bevor du gehst. Ich hab dir Bescheid gesagt, weil ich dachte, du wärst gern dabei, um ihn kennenzulernen.« Er lacht. »*Ihn*! Was rede ich da? *Sie!* Ich dachte, du würdest *sie* gern kennenlernen.«

Wovon um alles in der Welt redet er da?

Doch bevor Tova ihn fragen kann, kommt ein Lkw auf den Parkplatz gerumpelt. Unter lautem Piepsen fährt er rückwärts an die Eingangstür. Ein mürrischer Kerl steigt aus und lädt eine Holzkiste aus einer großen Kühlbox auf eine Sackkarre. Zuerst will der Zusteller die große Kiste direkt vor der Tür abstellen, doch Terry kann ihn überreden, sie mit ihm zusammen in das Gebäude zu transportieren. Tova umklammert ihre Handtasche und folgt den beiden Männern, die die riesige Kiste durch die Tür und den gebogenen Gang bugsieren, was nicht leicht zu sein scheint.

Tova geht hinter den Männern her in den Pumpenraum, wo sie die Kiste auf dem Boden abstellen. Als sie sie verschieben, plätschert es hörbar. Blitzschnell ist der Zusteller mit seiner Sackkarre verschwunden.

»Pass mal kurz drauf auf, Tova, ja?«, ruft Terry. »Ich muss die Frachtpapiere unterschreiben.« Er läuft dem Lieferanten nach.

Tova sieht sich die Kiste genauer an. Auf der einen Seite steht in großen roten Schablonenbuchstaben: DIESE SEITE OBEN. Auf der anderen steht: LEBENDER KRAKE.

»Pass kurz drauf auf – was soll das heißen?«, fragt Tova Marcellus und späht durch die kleine Glasscheibe hinten in sein Becken. Die Kiste mit dem LEBENDEN KRAKEN steht mitten im Raum, so still, dass Tova sich fragt, ob sich wirklich etwas Lebendiges darin befindet. Die Kiste scheint gut verschlossen zu sein, auf allen vier Seiten sind dicke Nägel im Deckel. Worauf soll Tova aufpassen?

Marcellus wedelt mit einem Fangarm, eine resignierende Geste. Er weiß es auch nicht.

»Wir werden es wohl sehen, was?«, sinniert Tova. »Auf jeden Fall macht es den Anschein, als würdest du einen neuen Nachbarn bekommen.«

Zwei Becken hinter Marcellus wurde ein Bassin geleert.

Vorher waren darin Pazifische Kompassquallen untergebracht. Wo sind sie hin? Das leere Becken sieht so sauber aus, das Wasser so klar. Tova steckt den Kopf aus dem Pumpenraum; Terry ist nirgends zu sehen. Schnell zieht sie den Tritthocker hervor und hebt den Deckel des Krakenbassins an. Die Spitze eines Fangarms tastet sich aus dem Wasser, Tova hält ihm die Hand hin. Marcellus wickelt seinen Tentakel um ihr Handgelenk, eine Geste, die inzwischen große Vertrautheit zeigt. Sie hat fast etwas Instinktives, erinnert an ein Neugeborenes, das den Finger der Mutter umklammert.

Doch Marcellus ist kein Baby. In Krakenjahren ist er ein alter Mann. Und jetzt ist seine Nachfolgerin eingetroffen. Im Gang sind Schritte zu hören. Tova zieht den Arm aus dem Wasser, steigt vom Hocker und schiebt ihn schnell unters Becken. Als Terry mit einem Hammer hereinspaziert, trocknet sie sich den Arm am Saum ihres T-Shirts ab.

»Und, was meinst du? Sollen wir sie rausholen?«

»Dein neuer Krake«, stellt Tova fest.

»Genau! Ein bisschen zu früh, um ehrlich zu sein. Aber sie wurde in Alaska aus einer Krabbenreuse gerettet, hatte sich irgendwie darin verfangen und bei ihrem Befreiungsversuch verletzt. Eine Umweltschutzgruppe hat sie wieder aufgepäppelt. Da konnte ich nicht Nein sagen.« Terry hakt das spitze hintere Ende des Hammers in einen Spalt zwischen Kiste und Deckel.

Tova verschränkt die Arme. »Ein bisschen zu früh?«

Terry seufzt. »Marcellus ist … Tja, Tova, du hast bestimmt schon gemerkt, dass er sehr alt für einen Pazifischen Riesenkraken ist.« Stöhnend stemmt Terry den Deckel hoch. »Quirliges altes Kerlchen, oder? Fest entschlossen, seine Lebenserwartung zu überdauern. Dr. Santiago und ich wissen nicht genau, wie lange er noch hat. Heute Morgen ging es ihm so schlecht … Vielleicht bleiben ihm nur noch ein paar Tage oder Wochen.«

»Aha«, macht Tova. Sie schaut zu Marcellus' Becken hinüber. Er ist nicht zu sehen, muss sich in seiner Höhle verkrochen haben.

»Es ist unglaublich, wie lange er schon lebt.« Terry wirft Tova einen neugierigen Blick zu. »Wusstest du, dass er auch gerettet wurde?«

Überrascht hebt Tova die Augenbraue. »Nein, das wusste ich nicht.«

»Als er herkam, war er in einem wirklich schlechten Zustand. Ein halber Tentakel war ab. Wir dachten, er würde das erste Jahr nicht überleben. Und jetzt ist er schon vier Jahre hier …« Terry lächelt kopfschüttelnd. »Er ist ein guter Kerl. Abgesehen davon, dass er nachts durch den Zoo streift.«

Tovas bekommt Herzklopfen. Nach so langer Zeit … Jetzt bekommt sie doch noch Ärger, weil sie dem Kraken die Streifzüge ermöglicht hat. Weil sie die furchtbare Schraubzwinge weggeworfen hat.

Als Terry ihren Gesichtsausdruck sieht, sagt er: »Alles gut, Tova. Letzten Endes weiß ich nicht, ob überhaupt irgendeine Sicherheitsmaßnahme geholfen hätte.« Wieder schüttelt er den Kopf. »Ich hoffe, die Neue hat bessere Manieren.«

In der Holzkiste befindet sich ein stählernes Fass, in dem es schwappt und plätschert. Obenauf ist ein feiner Draht.

»Dann wollen wir sie uns mal ansehen, was? Ich würde ihr gern einen Namen geben, aber das Recht habe ich Addie versprochen. Sie war die halbe Nacht auf, hat sich Namen überlegt und aufgeschrieben.« Terry grinst in Gedanken an seine Tochter. Tova weiß, dass Addie vier Jahre war, als Marcellus kam, also ist sie jetzt acht. Wirklich süß, dass sie sich immer noch so darüber freut, einen Namen für einen Kraken auszusuchen.

»Sie hat bestimmt eine tolle Idee, da bin ich mir sicher«, sagt Tova.

Der Deckel der Kiste löst sich problemlos. Tova muss schmunzeln. Niemals hätte man Marcellus in so einem unsoliden Behälter die Küste entlang transportieren können. Irgendwo in British Columbia wäre er unbemerkt entwichen.

»Da ist sie«, sagt Terry liebevoll.

Tova späht in das Stahlfass. Die Krakendame hat sich unten in die Ecke gedrückt, wohin auch sonst, sie kann sich ja nirgends verstecken. Tova staunt über die lachsrosa Farbe des Tieres, die sich stark von Marcellus' rostigem Orangeton unterscheidet.

»Tust du sie zu ihm ins Becken?«

»Heute nicht mehr. Ich muss auf Dr. Santiago warten. Sie kommt morgen schon ganz früh.«

Die Oktopusdame hat sich so klein wie möglich gemacht. Tova beobachtet, wie das Tier vorsichtig einen Tentakel ausstreckt und ihn sofort wieder zurückzieht.

»Meinst du, es gefällt ihr in ihrem neuen Zuhause?«

»Das kann ich wirklich nicht sagen, Tova.«

Sie hebt die Augenbrauen, überrascht von Terrys Ehrlichkeit. Eigentlich wollte Tova nur höflich plaudern.

»Versteh mich nicht falsch, wir tun unser Bestes«, schiebt Terry nach. »Aber guck dir Marcellus an! Wir haben ihm damals das Leben gerettet, als wir ihn hier aufgenommen haben, aber er war nie glücklich in seinem Becken.«

»Er langweilt sich«, bemerkt Tova.

Terry lacht. »Das Leben im Aquarium von Sowell Bay war ihm nie genug.«

Tova stützt sich auf einem Stuhl ab, um ihren Rücken zu entlasten, und weist mit dem Kopf auf die Holzkiste. »Dann wische ich drumherum, ja?«

»Du brauchst hier hinten nicht zu putzen, Tova. Das weißt du doch.« Vorsichtig legt Terry den Deckel wieder auf die Kiste.

»Das stört mich nicht. Habe ich was zu tun.«

»Nun, Cameron hilft dir ja, der müsste gleich hier sein. Er hat gesagt, er käme heute Abend etwas später.« Terry sieht auf die Uhr. Dann klopft er ein letztes Mal auf die Holzkiste und geht, während er etwas über Wassertemperatur und pH-Wert vor sich hin murmelt.

Allein mit zwei Kraken und dem seltsamen Gefühl, dass etwas nicht stimmt, bleibt Tova im Pumpenraum zurück.

»Egal«, sie nimmt ihre Handtasche, »dann fange ich mal mit dem Boden an.« Auf dem Weg zum Putzschrank schaut sie aus der Eingangstür, weil sie damit rechnet, Camerons klapprigen alten Campingbus neben ihrem kleinen Auto zu sehen. Doch er ist nicht da.

Eine Stunde später steht Tova in der Tür zu Terrys Büro und nestelt an ihrer Schlüsselkarte herum. Der Chef ist noch da. Sie ist froh, ihn noch zu erwischen.

»Soll ich dir die Karte auf den Tisch legen, wenn wir morgen fertig sind?«, fragt sie und hält die Karte hoch.

»Ja, gern.« Terry trommelt mit den Fingern auf den Schreibtisch. Er scheint vor Aufregung zu vibrieren. »Ich habe gerade mit Dr. Santiago gesprochen. Sie will sich unseren Neuzugang morgen früh ansehen. Sie meint, wir sollten die Neue etwas länger in dem Fass lassen.«

»Aha.« Tova bemüht sich, nicht gelangweilt zu klingen. Wie soll sie Terry erklären, dass sie dieser neue Krake nicht besonders interessiert? Dass es ihrer Ansicht nach nie einen zweiten Marcellus geben wird?

Terry fährt fort: »Sie hat vorgeschlagen, dass wir die Dame direkt in Marcellus' altes Becken tun, wenn er … also, wenn es leer ist.«

Tova schluckt.

»Ist Cameron gar nicht mehr aufgetaucht?« Terry fängt an, seine Sachen zusammenzusuchen. Er schiebt die Unterlagen auf dem unaufgeräumten Schreibtisch hin und her.

»Nein«, sagt Tova langsam.

»Komisch. Hoffentlich ist nichts passiert.« Terry zieht den Reißverschluss seiner Computertasche zu. »Tut mir leid, dass du alles allein sauber machen musstest.«

»Das stört mich nicht.« Tova lächelt. »Das Putzen hier werde ich immer in guter Erinnerung behalten.«

Terry schüttelt den Kopf. »Du bist einmalig, Tova. Und wir werden dich vermissen.«

»Das ist sehr lieb. Ihr werdet mir auch alle fehlen.«

Er verschwindet schon durch den Gang, als Tova noch etwas einfällt: »Terry? Eins noch! Vielen Dank!«

Er legt den Kopf schräg. »Wofür?«

»Dass du mir diese Stelle gegeben hast.«

»Ich hatte keine große Wahl.«

»Wie meinst du das?«

»Als ich dich eingestellt habe. Ich hatte keine große Wahl. Mir war sofort klar, dass du kein Nein akzeptieren würdest.« Er grinst. »Du bist eine sehr starke Frau, Tova. Weißt du das?«

Sie senkt den Blick auf die glänzenden Fliesen und scharrt mit den Füßen. Ihr Turnschuh hinterlässt einen flüchtigen Abdruck. »Tja. Es tut gut, sich zu beschäftigen.«

Terry sieht sie eindringlich an. »Ich meine nicht, dass du stark bist, weil du den Wischmopp schwingst wie kein anderer. Auch wenn das stimmt.« Er grinst wieder, jetzt liebevoller. »Weißt du, als ich klein war, damals in Jamaika, da sagte meine Uroma immer, sie wäre *alt, aber nicht kalt*. Ist weit über neunzig geworden. Bis zum Schluss war sie in der Küche und backte Rosinenbrötchen für uns Kinder. Sie beschäftigte sich auch gern.«

»Sie war wohl eine eindrucksvolle Frau.«

»So wie du.« Terry legt seine Pranke auf Tovas schmale Schulter. »Falls du es dir doch noch anders überlegen solltest, Tova, weißt du ja, dass hier im Aquarium immer ein Platz für dich ist.«

»Das ist sehr lieb.«

Beim Hinausgehen trippelt Terry vorsichtig über den frisch gewischten Boden.

Einfach sitzen lassen

Als Tova den Wagen mit den Putzsachen gerade wieder ins Kämmerchen gebracht hat, öffnet sich die Eingangstür mit einem Klick. Hat Terry etwas vergessen und ist noch mal zurückgekommen?

Nein, es ist Cameron. Er geht zum Pausenraum, die Augenbrauen sorgenvoll zusammengezogen. Als er Tova sieht, bleibt er überrascht stehen, und die Gewitterwolken über seinem Kopf verziehen sich kurz. »Ich dachte, Sie wären schon weg«, sagt er.

Tova stützt die Hände in die Hüften. »Wo sind Sie gewesen?«

»Ist doch wohl egal.«

»Das ist nicht egal! Dies ist Ihr Job, Sie hätten schon vor Stunden hier sein müssen.« Tova spitzt die Lippen. »Das ist nicht einfach *ein bisschen später*. Und außerdem haben Sie etwas sehr Aufregendes verpasst. Ein neuer Krake ist angekommen.«

Cameron antwortet nicht. Irgendwas an dem jungen Mann erinnert Tova an eine aufgedrehte Feder: die Anspannung in den Schultern, sein stampfender Gang, der ausweichende Blick. Sie legt ihm eine Hand auf die Schulter. »Ist alles in Ordnung? Ist etwas passiert?«

Er schüttelt ihre Hand ab und läuft auf und ab. »Ob was passiert ist? Mal sehen. Ethan ist ein neugieriger Quatschkopf, der seine Nase ständig in die Angelegenheiten anderer Leute steckt. Außerdem hat er null Vertrauen zu mir. So viel zu der Freundschaft. Meine einzigen anderen Freunde, unten in Modesto, haben gerade ein Kind gekriegt, und mit unserer Band ist es aus. Apropos Modesto, habe ich schon meine beschissene Mutter erwähnt? Die mich im Stich gelassen hat? Das war'n großer Dämpfer für mich, davon habe ich mich quasi nie mehr erholt. Meine Tante hat versucht, mir eine Mutter zu sein, sie hat ihr Bestes gegeben, aber irgendwann ist auch mal Schluss mit dem Erziehen. Ich dachte, ich hätte hier eine Freundin, aber die ghostet mich gerade. Wahrscheinlich ist sie angepisst, weil ich unser Date abgesagt habe. Dabei bin ich sogar persönlich bei ihr im Laden gewesen, um ihr zu sagen, dass ich es nicht schaffe, weil mir etwas dazwischengekommen ist. Zufälligerweise so ungefähr der wichtigste Termin in meinem armseligen Leben. Dachte ich wenigstens.« Cameron bleibt stehen, atmet tief durch. »Dann mein Gepäck von dem Flug hier hoch vor zwei Monaten. Das macht offensichtlich einen verlängerten Urlaub in Russland. Nicht, dass ich es noch bräuchte.«

Tova lehnt sich an das Becken hinter sich. Es ist, als würde Camerons Tirade sie wie eine kräftige Windböe dagegendrücken. Sie richtet sich auf und betastet ihre Frisur, als sei sie ebenfalls durchgepustet worden. Tova hat nicht alles verstanden, aber nickt trotzdem.

»Und das ist noch nicht mal das Beste!« Cameron kramt in seiner Tasche und holt einen dicken Ring hervor. Offenbar ein Absolventenring von der Highschool, auch wenn Tova ihn nur kurz auf Camerons Handfläche sieht, bevor er ihn mit wütender Faust umschließt. Cameron läuft weiter auf und ab. Verbitterung verzerrt seine Stimme wie statische Elektrizität. »Das Beste ist, dass die ganze Nummer absolut und komplett sinnlos war. Er ist es ja nicht mal!«

»Wer ist was nicht, mein Lieber?« Tova legt Cameron wieder die Hand auf die Schulter, doch erneut zuckt er weg.

»Er ist nicht mein Vater. Der Grund, warum ich nach Sowell Bay gekommen bin. Der Typ, den ich die ganze Zeit gesucht habe. Er war nur ein alter Freund von meiner Mutter.«

»Und wem gehört der Ring?«

»Dem Vater, den ich wohl nie kennenlernen werde.«

Tova fällt nichts mehr ein. Schließlich sagt sie: »Das tut mir furchtbar leid, Cameron.«

»Mir auch.« Er schluckt. »Und zwar, weil es so eine verdammte Zeitverschwendung war.«

»Man darf ruhig traurig sein, wenn man jemanden verloren hat«, sagt Tova leise.

Cameron murmelt etwas, das sie nicht richtig versteht, dann stiefelt er zum Ausgang. Sie folgt ihm, so schnell sie kann. Will er wirklich gehen?

Zu ihrer Überraschung steuert er auf den Pumpenraum zu, statt nach draußen zu verschwinden. Staunend verfolgt Tova, wie er an der Kiste mit dem LEBENDEN KRAKEN vorbeistapft, die immer noch mitten im Raum steht, den Deckel vom Becken der Seewölfe reißt und den Ring hineinwirft. Lautlos sinkt er zu Boden und verschwindet in einer Sandwolke.

»*Eels.* Der gehört euch«, brummt er verbittert.

Tova schaut auf das Bassin. Was soll das? Ein Seewolf erwidert ihren Blick, seine nadelartigen Zähne leuchten im blauen Licht.

Sie räuspert sich. »Möchten Sie sich vielleicht hinsetzen und eine Tasse Kaffee trinken, mein Lieber? Ich bin für heute mit der Arbeit durch, aber wir können noch kurz besprechen, wie wir es morgen machen. Mein letzter Tag. Damit der Übergang reibungslos verläuft.«

»Kaffee?«, wiederholt Cameron, als habe er das Wort noch nie gehört. Kurz wirkt er erschöpft, wie eine zusammengesackte Windhose. Dann schüttelt er sich kurz, und wie aus dem Nichts wütet der Sturm wieder los. »Ne! Ich bin nur kurz vorbeigekommen, um mein Kapuzenshirt aus dem Pausenraum zu holen.«

Er verlässt den Pumpenraum, Tova läuft ihm hinterher. »Und was ist mit morgen?«

»Es gibt kein Morgen«, ruft er über die Schulter. »Terry hat mir die Stelle nicht angeboten. Warum soll ich dann bleiben? Wie unfähig muss ich sein, wenn ich nicht mal für einen Job in Frage komme, für den man Mülleimer leeren und den Boden wischen muss? Ich meine, nichts für ungut.«

»Ach, das ist bestimmt ein Missverständnis. Terry war in letzter Zeit mit den Gedanken woanders, der neue Krake …«

»Ich hab die Nase voll von Missverständnissen.« Cameron verschwindet im Pausenraum und kommt kurz darauf mit seinem Sweater unter dem Arm heraus. »Egal, ich bin weg.«

»Wie meinen Sie das?«

»Ich fahr zurück nach Kalifornien.« Cameron weicht Tovas Blick aus. Ein trauriges, sarkastisches Lächeln legt sich auf sein Gesicht. *»On the road again.«*

»Sie fahren jetzt sofort?«

»Yep«, bestätigt er. »Ich wär längst weg, aber da ich so ein Idiot bin, hab ich fast alle meine Klamotten bei Ethan vergessen. Waren noch im Trockner. Sogar meine Gitarre lag da noch. Musste ich alles holen.« Er hält sein Kapuzenshirt hoch. »Da dachte ich, ich könnte dies auch noch schnell mitnehmen.«

»Sie verschwinden, ohne Terry was zu sagen?«

»Der kommt schon dahinter.«

»Und was ist morgen, wenn Sie hier nicht auftauchen?«

»Dann feuert er mich?«

»Und wer bereitet das Futter für all unsere … unsere Freunde vor?«

»Mir doch egal. Ist ja nicht gerade Raketentechnik.«

Tova sieht ihn streng an. »So kündigt man kein Arbeitsverhältnis.«

Cameron zuckt mit den Schultern. »Woher soll ich das wissen? Hatte noch nie die Möglichkeit, selbst zu kündigen. Ich werde immer rausgeschmissen. Das ist mein Ding.« Er marschiert in Terrys Büro. Tova folgt ihm und sieht zu, wie er ein Blatt aus dem Drucker nimmt, etwas drauf kritzelt, es faltet und auf Terrys Tisch legt.

»So. Besser?«

Sie nimmt die Nachricht und gibt sie Cameron zurück. »Den Chef einfach sitzen lassen, ohne Kündigungsfrist … Das sind Sie doch nicht.«

»Doch, so bin ich.« Seine Stimme bricht. Er wirft den Zettel wieder auf den Tisch. »So bin ich.«

1361. TAG IN GEFANGENSCHAFT – ACH, SCHLUSS DAMIT! ES GILT, EINEN RING ZU HOLEN.

Was Seewölfe betrifft, sind Menschen erbarmungslos in ihrem Urteil. Würde ich jedes Mal, wenn jemand »wie hässlich«, »ein Ungeheuer« oder »ekelhaft« ruft, eine Muschel bekommen, wäre ich längst aus allen Nähten geplatzt.

Diese Zuschreibungen sind nicht falsch. Objektiv betrachtet sind Seewölfe grotesk. Ihr Becken ist eins der wenigen, das ich nie erforscht habe, auch wenn das nichts mit ihrem nachteiligen Aussehen zu tun hat.

Es geschah vor langer Zeit, bevor ich gefangen genommen und eingeschlossen wurde. Damals war ich jung und naiv und suchte im offenen Meer nach *einem Ort, wo ich pennen konnte*, wie die Menschen es ausdrücken würden. Die Felsenhöhle zog mich magisch an; sie war das perfekte Zuhause für mich. Mir war nicht klar, dass sie bereits bewohnt war.

So intelligent ich bin, hätte ich vorsichtiger sein müssen. Kaum spähte ich durch eine Lücke zwischen den Steinen, schlug der Seewolf zu. Seine Nadelzähne und der fleischige Kiefer sind nicht nur hässlich, sondern ziemlich kräftig. Ich bezahlte dreifach für meinen Fehler.

Erstens mit meinem Stolz.

Zweitens mit einem meiner Tentakel. Am nächsten Tag fing es an nachzuwachsen, aber da war es schon zu spät.

Drittens mit meiner Freiheit. Hätte ich durch mein

schlechtes Urteilsvermögen nicht solche Verletzungen davongetragen, hätte ich meine sogenannte »Rettung« vielleicht vermeiden können.

Mit unendlicher Geduld warte ich, bis Tova geht. Das Pumpengehäuse zu lösen, ist in letzter Zeit anstrengender geworden, doch mit großem Kraftaufwand gelingt es mir. Als ich mich zur Hälfte durch die kleine Öffnung gequetscht habe, fange ich schon an, »die Konsequenzen« zu spüren. Das geht jetzt immer schneller.

Ich habe nicht viel Zeit.

Als ich in das Becken der Seewölfe gleite, schicke ich freundliche Plattitüden zu den Fischen hinüber. Das große Männchen sieht mich finster an, sein charakteristischer Kopf schwebt in der Höhlenöffnung. Kurz darauf gesellt sich das Weibchen dazu.

Ihr seht heute beide wunderschön aus, sage ich und presse mich an die Scheibe auf der anderen Seite des Bassins. Die Seewölfe blinzeln. Mein Organherz klopft.

Ich bin sofort wieder weg, verspreche ich ihnen und lasse mich auf den Grund sinken.

Unten in ihrem Tank ist Sand, in meinem sind grobe Kieselsteine, und ich staune, wie weich sich der Boden an den Spitzen meiner Tentakel anfühlt. Die beiden Seewölfe kommen etwas weiter aus ihrer Höhle heraus und sehen zu, wie ich im Sand herumwühle. Ihr vorstehender Unterkiefer öffnet und schließt sich gleichmäßig, wie immer. Ihre dünne Schwanzflosse schlägt hin und her, aber sie kommen nicht näher. Greifen nicht an.

Ich wühle in dem Sand unter der Pflanze, bis mein Tentakel etwas Glattes, Schweres streift. Ich klemme den klobigen Ring in den dicken, muskulösen Teil meines Fangarms, wo ich ihn sicher weiß, auch wenn ich zunehmend schwächer werde. Ich schiele zu den Seewölfen hinüber, die jede Bewegung von mir genaustens verfolgen. *Es stört euch hoffentlich nicht, wenn ich das hier mitnehme.*

Es braucht fast mehr Kraft, als ich besitze, aus ihrem Tank zu klettern und den kurzen Weg zurück zu meinem hinter mich zu bringen. Mit dem schweren Ring im Arm schlüpfe ich in meine Höhle und ruhe mich aus, da ich noch viel Kraft für meinen nächsten Ausflug brauche. Meinen letzten.

Ein verdammtes Genie

Der Serpentinenriemen, stellt Cameron fest, trägt seinen Namen zu Recht. Er windet sich durch die Motorhaube des Campers wie eine lange Schlange. Die trockene Luft riecht nach Staub und verbrannten Bremsbelägen, die Morgensonne ist erbarmungslos. Alle paar Sekunden donnert auf dem Freeway mit ohrenbetäubenden Rauschen ein Sattelschlepper vorbei, und eine Windböe schlägt gegen Cameron. Die Lkw gleichen einer Kolonne riesiger Käfer. Sie verhöhnen ihn mit ihren bedrohlichen Kühlergrillen, wie er da am Straßenrand vor der geöffneten Motorhaube seines Campingbusses steht. Mit einer Hand zieht er an dem gerissenen Riemen. In der anderen hat er den neuen aus dem Handschuhfach.

»So ein Mist aber auch«, brummt er vor sich hin. Er mustert das Innenleben des Fahrzeugs, erkennt die wichtigsten Teile: Motorblock, Kühlung, Batterie, Ölpeilstab. Den Behälter mit der blauen Flüssigkeit für die Windschutzscheibe.

Der neue Riemen liegt schon die ganze Zeit vorne im Handschuhfach. Warum hat er ihn nicht einbauen lassen? Dieses Quietschen die ganze Zeit. Vor selbst würde das bestimmt nicht aufhören.

In den letzten zwölf Stunden Fahrt war es auf jeden Fall die ganze Zeit zu hören.

Nein, das stimmt so nicht. Das Quietschen hörte auf, und zwar auf dem nichtssagenden Abschnitt der Interstate kurz vor Redding. Gleichzeitig versagte die Servolenkung, gute hundert Meilen südlich der Grenze zwischen Oregon und Kalifornien. Gibt es irgendwas, das Cameron nicht verbockt? Selbst sein Befreiungsversuch nach einem demütigenden Reinfall ist ein demütigender Reinfall.

Total meta.

»Okay, ich kann das.« Er stößt die Luft aus, sieht sich noch mal das Video im Internet an und stellt das Handy auf die Stoßstange. Er hat keine andere Wahl. Wenn er weiterfährt, wird der Motor innerhalb kürzester Zeit überhitzen und abkacken. Also, genau so haben sie es im Video nicht ausgedrückt, aber es ist jedenfalls … nicht gut.

Außerdem kann es nicht so schwer sein, den neuen Riemen einzubauen, und er ist schließlich Cameron Cassmore, ein verdammtes Genie.

Wird Zeit, dass er anfängt, sich wie eins zu benehmen.

Der Aal-Ring

Am Donnerstagnachmittag, Tovas letztem Arbeitstag, stehen plötzlich Janice Kim und Barb Vanderhoof mit einem Karton auf ihrer Veranda.

»Kommt doch rein!«, sagt sie. »Ich entschuldige mich für den Zustand des Hauses. Das ganze Einpacken ist einfach …« Sie macht eine ausholende Handbewegung. »Ich setze einen Kaffee auf.« Die Kaffeemaschine gehört zu den wenigen Dingen, die noch nicht eingepackt sind. Die wird sie als Letztes verstauen.

Tova nimmt Janice den Karton ab. Sie rechnet damit, dass es irgendein Auflauf ist, doch dafür wiegt er nicht genug. Sie stellt ihn auf den Küchenschrank und klappt ihn auf. Zum Vorschein kommt ein kleiner Blechkuchen in Form eines Fisches. In Zuckerguss ist darauf geschrieben: *Glückwunsch zum Ruhestand!*

»Das war doch nicht nötig!« Tova lacht. »Aber es stimmt. Ich gehe wirklich in den Ruhestand.«

»Zu guter Letzt.« Janice zaubert ein Päckchen mit Papptellern und Servietten hervor.

»Ich kann mir gut vorstellen, dass du die Leute in Charter Village überredest, dich zum Staubwischen einzustellen«, meint Barb und lässt sich auf einen Stuhl am Küchentisch sinken.

»Das kann ich nicht ausschließen.« Tova lächelt. Das

Wasser läuft zischend durch die Kaffeemaschine. Tova bückt sich und streicht über den Rücken von Cat, der in die Küche stolziert.

Janice betrachtet das Tier skeptisch. »Was wird aus dem Kleinen?«

»Mitnehmen kann ich ihn leider nicht«, erwidert Tova. »Ich nehme an, er muss wieder rund um die Uhr draußen leben, es sei denn, eine von euch hat Lust auf ein Haustier?«

Janice hebt abwehrend die Hand. »Peter hat eine Allergie. Außerdem hat Rolo panische Angst vor Katzen.«

Leichtfüßig springt Cat auf Barbs Schoß, streckt sich laut schnurrend und reibt sein Köpfchen an ihrem Kinn.

»Ich bin ein Hundemensch.« Barb krault den Kater hinter den Ohren. »Oh, du bist aber weich, was? Habe ich euch von der Katze erzählt, die Andies Kinder letztes Jahr fanden? Die schläft jetzt bei ihnen im Bett, richtig unter der Decke. Ich habe Andie gesagt, sie soll aufpassen, dass das Tier ordentlich gegen Flöhe behandelt wird. Man weiß ja nie, was die alles von draußen reinbringen, oder? Auf jeden Fall meinte sie …«

»Guck mal, Barb, der ist ganz verliebt in dich!« Janice kichert. Cat leckt Barb über den Handrücken, als würde er sie putzen. Er schnurrt wie eine Kreissäge.

»Der hat natürlich ein Mittel gegen Flöhe bekommen«, wirft Tova ein.

Barb schaut von einer Freundin zur anderen. »Aber ich bin ein Hundemensch!«

Tova lacht. »So was kann sich ändern, Barbara.«

»Selbst bei alten Leuten wie uns«, fügt Janice hinzu.

»Ach, was soll's? Ich denk drüber nach«, brummt Barb

und streichelt den grauen Bauch des Katers, der glückselig die Augen schließt.

Tova schenkt allen Kaffee ein. »Habt ihr schon gegessen? Ich kann was aufwärmen …«

»Nein, mach dir keine Mühe!«, winkt Janice ab. »Du hast noch so viel zu tun.«

Ein neckisches Grinsen verzieht Tovas Lippen. »Dann essen wir eben Kuchen zu Mittag.«

Bei ihrer letzten Schicht im Aquarium ist Tova allein. Zum letzten Mal den kreisförmigen Gang wischen. Ein letztes Mal über die Glasscheiben reiben. Am Ende putzt sie gewissenhaft zum letzten Mal unter dem Schwanz der Seelöwenstatue her. Wer weiß, wann das jemand tun wird.

Es ist seltsam: Als sie hier anfing, fand sie es herrlich, nur Meereslebewesen als Gesellschaft zu haben. Tova hatte etwas zu tun, war allein, aber beschäftigt, musste sich nicht in fremder Leute Angelegenheiten mischen. Doch jetzt kommt es ihr irgendwie falsch vor, allein zu putzen. Cameron fehlt, eindeutig. Die Gewissheit, mit der sie das empfindet, überrascht sie.

Wahrscheinlich ist er längst in Kalifornien.

Als sie fertig ist, geht sie noch einmal durch den schummrigen Gang. Sie verabschiedet sich von den Blauen Sonnenbarschen: »Auf Wiedersehen, ihr Lieben!«

Als Nächstes geht sie zu den Asiatischen Strandkrabben. »Macht es gut, ihr Hübschen!«

»Pass auf dich auf«, sagt sie zur Spitznasengroppe, »Bis dann mal!« zu den Seewölfen.

Marcellus' Becken wirkt still und verlassen. Tova beugt

sich vor und späht in die Felsenhöhle, hält Ausschau nach dem Kraken, doch er ist nicht zu sehen. Den ganzen Abend noch nicht.

Sie geht in den Pumpenraum zurück, kann den Oktopus aber auch durch die hintere Scheibe nicht entdecken, ebenso wenig von oben. Tova stellt den Hocker zurück und geht zu dem neuen Fass. Durch das Gitter im Deckel sieht sie die Krakendame, die immer noch zusammengerollt auf dem Boden liegt, inmitten von kaputten Muschelschalen. »Hast du was gesehen? Ist er weg?« Tova schlägt die Hand vor den Mund. »Ist er …« Ein Schluchzen beendet ihren Satz.

Die neue Oktopusdame rutscht noch weiter in die Ecke.

Tova geht in den Gang zurück und legt eine Hand auf die kalte Glasscheibe von Marcellus' Becken. Sich von Wasser und Steinen zu verabschieden, ist sinnlos. Die Träne, die ihr aus dem Auge rinnt, läuft über ihre faltige Wange und tropft von ihrem Kinn auf den frisch gewischten Boden.

Tova geht in Terrys Büro, um wie abgesprochen die Schlüsselkarte zu hinterlegen. Sein Schreibtisch ist mal wieder ein einziges Durcheinander. Mit einem resignierten Schulterzucken legt sie die Plastikkarte oben auf den Stapel.

Auf quietschenden Turnschuhen durchquert sie den Eingangsbereich. Wenn sie zu Hause ist, wird sie die Turnschuhe in den Müll werfen. Von der jahrelangen Arbeit hier sind sie hinüber; nicht mehr zu gebrauchen.

Kurz vor dem Ausgang stutzt sie. Da liegt etwas auf dem Boden, etwas undefinierbar Braunes, direkt vor der Tür, als wollte es ihr den Weg versperren. Im schwachen blauen Licht kneift Tova die Augen zusammen. Eine Papiertüte? Wie kann sie die übersehen haben?

Ein Tentakel zuckt.

»Marcellus!«, stößt Tova aus, eilt hinüber und lässt sich neben dem Kraken auf die Fliesen sinken. In ihrem Rücken knackt es laut, doch sie nimmt es kaum wahr. Der alte Krake ist blass, selbst sein Auge leuchtet nicht mehr, gleicht einer trüb gewordenen Murmel. Vorsichtig legt sie die Hand auf seinen Mantel, so wie man sie auf die Stirn eines kranken Kindes legen würde. Seine Haut ist klebrig und trocken. Er hebt einen Arm und windet ihn um ihr Handgelenk, direkt über die Silberdollarnarbe, die inzwischen zu einem geisterhaften Kreis verblasst ist. Marcellus blinzelt und drückt schwach zu.

»Was machst du denn hier draußen?«, schilt sie ihn sanft. »Komm, zurück mit dir in dein Becken.« Sie löst seinen Tentakel von ihrem Handgelenk und steht auf, um ihn hochzuheben, doch ihr Rücken macht nicht mit. Ein verhängnisvoller Schmerz schießt ihr durchs Kreuz.

»Bleib da!«, befiehlt sie, dann läuft sie, so schnell ihr Körper es erlaubt, zum Putzschrank. Ein paar Minuten später ist sie mit ihrem gelben Wischeimer zurück, in dem mehrere Liter Wasser schwappen. Tova hat es mit einem alten Milchkrug aus Marcellus' Becken geschöpft. Als er blinzelt, ist sie unendlich erleichtert. Er lebt noch. Sie taucht einen Putzlappen ins Wasser und wringt ihn über dem Oktopus aus, um seine Haut zu befeuchten. Er gibt einen seiner seltsamen menschenähnlichen Seufzer von sich.

Das Wasser scheint ihn so weit zu beleben, dass er sich bewegen kann. Mühsam hebt er einen Fangarm. Tova stellt den Eimer neben ihn und hebt seinen Hintern (oder was sie für sein Hinterteil hält) leicht an, damit er sich über den Rand des gelben Plastikeimers hieven kann. Mit einem Plumps fällt er ins kalte Wasser.

»Was machst du denn hier draußen?«, fragt Tova wieder. Dann sieht sie es.

Auf dem Boden liegt ein schimmernder goldener Gegenstand, direkt dort, wo sie Marcellus aufgehoben hat. Tova bückt sich. *Highschool Sowell Bay, Jahrgang 1989.* Als Cameron ihn gestern ins Becken der Seewölfe warf, hatte sie schon vermutet, dass es ein Absolventenring ist.

Wie hat Marcellus ihn da rausgeholt? Und warum?

Sowell Bay, Abschlussjahrgang 1989? Ist das der Ring von Daphne Cassmore? Nein, es ist ein Herrenring. Cameron sagte, er habe seinem Vater gehört …

Er liegt auf Tovas Handfläche, kalt und schwer. Wie eine Erinnerung. Erik hatte genau so einen. Wie alle Eltern war Tova stolz darauf gewesen, was er bedeutete. Sie hatte angenommen, dass Erik ihn in jener Nacht trug. Dass der Ring ebenfalls im Meer verloren ging.

Tova dreht ihn um, versucht zu lesen, was unten eingraviert ist. Ihr Herz dröhnt ihr in den Ohren. Sie wischt den Ring am Saum ihrer Bluse ab und versucht wieder, die Inschrift zu lesen.

Das kann nicht sein.

Doch, da steht es: EELS

Erik Ernest Lindgren Sullivan.

Die Puzzleteile in ihrem Kopf bewegen sich, wollen zusammengesetzt werden.

Es gab ein Mädchen.

Erik … und das Mädchen.

Erik zeugte ein Kind.

Ein Kind, das woanders aufwuchs, ohne dass Tova etwas von ihm ahnte. Sie kann nicht glauben, dass ihr all die kleinen Eigenheiten von Cameron nicht aufgefallen sind. Das herzförmige Grübchen in der linken Wange, das sie immer so süß fand, auch wenn sie nicht hätte sagen können, warum.

»Du wusstest es, stimmt's?«, sagt sie zu Marcellus. »Natürlich.« Sie beugt sich vor und streicht über seinen Mantel. »Ihr seid viel intelligenter, als wir Menschen euch zutrauen.«

Marcellus legt die Spitze eines Fangarms auf ihren Handrücken.

Tova lässt sich wieder zu Boden sinken und stützt sich mit den Ellenbogen auf dem Eimer ab. Als die heißen Tränen erst einmal laufen, gibt es kein Halten mehr. Die Tropfen fallen ins Wasser, ihre schmalen Schultern zucken, mit jedem Schluchzen schneller. Hier ist sie allein. Niemand kann sie sehen. Tova gibt jegliche Zurückhaltung auf und lässt dem Kummer freien Lauf. Tränen laufen ihr über die

Wangen, bis ihre Augen brennen und nichts mehr kommt. Wie lange verharrt sie in diesem Zustand absoluter Traurigkeit? Es könnten Minuten oder eine ganze Stunde sein. Als Tova schließlich den Kopf hebt, schmerzen ihre gebeugten Schultern.

»Was soll ich nur ohne dich tun?«, fragt sie und unterdrückt den Schluckauf. Marcellus blinzelt mit seinem Kaleidoskopauge, das jetzt wässriger denn je aussieht. *Vielleicht bleiben ihm nur noch ein paar Tage,* hatte Terry gesagt. Tova richtet sich auf und wischt sich mit dem Handrücken die Tränen aus dem Gesicht. »Besser gesagt: Was soll ich nur *mit* dir tun?«

Sie steht auf, drückt die Schultern durch, schüttelt die Rückenschmerzen ab. »Komm, mein Freund! Bringen wir dich nach Hause.«

Wären noch späte Angler oder Spaziergänger bei Sonnenuntergang an jenem Abend unterwegs gewesen, hätte sich ihnen ein ganz besonderer Anblick geboten: eine siebzigjährige Frau, höchstens vierzig Kilo schwer, die einen knapp dreißig Kilo schweren Pazifischen Riesenkraken in einem gelben Eimer über den Holzsteg zum Wellenbrecher zieht. Doch die einzigen Zeugen an diesem Abend sind Möwen, die vom Mülleimer aufsteigen und Tova empört ankreischen, als sie mit Marcellus vorbeikommt. Es geht nur langsam voran. Der Krake lässt an jeder Seite des Eimers einen Fangarm heraushängen, als säße er in einem Auto mit heruntergelassenen Scheiben.

Tova lacht. »Der Wind fühlt sich gut an, was?«

Es ist Ebbe. Das Wasser ist so weit draußen, dass Tova

kaum die Wellen gegen die Steine plätschern hört. Gefühlt ist sie eine Meile von der Promenade entfernt. Das Mondlicht spiegelt sich in Hunderten kleiner Pfützen, die wie große Silbermünzen übers Watt verstreut sind.

»Gleich wird es rucklig«, warnt Tova.

Die Mole, ein von Menschen aufgeschütteter Wellenbrecher aus Steinen und Felsen, erstreckt sich über das Watt ins Wasser, elegant gebogen wie der Arm einer Ballerina. An Sommernachmittagen wimmelt es hier nur so vor Strandgutsammlern und abenteuerlustigen Urlaubern, die den malerischsten Fleck für ein Picknick suchen. Jetzt ist die Mole verlassen, bis auf eine einsame Möwe ganz am Ende.

Es ist keine leichte Aufgabe, den Eimer über die betonierte kieselige Oberfläche des Wellenbrechers zu ziehen. Später wird Tova mit Sicherheit der Rücken weh tun. Doch irgendwann erreicht sie das Ende, wo das Niedrigwasser immerhin einen halben Meter tief ist. Die einsame Möwe schaut böse herüber und stößt einen schrillen Schrei aus.

»Ach, sei leise!«, schimpft Tova, und der Vogel fliegt davon.

Langsam lässt sie sich auf einen Felsen sinken, der ganz glatt vom Salzwasser ist. Sie hält eine Hand in den Eimer und räuspert sich, bevor sie mit der kurzen Rede beginnt, die sie sich auf dem Weg zum Meer ausgedacht hat.

»Ich muss mich bedanken«, fängt sie an. Marcellus greift ein letztes Mal nach ihrem Arm. »Terry hat mir erzählt, dass du gerettet wurdest. Ich schätze, du wärst lieber in Ruhe gelassen worden, aber ich bin froh, dass es so gekommen ist.«

Sie blinzelt ihre Tränen zurück. Nicht schon wieder!

»Du hast mich zu ihm geführt. Zu meinem Enkel.« Bei den letzten zwei Wörtern bebt ihre Stimme, gleichzeitig wird ihr ganz warm. Zwei Wörter, von denen sie nie geglaubt hätte, dass sie sie einmal aussprechen würde. Wenn Will doch nur da wäre und den Jungen kennengelernt hätte! Und wenn Modesto nur nicht über tausend Meilen entfernt wäre!

»Du hast seinen Führerschein geklaut! Du kleiner Schlawiner!« Tova muss schmunzeln. Der Tentakel drückt ihre Hand, sie schüttelt den Kopf. »Du hast versucht, es mir zu sagen, aber ich habe nicht zugehört.«

Hoch im Nachthimmel zieht ein Flugzeug dahin, das ferne Dröhnen der Motoren hallt über die stille Bucht. »Es ist ungerecht, dass du dein Leben in einem Becken verbringen musstest. Ich verspreche dir, Marcellus, dass ich alles dafür tun werde, dass deine Nachfolgerin die verwöhnteste, intellektuell am besten stimulierte Krakendame …«

Tova wird die Bedeutung ihrer Worte klar. Sie wird nicht nach Charter Village ziehen. Sie kann nicht.

Sie holt tief Luft und fährt fort: »Wir müssen uns verabschieden, mein Freund. Ich bin froh, dass Terry dich gerettet hat, denn du hast mich gerettet.«

Langsam kippt sie den Eimer nach vorn. Das Wasser ist ungefähr einen Meter unter ihr. Einen Moment lang, der sich ewig hinzuziehen scheint, lässt Marcellus seinen Tentakel um Tovas Handgelenk geschlungen, und dieses seltsame, fremdartige Wesen hängt in der Luft, den Blick auf Tova gerichtet, dann tut die Schwerkraft ihr Werk. Kurz bevor Tova vom Kraken nach unten gezogen werden kann, lässt er los und landet mit einem schweren Platschen im nachtschwarzen Wasser.

Von Anfang bis Ende

»Mein lieber Junge.« Tova sitzt auf ihrer angestammten Bank auf dem Steg beim Aquarium. Das Wasser glitzert im silbernen Mondlicht.

Die Geschehnisse der letzten beiden Stunden erscheinen ihr unwirklich, von den letzten zwei Monaten ganz zu schweigen. Marcellus ist fort. Ihr Enkel Cameron ist fort. Ab morgen wird ihr Haus auch fort sein. Aber Tova wird nicht nach Charter Village ziehen.

Sie wird nicht fort sein.

Was soll sie tun? Sie weiß es nicht, deshalb sitzt sie auf der Bank und starrt eine gefühlte Ewigkeit aufs Wasser, eine amorphe Zeitspanne, die sich nicht an den bekannten Naturgesetzen misst, ebenso wenig wie ein riesengroßer Krake seinen Körper so verformen kann, dass er durch ein winziges Loch passt. Irgendwann schaut sie auf die Uhr. Es muss schon sehr spät sein. Ja, Viertel vor zwölf.

Der neue Tag bricht bald an. Ihr erster vollständiger Tag als Großmutter.

Erik konnte nicht gewusst haben, dass er ein Kind gezeugt hatte. Sonst hätte er sein Leben niemals beendet. Das hätte er nicht getan. Er tat es auch nicht. Tova klammert sich an diese Theorie, ihre schmalen Finger krallen sich in die Bank. Es musste ein Unfall gewesen sein. Vielleicht war Alkohol im Spiel. Beeinträchtigtes Urteilsvermögen.

Er wäre ein toller Vater gewesen. Sicher, er war erst achtzehn, aber man musste sich ja nur Mary Anns Enkelin Tatum ansehen. Sie machte das wirklich gut. Erik hätte Cameron über alles geliebt. Alles – von Anfang bis Ende – hätte anders sein können.

»Hallo? Entschuldigung?« Eine Frauenstimme hallt über den Pier und schreckt Tova aus ihren Träumen. Wer außer ihr ist zu dieser Uhrzeit hier draußen?

Eine junge Frau mit kurzer Sporthose und einem pinkfarbenen Sweatshirt läuft den Steg hinunter. Tova erkennt die Besitzerin des Paddelladens unten an der Promenade, neben der Immobilienmaklerin.

»Hallo.« Tova wischt sich über die Augen und rückt ihre Brille zurecht, dann steht sie auf. »Ist alles in Ordnung, meine Liebe? Ziemlich spät zum Joggen.«

Als sich die junge Frau der Bank nähert, wird sie langsamer, ringt nach Luft. »Sie sind Tova.«

»Ja.«

»Ich bin Avery«, keucht sie. »Und ich bin nicht joggen. Ich hab in meinem Laden da drüben Schriftkram erledigt und hab gesehen, dass im Aquarium Licht brennt. Dachte, es wär jemand da.« In ihrem Blick liegt eine stumme Verzweiflung, die Tova nur allzu gut kennt. Der Blick eines Menschen, der versucht, sich zusammenzureißen.

Sie schaut ebenfalls zum Aquarium hinüber, wo tatsächlich noch Licht an ist. Der gelbe Putzeimer steht wieder im Schrank. Wenn Tova geht, wird sie alles ausmachen und zuschließen, wann auch immer das sein mag.

Avery schluckt. »Ich dachte, es wäre vielleicht …«

»Cameron?«

»Ja.« Sie wirkt erleichtert. »Ist er da?«

»Leider nicht«, erwidert Tova.

»Wissen Sie zufällig, wo er ist? Ich habe ihn den ganzen Nachmittag angerufen, aber er geht nicht dran.«

Tova schüttelt den Kopf. »Er ist gefahren. Zurück nach Kalifornien.«

»Was?« Avery fällt die Kinnlade hinunter. »Warum?«

»Das ist eine ziemlich komplizierte Geschichte«, sagt Tova nachdenklich. Sie sinkt wieder auf ihren Platz auf der Bank. Die junge Frau setzt sich ans andere Ende, schlägt die nackten Beine unter. »Seiner Ansicht nach gab es wohl zu viele Missverständnisse.«

Averys Augenbrauen ziehen sich zusammen. »Missverständnisse?«

»So hat er sich ausgedrückt.« Tova schaut die junge Frau mit erhobenen Augenbrauen an. »Er ist offenbar der Meinung, dass Sie ihn … ähm, wie drückte er sich noch mal aus … ghosten?«

»Was?« Avery springt auf. »Er hat mich versetzt! Dann hat er mir eine Nachricht geschickt, er müsste mit mir reden. Das hat ja wohl noch nie was Gutes bedeutet, oder?« Sie stützt sich aufs Geländer. »Ich bin diejenige, die sauer sein müsste. Ich bin nur hergekommen, weil ich mir Sorgen um ihn mache.«

Tova erinnert sich an Camerons Tirade im Gang des Aquariums. Zuerst will sie Avery davon erzählen, dann zögert sie. Er gehört jetzt zur Familie, und Verwandte schützt man doch, oder? Bei dem Gedanken muss sie fast lachen. Wider besseres Wissen sagt sie schließlich: »Ich glaube, er hat versucht, Ihnen Bescheid zu sagen, dass er es nicht schafft.«

»Nein, hat er nicht.«

»Er hat gesagt, er wäre in Ihrem Laden gewesen.« Tova schüttelt den Kopf. »Noch ein Missverständnis, schätze ich.«

Avery stützt sich aufs Geländer und legt den Kopf auf die Fäuste. »Marco«, murmelt sie.

»Verzeihung?«

»Mein Sohn. Er ist fünfzehn. Ich war kurz bei der Bank, und Marco sollte auf den Laden aufpassen. Ich habe ihn gefragt, ob Cameron da war oder angerufen hat, und er sagte: Nein. Ich hätte wissen müssen, dass was nicht stimmt. Hinterher hab ich aus dem Augenwinkel gesehen, dass er so selbstgefällig grinste.« Genervt schlägt Avery gegen das Geländer. »Ich tue echt mein Bestes, wirklich, aber mein Sohn ist manchmal echt abartig.«

»Kinder können schrecklich sein.« Tova steht auf und bleibt vor der jungen Frau stehen. »Vielleicht wollte Ihr Sohn Sie nur schützen.«

»Ich brauche nicht beschützt zu werden.« Avery schnaubt verächtlich. »Ich hätte das durchschauen müssen.«

»Machen Sie sich keine Vorwürfe, meine Liebe. Mutter zu sein ist nichts für schwache Nerven.«

Nach einer langen Pause sagt Avery: »Cameron ist also wegen mir nach Kalifornien gefahren.«

»Nein, nicht nur. Es gab noch ein großes Missverständnis. Was seinen sogenannten Vater betrifft.«

»Oh, Scheiße. Dieses Treffen … es ist nicht so gelaufen, wie er es sich erhofft hat, ja?« Sie stöhnt wieder. »Ich hätte ihn gestern schon anrufen sollen. Aber im Laden war viel zu tun, ich war sauer …« Sie zieht ihr Handy aus der Tasche der kurzen Hose. »Ich muss mit ihm sprechen.«

Tova beobachtet, wie Avery wählt. Der Anruf springt sofort auf die Mailbox.

»Er ist wirklich weg, oder?«, fragt Avery leise.

»Denke schon.«

Sehr lange schauen die beiden Frauen schweigend auf das mondbeschienene Wasser. Schließlich sagt Avery: »Schön friedlich hier. Ich gehe sonst gar nicht mehr an den Steg.«

»Dies ist mein Lieblingsplatz«, sagt Tova leise.

Avery senkt den Blick auf das schwarze Wasser unter ihnen. »Einmal hab ich hier eine Frau gesehen, die runterspringen wollte. Sie wollte sich … Sie wissen schon.«

»Du liebe Güte!«

Mit halb erstickter Stimme fährt Avery fort: »Sie saß genau hier. Ist schon ein paar Jahre her. Ich war ganz früh morgens zum Paddeln raus, und sie saß auf dem Geländer. Redete vor sich hin. Führte wohl Selbstgespräche. Sie sah fertig aus. Als hätte sie was genommen.«

»Aha«, macht Tova mit ausdrucksloser Stimme.

»Sie sprach immer wieder von einer furchtbaren Nacht, einem Unfall. Einem Bumm.«

Ein Bumm?

Tova nickt schwach, bekommt kein Wort heraus, und die junge Frau erzählt weiter. »Ich hab immer gedacht, dass sie eine Explosion oder so miterlebt hat. Irgendwas Schlimmes. Dass sie ein Trauma davon hatte.«

Ein Bumm.

Tova schließt die Augen und stellt sich vor, wie es gewesen sein kann. Aus irgendeinem Grund kommt das Boot vom Kurs ab, eine Böe fährt im falschen Moment aus der falschen Richtung in das erschlaffte Segel. Der Baum schlägt herum, trifft Erik am Kopf. Bumm. Er fällt über Bord.

Ein Unfall. So könnte es gewesen sein, oder auch nicht. Der Kapitän der Schulmannschaft, ein erfahrener Segler, aber es war ja Bier im Spiel. Und ein Mädchen.

»Manchmal frage ich mich, was aus ihr geworden ist«, sagt Avery. »Ob sie noch lebt. Ob es etwas genützt hat, dass ich sie gerettet habe.«

Tova atmet tief ein und sieht Avery in die Augen. »Es hat etwas genützt. Ich bin froh, dass Sie sie gerettet haben.« Und das meint sie ehrlich.

Ein teures Unfallopfer

Bei Meile 682 hört Cameron auf, sich wegen der Motortemperaturanzeige verrückt zu machen. Es hat geklappt. Er hat den Riemen repariert. Der Bus wird nicht mitten auf der Interstate in die Luft fliegen.

Bei Ausfahrt 747 freut er sich wie ein kleiner Junge. Eine Stadt namens Weed! Er macht die Warnblinkanlage an und fährt auf den Standstreifen, um ein Foto von dem Straßenschild zu machen und es Brad zu senden. Denn Weed in Kalifornien ist nun mal witzig. Doch sein Handy ist nicht im Becherhalter, wo es sein sollte. Seltsam. Hat er es vielleicht hinten im Bus liegen lassen? Cameron fährt weiter.

Bei Meile 780 wird ihm klar, warum er sein Handy nicht finden kann. Er hatte es vorne auf die Stoßstange gelegt, als er den Serpentinenriemen auswechselte. Cameron sieht es praktisch vor sich. Das heißt, inzwischen ist es einen Unfalltod gestorben. Ein teures Unfallopfer. Er lacht hysterisch. Cameron ist seit fast dreißig Stunden wach.

An einem Autohof irgendwo im Rogue River Valley trifft er die kluge Entscheidung, sich hinzulegen. Er schläft sechs Stunden am Stück. Als er aufwacht, spritzt er sich in der öffentlichen Toilette kaltes Wasser ins Gesicht und holt sich einen schwarzen Kaffee im Diner. Auf dem Weg nach draußen wirft er seine fast noch volle Schachtel Zigaretten in den Müll.

Bei den Ausfahrten 119, 142 und 238 denkt er über sein dämliches Kündigungsschreiben nach. Bei Ausfahrt 295 beginnt er, in Gedanken eine Entschuldigung zu formulieren.

Eine Brücke über den Columbia River bringt ihn zurück in den Bundesstaat Washington. Er fährt nach Norden, natürlich, jetzt schon länger. Er fährt zurück, um es zu regeln.

Das Dalapferd

Zum letzten Mal setzt Tova Kaffeewasser auf. Die Emaille des Herdes glänzt avocadogrün neben den schwarzen Platten. Tova hat ihn am Vorabend geputzt. Blitzsauber. Ist das noch wichtig? Höchstwahrscheinlich wird er herausgerissen und durch einen schicken neuen Herd ersetzt werden. Niemand will mehr ein jahrzehntealtes Küchengerät, und wenn es noch so gut funktioniert.

Tova war ein verfrühter Einzug in Charter Village ermöglicht worden; seit Wochen hatte sie den Leuten deshalb in den Ohren gehangen. Schon in der nächsten Woche würde ihr die Suite zur Verfügung stehen. Nun braucht sie sie nicht mehr. Als Erstes am Morgen hat sie der Verwaltung eine Nachricht auf Band gesprochen, so absurd früh war sie wach. Wenn sie überhaupt geschlafen hat. Sie kann es gar nicht richtig begreifen. Charter Village hat noch nicht zurückgerufen, was wohl schlichtweg daran liegt, dass das Büro noch nicht besetzt ist. Es ist erst kurz nach sieben.

Trotzdem hat Tova nicht die Absicht, dort hinzuziehen.

Sie hat an diesem Morgen schon viel erledigt. Alle Fußleisten sind gewischt. Die Fenster geputzt. Das Metall an den Schränken ist poliert, jeder einzelne Türknauf geschrubbt. Eigentlich müsste sie kaputt sein, doch sie hat nie in ihrem Leben mehr Energie gehabt. Ohne die

Vorhänge und Möbel erzeugt jedes ihrer Geräusche ein Echo, wird von den Wänden und Böden zurückgeworfen. Selbst das Zischen der Sprühflasche wirkt zu laut. Doch es ist gut, sich zu beschäftigen. Putzen ist immer gut. Da hat man was zu tun.

Wo soll sie hin? Um zwölf Uhr muss Tova das Haus geräumt haben. Die Leute vom Umzugsunternehmen, die am Vortag den Großteil der Möbel abgeholt haben, wurden bereits unterrichtet, dass sich der Bestimmungsort geändert hat. Zum Glück ging dort in aller Herrgottsfrühe jemand ans Telefon. Aber was wird der neue Bestimmungsort sein? Vielleicht ein Container?

Was Tova selbst und ihre persönlichen Dinge angeht – sowohl bei Janice als auch bei Barbara stehen Zimmer leer. Zu einer annehmbaren Uhrzeit will sie zuerst Janice anrufen. Vielleicht kann Tova zwischen den beiden Freundinnen wechseln, bis etwas anderes organisiert ist. Tovas Leinenkoffer mit dem Blumenmuster, den sie schon in die Flitterwochen mit Will mitgenommen hatte, ist gepackt und steht bereit. Die Vorstellung, die Nacht in einem Bett zu verbringen, das nicht ihr eigenes ist, verursacht ihr abwechselnd Angst und Nervenkitzel.

Auf der Veranda raschelt es. Tova erschrickt und stellt die Kaffeetasse ab.

Cat kann es nicht sein. Gestern Abend hat Barbara ein Foto von ihm geschickt. Es geht ihm gut, auch wenn Barb zuerst versuchte, den Kater im Haus einzusperren, worüber er sich unglaublich aufregte. Jetzt kommt und geht er, wie es ihm gefällt. Tova weiß immer noch nicht, wie sie reagieren soll, wenn sie Fotos auf dem Handy erhält, doch als sie das Katzengesicht von Cat mit den Schnurrbarthaaren und gelben Augen sah, die immer leicht verächtlich schauen, musste sie lächeln.

Es klingelt an der Tür.

Als sie aufmacht, traut sie ihren Augen nicht.

Cameron steht vor ihr, die Augenbrauen sorgenvoll zusammengezogen, wie Erik, wenn er wegen einer Arbeit in der Schule nervös war. Im ersten Moment wird sie nostalgisch, denkt daran, wie oft sie sich gewünscht hat, dass Erik einfach wieder in der Tür stände. Tränen springen ihr in die Augen.

»Hi«, sagt Cameron und scharrt mit den Füßen.

Tova bekommt nur heraus: »Hallo, mein Lieber.«

»Ähm, tut mir leid, dass ich gestern Abend so mies drauf war. Sie hatten recht. Ich hätte nicht abhauen dürfen.« Er schiebt die Hände in die Hosentaschen. »Und Entschuldigung, dass ich hier so früh auftauche. Ich hätte vorher angerufen, aber … Tja, abgedrehte Geschichte …«

»Ist schon gut.« Mit einer Hand hält Tova die Tür auf. Sie hat das Gefühl, der Arm gehöre nicht zu ihr. Als stände sie neben sich.

»Mir ist klar, dass Sie mir absolut nichts schuldig sind.« Camerons Stimme klingt wie unter Strom. Angespannt. »Aber wissen Sie zufällig, wann Terry normalerweise zur Arbeit kommt? Ich muss mit ihm sprechen. Persönlich.«

»Gegen zehn, wenn mich nichts täuscht.«

»Zehn, okay.« Cameron atmet tief aus. »Und, was glauben Sie, wie sauer ist er auf mich?«

»Gar nicht sauer, da bin ich mir sicher.«

Cameron ist verwirrt.

Tova trippelt durch den Eingangsbereich zu den leeren Haken neben der Tür, wo nur noch ihre Tasche hängt, und zieht ein zusammengefaltetes Blatt Papier aus dem vorderen Fach. Mit einem verschwörerischen Lächeln reicht sie es Cameron.

»Meine Nachricht?« Ihm fällt die Kinnlade hinunter. »Die haben Sie mitgenommen?«

Tova senkt den Kopf. »Das hätte ich eigentlich nicht tun dürfen. Hab ich aber trotzdem gemacht.«

»Und … warum?«

»Ich schätze, irgendwie habe ich Ihnen nicht geglaubt, als Sie meinten, Sie wären der Typ Mensch, der sich vor Verantwortung drückt.«

»Das heißt … Terry weiß gar nicht, dass ich abgehauen bin?«

»Soweit mir bekannt ist, ist er ahnungslos.«

Cameron läuft rot an. »Ich weiß nicht, wie ich Ihnen danken soll. Und ich weiß nicht, warum Sie so an mich glauben. Verdient habe ich das nicht.«

Es gibt natürlich noch etwas, das sie ihm zeigen muss. Etwas weitaus Wichtigeres. Und wo ist ihr Anstand geblieben? »Bitte, kommen Sie doch herein!« Sie leitet Cameron durch den Eingang. »Ich würde Ihnen ja einen Stuhl anbieten, aber …« Sie macht eine ausholende Handbewegung im leeren Wohnzimmer.

»Wow! Das Haus ist wirklich schön!«

Tova lächelt. »Freut mich, dass es Ihnen gefällt.« Sie verspürt Reue. Der Urgroßvater dieses jungen Mannes hat das Haus gebaut, und heute ist das einzige Mal, dass er einen Fuß hineinsetzen wird. »Warten Sie hier kurz. Ich muss Ihnen noch etwas geben«, sagt sie und eilt ins Schlafzimmer zu ihrem Koffer.

Eine Minute später ist sie zurück. Sie zeigt Cameron

den Ring und lässt ihn in seine offene Hand fallen. Er dreht ihn in den Fingern, die Stirn fragend gerunzelt. Die Gravur, die ihn verwirrt hat. Er hat darin keine Initialen erkannt, sondern las sie als Wort: Eels – Aale. Warum sollte sich jemand so ein Wort in seinen Absolventenring gravieren lassen? Allein bei der Vorstellung muss Tova sich ein Lächeln verkneifen. Manchmal liegen selbst die klügsten Köpfe falsch.

»Mit ganzem Namen hieß er«, sie macht eine Pause, »Erik Ernest Lindgren Sullivan.«

Camerons Lippen öffnen sich lautlos. Tova wartet. Sie kann fast sehen, wie sich die Rädchen in seinem Kopf drehen. Bei Erik war es genauso, man konnte es an seinem Gesicht ablesen, wenn seine Gedanken in Bewegung waren, was quasi immer der Fall war. Cameron und Erik haben so viel gemeinsam, jedoch nicht alles. Nicht die Augen. Die muss Cameron von seiner Mutter haben. Von Daphne.

Es sind wunderschöne Augen.

Tova hat Menschen nie gerne umarmt, doch als Cameron die Fassung verliert, fühlt sie sich wie ein Magnet zu ihm hingezogen. Er legt ihr die Arme um den Hals und drückt sie an sich. Gefühlt sehr lange schmiegt Tova die Wange an seine Brust. Sie ist warm. Ungewollt registriert Tova, dass sein T-Shirt schmutzig ist und nach Motoröl riecht. Vielleicht ist das Absicht? Nie wieder wird Tova vorschnell über ein T-Shirt urteilen.

Cameron tritt einen Schritt zurück und sagt mit einem perplexen Grinsen: »Ich habe eine Oma.«

»Nicht übel, was?« Tova lacht, und es ist, als würde in ihr ein Ventil durchgepustet. »Ich habe einen Enkel.«

»Jep, sieht so aus.«

»Was ist mit Kalifornien?«

Er zuckt mit den Schultern. »Hab's mir anders überlegt. Du hattest recht mit dem Aufgeben. Das kann ich besser.« Cameron sieht sich im Wohnzimmer um und nickt anerkennend. »Das Haus ist wirklich cool. Die Architektur …«

»Das hat dein Urgroßvater gebaut.«

»Ohne Scheiß?« Verwunderung huscht über Camerons Gesicht. Er geht zum Kaminsims und berührt die Ablage zärtlich, fast zögernd, wie man die Hand auf die Flanke eines schlafendes Tieres legen würde.

Tova folgt ihm. »Ich hatte das große Glück, über sechzig Jahre in diesem Haus leben zu dürfen.« Sie schaut auf die Armbanduhr. »Und jetzt noch dreieinhalb Stunden.«

»Scheiße, stimmt ja! Du hast es verkauft.«

»Schon gut. Ich musste loslassen. Zu viele Geister der Vergangenheit.« Tova ist nicht sicher, ob sie das wirklich glaubt, doch immerhin gewöhnt sie sich langsam an diese Erklärung.

Cameron senkt den Blick auf seine Turnschuhe. »Dann kann ich echt froh sein, dass ich dich noch erwischt habe. Bevor du in dieses Altenheim ziehst.«

»Ah«, sagt Tova und schlägt mit der Hand, als wolle sie seine Worte vertreiben. »Das mache ich nicht.«

»Nein?«

»Nein, nein.«

»Wo willst du dann hin?«

Tief aus Tovas Brust löst sich ein herzliches Lachen. »Weißt du, was? Ich habe keine Ahnung. Zu Barbara, oder zu Janice. Fürs Erste. Bis ich weiß, wie es weitergehen soll.«

»Gute Idee«, sagt Cameron. »Ich meine, das sagt jemand, der in einem Campingbus lebt.« Er grinst, und das herzförmige Grübchen in seiner Wange wird tiefer. Kurz sieht er wie ein schelmischer Lausbub aus. Tova schaut nach unten, um sich zu vergewissern, dass ihre Füße noch auf dem Boden stehen, denn sie hat das Gefühl zu schweben, mit unbewusster Grazie zur Decke aufzusteigen, wie Marcellus in seinem alten Becken. Ihr Herz ist mit Helium gefüllt und hebt sie gen Himmel.

Sie schmunzelt. »Dann sind wir wohl beide obdachlos.« Tova weist in den Flur. »Möchtest du das Zimmer deines Vaters sehen?«

Eriks Kinderzimmer war am schwersten zu putzen. Dreißig Jahre lang stand es leer. Natürlich machte Tova dort regelmäßig sauber, bezog auch hin und wieder das Bett neu, doch nachdem die Männer vom Secondhandladen die Möbel abgeholt hatten, stellte sie fest, dass es ihr schwerfiel, die Wollmäuse aus den Ecken zu entfernen. Als könnten sie noch Moleküle von Erik enthalten.

Wo früher der Teppich lag, ist der Holzboden heller. Die Sonne fällt durchs nackte Fenster. Sanft spielt die Brise vom Meer in den Zweigen einer alten Küstenkiefer, und das Licht wirft einen gespenstischen Schatten auf die gegenüberliegende Wand. Einmal vergaß der kleine Erik in einer Vollmondnacht, die Vorhänge zuzuziehen, und erblickte diesen Schatten. Er schoss zum Schlafzimmer seiner Eltern hinüber und kroch unter Tovas Decke, überzeugt, dass es in seinem Zimmer spukte. Sie hielt ihn fest, bis er einschlief, und ließ ihn die ganze Nacht nicht los.

Cameron registriert jeden Winkel des Zimmers. Vielleicht versucht er, sich den Raum einzuprägen, so wie Janices Computer Bilder scannen kann. Tova will sich vorsichtig entfernen, um ihn in Ruhe zu lassen, da sagt er: »Ich hätte ihn gern kennengelernt.«

Sie kommt zurück und legt Cameron die Hand auf den Ellenbogen. »Das hätte mich so gefreut.«

»Wie hast du es geschafft, also … weiterzumachen?« Er schaut ihr ins Gesicht und schluckt. »Ich meine, einen Tag war er da und am nächsten nicht mehr. Wie erholt man sich von so was?«

Tova zögert. »Gar nicht. Nicht ganz. Aber man macht weiter. Man muss.«

Cameron schaut auf die Stelle, wo vorher Eriks Bett stand. Gedankenverloren beißt er sich auf die Lippe. Dann durchquert er das Zimmer und stößt mit dem Turnschuh gegen ein Bodenbrett.

»Was ist da passiert?«

Tova legt den Kopf schräg. »Wie meinst du das?«

»Im ganzen Haus ist der Boden aus Eiche. Nur dieses Brett ist aus Weißesche.«

»Keine Ahnung, worauf du hinauswillst.« Tova geht hinüber, rückt ihre Brille zurecht und untersucht den Boden. Ihr fällt nichts auf.

»Guck mal, die Maserung ist anders. Und die Lackierung ist fast gleich, aber nicht ganz.« Er zieht einen Schlüsselring aus der Tasche, kniet sich hin und schiebt einen Anhänger, mit dem man Flaschen öffnet, in den Spalt zwischen den Holzbohlen. Zu Tovas Schreck löst sich das Brett, und ein Hohlraum kommt zum Vorschein.

»Wusste ich's doch!« Cameron späht blinzelnd hinein.

»Du liebe Güte! Wer macht denn so was?«

Cameron lacht. »Jeder Junge im Alter zwischen dreizehn und achtzehn?«

»Aber was hatte er denn zu verstecken?«

»Hm … Also, mein Freund Brad hat immer die Zeitschriften seines Vaters stibitzt und …«

»Oh!« Tova wird rot. »Oje.«

»Aber ich glaube, hier haben wir es mit etwas anderem zu tun.« Cameron holt ein kleines Päckchen heraus. Als er es Tova reicht, knistert das Papier. Ihr wird klar, was darin ist, schnell lässt sie das Päckchen fallen. Cremeküchlein. Beziehungsweise was davon noch übrig ist. Inzwischen sind sie hart und grau wie Stein.

»Wow, Creamzies! Die sind echt *old school*«, sagt Cameron, hebt die Packung auf und studiert sie. »Einmal hab ich im Fernsehen eine Wissenschaftssendung über diese Küchlein gesehen. Es wird ja gern behauptet, sie würden einen Atomangriff überstehen, aber das stimmt nicht, denn die Diglyzeride, die da als Stabilisatoren drin sind, können kein …«

»Cameron«, unterbricht Tova ihn leise. »Da ist noch was.«

»Wo? Hier drin?« Cameron beäugt die versteinerte Packung.

»Nein, da.« Tova schaut auf den Hohlraum im Boden.

Ein altes besticktes Geschirrtuch von Tova ist um einen Gegenstand von der Größe eines Kartenspiels gewickelt.

Cameron holt es heraus und reicht es Tova. Mit zitternden Fingern schlägt sie das Geschirrtuch auf. Darin liegt ein bemaltes Holzpferd.

»Mein Dalapferd«, flüstert sie mit rauer Stimme. Ihr Finger fährt über den geschwungenen Rücken der Holzfigur. Alle Splitter sind sorgfältig festgeklebt. Selbst die Farbe wurde ausgebessert.

Das sechste Pferd. Erik hatte es repariert.

Cameron beugt sich vor und betrachtet es. »Was ist denn ein Dalapferd?«

Tova schnalzt mit der Zunge. Der Junge hat den ganzen Kopf voll unnützen Wissens über Holzmaserung, Kuchenstabilisatoren und Shakespeare, aber weiß so gut wie nichts über seine Herkunft.

Sie hält ihm das Dalapferd hin.

Cameron nimmt es und betrachtet die geschnitzte Gestalt. Nach einer langen Weile schaut er hoch. »Wie bist du an den Siegelring gekommen?«, fragt er.

Tova lächelt. »Über Marcellus.«

1. TAG IN FREIHEIT

Zuerst sinke ich nach unten wie ein kalter Klumpen Fleisch. Ich kann meine Fangarme nicht mehr bewegen. Ich bin nur ein ins Wasser geworfenes Stück Treibgut, das dumpf dem Meeresboden entgegensinkt.

Dann erwachen meine Glieder zuckend zum Leben.

Das sage ich nicht, um trügerische Hoffnung zu erwecken. Mein Tod steht kurz bevor. Aber ich bin noch nicht tot. Ich habe noch genug Zeit, um die Weite des Meeres zu genießen. Vielleicht ein, zwei Tage in der Dunkelheit zu schwelgen. Dunkel wie unten auf dem Meeresgrund.

Dunkelheit kommt mir gelegen.

Nach meiner Freilassung entfernte ich mich hastig von den Felsen. Unweit davon fiel der Boden jäh ab. In die Tiefe, ins Innere des Meeres, wohin kein Lichtstrahl fällt. Wo ich in meiner Jugend einen Schlüssel fand. Wohin ich nun zurückkehre, um mich zu den längst zersetzten Knochen eines geliebten Sohns zu legen.

Ich will ehrlich sein: Ich habe nicht damit gerechnet, dass unsere gemeinsame Zeit so zu Ende geht. Fast vier Jahre lang war ich gefangen, und es verging kein Tag, an dem ich nicht über meinen eigenen Tod sinnierte, überzeugt davon, dass ich innerhalb der vier Glasscheiben des Beckens verenden würde. Nie habe ich mir vorgestellt, noch einmal die Freiheit des Meeres kosten zu können.

Wie sich das anfühlt? Sehr angenehm. Es ist meine Heimat. Ich bin glücklich. Dankbar.

Doch was wird aus meiner Nachfolgerin? Bald wird Terry mein Becken sauber machen und neu einrichten. Er wird nicht versuchen, diese Tätigkeiten vor dem Publikum zu verheimlichen; auf einem Schild an der Scheibe wird stehen: *Umbauarbeiten. Wir freuen uns auf den neuen Bewohner!*

Auf dem Weg nach draußen machte ich kurz halt an dem Fass und kletterte hoch, um mir die Dame anzuschauen. Sie ist jung und schwer verletzt. Hat natürlich große Angst. Aber die Krakendame wird eine Freundin haben. Eine, die ich erst ganz zum Schluss gefunden habe. Tova wird darauf achten, dass es ihr gut geht, und ich würde Tova mein Leben anvertrauen. Ich habe ihr mein Leben anvertraut, mehr als einmal. So wie ich ihr meinen Tod anvertraut habe.

Menschen. Meistens sind sie stumpfsinnig und tollpatschig. Doch hin und wieder sind sie erstaunlich kluge Geschöpfe.

Letztendlich

Als die Renovierungsarbeiten einen Monat später abgeschlossen sind, rumpelt ein Umzugswagen mit texanischem Kennzeichen durch Sowell Bay. Tova bemerkt ihn gar nicht. Sie ist zum Angriff bereit.

»Du bist geliefert!«, ruft sie, als sie das Spielbrett aufklappt und die Buchstaben verteilt. Draußen fährt ein frischer Septemberwind übers Wasser. Ein Vorbote des Herbstes. Die Schaumkronen peitschen über das graue Meer, das nahtlos in den Himmel übergeht.

»Von wegen! Ich mache dich fertig.« Cameron kommt mit einem Tablett voller Cheddar und Cräcker aus der schicken Küche in Tovas neuer Eigentumswohnung. Sie runzelt die Stirn. Sie hat ihn bearbeitet, damit er *lutefisk* mit Zwieback probiert, so wie es ein guter Schwede tun würde. Aber die Cräcker waren im Angebot, hatte Cameron erklärt. Eine Packung kaufen, eine gratis dazu. Tova regt sich nicht darüber auf.

Sie weiß, dass Terry sich unheimlich gefreut hätte, wenn er Cameron weiter im Aquarium hätte beschäftigen können, aber es waren einfach nicht genug Stunden und genug Geld. Cameron blieb so lange, bis seine Nachfolgerin eingearbeitet war. Jetzt schiebt er lange Schichten für einen Bauunternehmer in einem Neubau drüben in dem Viertel, wo Adam Wright und Sandy Hewitt wohnen.

Ab Januar will er die Abendschule in Elland besuchen, um die Grundlagen des Ingenieurwesens zu lernen. Trotz Tovas Einwänden besteht Cameron darauf, selbst zu bezahlen. Aber da ist das letzte Wort noch nicht gesprochen.

»Du fängst an«, sagt Tova und stellt ihre Spielsteine auf.

»Nein, du. Alter vor Schönheit«, neckt Cameron sie und brütet über seinen Buchstaben. Geistesabwesend spielt er am Schulring seines Vaters, den er an der rechten Hand trägt.

Tova setzt einen bösen Blick auf. »Hier sind fünfzig Jahre tägliches Kreuzworträtsel drin.« Sie klopft an ihre Schläfe.

Cameron grinst. »Ich hab null Ahnung, aber irgendwie kann ich so'n Scheiß.«

So'n Scheiß. Das ist die Sprache, die sich in Tovas Leben geschlichen hat, und sie will es gar nicht anders. Sie fängt an mit JUKEBOX (77 Punkte, unglaublich viel Glück bei den Buchstaben). Cameron legt JUNG an (39 Punkte).

»Schön, dass du da bist«, sagt Tova leise.

»Machst du Witze? Wo soll ich denn sonst sein?«

»Bei deiner Tante Jeanne.«

Cameron verdreht die Augen. »Der geht's hervorragend, glaub mir. Hab ich dir von Wally Perkins und seinem …«

Tova hebt die Hand. »Ja, hast du.«

»Hier oben ist es doch herrlich. Tante Jeanne kommt mich auf jeden Fall mal besuchen. Sie hat gesagt, sie will gucken, ob sie ihre Schwester im östlichen Washington findet. Ich sage nur: Viel Glück. Wer weiß, was sie da alles aufstöbert.« Kurz ist sein Gesicht angespannt. »Elizabeth hat schon gesagt, dass sie mit dem Baby im Frühling hochkommen will. Brad natürlich auch, aber ich kann mir vorstellen, dass er Panik kriegt, wenn er mit dem kleinen Henry ins Flugzeug steigen soll, die ganzen Bakterien und so. Elizabeth wird ihn schon überreden, und wenn nötig, macht Onkel Cam noch ein bisschen Druck.« Er lacht.

Tova lacht mit. Ein Baby in der Familie. Auch wenn sie Elizabeth und Brad noch nicht kennengelernt hat, hat Cameron Tova irgendwie überzeugt, dass sie auch die Großmutter der beiden ist. Tova schaut aus dem Fenster. Es ist wirklich herrlich hier. Sturmsichere Glasfenster vom Boden bis zur kuppelförmigen Decke ziehen sich am gesamten Wohnzimmer entlang, nur von zwei Türen unterbrochen, die auf einen Balkon führen, der auf stabilen Pfeilern steht. Bei Flut trinkt Tova gern einen Kaffee draußen und lauscht dem Wasser, das unten gegen das Holz plätschert.

Niemals hätte sie so viel Geld für eine protzige Wohnung direkt am Wasser ausgegeben. Nur machte Simon Brinks ihr ein Angebot, das sie nicht ablehnen konnte. Cameron hatte ihn irgendwie bequatscht, so wie er auch die Leute von Charter Village so lange bearbeitete, bis Tova die volle Anzahlung zurückbekam.

An Thanksgiving decken Tova und Cameron einen Tisch für drei Personen.

Eigentlich wären sie zu viert gewesen, aber Avery hat abgesagt. Sie hat dennoch versprochen, später mit einem Kuchen vorbeizukommen. Sie wollte ihren Laden am Feiertag offen halten, aber keinen Angestellten zum Arbeiten verpflichten. Dass die Leute am Feiertag shoppen gehen – wirklich albern. Aber Avery sagt, das Geschäft laufe dieses

Jahr sehr gut, es sei auf dem aufsteigenden Ast, wie Sowell Bay selbst. Wahrscheinlich will sie auf keinen Tag mit guten Verkaufszahlen verzichten. Cameron hat gesagt, er würde das verstehen. Außerdem sieht er Avery eh ständig.

Vielleicht kommt Marco später auch. Als Cameron das Tova erzählte, senkte er die Stimme und wurde ernst. Auf dem Rückweg von der Arbeit hat er vor ein paar Tagen einen grünen Schaumstoff-Football gekauft. Vielleicht hat Marco ja Lust, am Strand ein bisschen damit zu üben, sagte er. Vielleicht. Wenn nicht, auch kein Problem.

Ethan kommt eine halbe Stunde zu früh zum Truthahnessen und nimmt seinen Platz ein. Manchmal macht es den Eindruck, als würde er jede freie Minute in Tovas Wohnung verbringen. Doch ehrlich gesagt, stört das Tova nicht. Meistens sitzt er im Fernsehsessel neben dem kleinen Regal, in dem ihre Dalapferde stehen. Ethan hört gern Schallplatten auf Wills altem Plattenspieler, ein Gerät, das er mit fast religiöser Ehrfurcht behandelt. Tova hat sich zwar nie für Rockmusik interessiert, aber jetzt lernt sie einiges kennen. Es ist schön, Ethan da zu haben.

Als Ethan seine Jacke auszieht, ruft Cameron: »Wo hast du das denn her?«

»Äh, das?« Ethans Augen funkeln. Er reibt sich den Bauch, über den sich ein offensichtlich zu kleines T-Shirt spannt. Der schreiend grüne Aufdruck auf der Brust besagt: *Moth Sausage.*

Du lieber Himmel! Was ist das denn?

Camerons Augen sind groß wie Untertassen. »Das ist meins! Das habe ich ewig nicht gesehen! Scheiße nochmal, ist mein Gepäck endlich angekommen?«

»Der olle grüne Seesack ist dein Gepäck? Im Ernst?«

Ethan zwinkert ihm zu. »Und ich dachte schon, ich hätte einen Glückstag, als er heute Morgen auf meiner Veranda lag.«

»Endlich!« Cameron lacht. »Der Sack ist schon um die halbe Welt gereist. Wenn der reden könnte …«

Nach dem Truthahn lassen Ethan, Cameron und Tova einen unerhört hohen Berg Geschirr in der Spüle stehen und ziehen sich dick an für einen Spaziergang am Wasser. Der Puget-Sund tobt wie ein großer grauer Geist hinter dem Wellenbrecher. Das alte Kassenhäuschen mit dem diagonalen Riss in der Scheibe steht einsam unter der Wolkendecke.

Am Aquarium bleiben die drei stehen und bewundern das neue Standbild: eine Bronzeplastik mit acht Armen und dickem Mantel. Rechts und links am Kopf ein rundes, undurchdringliches Auge.

Das Aquarium hatte Tovas großzügige Spende abgelehnt, doch sie ließ nicht locker. Zu viel Geld lag ungenutzt auf ihrem Konto. Jetzt besucht sie die Statue drei Mal die Woche, wenn sie freiwillig im Aquarium aushilft. Sie stellt sich vor das Becken des Pazifischen Riesenkraken und verteilt Broschüren, damit die Besucher das Tier besser verstehen. Tina Tentakel ist immer noch ziemlich scheu und verbringt den größten Teil der Öffnungszeiten als rosa Masse unten in der Ecke an die Scheibe gedrückt. Macht ihrem Namen alle Ehre, findet Tova. Aber das ist in Ordnung. Wenn nicht viel zu tun ist, unterhält Tova sich mit ihr und wischt verstohlen Fingerabdrücke vom Glas. Sie kann einfach nicht anders.

Die Seegurkenpopulation einige Bassins weiter ist seit neuestem stabil. Zu Terrys großer Erleichterung scheint

Tina keine Lust zu haben, durch die Gänge zu streifen und Gegenstände einzusammeln.

Insgeheim ist auch Tova froh darüber. Marcellus war wirklich ein außergewöhnlicher Krake.

Sie gehen am Wasser entlang, vorbei am Wellenbrecher. Marcellus' Wellenbrecher. Das Hochwasser reicht genau bis zum Damm, als hätte jemand an einem kalten Winterabend die Decke bis ans Kinn gezogen. Leichte Wellen spielen mit den muschelverkrusteten Felsen Verstecken. Cameron und Ethan reden schon seit einer halben Stunde über Football. Tova hört nicht mehr hin.

Wenn sie weiter am Ufer entlanggehen würden, kämen sie irgendwann an ihrem ehemaligen Haus hoch oben am Hang vorbei. Manchmal spaziert Tova in der Dämmerung hinüber, und wenn sie daran vorbeigeht, leuchtet das große Dachfenster golden durch die Bäume. Irgendwann meinte sie, eine Girlande im Fenster gesehen zu haben.

Nur noch einmal kehrte sie in das Haus zurück. Eine Frau mit texanischem Akzent hatte Tova auf dem Handy angerufen. Die Frau hatte die Nummer von Ethan bekommen, weil sie mit einem Stapel Katzenfutterdosen an der Kasse vom Shop-Way stand. Ethan bekam heraus, dass die Texaner einen grauen Ausreißer im Garten hatten, und die Frau erklärte mit breitem Akzent, sie würde sich unglaublich freuen, das Tier dem ursprünglichen Besitzer zurückgeben zu können. Bei Ebbe jagt Cat nun mit Vorliebe Felsenkrabben am Strand unter Tovas Balkon. Er ist am liebsten draußen, als könnte er nicht so ganz glauben, dass dort nun sein neues Zuhause sei, und Tova kann es ihm nicht verübeln. Schwierig, sich anzupassen. Doch als das Wetter kälter wird, verbringt er verdrießlich mehr Zeit in der Wohnung, zusammengerollt auf dem Sofa oder vor dem Fenster sitzend, die gelben Augen auf die Möwen gerichtet, die am Himmel wandern.

Als sie zurück zum Steg kommen, trennt sich Tova von den beiden Männern und stellt sich allein ans Geländer. Lautlos flüstert sie der düsteren Bucht zu, die ihr den geliebten Sohn und einen außergewöhnlichen Kraken genommen hat: »Ihr fehlt mir. Beide.« Sie legt die Hand aufs Herz.

Dann macht sie kehrt und geht zu den anderen zurück. Sie wollen wieder in die Wohnung.

Avery kommt zum Nachtisch. Und schließlich gilt es ein Scrabble-Spiel zu gewinnen.

Danksagung

Meine Großmutter sammelte Eulen. Die Anrichte auf dem roten Zottelteppich in ihrem Esszimmer war voll davon. Als Kind habe ich viel Zeit auf dem Teppich verbracht. Ich wohnte nebenan und durfte jederzeit durch die Küche, wo es nach frischen Cookies roch, hereinkommen. Das war in den 1980er Jahren. Die Porzellaneulen meiner Großmutter hatten schwere Augen und scharf geschnittene Schnäbel. Wie richtige Eulen zeigten sie wenig Gefühl. Ich habe nie erfahren, warum meine Großmutter Eulen mochte. In gewisser Weise habe ich Tova nach ihrem Vorbild entwickelt. Tovas Leben ist fiktiv, aber sie ist wie Großmutter Anna eine gelassene Schwedin. Ruhig. Sehr liebevoll, aber emotional undurchschaubar. Ich entstamme dieser Tradition und tue mich deswegen mit offen zur Schau getragenen Gefühlen eher schwer. Aber ich will es versuchen, denn ich habe so vielen Menschen Dank zu sagen dafür, dass dieses Buch entstanden ist.

Ozeanischer Dank geht an Helen Atsma, meine wunderbare Lektorin bei Ecco, deren Ideen von Anfang an ins Schwarze trafen. Eine Flutwelle des Dankes an meine Agentin Kristin Nelson, deren E-Mail im Herbst 2020 mein Leben veränderte. Ich bin sehr froh, ihre Klientin zu sein. Dies gilt für die gesamte Agentur, mit besonderem Dank an Maria Heater, die meine Einsendung las, feststellte, dass der Erzähler ein Oktopus ist und notierte: »Das ist entweder genial oder verrückt.« Es ist wunderbar, dass sich Jenny Meyer und Heidi Gall von Meyer Literary Agency um die internationalen Rechte kümmern und meinem Buch Leser in vielen Ländern ermöglichen.

Die erste Szene des Buches entstand, nachdem mich ich durch einen Workshop auf die Idee kam, aus einem ungewöhnlichen Blickwinkel heraus zu erzählen. Da hatte ich gerade ein Video auf Youtube gesehen, bei dem ein Oktopus eine verschlossene Kiste öffnete, in der eine Belohnung lockte. So erfand ich den eigensinnigen Oktopus, der sich langweilt und Menschen für ziemlich begriffsstutzig hält. Seitdem habe ich eine Menge über Kraken gelernt und halte sie für eine der faszinierendsten Spezies unserer Erde.

Dank an alle Oktopoden, dafür, dass wir ab und zu einen Blick in eure Welt werfen dürfen. Ich danke insbesondere Sy Montgomery für ihr wunderbares Buch »Rendez-vous mit einem Oktopus«, in dem sie Krakenwärter am New England Aquarium über die Schulter schaut. Dank auch an das Alaska Sealife Center und Point Defiance Zoo and Aquarium, die meine Fragen geduldig beantworteten.

Der größte Dank gilt meiner Familie. Meine Mutter Meridith Ellis, die mir beibrachte, wie stark ein Mensch sein kann. Sie ist liebevoll. warmherzig und echt tough. Mein Vater Dan Johnson, dem ich meine Liebe zu Büchern verdanke. Meine wunderbaren Kinder Annika und Axel, die sich wohl nur vage an das merkwürdige Jahr erinnern, in dem wir wegen einer Pandemie zu Hause bleiben mussten und Mommy beschloss, genau in dieser Zeit ihren Roman fertig zu schreiben. Danke, dass ihr so friedlich miteinander gespielt habt, während ich am Schreibtisch saß. Schließlich danke ich meinem Mann Drew, der mich immer unterstützt und ermutigt hat, mein Schreiben ernst zu nehmen. Er ist mein strengster Leser im besten Sinne. Ich bin froh, diesen Weg mit dir zu gehen.